"十二五"普通高等教育本科国家级规划教材配套用书
住房城乡建设部土建类学科专业"十三五"规划教材配套用书
高等学校工程管理专业规划教材

工程财务管理习题与案例

（第二版）

叶晓甦　编著

中国建筑工业出版社

图书在版编目（CIP）数据

工程财务管理习题与案例/叶晓甦编著．—2版．—北京：中国建筑工业出版社，2019.3

"十二五"普通高等教育本科国家级规划教材配套用书，住房城乡建设部土建类学科专业"十三五"规划教材配套用书，高等学校工程管理专业规划教材

ISBN 978-7-112-23380-9

Ⅰ.①工⋯　Ⅱ.①叶⋯　Ⅲ.①建筑工程-财务管理-高等学校-教材　Ⅳ.①F407.967.2

中国版本图书馆CIP数据核字（2019）第037868号

本书是高等学校工程管理专业规划教材之一，可与《工程财务管理》教材配套使用，也可供专门的财务管理案例课程使用。全书共分为13章，分别是工程财务管理概论，工程财务管理的基础理论，工程融资管理，工程金融资产管理，工程项目投资管理，工程项目投资风险分析，工程营运资产管理，工程项目成本管理，工程结算和收入管理，工程财务分析与评价，工程资金规划与控制，工程税务管理，企业财务预警管理。

本书可作为高校工程管理、工程造价专业的教材使用，也可供工程管理与工程财务从业人员学习参考。

* * *

责任编辑：张　晶
责任校对：焦　乐

"十二五"普通高等教育本科国家级规划教材配套用书
住房城乡建设部土建类学科专业"十三五"规划教材配套用书
高等学校工程管理专业规划教材

工程财务管理习题与案例
（第二版）

叶晓甦　编著

*

中国建筑工业出版社出版、发行（北京海淀三里河路9号）
各地新华书店、建筑书店经销
北京红光制版公司制版
北京市密东印刷有限公司印刷

*

开本：787×1092毫米　1/16　印张：21½　字数：532千字
2019年7月第二版　　2019年7月第二次印刷
定价：**48.00**元
ISBN 978-7-112-23380-9
（33650）

版权所有　翻印必究
如有印装质量问题，可寄本社退换
（邮政编码100037）

第 二 版 前 言

本书为"十二五"普通高等教育本科国家级规划教材《工程财务管理》配套教材。为满足工程管理、工程造价和房地产开发与管理等本科专业教学及新经济发展对培养工程管理类复合型人才的需要，我们修订了第一版《工程财务管理案例分析》。

本书是重庆大学工程管理类专业系列配套教材之一，是重庆市市级精品课程《工程财务管理》的配套习题集及答案，可作为高等学校管理科学与工程类开设工程财务管理教学的辅助教材，也可作为工程类企业管理人员学习的参考书籍。

《工程财务管理习题与案例》（第二版）新增工程财务管理教材章节、知识点和习题集的一致性；新增加了教材的完善习题集结构和习题的指导性解释及答案；新增加习题与案例的指导性和时代性，便于教师教学与学习把握教材的重点及难点；重新按《中华人民共和国会计法》、《中华人民共和国公司法》和《中华人民共和国企业所得税法》及《营业税改增值税试点办法》等法规，在结合建筑类工程项目与施工与房地产企业工程实践、财务会计实践中的基础上，新增了工程税务管理章习题集及答案；重新修订的工程财务管理案例分析。全书体现了工程财务管理的知识性、理论性和应用性。

本书根据高等学校工程管理和工程造价学科专业指导委员会编制的《高等学校工程管理本科指导性专业规范》的要求，按工程财务管理教材章节结构修订编撰。

教材的编写过程中，学习了国内外专家、学者和工程实务专业人士的相关著述和案例，在此谨向他们表示最真挚的谢意。

由于编著者水平有限，书中不足之处，恳请读者批评指正。

2019 年 1 月

第 一 版 前 言

《工程财务管理案例分析》是我国高等学校工程管理专业指导委员会根据"工程管理专业培养方案及课程教学大纲"制定的工程管理专业主干课程教材编写计划编写的《工程财务管理》教材的配套教材，同时也是专业的财务管理案例书籍。

本教材共11章，主要包括：第1章工程财务基础案例；第2章工程财务信息案例；第3章工程资金规划与控制案例；第4章工程财务资产管理案例；第5章工程项目融资管理案例；第6章工程财务投资管理案例；第7章工程成本管理案例；第8章工程财务风险管理案例；第9章工程财务盈余分配管理案例；第10章财务与税收筹划案例；第11章资本运营管理案例。

本书特点：第一，以知识点为案例分析依据；第二，以工程管理实践对知识运用的需要，强调在实践中如何理解财务管理基本原理与方法；第三，以案例创新阅读思路。本书提供了工程建设中新颖、适量的实践案例，以满足学习工程财务管理需要。

本教材适用于国内普通高等学校工程管理专业；并可作为"土木工程与水利工程"专业学生的专业基础课程的教学参考书，同时也可作为广大从事工程管理和工程财务实际工作者的学习辅导书。本教材由重庆大学建设管理与房地产学院叶晓甦教授主编，并承担第4、5、7章编写；单雪芹副主编，承担第3、8、9、10、11章编写；佘渝娟副主编，承担第1、2、6章编写。

本教材的编写过程中，学习了国内外专家、学者的相关著述和案例，均在本书所附参考文献中列出，在此谨向他们表示最真挚的谢意。

2011年7月

目　录

第一章　工程财务管理概论 ······················ 1
一、学习目标与要求 ······················ 1
二、预习概览 ······················ 1
　（一）重要概念 ······················ 1
　（二）关键问题 ······················ 1
三、本章重点与难点 ······················ 1
　（一）工程财务管理内涵及特征 ······················ 1
　（二）工程财务管理目标 ······················ 2
　（三）工程财务关系 ······················ 3
　（四）工程财务管理环境 ······················ 3
　（五）工程财务风险 ······················ 3
四、习题和案例解析 ······················ 3
　（一）单项选择题 ······················ 3
　（二）多项选择题 ······················ 5
　（三）判断题 ······················ 7
　（四）思考题 ······················ 7
　（五）案例分析题 ······················ 11

第二章　工程财务管理的基础理论 ······················ 14
一、学习目标与要求 ······················ 14
二、预习概览 ······················ 14
　（一）重要概念 ······················ 14
　（二）关键问题 ······················ 14
三、本章重点与难点 ······················ 14
四、习题和案例解析 ······················ 15
　（一）单项选择题 ······················ 15
　（二）多项选择题 ······················ 17
　（三）判断题 ······················ 18
　（四）思考题 ······················ 19
　（五）计算题 ······················ 21
　（六）案例分析题 ······················ 23

第三章　工程融资管理 ······················ 28
一、学习目标与要求 ······················ 28
二、预习概览 ······················ 28

  （一）重要概念 ·· 28
  （二）关键问题 ·· 28
 三、本章重点与难点 ·· 28
 四、习题和案例解析 ·· 29
  （一）单项选择题 ·· 29
  （二）多项选择题 ·· 31
  （三）判断题 ·· 34
  （四）思考题 ·· 35
  （五）计算题 ·· 39
  （六）案例分析题 ·· 41

第四章　工程金融资产管理 ·· 45
 一、学习目标与要求 ·· 45
 二、预习概览 ·· 45
  （一）重要概念 ·· 45
  （二）关键问题 ·· 45
 三、本章重点与难点 ·· 45
 四、习题和案例解析 ·· 46
  （一）单项选择题 ·· 46
  （二）多项选择题 ·· 48
  （三）判断题 ·· 51
  （四）思考题 ·· 52
  （五）计算题 ·· 57
  （六）案例分析题 ·· 58

第五章　工程项目投资管理 ·· 63
 一、学习目标与要求 ·· 63
 二、预习概览 ·· 63
  （一）重要概念 ·· 63
  （二）关键问题 ·· 63
 三、本章重点与难点 ·· 63
 四、习题和案例解析 ·· 64
  （一）单项选择题 ·· 64
  （二）多项选择题 ·· 66
  （三）判断题 ·· 68
  （四）思考题 ·· 68
  （五）简述题 ·· 69
  （六）计算题 ·· 70
  （七）案例分析题 ·· 72

第六章　工程项目投资风险分析 ·· 91
 一、学习目标与要求 ·· 91

二、预习概览 …… 91
（一）重要概念 …… 91
（二）关键问题 …… 91
三、本章重点与难点 …… 91
四、习题和案例解析 …… 92
（一）单项选择题 …… 92
（二）多项选择题 …… 94
（三）判断题 …… 96
（四）思考题 …… 97
（五）计算题 …… 98
（六）案例分析题 …… 100

第七章 工程营运资产管理 …… 107
一、学习目标与要求 …… 107
二、预习概览 …… 107
（一）重要概念 …… 107
（二）关键问题 …… 107
三、本章重点与难点 …… 107
四、习题和案例解析 …… 108
（一）单项选择题 …… 108
（二）多项选择题 …… 111
（三）判断题 …… 113
（四）思考题 …… 114
（五）计算题 …… 116
（六）案例分析题 …… 121

第八章 工程项目成本管理 …… 132
一、学习目标与要求 …… 132
二、预习概览 …… 132
（一）重要概念 …… 132
（二）关键问题 …… 132
三、本章重点与难点 …… 133
四、习题和案例解析 …… 133
（一）单项选择题 …… 133
（二）多项选择题 …… 135
（三）判断题 …… 137
（四）思考题 …… 138
（五）计算题 …… 141
（六）案例分析题 …… 142

第九章 工程结算和收入管理 …… 164
一、学习目标与要求 …… 164

二、预习概览······164
（一）重要概念······164
（二）关键问题······164
三、本章重点与难点······164
四、习题和案例解析······165
（一）单项选择题······165
（二）多项选择题······169
（三）判断题······171
（四）思考题······172
（五）计算题······175
（六）案例分析题······179

第十章　工程财务分析与评价······187
一、学习目标与要求······187
二、预习概览······187
（一）重要概念······187
（二）关键问题······187
三、本章重点与难点······188
四、习题和案例解析······188
（一）单项选择题······188
（二）多项选择题······191
（三）判断题······194
（四）思考题······195
（五）计算题······197
（六）案例分析题······201

第十一章　工程资金规划与控制······228
一、学习目标与要求······228
二、预习概览······228
（一）重要概念······228
（二）关键问题······228
三、本章重点与难点······228
四、习题和案例解析······229
（一）单项选择题······229
（二）多项选择题······231
（三）判断题······232
（四）思考题······234
（五）计算题······234
（六）案例分析题······241

第十二章　工程税务管理······245
一、学习目标与要求······245

二、预习概览 ·· 245
　（一）重要概念 ·· 245
　（二）关键问题 ·· 245
三、本章重点与难点 ·· 246
　（一）工程税务管理内涵及特征 ······························ 246
　（二）工程税务管理内容 ···································· 251
　（三）政府投资工程税务管理 ································ 253
　（四）房地产开发项目税务管理 ······························ 254
　（五）建筑工程项目税务管理 ································ 256
　（六）工程主要活动税务管理 ································ 257
四、习题和案例解析 ·· 258
　（一）单项选择题 ·· 258
　（二）多项选择题 ·· 262
　（三）判断题 ·· 266
　（四）思考题 ·· 267
　（五）计算题 ·· 274
　（六）案例分析题 ·· 280

第十三章　企业财务预警管理 ·································· 314
一、学习目标与要求 ·· 314
二、预习概览 ·· 314
　（一）重要概念 ·· 314
　（二）关键问题 ·· 314
三、本章重点与难点 ·· 314
四、习题和案例解析 ·· 315
　（一）单项选择题 ·· 315
　（二）多项选择题 ·· 316
　（三）判断题 ·· 320
　（四）思考题 ·· 321
　（五）案例分析题 ·· 322

第一章 工程财务管理概论

一、学习目标与要求

通过本章的学习,应掌握工程财务管理的特征和属性,熟练掌握工程财务管理目标、财务管理环境、财务管理内容及分类要求。

二、预习概览

(一) 重要概念

工程财务管理;财务管理;财务环境;财务目标;财务关系;资金循环;财务决策;财务活动;经营活动。

(二) 关键问题

1. 简述工程财务管理的概念、特点及其主要内容。
2. 工程财务管理目标及其要求有哪些?
3. 工程财务管理与企业财务管理的联系与区别?
4. 什么是财务管理环境?工程财务管理的主要影响因素是什么?
5. 为什么说税务管理属于财务管理内容,增值税对工程财务及企业理财的影响是什么?
6. 工程财务管理的对象和内容是什么?
7. 简述工程财务管理环节。如何理解各环节之间的内在联系?
8. 工程项目投融资风险的特点是什么?如何做好狭义财务风险管理策略?

三、本章重点与难点

1. 工程财务管理内涵及特征。
2. 工程财务管理目标。
3. 工程财务关系。
4. 工程财务管理环境。
5. 工程财务管理环节。
6. 工程财务管理风险。

(一) 工程财务管理内涵及特征

工程财务管理的全称是工程项目财务管理,是以工程建设企业的建造活动的客观规律为基础,以工程建设项目的资金运动为管理对象,以工程项目的资金筹划、筹集形成为运动起点，依次经过资金投资、原材料及设备采购、工程建造和资金结算等复杂过程，表现为由货币资金转化为储备资金、建造资金、成品资金，最后经过工程产品资金结算回到货币资金的全过程。

工程财务管理的本质是工程项目价值管理，即通过提供优质的工程建造与工程服务，通过协调与优化各类财务关系，不断满足客户的需求，从而创造工程项目价值，获得工程利润。其财务管理的特点是具有财务职能的多样性；财务管理对象的特定性；财务管理内容的广泛性和管理工作的综合性；实现工程项目价值最大化。

工程财务管理特征：

（1）唯一性

工程项目的使用性质是指为特定对象提供的建筑产品或服务功能。因此，工程财务管理就是依据特定工程项目的对象展开投资活动、融资活动、成本管理等活动。唯一性是工程财务管理的基础特征。

（2）固定性

工程项目的建筑或建筑安装产品是建造在确定的地基基础之上的，因而所有建筑产品具有固定性。工程项目必须由项目业主单位进行招标，由承包商中标后实施施工建造。因而，实施财务管理必须依据所在地的财务环境，针对特定的工程项目，才能提出正确的工程项目财务管理方案，这就构成了工程财务管理的分类特征。

（3）整体性

一个工程项目往往由多个单项工程和多个单位工程组成，彼此之间紧密相关，必须科学地组织施工建设，才能发挥工程项目的整体功能，构成了工程财务管理对象的系统性特征。

（4）流动性

工程项目的固定性，促使工程建造活动具有流动性，即随着发包单位的变化，工程资源如劳动力、施工机械、建筑材料都必须随着流动；工程项目建造地点的流动性，是构成工程财务管理的内容特征。

（5）风险性

工程项目由于建造周期较长，面临着环境的系统性风险和非系统性风险。这构成了工程财务风险管理的重要功能特征。

工程财务管理主要内容：资金使用效益、工程成本、工程税务、工程资金结算和工程资金风险等。

（二）工程财务管理目标

1. 工程财务管理目标

工程财务管理目标是实现工程项目，创造价值，实现利润为基本目标，通过这一目标实现工程项目客户价值最优的目的。

2. 工程财务管理内容

（1）筹资管理

（2）投资管理

（3）工程成本管理

（4）收入及利润分配管理

（5）工程税务管理

工程税务管理，包括制定纳税方案，缴纳税费和完成税务活动等管理行为。重点是增值税、企业所得税和房地产税等。

（三）工程财务关系

主要包括：

1. 投资者的财务关系
2. 债权人的财务关系
3. 税务部门的财务关系
4. 被投资者的财务关系
5. 债务人的财务关系
6. 分包企业的财务关系
7. 职工的财务关系

（四）工程财务管理环境

1. 宏观经济环境

包括经济环境、法律环境、金融市场环境等。

2. 微观经济环境

包括采购环境、生产环境、管理环境和创新环境等。

（五）工程财务风险

主要包括资金预测风险、项目融资风险、项目投资风险、项目成本管理风险、偿还贷款风险、项目结算风险和税务风险以及项目受货币利率、汇率变动影响而产生的金融风险等。

四、习题和案例解析

（一）单项选择题

1. 工程财务管理的本质是（　　）。
   A. 资金管理　　　　　　　　　　B. 价值管理
   C. 费用管理　　　　　　　　　　D. 利润管理
2. 工程财务管理对象是（　　）。
   A. 企业经营活动全过程　　　　　B. 企业资金运动全过程
   C. 工程项目活动全过程　　　　　D. 工程项目资金运动全过程
3. 工程财务管理的要求是（　　）。
   A. 平衡工程项目资金收支　　　　B. 建立工程项目财务运行体制
   C. 建立工程财务原则　　　　　　D. 建立工程财务风险管理治理机制
4. 工程财务管理的载体对象是工程项目，因而以下不正确的说法是（　　）。
   A. 工程财务管理就是对工程项目价值的管理
   B. 工程财务管理就是对工程资金全过程运动的管理
   C. 工程财务管理体现了实现工程管理主体的财务行为和财务关系
   D. 工程财务管理是工程类企业资金运动全过程的管理

5. 企业同其所有者之间的财务关系反映的是( )。
   A. 所有权的关系　　　　　　　　　B. 纳税关系
   C. 投资与受资关系　　　　　　　　D. 债权债务关系
6. 企业价值最大化作为企业财务管理目标，其主要优点是( )。
   A. 考虑了时间价值和风险价值因素
   B. 考虑了企业短期利润目标导向
   C. 无需考虑风险与报酬的均衡关系
   D. 无需考虑投入与产出的关系
7. 工程财务管理的内容是由( )所决定的。
   A. 财务管理工作固有的规律　　　　B. 财务管理的任务对象规律
   C. 财务活动的内容分类规律　　　　D. 财务活动过程固有的规律
8. 企业财务关系中最为重要的关系是( )。
   A. 股东与经营者之间的关系
   B. 股东与债权人之间的关系
   C. 股东、经营者、债权人之间的关系
   D. 企业与政府有关部门及社会公众之间的关系
9. 企业资金运动的起点是( )。
   A. 投资活动　　　　　　　　　　　B. 筹资活动
   C. 营运活动　　　　　　　　　　　D. 分配活动
10. 下列影响企业财务管理的环境因素中，最为主要的是( )。
    A. 经济体制环境　　　　　　　　　B. 财税环境
    C. 法律环境　　　　　　　　　　　D. 金融环境
11. 由于最具优势而成为企业普遍采用的组织形式是( )。
    A. 普通合伙企业　　　　　　　　　B. 独资企业
    C. 公司制企业　　　　　　　　　　D. 有限合伙企业
12. 下列关于风险的叙述中，不正确的是( )。
    A. 风险必然导致损失
    B. 风险代表不确定性
    C. 风险只能估计而不能事先确定
    D. 风险是对企业目标产生负面影响的事件发生的可能性
13. 工程财务管理与企业财务管理重要差异是( )。
    A. 财务主体　　　　　　　　　　　B. 财务活动
    C. 财务方法　　　　　　　　　　　D. 财务环境
14. 工程财务管理特征的基本起点是( )。
    A. 财务主体　　　　　　　　　　　B. 财务活动
    C. 财务方法　　　　　　　　　　　D. 财务环境
15. 银行、证券公司、保险公司在金融体系中统称为( )。
    A. 金融资产　　　　　　　　　　　B. 金融对象
    C. 金融工具　　　　　　　　　　　D. 金融机构

16. 考虑货币时间价值和风险因素的财务目标是(　　)。
A. 利润最大化　　　　　　　　　B. 股东财富最大化
C. 企业价值最大化　　　　　　　D. 每股盈余最大化

(二) 多项选择题
1. 工程财务管理目标一般具有如下特征(　　)。
A. 唯一性　　　　　　　　　　　B. 相对稳定性
C. 风险性　　　　　　　　　　　D. 层次性
E. 复杂性

2. 工程财务活动依据工程产品的特征有(　　)。
A. 固定性　　　　　　　　　　　B. 风险性
C. 系统性　　　　　　　　　　　D. 唯一性
E. 连续性

3. 工程财务管理的内容包括(　　)。
A. 资金预算　　　　　　　　　　B. 成本管理
C. 工程结算　　　　　　　　　　D. 税务规划
E. 销售费用

4. 工程项目财务管理活动主要分为(　　)。
A. 因工程项目资金需求的筹资活动
B. 因工程项目办公耗费的核算活动
C. 因工程项目建造耗费的管理活动
D. 因工程项目结算需要的分配活动
E. 因工程项目纳税分配的策划活动

5. 以下属于影响工程项目财务环境的金融因素是(　　)。
A. 资产负债率　　　　　　　　　B. 通货膨胀率
C. 贷款利率　　　　　　　　　　D. 外汇汇率
E. 准备金率

6. 工程项目筹资面对各类的金融市场，可以从不同角度选择筹资对象，其中按融资对象划分的种类是(　　)。
A. 货币市场和资本市场　　　　　B. 证券市场和借贷市场
C. 一级市场和二级市场　　　　　D. 外汇市场和黄金市场
E. 保险市场和拆借市场

7. 银行、证券公司、保险公司在金融体系中统称为(　　)。
A. 金融资产　　　　　　　　　　B. 金融对象
C. 金融工具　　　　　　　　　　D. 金融机构
E. 金融要素

8. 下列关于企业财务管理目标理论的表述中，错误的有(　　)。
A. 在强调公司承担应尽的社会责任的前提下，应当允许企业以企业价值最大化为目标
B. 在上市公司，股东财富是由其所拥有的股票数量和股票市场价格两方面决定的，

所以股票价格达到最高，股东财富也就达到最大

C. 企业价值可以理解为企业所有者权益和债权人权益的市场价值，因此企业价值最大化与股东财富最大化具有同等意义

D. 如果假设风险相同、每股收益时间相同，每股收益的最大化也是衡量公司绩效的一个重要指标

E. 在上市公司每年排名中一般选择企业营业利润作为衡量指标，代表了公司选择利润最大化的财务目标

9. 在财务分析中，工程管理经营者应对企业财务状况进行全面的综合分析，并重点关注企业的（　　）。

A. 财务风险
B. 通货膨胀风险
C. 贷款利率风险
D. 外汇风险
E. 工程经营风险

10. 某建筑企业集团目前采用的组织体制是事业部制，并且赋予各事业部一定的经营自主权，实行独立经营、独立核算。据此判断，该集团最适宜的财务管理体制类型是（　　）。

A. 分权型
B. 集权型
C. 集权与分权相结合型
D. 自主型
E. 共享型

11. 工程财务管理的主要环节有（　　）。

A. 财务预测
B. 财务决策
C. 财务计划
D. 财务控制
E. 财务分析

12. 财务预测的主要作用表现在（　　）。

A. 是财务决策的基础
B. 是编制财务计划的前提
C. 是财务管理的核心
D. 是编制财务计划的依据
E. 是组织日常财务活动的必要条件

13. 利润最大化不是最优的财务管理目标，其原因有（　　）。

A. 未考虑企业成本的高低
B. 未考虑利润取得的时间
C. 未考虑利润与风险的大小
D. 利润总额不易计量
E. 未考虑利润与投入资本额的关系

14. 工程财务管理的原则有（　　）。

A. 资金合理配置原则
B. 现金收支平衡原则
C. 成本效益权衡原则
D. 收益风险均衡原则
E. 分积分口管理原则

15. 工程财务管理的基本要求是（　　）。

A. 建立企业内部财务管理体制
B. 建立工程项目内部财务管理制度
C. 建立工程项目财务风险治理机制
D. 建立工程项目工程成本费用制度

E. 建立工程项目投资者财务管理制度

（三）判断题

1. 股份公司财务管理的最佳目标是利润最大化。（   ）

2. 企业同其被投资者的财务关系反映的是经营权与所有权的关系。（   ）

3. 企业同其债权人之间反映的财务关系是债务债权关系。（   ）

4. 企业价值最大化作为财务管理目标存在的问题是没有考虑资金的时间价值和企业价值难以评定。（   ）

5. 根据财务目标的层次性，可以把工程财务管理目标分成总目标、分部目标和具体目标。（   ）

6. 在市场经济条件下，报酬和风险是成反比的，即报酬越高，风险越小。（   ）

7. 因为企业的价值与预期的报酬成正比，与预期的风险成反比，因此企业的价值只有在报酬最大、风险最小时才能达到最大。（   ）

8. 由于工程财务管理内容包括了融资、投资和成本管理，因此工程财务管理的对象和企业财务管理对象是一致的。（   ）

9. 影响企业价值最大化的两个因素是风险和利润。（   ）

10. 工程财务活动主要包括了工程项目的融资活动、投资活动、经营活动、税务管理和收入与利润分配活动。（   ）

【参考答案】

单项选择题：1. B；2. D；3. B；4. D；5. A；6. A；7. B；8. C；9. B；10. D；11. C；12. A；13. B；14. B；15. D；16. C

多项选择题

1. ACD；2. ABD；3. ABCD；4. ACDE；5. CD；6. AD；7. CD；8. ABDE；9. ACE；10. CE；11. ABCDE；12. ABDE；13. BC；14. ABCD；15. BC

判断题：1. ×；2. ×；3. √；4. ×；5. √；6. ×；7. ×；8. ×；9. ×；10. √

（四）思考题

【指导解答】

1. 简述工程财务管理的概念及其内容

概念：工程建设的整个过程不断进行，资金不断运动，最终形成了建筑产品。财务管理主要是指对工程建设工程中的资金管理，其对象就是资金及其流转以及在此过程中形成的各种财务关系。

内容：广义的工程财务管理包括工程建设资金运动的全部财务管理，包括资金管理、成本管理、筹资管理、投资管理和利润分配管理等。狭义的工程财务管理包括筹资管理、投资管理和利润分配管理。

2. 财务管理目标及其对财务管理的要求有哪些

（1）利润最大化目标

该观点认为，利润代表了企业所创造的财富，利润越多说明企业的财富增加得越多，越接近企业的目标。

要求：利润最大化作为企业财务管理目标具有直观、清晰、有利于资源的合理配置、有利于企业直接确定其考核目标和通过每个企业追求利润最大化的目标，从而使整个社会财富实现最大化的优点。具体来说，纳税人通过投资、筹资、经营等活动，比如采用各种"节税"技术，使纳税人的净利润最大，这就是"净利润最大化"观。

（2）股东财富最大化

这种观点认为，企业主要是由股东出资形成的，股东创办企业的目的是扩大财富，他们是企业的所有者，理所当然地，企业的发展应该追求股东财富最大化。在股份制经济条件下，股东财富由其所拥有的股票数量和股票市场价格两方面决定，在股票数量一定的前提下，当股票价格达到最高时，则股东财富也达到最大，所以股东财富又可以表现为股票价格最大化。

要求：上市公司而言，股东财富最大化就是股票市场价值最大化；对非上市公司而言，现代理财学认为，资产的内在价值是其未来现金流量的现值，根据这一观点，企业的内在价值是企业未来现金流量的现值（这里所说的现金流量现值是指现金流量净现值）。因此，增加现金流量净现值，是非上市公司达到企业价值最大化目标的具体体现。

（3）企业价值最大化目标

企业价值是指企业全部资产的市场价值，它是以一定期间归属于投资者的现金流量，按照资本成本或投资机会成本贴现的现值。企业价值不同于企业利润，利润只是新创造价值的一部分，而企业价值不仅包含了新创造的价值，也包含了企业潜在的或预期的获利能力。

要求：企业价值最大化是指通过财务上的合理经营，采取最优的财务政策，充分利用资金的时间价值和风险与报酬的关系，保证将企业长期稳定发展摆在首位，强调在企业价值增长中应满足各方利益关系，不断增加企业财富，使企业总价值达到最大化。企业价值最大化具有深刻的内涵，其宗旨是把企业长期稳定发展放在首位，着重强调必须正确处理各种利益关系，最大限度地兼顾企业各利益主体的利益。企业价值，在于它能带给所有者未来报酬，包括获得股利和出售股权换取现金。

3. 工程财务管理与企业财务管理的联系与区别

联系：财务管理主体相同；财务管理理论与方法相同；财务管理环节相同；财务管理的宏观环境相同。

区别：财务管理目标不同，工程财务管理目标是以工程项目实现利润最大和客户价值最优；管理对象不同，工程财务是以工程建设项目为客体，以工程项目产生的财务活动及形成的财务关系为载体，而企业财务以企业活动为载体；微观管理环境不同，工程财务受特定工程所在地的政策、经济和金融市场，建筑采购和工程市场关系的影响，而企业财务则是以企业所在的管理环境为主要因素。

4. 正确理解影响财务管理目标的因素

（1）财务管理主体

财务管理主体是指企业的财务管理活动应限制在一定的组织内，明确财务管理的空间范围。由于自主理财的确立，使得财务管理活动成为企业总体目标的具体体现，这为正确确立企业财务管理目标奠定了理论基础。

（2）财务管理环境

财务管理环境包括经济环境、法律环境、社会文化环境等财务管理的宏观环境，以及企业类型、市场环境、采购环境、生产环境等财务管理的微观环境，同样也是影响财务管理目标的主要因素。

（3）企业利益集团利益关系

企业利益集团是指与企业产生利益关系的群体。现代企业制度下，企业的利益集团已不是单纯的企业所有者，影响财务管理目标的利益集团包括企业所有者、企业债权人、政府和企业职工等，不能将企业财务管理目标仅仅归结为某一集团的目标，而应该是各利益集团利益的综合体现。

（4）社会责任

社会责任是指企业在从事生产经营活动，获取正常收益的同时，应当承担相应的社会责任。企业财务管理目标和社会责任客观上存在矛盾：企业承担社会责任会造成利润和股东财富的减少；企业财务管理目标和社会责任也有一致性：首先，企业承担社会责任大多是法律所规定的，如消除环境污染、保护消费者权益等。企业财务管理目标的完成，必须以承担社会责任为前提。其次，企业积极承担社会责任，为社会多做贡献，有利于企业树立良好形象，也有利于企业财务管理目标的实现。

5. 正确理解财务管理环境的内容及其对企业理财的影响

财务管理环境是指对理财活动具有直接或间接影响作用的外部条件或影响因素，它是从事企业财务管理难以改变的约束条件，这就要求从事工程建设的企业不断适应其运作环境的要求和变化。

（1）宏观经济环境

是指影响工程建设中财务管理的各项外部因素，主要包括经济环境、法律环境和金融市场环境等。

1）经济环境

影响财务管理经济环境的因素有经济周期、经济发展水平和经济政策等，经济周期对公司财务管理活动有很大影响。

2）法律环境

法律环境是指公司财务管理必须遵守的各项法律制度，包括法律、法规和部门规章等。对公司财务活动有影响的法律、法规主要包括企业组织法规、税收法规和财务会计法规。

3）金融市场环境

金融市场环境是公司财务管理活动的最重要的外部环境，对公司筹资决策和投资决策等均有着举足轻重的作用。金融市场是资金融通关系的总和，金融市场与企业理财的关系密切。

（2）微观经济环境

微观经济环境是指影响工程项目建设单位财务管理的各项微观经济因素，主要包括工程项目建设单位所处的市场环境、采购环境、生产环境等。

就工程项目所处的市场环境而言，一般情况下，参加交易生产者和消费者的数量越多，竞争越大，而参加交易商品差异程度越小，竞争程度越大。对工程项目而言，无论是建设单位还是施工单位，双方的财务管理都要注重建筑市场供求状况和工程差异程度两方面因素。对生产性、开发性建设项目而言，建设单位的财务管理还受到未来项目产品市场的重大影响。

采购环境不同对建设单位理财也会产生重要影响。如果建设单位处于稳定采购环境，则可少储备存货，如果处于波动的采购环境，则必须增加存货的保险储备，以防止存货不足影响生产；对于工程项目而言，相当多的采购通过招标方式进行，这一方面有利于降低工程成本，但另一方面也容易造成工程财务管理中一些难以准确预测的变化。

不同的企业具有不同的生产环境，比如，高技术企业的生产就需要有较多的固定资产、较少的生产工人，这必然导致企业在固定资产上占用较多的资金，而工薪费用较少，这就要求企业财务人员必须筹集到足够的长期资金以满足固定资产投资，而劳动密集型企业，则可较多地利用短期资金。目前我国建设项目大多采用劳动密集型方式建设，但生产资源投入又按建设进度分阶段进行，因此，其生产环境不同于其他财务管理的环境。

6. 财务管理的对象和内容是什么

对象：资金及其流转以及在此过程中形成的各种财务关系。

内容：

（1）筹资管理

（2）投资管理

（3）资金管理

（4）盈余管理

（5）税务管理

7. 财务管理有哪些环节？阐述各环节之间的内在联系

环节：财务分析、预测和财务计划；财务决策；财务控制和财务监督；参与金融市场；风险管理。

内在联系：在财务管理各环节中，财务管理的核心是财务决策。财务预测是决策和预算的前提；财务决策是在财务预测的基础上作出的；财务预算是财务决策的具体化，是以财务决策确立的方案和财务预测提供的信息为基础编制的，同时又是控制财务活动的依据；财务控制是落实计划任务，保证财务预算实现的有效措施；财务分析可以掌握各项财务预算的完成情况，评价财务状况，以改善财务预测、决策、计划和控制工作，提高管理水平。财务分析既是对前期工作的总结和评价，同时又是下期工作的经验指导或启示，在财务管理方法中起着承上启下的作用，随着财务管理的持续进行，正是因为财务分析的存在，才使预测、决策、预算、控制、分析首尾相接，形成财务管理循环。

8. 工程管理特点对财务管理有何影响

（1）工程财务管理对象

工程项目建造资金流动与财务活动运动存在内在的必然联系，同时也与工程项目建造活动运动规律保持一致，这就体现了工程财务的预测、决策、分析、核算、考核及控制等财务环节，对实施财务管理是十分重要的。

（2）工程财务风险决策

工程项目投入资金巨大，建设周期较长，其涉及项目环境因素及其关系变动的不确定性，因此产生了建设项目资金预测风险、项目融资风险、项目投资风险、项目成本管理风险、偿还贷款风险、项目结算风险以及项目受货币利率、汇率变动的金融风险等。

（3）工程项目财务分析与评价

工程财务的分析与评价，是以特定的工程项目为对象，对项目建设过程中所发生的融资、采购、投资、项目成本管理以及收入和利润分配等进行价值管理的过程。它与一般企业财务评价有联系，也存在区别：其一，对象差异。工程项目财务分析是以工程项目建设活动为对象进行的财务管理，企业财务分析则是以全部企业活动为对象。其二，财务报表指标差异。工程项目财务分析主要注重项目现金净流量，企业财务分析注重财务利润。其三，项目报表信息披露形式差异。一般企业的是规范的四大报表，必须公开披露；工程项目财务报表一般是在特定范围内公开，并不是约束性的。

（五）案例分析题

【案例 1-1】某建筑材料商店在主营材料批发的同时兼营对外安装业务，增值税率 16%，营业税率 3%，所得税为 25%，不考虑城建税和教育费附加。假定在某一纳税年度，该商店承揽一项安装工程业务，收入 468 万元。该商店若采取包工包料的方式，则购进材料费为 340 万元（取得增值税发票）；若采用包工不包料的方式承揽业务，则需支付材料复加工费 5 万元（混合销售行为）。请运用财务管理目标的二类观点，分析该工程价值关系。

【案例点评 1】"利润最大化"观点

纳税人通过投资、筹资、经营等活动，采用各种"节税"技术，使纳税人的净利润最大，这就是"净利润最大化"观。

建筑材料商店不同经营方式下对净利润的影响　单位：万元　　表 1-1

净利润影响经营方式	应纳增值税	应纳营业税	净利润的影响	说明
以货物批发为主的混合销售行为	10.15	0	0	对净利润的影响小
以非应税劳务为主的混合销售行为	0	14.04	−14.28	

注：① (468÷1.16−340)×16%=10.15 万元

② 468×3%=14.04 万元

③ (14.04+5)×(1−25%)=14.28 万元

从表 1-1 可以看出，按净利润最大化观，纳税人应通过经营活动，设法使混合销售行为变为以货物批发为主，从而达到净利润最大化的目标。但该观点忽略了对净利润无影响的增值税的缴纳给纳税人带来的整体价值的减值。

【案例点评 2】"企业价值最大化"观点

理论部分曾经对这种观点的优点和缺点进行了分析。对上市公司而言，股东财富最大化就是股票市场价值最大化；对非上市公司而言，现代理财学认为，资产的内在价值是其未来现金流量的现值，根据这一观点，企业的内在价值是企业未来现金流量的现值（这里所说的现金流量现值是指现金流量净现值）。因此，增加现金流量净现值，是非上市公司达到企业价值最大化目标的具体体现。

仍沿用上例，说明不同经营方式对净现金流量的影响，见表 1-2。

建筑材料商店不同经营方式下对净现金流量的影响　单位：万元　　表 1-2

净现金流量经营方式	应纳增值税	应纳营业税	应纳所得税	净利润的影响	净现金流量	说明
以货物批发为主的混合销售行为	10.15	0	0	0	−10.15	对净利润的影响小
以非应税劳务为主的混合销售行为	0	14.04	−4.76	−14.28	−14.28	

注：(14.04+5)×25%=4.76 万元

由表 1-2 可以看出，根据"净现金流量最大化"的观点，纳税人应通过经营活动，设法使混合销售行为变为以货物批发为主，以缴纳增值税，使企业的现金净流量最大，从而达到"企业价值最大化"的目标。

【特别提示】

上例只是为了说明"净利润最大化"观和"企业价值最大化"观的计算过程，实务中的业务操作需结合实际问题考虑。

【案例 1-2】青海省西宁市海昌财粮油工贸有限公司是一家从事粮油收购、精深加工、销售为一体的私营企业，致力于青藏高原无公害、无污染绿色农副产品的开发、生产、销售。公司有员工 380 多人，是青海省农牧业产业化重点龙头企业。在国家"一带一路"倡议的号召下，该公司 2013 年走出国门到尼泊尔投资建设了粮油加工项目，项目才完工不久。可是天有不测风云，2015 年 5 月，尼泊尔发生了 7.5 级强烈地震，该公司新建的化验室、储油库、精炼车间、预榨车间、机修车间、配电室、锅炉房以及职工食堂、宿舍等设施全部倒塌，造成 550 万元的巨大损失，企业顿时陷入生存困境。

根据《中华人民共和国政府和尼泊尔王国政府关于对所得避免双重征税和防止偷漏税的协定》，企业得知强烈地震造成的企业资产损失事项可以向尼泊尔当地税务部门提出享受税收优惠申请，包括延期纳税、税前抵扣、亏损弥补等。同时企业依据相关税法政策，虽然企业境外营业机构的亏损不得抵减境内营业机构的利润，但可以用同一国家（地区）其他项目或以后年度的所得按规定弥补。也就是说，虽然该公司尼泊尔粮油加工项目发生的亏损，不能抵减国内公司的利润，但可以用尼泊尔粮油加工项目以后年度取得的利润弥补。此外，粮油加工项目在尼泊尔已经实际缴纳的税收，可按规定申请回国抵免。

通过税收协定和国家税法相关政策理解，促使企业进行灾后税务规划方案，经过测算项目有 550 万元的资产损失可以在尼泊尔的投资企业中税前扣除，因为尼泊尔国内所得税税率为 25%，税前扣除以后可以少缴所得税 137.5 万元。说明企业通过税务管理，取得的项目税务价值为 137.5 万元。说明了工程项目的税制管理、税务规划和提出的税务措施十分重要；说明坚持税务法规和税务原则是创造工程税务价值的关键，最后才能实现了工程价值的最优效益。

【案例 1-3】巧签土地使用权转让合同的税收成本分析

甲施工企业购得土地 100 亩，价值 1000 万元，由于土地手续未完备，未取得土地使用权证，后来情况发生变化，甲施工企业欲转让该土地，乙房地产公司与甲施工企业签订了土地转让合同，合同约定转让总价款 1200 万元，签订合同后预付 400 万元，取得土地使用权证后支付尾款 800 万元。由于半年一直未取得土地使用权证，乙房地产公司不能进行工程开发，欲按原价转让，以期收回预付款 400 万元。丙房地产公司有购买该土地的意向，乙与丙就相关事宜谈妥，具体条款如下：甲施工企业与乙公司签订中止原土地转让合同执行的协议，并约定由甲施工企业返还乙公司预付款 400 万元；甲施工企业与丙公司签订土地转让合同，金额为 1200 万元，并约定由丙公司直接支付乙公司土地预付款 400 万元。甲施工企业向丙公司开付具委托付款通知书，明确将 400 万元转让款直接付给乙公司，则：

乙公司节省营业税额=1200×5%＝60 万元和城市维护建设税及教育费附加 60 万元×

（7%＋3%）＝6万元，扣除对企业所得税的抵减作用，乙企业实际上节省税收成本为66万元－66×25%＝66万元×75%＝49.5万元。案例说明，工程项目的价值最大，是通过全过程财务管理去创造的，不仅是财务视角的价值创造，还必须通过税务管理去创造价值。因此，工程财务管理是通过综合知识和实际能力学习，才能做到。

第二章 工程财务管理的基础理论

一、学习目标与要求

本章主要重点掌握工程财务管理中的价值管理两个基本观念，即时间价值观念和风险价值观念。通过本章学习，重点应掌握时间价值和风险价值之间的内在必然联系，熟练掌握基本计算方法，并能应用这两个观念去思考、分析和解决财务活动出现的问题。

熟悉财务管理的企业价值与资本结构、资本资产定价、期权定价等重要财务基础理论，掌握应用财务管理技术与编制财务方案的核心能力。

二、预习概览

(一) 重要概念
资金时间价值；复利；现值；终值；年金；风险价值；标准差；风险报酬。

(二) 关键问题
1. 什么是资金时间价值观念？
2. 什么是风险价值观念？
3. 财务风险有哪些特征？
4. 说明投资报酬率、货币时间价值、风险报酬之间的关系。
5. 如何理解运用资本结构理论实现工程项目创造价值？
6. 如何运用 MM 定理理解工程项目负债融资及负债风险的特征。
7. 对于房地产项目存在风险问题，投资者如何运用资本资产定价原理决策？
8. 试述系统风险与非系统风险的区别。
9. 运用财务估价原理，即折现率评价，房地产投资项目如何定价？
10. 简述资本资产定价模型，风险与报酬关系。

三、本章重点与难点

1. 资金时间价值。
2. 资金风险价值。
3. 资本结构理论与工程项目创造价值。
4. 系统风险与非系统风险的区别。
5. 财务估价原理，即折现率评价和房地产投资项目定价。
6. 资本资产定价模型对风险与报酬的关系。

四、习题和案例解析

(一) 单项选择题

1. 扣除风险报酬和通货膨胀贴水后的平均报酬率是（　　）。
   A. 资金时间价值率　　　　　　　　B. 债券利率
   C. 股票利率　　　　　　　　　　　D. 贷款利率
2. 两种股票完全负相关时，把这两种股票合理地组合在一起时，（　　）。
   A. 能适当分散风险　　　　　　　　B. 不能分散风险
   C. 能分散系统风险　　　　　　　　D. 能分散非系统风险
3. 两种完全正相关股票的相关系数为（　　）。
   A. $r=0$　　　　　　　　　　　　　B. $r=1$
   C. $r=-1$　　　　　　　　　　　　D. $r=\infty$
4. 已知某证券 β 系数为 2，则该证券的风险是（　　）。
   A. 无风险　　　　　　　　　　　　B. 风险很低
   C. 与市场平均风险一致　　　　　　D. 是市场平均风险的 2 倍
5. 下列哪项会引起系统性风险（　　）。
   A. 罢工　　　　　　　　　　　　　B. 通货膨胀
   C. 新产品开发失败　　　　　　　　D. 经营管理不善
6. 要对比期望报酬率不同的各项投资的风险程度，应该采用（　　）。
   A. 贝塔系数　　　　　　　　　　　B. 标准差
   C. 变异系数　　　　　　　　　　　D. 风险报酬系数
7. 某优先股，每月分得股息 2 元，年利率为 12%，该优先股的价值为（　　）。
   A. 200 元　　　　　　　　　　　　B. 16.67 元
   C. 100 元　　　　　　　　　　　　D. 150 元
8. 普通股的优先机会表现在（　　）。
   A. 优先分配剩余财产　　　　　　　B. 优先获股利
   C. 优先购新股　　　　　　　　　　D. 可转换
9. 张先生按 6 年分期付款购物，设定银行利率为 10%，该项分期付款相当于现在一次付款的购买价是（　　）元。
   A. 1895.50　　　　　　　　　　　 B. 1934.50
   C. 2177.50　　　　　　　　　　　 D. 2395.50
10. 与普通年金终值系数互为倒数的是（　　）。
    A. 年金现值系数　　　　　　　　　B. 偿债基金系数
    C. 复利现值系数　　　　　　　　　D. 投资回收系数
11. （　　）是衡量资金时间价值的绝对尺度。
    A. 利息　　　　　　　　　　　　　B. 利率
    C. 名义利率　　　　　　　　　　　D. 有效利率
12. 某施工企业拟对外投资，但希望从现在开始的 5 年内每年年末等额回收本金和利息 200 万元,若按年复利计算,年利率 8%,则企业现在应投资( )万元。已知:$(P/F, 8\%, 5)=0.6808$,$(P/A, 8\%, 5)=3.9927$,$(F/A, 8\%, 5)=5.8666$

A. 680.60　　　　　　　　　　　　B. 798.54

C. 1080.00　　　　　　　　　　　　D. 1173.32

13. 某建筑企业现在对外投资 1000 万元,投资期 5 年,5 年内每年年末等额收回本金和利息 280 万元,已知 $(P/A, 8\%, 5)=3.9927$,$(P/A, 10\%, 5)=3.8562$,$(P/A, 12\%, 5)=3.6084$,$(P/A, 14\%, 5)=3.4331$,则年基准收益率为( )。

A. 8.21%　　　　　　　　　　　　B. 11.24%

C. 12.39%　　　　　　　　　　　　D. 14.17%

14. 下列是回收系数表示符号的是( )。

A. $(A/P, i, n)$　　　　　　　　　　B. $(A/F, i, n)$

C. $(F/A, i, n)$　　　　　　　　　　D. $(P/A, i, n)$

15. 利率与社会平均利润率两者相互影响,( )。

A. 利率和社会平均利润率总是按同一比例变动

B. 利率越高,社会平均利润率越低

C. 要提高社会平均利润率,必须降低利率

D. 社会平均利润率越高,则利率越高

16. 有一项年金,前 3 年无流入,后 5 年每年年初流入 500 万元,假设年利率为 10%,其现值为( )万元

A. 1423.21　　　　　　　　　　　　B. 1566.45

C. 1813.48　　　　　　　　　　　　D. 1994.59

17. 风险报酬指投资者因冒风险进行投资而获得的( )。

A. 利润　　　　　　　　　　　　　B. 额外报酬

C. 利息　　　　　　　　　　　　　D. 利益

18. 标准离差指可能的报酬率偏离( )的综合差异。

A. 期望报酬率　　　　　　　　　　B. 概率

C. 风险报酬率　　　　　　　　　　D. 实际报酬率

19. 如果投资项目的预计概率分布相同,则( )。

A. 预计收益额越小,其标准差越大

B. 预计收益额越小,其期望值越大

C. 预计收益额越小,标准离差率越小

D. 预计收益额越大,其标准离差越大

20. 依据工程财务管理内容,财务风险是( )带来的风险。

A. 筹资决策　　　　　　　　　　　B. 投资决策

C. 工程决策　　　　　　　　　　　D. 销售决策

21. 下列不属于系统性风险特点的是( )。

A. 大多数资产价格变动方向往往是相同的

B. 无法通过分散化投资来回避

C. 可以通过分散化投资来回避

D. 由同一个因素导致大部分资产的价格变动

22. 企业价值最大化目标科学地考虑了风险与（　　）的关系。

A. 报酬　　　　　　　　　　　　B. 成本

C. 价值　　　　　　　　　　　　D. 收益

（二）多项选择题

1. β 系数是衡量工程项目投资风险大小的重要指标，下列有关 β 系数的表述中正确的有（　　）。

A. β 越大，说明风险越小

B. 某股票的 β 值等于 0，说明此证券无风险（无市场风险）

C. 某股票的 β 值小于 1，说明其风险小于市场的平均风险

D. 某股票的 β 值等于 1，说明其风险等于市场的平均风险

E. 某股票的 β 值等于 2，说明其风险高于市场的平均风险

2. 非系统风险产生的原因有（　　）。

A. 罢工　　　　　　　　　　　　B. 通货膨胀

C. 新产品开发失败　　　　　　　D. 高利率

E. 市场竞争失败

3. 系统风险产生的原因有（　　）。

A. 罢工　　　　　　　　　　　　B. 通货膨胀

C. 新产品开发失败　　　　　　　D. 高利率

E. 市场竞争失败

4. 按照资本资产定价模型，影响应用证券组合预期收益率的因素包括（　　）。

A. 无风险收益率

B. 证券市场上的必要收益率

C. 所有股票的平均收益率

D. 证券投资组合的 β 系数

E. 各种证券在证券组合中的比重

5. 下列关于 β 系数的表述中，正确的有（　　）。

A. 某工程项目投资的 β 值小于 1，说明其预期风险低于市场平均风险

B. β 值越大，说明风险越大

C. β 值等于 0，则此项目无风险

D. β 值体现了某项目的风险报酬

E. 国库券的 β 值为 1，则收益较大

6. 债券投资的优点有（　　）。

A. 本金安全性高，投资风险较小　　B. 收入较稳定

C. 流动性较好　　　　　　　　　　D. 具有经营管理权

E. 与股票投资相比通常报酬较高

7. 关于方差、标准差与变化系数，下列表述正确的是（　　）。

A. 标准差用于反映概率分布中各种可能结果偏离期望值的程度

B. 如果方案的期望值相同，标准差越大，风险越大

C. 变化系数越大，方案的风险越大

D. 在各方案期望值不同的情况下，应借助于方差衡量方案的风险程度

8. 构成投资组合的证券 A 和证券 B，其标准差分别为 12% 和 8%。在等比例投资的情况下，下列说法正确的有（   ）。

A. 如果两种证券的相关系数为 1，该组合的标准差为 2%

B. 如果两种证券的相关系数为 1，该组合的标准差为 10%

C. 如果两种证券的相关系数为 −1，该组合的标准差为 10%

D. 如果两种证券的相关系数为 −1，该组合的标准差为 2%

E. 如果两种证券无相关系数，其组合的标准差无法计量。

9. 下列关于资本资产定价模型 β 系数的表述中，正确的有（   ）。

A. β 系数可以为负数

B. β 系数是影响证券收益的唯一因素

C. 投资组合的 β 系数一定会比组合中任一单个证券的 β 系数低

D. β 系数反映的是证券的系统风险

E. β 系数是投资未来的预期收益

（三）判断题

1. 资金时间价值的表现形式通常是用资金的时间价值率。（   ）

2. 当两种股票完全负相关（$\gamma=-1$）时，分散持有股票没有好处；而当两种股票完全正相关（$\gamma=+1$）时，所有的风险都可以分散掉。（   ）

3. 国库券是一种几乎没有风险的有价证券，其利率可以代表资金时间价值。（   ）

4. 如果某种股票的 β 系数等于 1/2，说明其风险是整个市场的风险的 2 倍。（   ）

5. 由于几乎没有风险，短期国库券利率可以近似代表资金时间价值。（   ）

6. 两种完全负相关的证券组合在一起，可以消除一切风险。（   ）

7. 当股票种类足够多时，几乎能把所有的非系统风险分散掉。（   ）

8. 期限债券、优先股股利、普通股股利均可视为永续年金。（   ）

9. 由现值求终值，称为折现，折现时使用的利息率称为折现率。（   ）

10. 复利计息频数越高，复利次数越多，终值的增长速度越快，相同期间内终值越大。（   ）

11. 资金时间价值是由时间创造的，因此所有的资金都有时间价值。（   ）

12. 不可分散的风险程度，通常用系数 β 来计量，作为整体的证券市场的 β 系数等于 1。（   ）

13. 若 $I>0$，$n>1$，则复利的终值系数一定小于 1。（   ）

14. 在风险不变时，报酬越高，企业总价值越大；在风险和报酬达到最佳平衡时，企业总价值最优。（   ）

【参考答案】

单项选择题：1. A；2. D；3. B；4. D；5. B；6. C；7. A；8. C；9. D；10. B；11. A；12. B；13. C；14. A；15. D；16. B；17. B；18. A；19. C；20. A；21. C；22. A

多项选择题：1. CD；2. ACE；3. BD；4. ABCDE；5. AB；6. ABC；7. ABC；8. BD；9. BD

判断题：1. √；2. ×；3. ×；4. ×；5. √；6. √；7. √；8. ×；9. ×；10. √；11.

×；12. √；13. ×；14. √

(四) 思考题

1. 简述资金时间价值。
2. 简述风险价值。
3. 风险有哪些特征？
4. 说明投资报酬率、货币时间价值、风险报酬之间的关系。
5. 运用资本结构理论工程项目创造价值如何理解？
6. 试述系统风险与非系统风险的区别。
7. 运用资本资产定价原理，对于房地产项目存在风险的问题投资者如何决策？
8. CAPM 模型有哪些理论假设？
9. 运用财务估价原理，即折现率评价，房地产投资项目如何定价？
10. 简述资本资产定价模型对风险与报酬关系。
11. 简述有效市场理论的三种类型。

【指导解答】

1. 简述资金时间价值。

资金时间价值是指货币经历一定时间的投资和再投资所增加的价值，也称为货币的时间价值。

2. 简述风险价值。

又称风险报酬，是投资者冒着风险进行投资而要求的超过时间价值的那部分额外报酬。

3. 风险有哪些特征？

客观性；动态性；可控性；一体性。

4. 说明投资报酬率、货币时间价值、风险报酬之间的关系。

时间价值是无风险的投资报酬率；投资报酬率既包括无风险报酬率，同时包括风险报酬率。无风险报酬率一般指的是市场上的债券的利率，风险报酬率指的是投资者平均收益率减去无风险收益率。

5. 对于存在风险的问题投资者如何决策？

(1) 投资者要求的必要报酬率部分地决定于无风险利率；
(2) 投资收益率与市场总体收益期望之间的相关程度对于必要报酬率有显著影响；
(3) 任何投资者都不可能回避市场的系统风险；
(4) 谋求较高的收益必须承担较大的风险，这种权衡取决于投资者的期望效用。

6. 试述系统风险与非系统风险的区别。

系统性风险是指由于公司外部、不为公司所预计和控制的因素造成的风险。通常表现为国家、地区性战争或骚乱，全球性或区域性的石油恐慌，国民经济严重衰退或不景气，国家出台不利于公司的宏观经济调控的法律法规，中央银行调整利率等。这些因素单个或综合发生，导致所有证券商品价格都发生动荡，它断裂层大，涉及面广，人们根本无法事先采取某针对性措施予以规避或利用，即使分散投资也丝毫不能改变降低其风险，从这一意义上讲，系统性风险也称为分散风险或者称为宏观风险。

非系统性风险是由股份公司自身某种原因而引起证券价格的下跌的可能性，它只存在于相对独立的范围，或者是个别行业中，它来自企业内部的微观因素。这种风险产生于某一证券或某一行业的独特事件，如破产、违约等，与整个证券市场不发生系统性的联系，这是总的投资风险中除了系统风险外的偶发性风险，或称残余风险。

7. 简述资本资产定价模型对风险与报酬的关系。

资本资产定价模型描述了个别证券或证券投资组合的收益与风险之间的关系，是资本市场理论的核心。

基本公式为：

$$R_R = \beta(R_M - R_F)$$

式中　R_R——证券组合的风险报酬；

　　　β——证券组合的贝塔系数；

　　　R_M——所有股票的平均报酬率，也就是由市场上所有股票组成的证券组合的报酬率，也称为市场报酬率；

　　　R_F——无风险报酬率。

无风险利率一般可以由短期国库券的利率代替。

若某种证券预计的收益率等于资本资产定价模型所计算出的期望收益率，则该证券为投资者提供的收益率与其承担的风险相匹配；

若某种证券预计的收益率高于资本资产定价模型所计算出的期望收益率，则该证券为投资者提供的收益率高于其应得的收益率，即目前证券的价格被低估；（低于则反之）

8. CAPM 模型有哪些理论假设？

答案：CAPM 模型的理论假设包括：第一，资本市场是一个充分竞争和有效的市场。第二，资本市场上，追求最大的投资收益是所有投资者的投资目的。第三，资本市场上，所有投资者均有机会运用多样化、分散化的方法来减少投资的非系统性风险。第四，资本市场上，对某一特定资产，所有投资者是在相同的时间区域做出投资决策。

9. 运用财务估价原理，即折现率评价房地产投资项目，如何定价。

财务估价是指对一项资产价值的估计。这里的"价值"是指资产的内在价值，或者称为经济价值，是指用适当的折现率计算的资产预期未来现金流量的现值。财务估价的基本方法是折现现金流量法。

房地产估价中，收益法是常用的估价方法之一。折现率是利用收益法准确计算房地产价格的关键问题之一，因而适当的确定方法又成为影响折现率准确性的重要因素。通过分析折现率的选取现状和原则，构建以安全利率加风险调整值法为基础的折现率定量模型，并进一步确定了安全利率和风险参数模型，对科学、正确、客观地确定房地产估价中的折现率具有重要的参考价值。

折现率（discount rate）是指将未来有限期预期收益折算成现值的比率。而本金化率和资本化率或还原利率通常是指将未来无限期预期收益折算成现值的比率。

折现率亦称期望报酬率（又称收益还原率），包括无风险报酬率和风险报酬率，是根据资金的时间价值特性，是未来某一定量的收益与某一个小于它的收益额在价值上相等，即对未来收益的折扣换算到现在的价值，本质是一种投资回报率。它是将资产的净收益还原为资产价值的一个重要因素。

在正常情况下，折现率的大小与投资风险的大小成正比关系，风险越大，折现率则越高；风险越小，折现率则越低。

基准折现率则是一个管理会计的概念，它实际上是折现率的基准，通常是用来评价一个项目在财务上，其内部收益率（IRR）、折现率是否达标的比较标准，通常基准折现率可选用社会基准折现率、行业基准折现率、历史基准折现率等做为评价项目的基准折现率。

某写字楼持有 5 年后出售，持有期内年均有效毛收入为 400 万元，运营费用率为 30%，预计 5 年后出售时总价为 6000 万元，销售税费为售价的 6%，无风险报酬率为 6%，风险报酬率为无风险报酬率的 25%。该写字楼目前的价格为计算折现率＝6%＋6%×25%＝7.5%，其房地产价格为 6000×(1－6%)/1.075⁵＋400×0.7/0.075×(1－1.075－5)＝5061.44 万元。从而表明：风险报酬率、平均折现率、费用率是影响折现率的关键。

10. 简述资本资产定价模型对风险与报酬关系。

理论意义：资本资产定价理论认为，一项投资所要求的必要报酬率取决于以下三个因素：(1) 无风险报酬率，即将国债投资（或银行存款）视为无风险投资；(2) 市场平均报酬率，即整个市场的平均报酬率，如果一项投资所承担的风险与市场平均风险程度相同，该项报酬率与整个市场平均报酬率相同；(3) 投资组合的系统风险系数即 β 系数，是某一投资组合的风险程度与市场证券组合的风险程度之比，CAPM 模型说明了单个证券投资组合的期望受益率与相对风险程度间的关系，即任何资产的期望报酬一定等于无风险利率加上一个风险调整后者相对整个市场组合的风险程度越高，需要得到的额外补偿也就越高。

即 β 越大，系统性风险越高，要求的报酬率越高，反之，β 越小，要求的报酬率越低；风险补偿，即 R_M-R_F，是投资者为补偿承担超过无风险报酬的额外风险而要求的报酬，即市场组合报酬率与无风险报酬率之差。这也是资产定价模型（CAPM）的主要结果。

主要作用：CAPM 理论是现代金融理论的核心内容，他的作用主要在于：通过预测证券的期望收益率和标准差的定量关系来考虑已经上市的不同证券价格的"合理性"；可以帮助确定准备上市证券的价格；能够估计各种宏观和宏观经济变化对证券价格的影响。

11. 简述有效市场理论的三种类型。

按照可获利信息的分类不同，人们将有效率的资本市场细分为三类：(1) 弱有效市场。在该市场中，证券的现行价格所充分反映的是有关过去价格和过去收益的一切信息。(2) 半强型有效市场。在该市场中，现行的证券价格不仅能反映过去价格和过去收益的一切信息，而且还融会了一切可以公开得到的信息。(3) 强有效市场。该模型中的证券价格所包括的信息面最广，价格在充分反映过去收益和报酬、充分反映一切可获得的公开信息之外，还对非公开的信息异常敏感，能即刻反映全部分开和非公开的有关信息。有效资本市场的三种类型都有一个共同特征，即证券的价格反映一定的信息。其三种类型的区别在于，不同的市场反映信息的范围各异。

（五）计算题

1. 假设以 10% 的年利率借得 30000 元，投资于某个寿命为 10 年的项目，为使该项目有利可图，每年至少应收回的现金数额为多少？

2. 某公司拟购置一处房产，房主提出两种付款方案：

从现在起，每年年初支付 20 万元，连续支付 10 次，共 200 万元；

从第五年开始，每年年初支付 25 万元，连续支付 10 次，共 250 万元。

假设该公司的资金成本率（即最低报酬率）为 10%，你认为该公司应选择哪个方案？

3. A、B 两个投资项目，投资额均为 10000 元，其收益的概率分布见表 2-1。

表 2-1

概率	A 项目收益额	B 项目收益额
0.2	2000	3500
0.5	1000	1000
0.3	500	−500

试计算这两个项目的期望收益、标准差以及标准离差率，并判断两个项目的优劣。

4. 某公司的投资组合中有五种股票，所占比例分别为 30%，20%，20%，15%，15%。其贝塔系数分别为 0.8，1，1.4，1.5，1.7。股票必要风险收益率为 10%，无风险收益率为 8%。试求该投资组合的期望报酬率。

5. 某人准备购买一套住房，他必须现在支付 15 万元现金，以后在 10 年内每年年末支付 1.5 万元，若以年复利率 5% 计，则这套住房现价多少？

【指导解答】

【1 解】$A = 30000 \ (A/P, 10\%, 10)$

经查表的：$(A/P, 10\%, 10) = 0.1628$

$A = 30000 \times 0.1628 = 4884$ 元

【2 解】比较所付款项现值大小

方案一：$P = 20(P/A, 10\%, 10)(1+10\%) = 20 \times 6.1446 \times 1.1 = 135.18$ 万元

方案二：$P = 25(P/A, 10\%, 10)(P/F, 10\%, 4) = 25 \times 6.1446/(1+10\%)^4 = 104.92$ 万元

∵ P(方案一) $>$ P(方案二)

∴ 应选择方案二

【3 解】根据：$\overline{E} = \sum_{i=1}^{n}(X_i \cdot P_i)$

A 方案：$\overline{E} = 0.2 \times 2000 + 0.5 \times 1000 + 0.3 \times 500 = 1050$ 元

B 方案：$\overline{E} = 0.2 \times 3500 + 0.5 \times 1000 + 0.3 \times (-500) = 1050$ 元

$$\sigma = \sqrt{\sum_{i=1}^{n}[(X_i - \overline{E})^2 \cdot P_i]}$$

A 方案：

$\sigma = \sqrt{(2000-1050)^2 \times 0.2 + (1000-1050)^2 \times 0.5 + (500-1050)^2 \times 0.3}$

$= 50\sqrt{109}$ 元

B 方案：

$\sigma = \sqrt{(3500-1050)^2 \times 0.2 + (1000-1050)^2 \times 0.5 + (-500-1050)^2 \times 0.3}$

$= 50\sqrt{769}$ 元

$$Q = \frac{\sigma}{E}$$

A 方案：$Q = \frac{50\sqrt{109}}{1050} = 0.4972$

B 方案：$Q = \frac{50\sqrt{769}}{1050} = 1.3205$

从以上的计算可知，A、B 两个开发方案期望收益相同，但其概率分布不同。A 方案期望收益的分散程度较小，B 方案期望收益的分散程度较大。在期望收益相同的情况下，概率分布越集中，实际收益越接近期望收益，即风险程度越小；概率分布越分散，实际收益与期望收益的偏差越大，即风险程度越大。因此，在上例中，A、B 两个开发方案期望收益相同，但风险大小不同，A 方案风险较小，B 方案风险较大。

A 开发方案的标准离差远小于 B 开发方案的标准离差，说明 A 开发方案的风险小于 B 开发方案的风险。

【4 解】确定证券组合的贝塔值：

$$\beta = \sum_{i=1}^{n} x_i \beta_i = 30\% \times 0.8 + 20\% \times 1 + 20\% \times 1.4 + 15\% \times 1.5 + 15\% \times 1.7 = 1.2$$

计算该投资组合的期望报酬率：

$$R_i = R_F + \beta_i (R_M - R_F) = 8\% + 1.2 \times (10\% - 8\%) = 10.4\%$$

【5 解】根据：$P = A \dfrac{1 - (1+i)^{-n}}{i}$

$$P = 1.5 \times \frac{1 - (1+5\%)^{-10}}{5\%} = 11.5826 \text{ 万元}$$

$$P_{总} = 15 + 11.5826 = 26.5826 \text{ 万元}$$

（六）案例分析题

【案例 2-1】假设某建设单位发行的企业债券面额为 100 元，3 年期，单利计息，年利率为 14%，则到期后的本利和是多少？

[计算分析]

$$F = P + I = P + P \cdot n \cdot i = P(1 + n \cdot i)$$

根据题意得：

$$F = P(1 + n \cdot i) = 100 \times (1 + 3 \times 14\%) = 142 (元)$$

这表明单利计息方式只计算本金利息，不计算利息的利息。

【案例 2-2】某建设投资公司拟从证券市场购买一年前发行的 5 年期、年利率为 10%（单利），到期一次还本付息，面额 100 元的国债，若该公司要求在余下的 4 年中获得 8% 的年利率（单利），问应以什么价格买入？

[计算分析]

$$F = P + I = P + P \cdot n \cdot i = P(1 + n \cdot i)$$

根据题意得：

$$P(1 + 8\% \times 4) = 100(1 + 10\% \times 5)$$

解得 $P = 113.64$ 元

这表明该公司若要在余下的四年中以单利形式获得8%的年利率,要付出113.64元。

【案例2-3】 某建设单位将20000元存放于银行,年存款利率为6%,在复利计息方式下,3年后的本利和为多少?(即已知P,求F)

[计算分析]

根据题意得:
$$F_n = P(1+i)^n = P(F/P, i, n)$$
$$F = 20000 \times (F/P, 6\%, 3)$$

查表,在$i=6\%$,$n=3$的行中,$(F/P, 6\%, 3)=1.191$

因此,$F=20000\times1.191=23820$元

通过复利计息方式,即"利滚利"方式,该公司3年后获得23820元的本利和。

【案例2-4】 某建设单位有10000元,准备投入报酬率为8%的投资项目,经过多少年才可使现有货币增加1倍?

[计算分析]

$$F_n = P(1+i)^n = P(F/P, i, n)$$

根据题意得:
$$F = 10000 \times 2 = 20000$$
$$20000 = 10000 \times (1+8\%)^n$$

$(1+8\%)^n = 2$

$(F/P, 8\%, n) = 2$

查表,在$i=8\%$的项下寻找2,最接近的值为:

$(F/P, 8\%, 9) = 1.999$

因此,$n=9$(年)

通过计算,9年后可使现有货币增加1倍。

【案例2-5】 现有10000元,要使10年后使其达到原来的3倍,选择投资机会时最低可接受的报酬率是多少?

[计算分析]

$$F_n = P(1+i)^n = P(F/P, i, n)$$

根据题意得:
$$F = 10000 \times 3 = 30000$$
$$30000 = 10000 \times (1+i)^{10}$$
$$(1+i)^{10} = 3$$

查表,在$n=10$的行中寻找3,对应的i值为12%。

即当投资机会的最低报酬率为12%时,才可使现有货币在10年后达到3倍。

1. 复利现值的计算(已知F,求P)

【案例2-6】 某房地产开发企业投资项目预计6年后可获得收益800万元,按年利率12%计算,则这笔资金的现值是多少?

[计算分析]
$$P = \frac{F}{(1+i)^n} = F(1+i)^{-n} = F(P/F, i, n)$$

根据题意得：
$$P=800\times(P/F,12\%,6)$$
经查表得：$(P/F,12\%,6)=0.5066$
$$P=800\times0.5066=405.28\text{ 万元}$$

通过复利计息方式，即"利滚利"方式，某企业要在六年后获得800万元的本利和，当前应投入的资金为405.28万元。

2. 普通年金终值的计算（已知A，求F）

【案例2-7】某建筑工程项目5年建成，每年末投资100万元，若年利率为10%，求第5年末的实际累计总投资额。

[计算分析]
$$F=A\frac{(1+i)^n-1}{i}$$

根据题意得：
$$F=100(F/A,10\%,5)$$
查表得：$(F/A,10\%,5)=6.1051$
$$F=100\times6.1051=610.51\text{ 万元}$$

该建筑工程项目第5年末实际累计总投资额的终值为610.51万元。即每年末投资必须按照复利计算到第5期。

3. 偿债基金的计算（已知F，求A）

【案例2-8】假设某房地产开发公司4年后需要100万元的资金用于固定资产设备更新，若存款年利率为10%，问从现在开始该公司每年应向银行存入多少资金？

[计算分析]
$$A=F\frac{i}{(1+i)^n-1}$$

根据题意得：
$$A=100\times(A/F,10\%,4)$$
查表得：$(A/F,10\%,4)=0.2155$
$$A=100\times0.2155=21.55\text{ 万元}$$

通过复利计息方式计算得知，从现在开始该公司每年应向银行存入21.55万元才能满足需要。

4. 普通年金现值的计算（已知A，求P）

【案例2-9】某企业在未来4年中，每年年末回收资金12000元，年复利率为8%，则现需要向银行存入多少钱？

[计算分析]
$$P=A\frac{1-(1+i)^{-n}}{i}$$

根据题意得：
$$P=12000\times(P/A,8\%,4)$$
查表得：$(P/A,8\%,4)=3.3121$
则：$P=12000\times3.3121=39745.20$ 元

5. 投资年回收额的计算（已知 P，求 A）

【案例 2-10】某工程项目预计投资 1000 万元，在 10 年内等额投入，以年利率 12% 计算，则每年应投入的金额是多少？

[计算分析]

$$A = P\frac{i}{1-(1+i)^{-n}}$$

根据题意得：

$$A = 1000 \times (A/P, 12\%, 10)$$

查表得：$(A/P, 12\%, 10) = 0.1770$

则 $A = 1000 \times 0.1770 = 177$ 万元

6. 其他年金（等额现金流量序列）的计算

(1) 即付年金终值的计算

【案例 2-11】已知某建设公司每年年初向银行存入 10000 元，连续存入 5 年，存款利率为 5%，试求该公司在第 5 年末一次能取出的本利和金额。

[计算分析]

方法一：

根据题意得：$F = A[(F/A, i, n+1) - 1]$

查表得，$(F/A, 5\%, 6) = 6.8019$

$F = 10000 \times (F/A, 5\%, 6) - 10000 = 58019$ 元

方法二：

$$F = A(F/A, i, n) \times (1+i)$$

查表得：$(F/A, 5\%, 5) = 5.5256$

$F = 10000 \times (F/A, 5\%, 6) \times (1+5\%) = 58019$ 元

(2) 即付年金现值的计算

【案例 2-12】某工程项目预计 6 年内建成，年利率为 10%，每年初等额投资 200 万元，试计算该项目投资总额的现值。

[计算分析]

方法一：

根据题意得：$P = A(P/A, i, n-1) + A$

查表得 $(P/A, 10\%, 5) = 3.7908$

$P = 200 \times [(P/A, 10\%, 5) + 1] = 200 \times [3.7908 + 1] = 958.16$ 万元

方法二：

根据题意得：$P = A(P/A, i, n) \times (1+i)$

查表得 $(P/A, 10\%, 6) = 4.3553$

$P = 200 \times (P/A, 10\%, 6) \times (1+10\%) = 200 \times 4.3553 \times 1.1 = 958.16$ 万元

递延年金现值的计算

【案例 2-13】某投资项目，预计 5 年后可建成投产，每年末可获得收益 10000 元，经营期 10 年，年利率为 8%。计算此项目总受益的现值。

[计算分析]

方法一：

根据题意得：$P=A(P/A,i,n-s)\times(P/F,i,s)$

$P=10000\times(P/A,8\%,5)\times(P/F,8\%,5)$

查表得$(P/A,8\%,5)=3.9927$；$(P/F,8\%,5)=0.6806$

$P=10000\times3.9927\times0.6806\approx27174$ 元

方法二：

根据题意得：$P=A(P/A,i,n)-A(P/A,i,s)=A[(P/A,i,n)-(P/A,i,s)]$

$P=10000\times[(P/A,8\%,5)-(P/A,8\%,5)]$

查表得$(P/A,8\%,10)=6.7101$；$(P/A,8\%,5)=3.9927$

$P=10000\times(6.7101-3.9927)=27174$ 元

(3) 永续年金的计算

【案例 2-14】 某公司持有另一公司的优先股，每年每股股利为 2 元，若此公司想长期持有，在利率为 8% 的情况下，试问该优先股的价值。

[计算分析]

$P=A/i=2\div8\%=25$ 元

第三章 工程融资管理

一、学习目标与要求

掌握工程财务管理融资的基本原理；掌握工程项目融资的动机和融资分类，分析工程项目各种可能的融资方式；掌握工程项目融资资金成本原理、各类融资方式的资金成本的计算方法；理解权益融资和负债融资，工程项目融资应用分析方法；掌握工程项目资金结构和融资方案最优决策方法掌握工程项目融资方案编制。

二、预习概览

（一）重要概念
工程项目融资；权益融资；负债融资；资金成本；财务风险；最优资金结构。

（二）关键问题
1. 工程项目主体筹集资金应遵循哪些基本原则？
2. 权益筹资有哪些方式？各有哪些优缺点？
3. 负债筹资有哪些方式？各有哪些优缺点？
4. 长期借款的还本付息方式主要有哪些？项目主体应如何做好还款计划安排？
5. 什么是资金成本？资金成本具备什么作用？
6. 综合资金成本有哪些计算方法？各有何特征？
7. 什么是边际资金成本？边际资金成本在工程项目主体筹资及投资中有何作用？
8. 什么是经营杠杆和经营风险？什么是财务杠杆和财务风险？财务杠杆作用原理对项目主体筹资决策有何指导意义？
9. 在公共产品项目融资模式中，选择项目融资模式的要点是什么？
10. BOT项目融资模式、PPP项目融资模式和BOOT项目融资模式主要区别，存在的共同点是什么？对设计融资方案有何不同？

三、本章重点与难点

1. 工程财务融资内涵及特征。
2. 权益融资结构与特征。
3. 债务融资内容与分类。
4. 资金成本与杠杆原理。
5. 项目融资内涵、本质及特征。

6. PPP 融资内涵、本质及特征。

四、习题和案例解析

(一) 单项选择题

1. 筹资成本利率通常采用(　　)表示。
   A. 月利率　　　　　　　　　　B. 年利率
   C. 名义利率　　　　　　　　　D. 有效利率
2. 若按季结息的有效利率为 4.06%，则其名义利率为(　　)。
   A. 3.06%　　　　　　　　　　B. 3.96%
   C. 4%　　　　　　　　　　　 D. 5.06%
3. 与优先股资金成本无关的因素是(　　)。
   A. 优先股股息　　　　　　　　B. 优先股发行价格
   C. 发行成本　　　　　　　　　D. 发行时间
4. 项目的总体资金成本用(　　)来表示。
   A. 优先股资金成本　　　　　　B. 普通股资金成本
   C. 加权平均资金成本　　　　　D. 将以上三者综合起来表示
5. 重要项目的投资选址首先要考察项目所在地的(　　)。
   A. 投融资环境　　　　　　　　B. 法律环境
   C. 经济环境　　　　　　　　　D. 投资政策
6. 两种基本的融资方式是按照形成项目的融资(　　)体系划分的。
   A. 保险　　　　　　　　　　　B. 信用
   C. 周转　　　　　　　　　　　D. 结构
7. 新设项目法人融资又称(　　)。
   A. 项目融资　　　　　　　　　B. 新设法人融资
   C. 法人融资　　　　　　　　　D. 新设融资
8. 设市场上有甲乙两种债券，甲债券目前距到期日还有 3 年，乙债券目前距到期日还有 5 年。两种债券除到期日不同外，其他方面均无差异。如果市场利率出现了急剧上涨，则下列说法中正确的是(　　)。
   A. 甲债券价值上涨得更多　　　B. 甲债券价值下跌得更多
   C. 乙债券价值上涨得更多　　　D. 乙债券价值下跌得更多
9. 下列关于"运用资本资产定价模型估计权益成本"的表述中，错误的是(　　)。
   A. 通货膨胀率较低时，可选择上市交易的政府长期债券的到期收益率作为无风险利率
   B. 公司三年前发行了较大规模的公司债券，估计 β 系数时应使用发行债券日之后的交易数据计算
   C. 金融危机导致过去两年证券市场萧条，估计市场风险溢价时应剔除这两年的数据
   D. 为了更好地预测长期平均风险溢价，估计市场风险溢价时应使用权益市场的几何平均收益率

10. 项目融资以（　　）为基础。
    A. 投资研究　　　　　　　　　　B. 初步投资决策
    C. 融资谈判　　　　　　　　　　D. 融资研究

11. （　　）是项目融资的核心。
    A. 项目的信用担保结构　　　　　B. 项目的投资结构
    C. 项目的资金结构　　　　　　　D. 项目的融资结构

12. 项目的融资组织形式为（　　）。
    A. 既有项目法人融资和新设项目法人融资
    B. 资本金融资和债务融资
    C. 项目融资和非项目融资
    D. 公司融资和非公司融资

13. 咨询工程师在进行项目融资咨询论证中，首先应分析（　　）。
    A. 项目市场机会　　　　　　　　B. 项目投资动机
    C. 项目融资动机　　　　　　　　D. 项目区位优势

14. 项目准备阶段的融资咨询主要是从（　　）的角度，调整和落实融资方案，为项目融资和企业理财服务。
    A. 政府主管部门　　　　　　　　B. 企业损益
    C. 项目法人和企业　　　　　　　D. 项目投资人

15. 确定股票发行价格的方法中，（　　）在国外常用于房地产公司或资产现值重于商业利益的公司的股票发行，但是在国内一直未采用。
    A. 市盈率定价法　　　　　　　　B. 净资产倍率法
    C. 竞价确定法　　　　　　　　　D. 现金流量折现法

16. 普通股和优先股筹资方式共有的缺点包括（　　）。
    A. 财务风险大　　　　　　　　　B. 筹资限制多
    C. 容易分散控制权　　　　　　　D. 筹资成本高

17. 下列各项中不属于利用商业信用筹资形式的是（　　）。
    A. 赊购商品　　　　　　　　　　B. 预收货款
    C. 短期借款　　　　　　　　　　D. 商业汇票

18. 下列各项中不属于杠杆收购筹资特点的是（　　）。
    A. 筹资企业的杠杆比率低
    B. 有助于促进企业优胜劣汰
    C. 贷款安全性强
    D. 有利于提高投资者的收益能力

19. 优先股票的特征不包括（　　）。
    A. 股息率固定　　　　　　　　　B. 股息分派优先
    C. 剩余资产分配优先　　　　　　D. 具有优先认股权

20. （　　）直译为公共部门和私人部门的伙伴关系，中国为政府和社会资本合作模式。
    A. P2P　　　　　　　　　　　　　B. PPP

C. B2P
D. G2P

21. PPP项目付费机制中的（　　）是指由政府直接付费购买公共产品或服务。
A. 政府付费
B. 使用者付费
C. 可行性缺口补贴
D. 发行公共债券

22. PPP项目付费机制中的（　　）是指由最终消费用户直接付费购买公共产品和服务。
A. 政府付费
B. 使用者付费
C. 可行性缺口补贴
D. 发行公共债券

23. PPP项目付费机制中的（　　）是在政府付费机制与使用者付费机制之外的一种折衷选择。
A. 政府付费
B. 使用者付费
C. 可行性缺口补贴
D. 发行公共债券

24. PPP模式坚持的基本原则是（　　）。
A. 公平公正
B. 成本效益
C. 风险分担
D. 效益平均

25. 项目资本金是指（　　）。
A. 项目建设单位的直接资金
B. 项目总投资中的固定资产投资部分
C. 项目总投资中由投资者认缴的出资额
D. 项目开工时，已经到位的资金

（二）多项选择题

1. 项目的投融资模式是指项目投资及融资所采取的基本方式，包括项目的（　　）。
A. 投资组织形式
B. 融资组织形式
C. 融资结构
D. 融资成本
E. 融资风险

2. 研究项目的融资方案，首先要研究拟定项目的（　　）。
A. 投融资主体
B. 投融资模式
C. 资金来源渠道
D. 融资成本
E. 融资风险

3. 项目的融资风险分析主要包括（　　）。
A. 出资能力、出资吸引力
B. 再融资能力
C. 融资预算的松紧程度
D. 利率及汇率风险
E. 融资成本

4. 下列各项中，属于长期借款合同例行性保护条款的有（　　）。
A. 限制现金股利的支付水平
B. 限制为其他单位或个人提供担保
C. 限制租赁固定资产的规模
D. 限制高级管理人员的工资和奖金支出
E. 贷款的专款专用

5. 企业的筹资渠道包括（　　）。
   A. 银行信贷资金
   B. 国家资金
   C. 居民个人资金
   D. 企业自留资金
   E. 其他企业资金

6. 项目的投融资模式是指项目投资及融资所采取的基本方式，包括项目的（　　）。
   A. 投资组织形式
   B. 融资组织形式
   C. 融资结构
   D. 融资成本
   E. 融资风险

7. 投融资环境调查主要包括（　　）。
   A. 法律法规
   B. 经济环境
   C. 融资渠道
   D. 税务条件
   E. 自然环境

8. 对工程项目的经济环境的调查主要包括（　　）。
   A. 资本市场
   B. 证券市场
   C. 税务体系
   D. 银行体系
   E. 国家经济和产业政策

9. 下列说法正确的是（　　）。
   A. 政府资金，包括财政预算内及预算外的资金，可能是无偿的
   B. 非银行金融机构，包括信托投资公司、投资基金公司、风险投资公司、保险公司、租赁公司
   C. 外国政府资金可能以贷款或赠款方式提供
   D. 直接融资是指从银行及非银行金融机构借贷的信贷资金
   E. 国内外企业、团体、个人的资金不属于融资渠道

10. 关于有限追索项目融资，下列正确的说法是（　　）。
    A. 项目发起人对项目借款负有限担保责任
    B. 追索的有限性表现在时间及金额两个方面
    C. 项目建设期内项目公司的股东提供担保，建成后这种担保会被房产抵押代替
    D. 金额方面的限制可能是股东只对事先约定金额的项目公司借款提供担保，其余部分不提供担保
    E. 股东也可以只是保证在项目投资建设及经营的最初一段时间内提供事先约定金额的追加资金支持

11. 债务资金的基本结构（　　）。
    A. 债务期限
    B. 债务偿还
    C. 债务序列
    D. 债权保证
    E. 违约风险

12. 某企业公司资本成本的高低，取决于（　　）。
    A. 该企业投资项目的风险
    B. 该企业的财务风险
    C. 无风险报酬率
    D. 该企业经营风险

13. 下列关于资本成本的说法中，正确的有（　　）。

A. 公司的经营风险和财务风险大，则项目的资本成本也就较高
B. 公司的资本成本是各种资本要素成本的加权平均数
C. 项目资本成本是投资所要求的最低报酬率
D. 项目资本成本等于公司资本成本

14. 如果在进行投资项目评价时，使用股票贝塔系数和证券市场线来计算项目的折现率，则需要设定的前提条件有（　　）。
A. 公司的财务风险和经营风险相同
B. 公司经营风险小于财务风险
C. 企业资本全部来自股权融资
D. 新项目的风险和整个企业的风险是相同的

15. 属于项目融资实施程序的是（　　）。
A. 项目投资研究　　　　　　　　B. 初步投资决策
C. 融资谈判　　　　　　　　　　D. 项目最终决策
E. 签订融资合同

16. 普通股融资的优点有（　　）。
A. 没有固定到期日，不需归还本金，资本具有永久使用权
B. 筹资的风险大
C. 增强公司实力和信誉
D. 没有固定的股利负担
E. 预期收益高，易于吸引资金

17. 企业发行优先股的动机包括（　　）。
A. 防止股权分散化　　　　　　　B. 调剂现金余缺
C. 改善公司的资金结构　　　　　D. 维持举债能力
E. 降低发行成本

18. 银行借款筹资的优点包括（　　）。
A. 融资速度快　　　　　　　　　B. 融资成本低
C. 融资限制少　　　　　　　　　D. 融资弹性好
E. 融资成本高

19. 债券与股票的区别在于（　　）。
A. 债券是债务凭证，股票是所有权凭证
B. 债券的投资风险大，股票的投资风险小
C. 债券的收入一般是固定的，股票的收入一般是不固定的
D. 股票在公司剩余财产分配中优先于债券
E. 债券可以转换为股票

20. 融资租赁的租金中的租赁手续费包括（　　）。
A. 租息　　　　　　　　　　　　B. 营业费用
C. 一定的盈利　　　　　　　　　D. 融资成本
E. 时间成本

21. PPP直译为（　　）和（　　）的伙伴关系。

A. 公共部门 B. 私人部门
C. 中央政府 D. 地方政府
E. 事业单位

22. PPP 三要素（　　）。
A. 公共部门 B. 私人部门
C. 合作 D. 共赢
E. 伙伴关系

23. PPP 的职能包括（　　）。
A. 减轻了地方政府的债务负担
B. 解决了新型城镇化建设资金来源问题
C. 避免政府直接出面干预市场嫌疑
D. 政府可以直接借债
E. 政府资源与市场资源优化配置

24. 可以做 PPP 的领域包括（　　）。
A. 市政公用 B. 公共民生
C. 基础设施 D. 国际项目
E. 商业房地产

25. PPP 项目三种付费机制包括（　　）。
A. 政府付费 B. 使用者付费
C. 可行性缺口补贴 D. 发行公共债券
E. 发行基金

（三）判断题

1. 债务资金的资金成本包括向股东支付的股息。（　　）
2. 与直接筹资相比间接筹资具有灵活便利、规模经济、提高资金使用效益的优点。（　　）
3. 优先认股权是优先股股东的优先权。（　　）
4. PPP 项目没有最佳的固定模式，具体运作方式的选择由多种因素共同决定。（　　）
5. PPP 是政府与社会投资人长期合作模式，所以企业先期投入资金基础设施项目，后期政府付费购买的模式也称为 PPP 模式。（　　）
6. 下列各项中，属于发行短期融资券筹资特点的是筹资成本较低，筹资弹性比较大，筹资条件比较宽松和筹资数额比较小。（　　）

【参考答案】

单项选择题：1. B；2. C；3. D；4. C；5. A；6. B；7. A；8. D；9. C；10. A；11. D；12. A；13. C；14. C；15. B；16. D；17. C；18. A；19. D；20. B；21. A；22. B；23. C；24. C；25. C

多项选择题：1. ABC；2. AB；3. ABCD；4. ADE；5. ABDC；6. ABC；7. ABCD；8. ABCD；9. ABC；10. ABDE；11. ABCDE；12. BCD；13. ABC；14. CD；15. ABCD；16. ACDE；17. ABCD；18. ABD；19. ACE；20. AD；21. AB；22. ABE；23. ABE；

24．ABCD；25．ABC

判断题：1．×；2．×；3．×；4．√；5．×；6．×

（四）思考题

【指导解答】

1．工程项目主体筹集资金应遵循哪些基本原则？

（1）规模适宜原则

（2）时机适宜原则

（3）经济效益原则

（4）结构合理原则

2．权益筹资有哪些方式？各有哪些优缺点？

（1）普通股融资

优点：无需还本；降低公司的财务风险；提高公司信誉。

缺点：可能会分散公司的控股权；融资成本较高；可能导致股价下跌。

（2）优先股融资

优点：不分散普通股股东的控股权；可改善公司的财务状况；可产生财务杠杆的作用。

缺点：融资成本较高；固定股息可能影响企业的发展。

（3）其他权益融资方式

1）直接投资

优点：可以筹集现金，也能直接获得所需的先进设备和技术，尽快形成工程项目主题的生产经营能力；财务风险小，所融资金可改善工程项目主体的资本结构，降低资产负债率。

缺点：产权流动性差；由于没有证券为媒介，使得产权的交易和流通变得困难。

2）内部积累利润转化为盈余公积及公积金转化为资本金

3．负债筹资有哪些方式？各有哪些优缺点？

（1）长期负债融资

1）长期借款

优点：速度快；成本低；财务杠杆作用；不影响控制权。

缺点：财务风险大；数额有限；限制条件多。

2）长期债券

优点：资金成本较低；财务杠杆作用；不影响控制权。

缺点：财务风险大；数额有限；限制条件多。

（2）短期负债融资

1）短期借款

优点：融资效率较高；灵活性强。

缺点：资金成本较高；限制条款较多。

2）商业信用

优点：方便易行；成本低；限制少；灵活方便。

缺点：期限短，只能作为短期资金的运用；在存在现金折扣的条件下，如果项目主体放弃现金折扣，所付出的资金成本较高；有一定自发性，当商业信用不规范、当事人诚信程度较低时，风险较大。

4．长期借款的还本付息方式主要有哪些？项目主体应如何做好还款计划安排？

还本付息方式：到期一次还本付息；分期付息，到期还本；定期偿还本金和利息。

每年计算出所需支付的利息和偿还的本金，利息作为财务费用在税法允许范围内可抵减所得税，本金用税后利润偿还，这些都可通过编制还款计划表完成。

5．什么是资金成本？资金成本具备什么作用？

项目主体为筹集资金和使用资金而付出的代价称为资金成本。在商品经济条件下，资金作为一项特殊商品有其使用价值，融资者融资以后，就暂时取得了这些资金的使用价值，就需要为资金所有者的让渡使用价值而付出一定的代价，这就是资金成本。

作用：

资金成本是比较筹资方式、选择筹资方案的依据。

（1）个别资本成本是比较各种融资方式优劣的基础，可以作为判断不同方式下资金成本优缺点的依据，但不是唯一依据。

（2）边际成本是比较追加投资、融资方案的重要依据。

（3）资金成本是评价投资项目可行性的主要评价标准。

（4）资金成本是评价企业经营成果的依据。

6．综合资金成本有哪些计算方法？各有何特征？

（1）加权平均资金成本

加权平均资金成本，是指分别以各种资金成本为基础，以各种资金占全部资金的比重为权数计算出来的综合资金成本。它是综合反映资金成本总体水平的一项重要指标。综合资金成本是由个别资金成本和各种长期资金比例这两个因素所决定的。加权平均资金成本计算公式为：

若以 K_w 代表加权平均资金成本，W_j 代表第 j 种资金占总资金的比重，K_j 代表第 j 种资金成本，则上式可表示为：

$$K_w = \sum_{j=1}^{n} W_j \times K_j$$

个别资金占全部资金的比重通常是按账面价值确定，也可以按市场价值或目标价值确定，分别称为市场价值权数、目标价值权数。市场价值权数是指债券、股票以市场价格确定权数；目标价值权数是指债券、股票以未来预计的目标市场价值确定权数。

（2）边际资金成本

边际资金成本，是指资金每增加一个单位而增加的成本。边际资金成本采用加权平均法计算，其权数为市场价值权数，而不应使用账面价值权数。当企业拟筹资进行某项目投资时，应以边际资金成本作为评价该投资项目可行性的经济指标。

计算确定边际资金成本可按如下步骤进行：

1）确定公司最优资本结构。

2）确定各种筹资方式的资金成本。

3）计算筹资总额分界点。筹资总额分界点是某种筹资方式的成本分界点与目标资本结构中该种筹资方式所占比重的比值，反映了在保持某资金成本的条件下，可以筹集到的资金总限度。一旦筹资额超过筹资分界点，即使维持现有的资本结构，其资金成本也会增加。

4) 计算边际资金成本。根据计算出的分界点，可得出若干组新的筹资范围，对各筹资范围分别计算加权平均资金成本，即可得到各种筹资范围的边际资金成本。

7. 什么是边际资金成本？边际资金成本在工程项目主体筹资及投资中有何作用？

边际资金成本，是指追加筹措资金所需负担的成本。边际资金成本是追加一单位资金所需追加的成本。任何一个工程项目主体都可能因发展的需要扩大其融资额。追加融资可采用单一融资方式，也可以采用多种融资方式的结合。在公司理财实务中，均简单地把新增融资额的资金成本称为边际资金成本；若采用多种融资方式的结合进行融资，就需要计算新增资金的加权平均成本，这时新增资金的加权平均资金成本就是新增的边际资金成本。

8. 什么是经营杠杆和经营风险、财务杠杆和财务风险？财务杠杆作用原理对项目主体筹资决策有何指导意义？

经营杠杆，是指在一定固定成本比重下，销售量（额）变动对息税前利润产生的作用。一般用经营杠杆系数表示。

经营风险，是指因经营上的原因导致企业息税前利润变动的风险。即由于经营杠杆作用，当销售额下降时，企业息税前利润下降得更快，从而给企业带来的风险。

财务杠杆是指项目主体对固定融资成本的利用程度。它反映的是普通股每股收益与息税前利润的关系。财务杠杆的作用程度大小可用财务杠杆系数来衡量。

财务风险是指企业因使用债务资本而产生的在未来收益不确定情况下由主权资本承担的附加风险。假如企业经营状况良好，使得企业投资收益率大于负债利息率，则获得财务杠杆利益；假如企业经营状况不佳，使得企业投资收益率小于负债利息率，则获得财务杠杆损失，甚至导致企业破产，这种不确定性就是企业运用负债所承担的财务风险。

指导意义：第一，在企业筹资过程中合理安排负债筹资和权益筹资的比例，形成最优的资本结构。企业尤其是中小型企业在利用财务杠杆时，加大了财务风险，使权益成本增加，但权益资本比重的增加不会完全抵消企业负债利率小的债务资本，只要企业财务杠杆利用不过度，加权平均筹资就会减少，从而增加企业的收益。第二，降低企业负债利息率。利息率与股东利润是负相关的，因此企业要通过有效途径降低利息率。企业应建立良好的信誉，充分争取低利息率贷款市场，减少自身投资的成本。第三，加强企业经营管理，降低财务风险。企业要通过一切有力途径加强内部管理，合理控制筹资，提高企业人员的综合素质，增强管理者的决策能力。

9. 在公共产品项目融资中，选择项目融资模式的根本点是什么？

政府作为提供公共产品的责任主体，存在投入资金不足，筹资能力有限或者产品提供单一的等问题。

10. BOT项目融资模式、PPP项目融资模式和BOOT项目融资模式主要区别是什么？共同点是什么？对设计融资方案有何不同？

共同点：

（1）当事人都包括融资人、出资人、担保人。

（2）都是通过签订特许权协议使公共部门与私人企业发生契约关系的。

（3）都以项目运营的盈利偿还债务并获得投资回报，一般都以项目本身的资产作担保抵押。

区别:
(1) 组织机构设置不同。
(2) 运行程序不同。
(3) 付费主体不同。

11. BOT 项目融资模式有哪些具体形式？简述其各自的特点。

(1) BOT 形式，即建设、经营和转让。由项目发起人从一个国家的政府获得基础设施建设的特许权，然后由其组建项目公司，负责项目的融资、设计、建造和运营。在项目运营期回收成本、获得利润，最终将项目移交给东道国政府。

(2) BOOT 形式，即建设、拥有、运营、移交。具体指由私人部门融资建设基础设施项目，项目完成后，在规定的期限内，拥有项目的所有权并进行经营，经营期满后，将项目移交给东道国政府。

(3) BOO 形式，即建设、拥有、运营。具体是指私营部门根据政府所赋予的特许权，建设并经营某项基础设施，但是并不在一定时期后将项目移交给东道国政府。

(4) BLT 形式，即建设、租赁、移交。具体是指政府出让项目建设权，在项目运营期内政府成为项目的租赁人，私营部门成为项目的承租人，租赁期满后，所有资产再移交给东道国政府。

(5) TOT 形式，即移交、运营、移交。具体是指东道国与外商签订特许经营权协议后，把已经投产运营的基础设施项目移交给外商经营，凭借该项目在未来若干年内的收益一次性从外商手中获得一笔资金，用于新项目的建设。

12. 简述筹资渠道和筹资方式的概念、内容、相互关系。

(1) 筹资渠道，是指筹措资金来源的方向与通道，体现资金的来源与流量。目前我国企业筹资渠道主要包括：银行信贷资金、其他金融机构资金、其他企业资金、居民个人资金、国家资金和企业自留资金。

(2) 筹资方式

筹资方式，是指企业筹集资金所采用的具体形式。目前我国企业的筹资方式主要有吸收直接投资、发行股票、利用留存收益、向银行借款、利用商业信用、发行公司债券和融资租赁。

(3) 筹资渠道与筹资方式的对应关系

筹资渠道解决的是资金来源问题，筹资方式则解决通过何种方式取得资金的问题，它们之间存在一定的对应关系。一定的筹资方式可能只适用于某一特定的筹资渠道（如向银行借款），但是同一渠道的资金往往可采用不同的方式取得，同一筹资方式又往往适用于不同的筹资渠道。因此，企业在筹资时，应实现两者的合理配合。

13. 简述资本成本的概念、内容和作用。

(1) 概念：资本成本是指在市场经济条件下，企业筹集和使用资金而付出的代价。

(2) 内容：资本成本包括筹资费用和使用费用两部分。

(3) 资本成本的作用。资本成本对于企业筹资及投资管理具有重要的意义，体现在：

首先，资本成本是比较筹资方式、选择追加筹资方案的依据；

其次，资本成本是评价投资项目，比较投资方案和追加投资决策的主要经济标准；

最后，资本成本还可作为评价企业经营成果的依据。只有在企业净资产收益率大于资本成本率时，投资者的收益期望才能得到满足，才能表明企业经营有方，否则被认为是经营不利。

(五) 计算题

1. 某项目主体发行一批债券,面值100元,票面利率6%,期限5年,每年付息一次,到期一次还本。实际发行价格为面值的120%,筹资费率为3%,所得税税率为33%。试计算该债券的资金成本。

2. 某项目主体是一家股份有限公司,其普通股的发行价为20元/股,发行费用为每股0.5元,第一年预计发放现金股利1元/股,预计股利将以每年3%的比率稳定增长。要求计算普通股的成本。

3. 某项目主体的目标资金结构为:长期借款10%,债券20%,优先股10%,普通股60%。该公司长期借款的年利率为7%;债券面值1000元,票面利率9%,每年付息一次,发行价格990元,筹资费率为4%;优先股面值100元,年股息率11%,发行价格为102元,筹资费用2元/股;已知无风险利率为6%,预计证券市场平均股票收益率为15%,该项目主体普通股的β系数为1.2,所得税税率为33%。要求计算该项目主体的综合资本成本。

4. 某项目主体在初创时拟筹资500万元,现有甲、乙两个备选筹资方案。有关资料经测算如表3-1所示。

表3-1

筹资方式	筹资方案甲		筹资方案乙	
	筹资额（万元）	个别资金成本（%）	筹资额（万元）	个别资金成本（%）
长期借款	80	7.0	110	7.5
公司债券	120	8.5	40	8.0
普通股票	300	14.0	350	14.0
合计	500		500	

试测算比较该项目主体甲、乙两个筹资方案的综合资金成本。

5. 某工程项目主体通过对资金市场状况和公司有关条件的分析,得到了如下的各种筹资方式下筹资规模与资金成本关系方面的资料,如表3-2所示。

表3-2

筹资方式	资金成本分界点（万元）	个别资金筹资范围（万元）	资金成本（%）
长期借款	100 200	100以内 100~200 200以上	5 6 7
优先股	150 300	150以内 150~300 300以上	8 9 10
普通股票	300 600	300以内 300~600 600以上	12 13 14

该项目主体通过分析，确定追加筹资的资金结构为长期借款20%，优先股为20%，普通股票为60%。

要求：试确定该项目主体筹措新资金的边际资金成本，并绘制各筹资范围内边际资金成本分布图。

6. 某建筑材料生产企业生产的某单一产品售价200元/件，单位变动成本为100元/件，年固定经营成本为60万元，试问：

(1) 该公司当年需要销售多少产品才能盈亏平衡？

(2) 假定该公司上年在上述经营条件下销售了1万件，经营杠杆系数是多少？如果本年预计销售量增加10%，那么营业利润将会增长的百分数是多少？

(3) 该企业现有普通股10万股，长期负债150万元，年利率10%，公司所得税税率为50%。如果上年息税前利润为40万元，则普通股每股利润是多少？财务杠杆系数是多少？

(4) 如果本年销售量在上年的基础上增长20%，会引起普通股每股利润增长多少？

7. 某建筑股份有限公司拟筹资5000万元。其中：发行债券2000万元，筹资费率2%，债券年利率10%；优先股1000万元，年股利率7%，筹资费率3%，普通股2000万元，筹资费率4%，第一年预期股利率10%，以后各年增长4%。假定该公司的所得税税率33%。

要求：

(1) 计算各种资金占全部资金的比重；

(2) 计算各种资金的个别资本成本；

(3) 计算该筹资方案的综合资本成本；

(4) 如果该项筹资是为了某一新增生产线投资而服务的，且预计该生产线的总投资报酬率（税后）为12%，则根据财务学的基本原理判断该项目是否可行。

【指导解答】

1. 【解】$K_d = \dfrac{100 \times 6\% \times (1-33\%)}{120 \times (1-3\%)} = 3.45\%$

2. 【解】$K_s = \dfrac{1}{20-0.5} + 3\% = 8.13\%$

3. 【解】长期借款资金成本：7%

债券资金成本：$K_d = \dfrac{1000 \times 9\% \times (1-33\%)}{990 \times (1-4\%)} = 6.34\%$

优先股资金成本：$K_P = \dfrac{100 \times 11\%}{102-2} = 11\%$

普通股资金成本：$R = 6\% + 1.2 \times (15\% - 6\%) = 16.8\%$

$K_w = 7\% \times 10\% + 6.34\% \times 20\% + 11\% \times 10\% + 16.8\% \times 60\% = 13.15\%$

4. 【解】方案甲：$K_w = \dfrac{80}{500} \times 7.0\% + \dfrac{120}{500} \times 8.5\% + \dfrac{300}{500} \times 14\% = 11.56\%$

方案乙：$K_w = \dfrac{110}{500} \times 7.5\% + \dfrac{40}{500} \times 8\% + \dfrac{350}{500} \times 14\% = 12.09\%$

方案甲的综合资本成本＜方案乙的综合资本成本

5.【解】参考【例3-8】

6.【解】(1) $\frac{60}{200-100}=0.6$ 万件

(2) $EBIT=200\times1-100\times1-60=40$ 万元

$DOL=\frac{\Delta EBIT}{EBIT}/\frac{\Delta Q}{Q}=\frac{EBIT+F}{EBIT}=\frac{40+60}{40}=2.5$

$10\%\times2.5=25\%$

(3) $EPS=\frac{(40-150\times10\%)\times(1-50\%)}{10}=1.25$ 万元

$DFL=\frac{\Delta EPS}{EPS}/\frac{\Delta EBIT}{EBIT}=\frac{EBIT}{EBIT-I}=\frac{40}{40-150\times10\%}=1.6$

(4) $DTL=DOL\times DFL=2.5\times1.6=4$

$20\%\times4=80\%$

7.【解】依据融资资金成本计算原理：

(1) 各种资金占全部资金的比重

债券比重=2000/5000=0.4

优先股比重=1000/5000=0.2

普通股比重=2000/5000=0.4

(2) 各种资金的个别资本成本

债券资本成本=10%×(1−33%)/(1−2%)=6.84%

优先股资本成本=7%/(1−3%)=7.22%

普通股资本成本=10%(1−4%)+4%=14.42%

(3) 该筹资方案的综合资本成本

综合资本成本=6.84%×0.4+7.22%×0.25+14.42×0.4=10.31%

(4) 根据财务学的基本原理，该生产线的预计投资报酬率为12%，而为该项目而确定的筹资方案的资本成本为10.73%，从财务上判断是可行的。

(六) 案例分析题

1. 某建筑企业目前拥有长期资金100万元，其中长期借款20万元，长期债券20万元，普通股60万元。经分析，企业目前的资本结构为最佳资本结构，并认为筹资新资金后仍应保持目前的资本结构。企业拟考虑扩大经营，筹集新资金，经测算随筹资额的增加，各种来源的个别资金成本将发生下列的变动：

表3-3

资金来源	新筹资的数量范围	资金成本
长期借款	50000元内	5%
	50000元以上	6%
长期债券	100000元内	8%
	100000元以上	10%
普通股	150000元内	12%
	150000元以上	14%

试计算该企业新筹资总额的分界点,及编制边际资金成本规划表。

【解】

长期借款的筹资总额分界点＝50000/0.2＝250000元

长期债券的筹资总额分界点＝100000/0.2＝500000元

普通股筹资总额分界点＝150000/0.6＝250000元

边际资本成本规划　　　　　　　　表 3-4

筹资总额	筹资方式	资本结构	个别资本成本	综合边际资本成本
25万元以下	长期借款	0.2	5%	9.80%
	长期债券	0.2	8%	
	普通股	0.6	12%	
25万元—50万元	长期借款	0.2	6%	11.20%
	长期债券	0.2	8%	
	普通股	0.6	14%	
50万元以上	长期借款	0.2	6%	11.60%
	长期债券	0.2	10%	
	普通股	0.6	14%	

2. 某公司计划筹集资金500万元。所得税率33%。有关资料如下：

（1）向银行借款75万元，年利率为10%，手续费2%；

（2）按溢价发行债券，债券面值90万元，票面利率12%，溢价发行价格为100万元，每年支付利息，筹资费率3%；

（3）发行优先股125万元，年股息率13%，筹资费率5%；

（4）发行普通股票15万股，每股发行价格10元，筹资费率6%。预计第一年每股股利1.4元，以后每年按7%递增。其余所需资金通过留存收益取得。

要求：（1）计算个别资金成本；

（2）计算该公司加权平均资金成本。

【解】

银行借款成本＝10%×(1－33%)/(1－2%)＝6.84%

债券成本＝90×12%×(1－33%)/100×(1－3%)＝7.46%

优先股成本＝13%/(1－5%)＝13.68%

普通股成本＝[1.4/10×(1－6%)]＋7%＝21.89%

留存收益成本＝[1.4/10]＋7%＝21%

加权平均资金成本
＝6.84%×75/500＋7.46%×100/500＋13.68%×125/500＋21.89%×150/500＋21%×50/500＝14.605%

3. 某公司目前的资金结构为：资金总量为1000万元，其中，债务400万元，年平均利率10%；普通股600万元（每股面值10元）。目前市场无风险报酬率7%，市场风险股票的必要收益率13%，该股票的贝塔系数1.5。该公司年息税前利润240万元，所得税率30%。要求根据以上资料：

（1）计算现有条件下该公司的市场总价值和加权平均资金成本（以市场价值为权数）；

（2）该公司计划追加筹资 500 万元，有两种方式可供选择：发行债券 500 万元，年利率 12%；发行普通股 500 万元，每股面值 10 元。计算两种筹资方案的每股利润无差别点。

【解】

（1）按资本资产定价模型，

预期报酬率 = 7% + 1.5 × (13% − 7%) = 16%

股票市场价值 = (240 − 400 × 10%) × (1 − 30%) / 16% = 875 万元

该公司总价值 = 400 + 875 = 1275 万元

加权平均资金成本 = 10% × (1 − 33%) × 400/1275 + 16% × 875/1275 = 13.08%

（2）筹资方案的每股利润无差别点

(EBIT − 400 × 10% − 500 × 12%)(1 − 30%) ÷ 60

= (EBIT − 400 × 10%)(1 − 33%) ÷ (60 + 50)

EBIT = [110 × (40 + 60) − 60 × 40] / (110 − 60) = 172 万元

4. 金科房地产公司有关资料如下：

（1）现全部资本均为股票资本，账面价值为 1000 万元，该公司认为目前的资本结构不合理，打算举债购回部分股票予以调整。

（2）公司预计年息税前利润为 300 万元，所得税假定为 40%。

（3）经测算，目前的债务利率和股票资本成本见表 3-5。

表 3-5

B（万元）	K_B（%）	b	R_F（%）	R_M（%）	K_S（%）
0	—	1.20	10	15	16
100	8	1.40	10	15	17
200	10	1.60	10	15	18
300	12	1.80	10	15	19
400	14	2.00	10	15	20
500	16	2.20	10	15	21

要求：试测算不同债务规模下公司价值，据以判断公司最佳资本结构。

【解】不同借款规模下公司价值与综合资本成本计算表（表 3-6）

表 3-6

B（万元）	S（万元）	V（万元）	K_b（%）	K_s（%）	K_w（%）
0	1125.00	1125.00	—	16	16
100	1030.59	1130.59	8	17	15.921
200	933.33	1133.33	10	18	15.882
300	833.68	1133.68	12	19	15.877
400	732.00	1132.00	14	20	15.901
500	628.57	1128.57	16	21	15.949

从计算可见负债 300 万元时，公司价值最大，综合资本成本最低。

5. 某公司去年的销售额为 4000 万元，变动成本率为 60%，固定成本 1000 万元，全部资本 5000 万元，负债比率 40%，负债平均利率 10%。每年发放优先股利 60 万元，所得税率 40%。

要求：(1) 计算公司的经营杠杆系数；
(2) 计算公司的财务杠杆系数；
(3) 计算公司的复合杠杆系数；
(4) 若今年销售收入增长 30%，息税前利润与普通股每股利润增长的百分比是多少？

【解】 依据财务杠杆原理得：

(1) $DOL = [4000 \times (1-60\%)] / [4000 \times (1-60\%) - 1000] = 1600/600 = 2.67$

(2) $DFL = EBIT/[EBIT - I - D/(1-T)] = 600/(600 - 5000 \times 40\% \times 10\% - 60/(1-40\%)) = 600/(600 - 200 - 100) = 2$

(3) $DTL = 2.67 \times 2 = 5.34$

(4) 若今年销售收入增长 30%，息税前利润增长的百分比是
$$2.67 \times 30\% = 80.1\%$$

普通股每股利润增长的百分比是：
$$5.34 \times 30\% = 160.2\%$$

第四章 工程金融资产管理

一、学习目标与要求

本章掌握工程财务金融资产管理的基本原理；掌握金融资产投资的动机，理解工程投资环境分类等；掌握工程投资资金成本原理、各类投资方式的金融资产投资成本的计算方法；理解权益投资和负债投资对工程项目投资效益分析方法；掌握工程项目资金结构对投资方案最优决策；熟悉工程项目投资方案编制。

二、预习概览

（一）重要概念

金融资产；直接投资；间接投资；债券投资；股票投资；基金投资；股票投资价格；债券投资价格。

（二）关键问题

1. 什么是工程金融资产？如何分类？
2. 什么是持有至到期投资？
3. 什么是可供出售金融资产？
4. 如何开展交易性金融资产和可供出售金融资产管理？
5. 什么是实际利率法？如何确定实际利率？
6. 什么是股票投资的动机？投资分类和投资价格如何确定？
7. 什么是债券投资的动机？投资分类和投资价格如何确定？
8. 系统风险与非系统风险的联系与区别是什么？
9. 金融资产风险管理特征包括哪些？

三、本章重点与难点

1. 工程金融资产管理内涵及特征
2. 工程直接投资与间接投资特点
3. 交易性金融资产管理特点
4. 持有至到期金融资产动机，价格确定和管理特征
5. 股票投资动机，分类和价格确定
6. 债券和股票风险管理特征
7. 债券与股票收益管理要求

四、习题和案例解析

(一) 单项选择题

1. 债券按照交易场所可以分为( )。
   A. 银行间债券和交易所债券　　B. 公募债券和私募债券
   C. 利率产品和信用产品　　　　D. 以上说法均不正确

2. 某企业购入剩余期限为 3 年的公司债券,并打算持有到期,则该投资企业面临以下风险中的哪种( )。
   A. 利率风险　　　　　　　　B. 流动性风险
   C. 信用风险　　　　　　　　D. 法律风险

3. 以下关于债券持续期的说法正确的是( )。
   A. 债券的剩余期限越长,其持续期越短
   B. 持续期越大,债券的风险越小
   C. 持续期是用来衡量信用风险的指标
   D. 对于同期限的债券,债券的票面利率越高,其持续期越短

4. 债券投资组合中,所投资的债券的期限非常接近的投资策略为( )
   A. 杠铃策略　　　　　　　　B. 子弹策略
   C. 阶梯策略　　　　　　　　D. 以上均不正确

5. 以下策略中不属于积极的投资策略的是( )。
   A. 利率预期策略　　　　　　B. 持有到期策略
   C. 收益率价差策略　　　　　D. 资产分配策略

6. 关于利率水平说法正确的为( )。
   A. 通胀水平走高,市场预期利率水平会走高
   B. 经济增长超预期,市场预期利率水平会走低
   C. 央行采用宽松的货币政策,市场预期利率水平会走高
   D. 以上说法均不正确

7. 假设投资者持有一只债券,当期市场价格为 97,面值为 100,期限为 2.4,则当市场收益率上升 1% 时,该债券的价格变化约为( )。
   A. 上涨 $100 \times 2.4 \times 1\%$　　　　B. 上涨 $97 \times 2.4 \times 1\%$
   C. 下跌 $100 \times 2.4 \times 1\%$　　　　D. 下跌 $97 \times 2.4 \times 1\%$

8. 对于 AA 级 5 年期公司债 A,其信用利差为( )。
   A. 债券 A 的收益率—AA 级 1 年期信用债收益率水平
   B. 债券 A 的收益率—5 年期国债收益率水平
   C. 债券 A 的收益率—1 年期国债收益率水平
   D. 1 年期国债收益率水平—债券 A 的收益率

9. 投资者于 2017 年 9 月 22 日购买债券 A,该债券的净报价为 97.5 元,债券票面利率为 5%,付息日为 8 月 6 日,已知 8 月 6 日距 9 月 22 日有 46 天,则投资者买入 A 债券实际付出的价格为( )元。

A. 97.5 B. 98.2
C. 101.9 D. 102.5

10. 一个成功的市场投资者，会在（ ）。
A. 市场高涨时提高基金组合的β值，市场低迷时提高基金组合的β值
B. 市场高涨时提高基金组合的β值，市场低迷时降低基金组合的β值
C. 市场高涨时降低基金组合的β值，市场低迷时降低基金组合的β值
D. 市场高涨时降低基金组合的β值，市场低迷时提高基金组合的β值

11. 积极型股票投资战略的目标是（ ）。
A. 实现平均收益 B. 实现经济利润
C. 获取市场超额收益 D. 以上都不正确

12. 在同一风险水平下能够令期望投资收益率（ ）的资产组合，或者是在同一期望投资收益率下风险（ ）的资产组合形成了有效市场前沿线。
A. 最小，最大 B. 最大，最大
C. 最大，最小 D. 最小，最小

13. 证券组合管理的目标可以简单表述为，在既定的收益水平下所能承担的（ ）。
A. 最低风险 B. 最大化收益
C. 最高风险 D. 最少收益

14. 下列选项中不属于隐性成本的是（ ）。
A. 机会成本 B. 买卖价差
C. 市场冲击 D. 印花税

15. 某投资者购买 A 公司股票，并且准备长期持有，要求的最低收益率为 11%，该公司本年的股利为 0.6 元/股，预计未来股利年增长率为 5%，则该股票的内在价值是（ ）元/股。
A. 10.0 B. 10.5
C. 11.5 D. 12.0

16. 根据债券定价原理，如果一种附息债券的市场价格等于其面值，则其到期收益率（ ）其票面利率。
A. 大于 B. 小于
C. 等于 D. 不确定

17. 甲股票目前的股价为 10 元，预计股利可以按照 5% 的增长率固定增长，刚刚发放的股利为 1.2 元/股，投资人打算长期持有，则股票投资的收益率为（ ）。
A. 12% B. 12.6%
C. 17% D. 17.6%

18. 下列叙述哪个正确（ ）。
A. 基金反映一种债权关系
B. 基金投资风险比股票和债券要小
C. 投资基金由于是由专家经营管理的，具有专业优势
D. 基金管理公司负责托管资金与买卖证券

19. 确定基金价格最基本的依据是（ ）。
A. 基金的盈利能力 B. 基金单位资产净值及其变动情况

C. 基金市场的供求关系　　　　　　D. 基金单位收益和市场利率

20. 我国凭证式国债的承销方式主要是（　　）。

A. 场内挂牌分销　　　　　　　　　B. 证券公司分销
C. 银行承销　　　　　　　　　　　D. 场内和场外分销相结合

21. 进行长期债券投资的主要目的是（　　）。

A. 安全性　　　　　　　　　　　　B. 稳定收益性
C. 流动性　　　　　　　　　　　　D. 期限性

22. 两种完全正相关的股票形成的证券组合（　　）。

A. 可降低所有可分散风险　　　　　B. 可降低市场风险
C. 可降低可分散风险和市场风险　　D. 不能抵消任何风险

（二）多项选择题

1. 以下关于债券收益率说法正确的为（　　）。

A. 市场中债券报价用的收益率是票面利率
B. 市场中债券报价用的收益率是到期收益率
C. 同一只债券，到期收益率越高，债券的价格越低
D. 同一只债券，到期收益率越高，债券的价格越高
E. 同一只债券，到期收益率相等

2. 我国证券投资主体包括（　　）。

A. 个人　　　　　　　　　　　　　B. 政府
C. 企事业（单位）　　　　　　　　D. 金融机构
E. 境外投资人

3. 国债作为中央政府筹集资金的一种方式，与税收相比，其特点为（　　）

A. 自愿性　　　　　　　　　　　　B. 强制性
C. 灵活性　　　　　　　　　　　　D. 稳定性
E. 便利性

4. 在实际运作中，我国记账式国债的承销方法主要有（　　）。

A. 场内挂牌分销　　　　　　　　　B. 场外分销
C. 包销　　　　　　　　　　　　　D. 场内和场外分销相结合
E. 机构包销

5. 在证券交易市场上，除了股票、债券等主要品种外，还有一些以金融衍生工具为对象的交易，它们主要包括（　　）。

A. 金融期货　　　　　　　　　　　B. 金融期权
C. 可转换债券　　　　　　　　　　D. 存托凭证
E. 认股权证

6. 金融期货的主要种类有（　　）。

A. 外汇期货　　　　　　　　　　　B. 利率期货
C. 单据期货　　　　　　　　　　　D. 股价指数期货
E. 凭证期货

7. 证券市场"三公"原则是指：（　　）。

A. 公开 B. 公允
C. 公平 D. 公正
E. 公布

8. 以下各指标中，用于对公司资本结构进行分析的指标有（   ）。
   A. 资产负债比率 B. 股东权益比率
   C. 长期负债比率 D. 应收账款周转（率）
   E. 固定资产周转率

9. 关于宏观经济分析，一般而言，下列说法中正确的是（   ）。
   A. 温和的通货膨胀对股价的影响较小
   B. 在通货膨胀预期不稳定的条件下，对公司经营前景的考虑，往往可能使得公司的股价下降
   C. 中央银行通过公开市场买入大量国债，有利于促进证券市场的价格上扬
   D. 证券价格的波动大致与经济周期相一致，但有一定的滞后
   E. 本币升值，有利于促进出口企业的股价上扬

10. 股票属于（   ）。
    A. 凭证证券 B. 有价证券
    C. 商品证券 D. 资本证券

11. 下列指标中反映公司经营效率的有（   ）。
    A. 应收账款周转率 B. 净资产收益率
    C. 存货周转率 D. 固定资产周转率
    E. 总资产周转率

12. 理性的证券投资过程通常包括的基本步骤有（   ）。
    A. 确定证券投资策略 B. 进行证券投资分析
    C. 组建证券投资组合 D. 对证券投资组合进行修正
    E. 投资组合业绩的评估

13. 中国证监会的主要职责是（   ）。
    A. 负责行业性法规的起草
    B. 根据证券法规和行业规定，对证券发行、交易活动及市场参与者行为实施监督和管理
    C. 必要的时候参与证券市场交易
    D. 制定交易规则
    E. 负责行业自律

14. 企业债券的发行中的中介机构主要有（   ）。
    A. 承销商 B. 发行人
    C. 担保人 D. 律师

15. 证券交易所的组织形式有（   ）。
    A. 会员制 B. 合伙制
    C. 集体制 D. 公司制
    E. 契约制

16. 通货膨胀从程度上划分，有（　　）。
    A. 被预期的　　　　　　　　　　B. 非被预期的
    C. 温和的　　　　　　　　　　　D. 严重的
    E. 恶性的

17. 按照发行主体的不同，债券可以分为（　　）。
    A. 城市债券　　　　　　　　　　B. 金融债券
    C. 农村债券　　　　　　　　　　D. 公司债券
    E. 政府债券

18. 国际债券的特点有（　　）。
    A. 资金来源的广泛性　　　　　　B. 计价货币的通用性
    C. 发行规模的巨额性　　　　　　D. 汇率变化的风险性
    E. 国家主权的保障性

19. 证券市场按其职能分类可以有（　　）。
    A. 股票市场和债券市场　　　　　B. 发行市场和流通市场
    C. 一级市场和二级市场　　　　　D. 初级市场和次级市场
    E. 货币市场和资本市场

20. 下列哪些风险属于系统风险（　　）。
    A. 市场风险　　　　　　　　　　B. 利率风险
    C. 信用风险　　　　　　　　　　D. 购买力风险
    E. 产品风险

21. 下列属于周期型行业的有（　　）。
    A. 消费品业　　　　　　　　　　B. 公用事业
    C. 食品业　　　　　　　　　　　D. 耐用品制造业
    E. 采矿业

22. 根据行业中企业数量的多少、进入限制程度和产品区别，行业基本上可分为（　　）。
    A. 完全竞争　　　　　　　　　　B. 垄断竞争
    C. 寡头垄断　　　　　　　　　　D. 完全垄断
    E. 混合型

23. 资产重组对公司的影响有（　　）
    A. 从理论上讲，资产重组可以促进资源的优化配置，有利于产业结构的调整，增强公司的市场竞争力
    B. 在实践中，许多上市公司进行资产重组后，其经营和业绩并没有得到持续、显著的改善
    C. 对于扩张型资产重组而言，通过收购、兼并，对外进行股权投资，公司可以拓展产品市场份额，或进入其他经营领域
    D. 一般而言，控制权变更后必须进行相应的经营重组，这种方式才会对公司经营和业绩产生显著效果
    E. 无影响

（三）判断题

1. 有效市场理论认为，只要证券的市场价格充分及时地反映了全部有价值的信息，市场价格代表着证券的真实价值，这样的市场就称为"有效市场"。（　　）

2. 有效市场假说表明，在有效率的市场中，投资者不仅能获得与其承担的风险相匹配的那部分正常收益，还能获得高出风险补偿的超额收益。（　　）

3. 学术分析流派以"对价格与价值间偏离的调整"来解释证券价格波动的原因。（　　）

4. 信用级别越低的债券，投资者要求的收益率越高，债券的内在价值也就越低。（　　）

5. 在一般情况下，股票价格与股利水平成反比，股利水平越高，股票价格越低。（　　）

6. 每股净资产的数额越大，表明公司内部积累越雄厚，抵御外来因素影响的能力越强。（　　）

7. 市净率越大，说明股价处于较低水平；市净率越小，则说明股价处于较高水平。（　　）

8. 在其他条件不变的情况下，期权期间越长，期权价格越高；反之，期权价格越低。（　　）

9. 对于看涨期权而言，利率提高将使其价格下降。（　　）

10. 总量分析主要是一种动态分析，因为它主要研究总量指标的变动规律。（　　）

11. 结构分析法是指对经济系统中各组成部分及其对比关系变动规律的分析。（　　）

12. 国内生产总值的增长速度一般用来衡量经济增长率，是反映一个国家经济是否具有活力的基本指标。（　　）

13. 工业增加值是指工业行业在报告期内以货币表现的工业生产活动的最终成果，是衡量国民经济的重要统计指标之一。（　　）

14. 国际收支包括经常项目和资本项目。经常项目集中反映一国同国外资金往来的情况，资本项目则主要反映一国的贸易和劳务往来状况。（　　）

15. 证券市场素有"经济晴雨表"之称，它既表明证券市场是宏观经济的先行指标，也表明宏观经济的走向决定了证券市场的长期趋势。（　　）

16. 减少税收，降低税率，扩大减免税范围，增加人们的收入，直接引起证券市场价格上涨。（　　）

17. 营运资金越多，并不能说明不能偿还的风险越小。（　　）

18. 影响速动比率可信度的重要因素是应收账款的变现能力。（　　）

19. 提高存货周转率可以提高公司的变现能力，存货周转速度越快则变现能力越差。（　　）

20. 各项资产的周转指标用于衡量公司运用资产赚取收入的能力，经常和反映盈利能力的指标结合在一起使用，可全面评价公司的盈利能力。（　　）

21. 我国资产负债表按账户式反映，即资产负债表分为左方和右方，左方列示负债和所有者权益各项目，左方列示资产各项目。（　　）

【参考答案】

单项选择题：

1. A；2. C；3. D；4. B；5. B；6. A；7. D；8. B；9. B；10. B；11. C；12. C；13. A；14. D；15. B；16. C；17. D；18. C；19. B；20. C；21. B；22. D。

多项选择题：

1. BC；2. ABCD；3. AC；4. AB；5. ABCDE；6. ABD；7. ACD；8. ABC；9. ABC；10. BD；11. ACDE；12. ABCDE；13. ABC；14. ACDE；15. AD；16. CDE；17. BDE；18. ABCDE；19. ABC；20. ABD；21. AD；22. ABCD；23. ABCD。

判断题： 1. √；2. ×；3. ×；4. √；5. ×；6. √；7. ×；8. √；9. √；10. √；11. √；12. √；13. √；14. ×；15. √；16. √；17. ×；18. √；19. ×；20. √；21. ×。

（四）思考题

【参考答案】

1. 简述资金时间价值。

资金时间价值是指货币经历一定时间的投资和再投资所增加的价值，也称为货币的时间价值。

2. 简述风险价值。

又称风险报酬，是投资者冒着风险进行投资而要求的超过时间价值的那部分额外报酬。

3. 风险有哪些特征？

客观性；动态性；可控性；一体性。

4. 说明投资报酬率、货币时间价值、风险报酬之间的关系。

时间价值是无风险的投资报酬率；投资报酬率既包括无风险报酬率，同时包括风险报酬率。无风险报酬率一般指的是市场上的债券的利率，风险报酬率指的是投资者平均收益率减去无风险收益率。

5. 对于存在风险的问题投资者如何决策？

(1) 投资者要求的必要报酬率部分地决定于无风险利率；

(2) 投资收益率与市场总体收益期望之间的相关程度对于必要报酬率有显著影响；

(3) 任何投资者都不可能回避市场的系统风险；

(4) 谋求较高的收益必须承担较大的风险，这种权衡取决于投资者的期望效用。

6. 试述系统风险与非系统风险的区别。

系统性风险是指由于公司外部、不为公司所预计和控制的因素造成的风险。通常表现为国家、地区性战争或骚乱，全球性或区域性的石油恐慌，国民经济严重衰退或不景气，国家出台不利于公司的宏观经济调控的法律法规，中央银行调整利率等。这些因素单个或综合发生，导致所有证券商品价格都发生动荡，它断裂层大，涉及面广，人们根本无法事先采取某针对性措施予以规避或利用，即使分散投资也丝毫不能改变降低其风险，从这一意义上讲，系统性风险也称为分散风险或者称为宏观风险。

非系统性风险是由股份公司自身某种原因而引起证券价格的下跌的可能性，它只存在于相对独立的范围，或者是个别行业中，它来自企业内部的微观因素。这种风险产生于某一证券或某一行业的独特事件，如破产、违约等，与整个证券市场不发生系统性的联系，这是总的投资风险中除了系统风险外的偶发性风险，或称残余风险。

7. 简述资本资产定价模型对风险与报酬关系的表述。

资本资产定价模型描述了个别证券或证券投资组合的收益与风险之间的关系，是资本市场理论的核心。

基本公式为：

$$R_R = \beta(R_M - R_F)$$

式中　R_R——证券组合的风险报酬；

　　　β——证券组合的贝塔系数；

　　　R_M——所有股票的平均报酬率，也就是由市场上所有股票组成的证券组合的报酬率，也称为市场报酬率；

　　　R_F——无风险报酬率。

无风险利率一般可以由短期国库券的利率代替。

若某种证券预计的收益率等于资本资产定价模型所计算出的期望收益率，则该证券为投资者提供的收益率与其承担的风险相匹配；

若某种证券预计的收益率高于资本资产定价模型所计算出的期望收益率，则该证券为投资者提供的收益率高于其应得的收益率，即目前证券的价格被低估；（低于则反之）。

8. 证券投资基本原则是什么？

分散投资原则、收益与风险的最优组合原则、自主投资原则、证券选择时的理性判断原则。

9. 简述证券投资与证券投机的关系。

(1) 证券投资与证券投机在很多方面有着显著的区别，包括：动机与目的不同，投资期限不同，风险倾向和风险承受能力不同，分析方法不同。(2) 证券投资与证券投机的区分是相对的，二者是可以相互转化的。

10. 股票具有哪些特征？

不可返还性、决策性、风险性、流通性、价格波动性、投机性。

11. 国债的功能主要包括哪些？

(1) 国债是国家筹集财政资金的重要手段。发行国债就是缓解财政资金供求矛盾的有效办法。政府利用国家良好的信誉发行国债，在不改变资金所有权、保障社会公众利益的前提下，将分散的资金集中起来，既不会加重人民的负担，又能弥补预算资金的不足。

(2) 国债是政府调节经济的重要杠杆。政府通过国债的发行与流通，国债资金的使用与归还，既可以调节市场货币流通量，又可以调节积累与消费的比例，还可以调节投资结构，优化产业结构。中央银行通过公开市场上国债的吞吐来达到调节基础货币，进而影响货币供应量的目的。

(3) 国债是金融市场中的重要工具。健全的金融体系离不开完善的金融市场，而完善的金融市场离不开有效的金融工具。国债的风险低，流动性强，成为投资者寻求稳定收益，规范金融风险的良好工具。

12. 债券作为有价证券的基本特征。

债券作为一种有价证券，一般有以下特征：

(1) 收益性。债券投资是一种直接投资，投资者本人直接承担了投资风险，同时也减少了投资过程中间环节，所以债券投资的收益一般要高于银行存款。

（2）安全性。债券的安全性主要表现在以下两个方面：一是债券利息事先确定，即使是浮动利率债券，一般也有一个预定的最低利率界限，以保证投资者在市场利率波动时免受损失；二是投资的本金在债券到期后可以收回。

（3）流动性。债券的流动性是指债券在偿还期限到来之前，可以在证券市场上自由流通和转让。由于债券具有这一性质，保证了投资者持有债券与持有现款或将钱存入银行几乎没有什么区别。

13. 股票交易方式有哪几种？

股票交易方式是指买卖股票的方式，可以分为股票现货交易、股票期货交易、股票信用交易等。股票现货交易，是指双方在签订合约成交后，即时将价款和股票进行清算交割，也就是即时履行合约。股票期货交易，是指股票买卖双方在签订合约成效后，按合约中规定的股票数量和价格延期交割。股票信用交易，是指股票交易者只交付一定的保证金，得到经纪人的信用，由经纪人垫付资金进行买卖。

14. 我国证券投资分析的信息来源。

从信息发布主体的发布渠道来看，证券市场上各种信息的来源主要有以下几个方面：政府部门、证券交易所、上市公司、中介机构、媒体、其他来源。

15. 宏观经济变动对证券投资市场的主要影响。

（1）国内生产总值（GDP）与股价

①持续、稳定、高速的 GDP 增长：这种情况下，社会总供给与总需求协调发展，国民收入和个人收入不断增长，公司利润持续上升，经济发展的势头良好，证券市场呈上升趋势；②高通胀下 GDP 的增长：经济处于严重失衡下的高速增长，总需求超过总供给，通货膨胀率高，有可能导致"滞涨"，是处于假繁荣，证券市场价格不久将下跌。③宏观调控下的 GDP 增长：GDP 呈失衡的高速增长下时，政府将采取措施进行调控来维持；经济的稳定增长，如果调控目标得以顺利实现，那么证券市场将反映这种好的形势而呈平稳渐升的态势。④转折性的 GDP 变动：当 GDP 由负增长的态势向负增长速度减缓并呈正增长的态势转变的趋势时，或者 GDP 由低速增长向高速增长时都有可能使证券市场上涨。

（2）经济周期与股价

股票市场综合了人们对经济形势的预期，这种预期又必然反映到投资者的投资行为中，从而影响股价，其领先于经济的实际表现。

（3）通货膨胀与股价

①通货膨胀如果是在一定的可承受的范围内，比较温和的、小幅度的通货膨胀对股价影响不大，在经济处于景气阶段温和的通货膨胀，公司企业的产量和就业都可以持续增长，那么股票价格将持续上升。②严重的通货膨胀，物价大幅上涨，货币必然加速贬值，会造成货币和商品流通市场的恶性循环，股票价格会一跌再跌，在一片恐慌中狂跌不止，甚至股市崩溃。

通常在国家经济持续稳定增长为前提的条件下，适度的通货膨胀对证券市场是有利的，人们为避免通货膨胀造成损失将资金投向股市，物价适度上涨，也刺激了公司的生产发展，公司利润增加，两者合一，股票价格必将上涨。反之，通货膨胀不是适度的，而是不断的恶性增长，必然影响经济的运行恶化，企业经营恶化，股票价格也必将下跌。

16. 股票投资与债券投资的区别与联系是什么？

相同点：①两者都属于有价证券；②两者都是获利的手段；③两者的收益率相互影响。

不同点：①两者权利不同；②两者的投资目的不同；③两者期限不同；④两者收益不同；④两者投资风险不同。

17. 股票投资的风险可以分为哪两类？

股票投资的风险可以分为系统性风险和非系统性风险。

(1) 系统性风险。系统性风险是指由于某种因素对市场上所有的股票都会带来损失的可能性。系统性风险是由政策风险、市场风险、利率风险和购买力风险等具有比较宏观影响的风险组成。

(2) 非系统性风险。非系统性风险是指某些因素对单个股票造成损失的可能性。系统性风险强调的是对整个市场所有股票的影响，而非系统性风险强调的则是对某一股票的影响，所以它可以通过股票持有的多样化来抵消。非系统性风险包括信用风险、经营风险与财务风险等。非系统性风险一般是由股票市场内一些较微观、较具体的因素造成的。

18. 有价证券的基本特征。

有价证券是指标有票面金额，证明持券人有权按期取得一定收入，并可自由转让和买卖的权益（所有权、债权）凭证。

有价证券基本特征：

(1) 产权性。有价证券记载着持有人的财产内容和数量，代表着一定财产的占有、使用、收益和处分的权利。

(2) 收益性。持有证券本身可以获得一定数额的收益。有价证券的收益性体现在两个方面：以利息、分红为内容的内生报酬，和以证券买卖差价为内容的外生收益。投资者进行证券投资的最终目的在于获取收益，因此，收益性是证券的基本属性之一。

(3) 风险性。指的是持有人将面临预期收益不能实现，甚至本金损失的可能性。不同类型的证券风险程度不同，且证券投资所负的风险与其可能所获的收益往往成正比。

(4) 期限性。一般针对债券而言。债券多有明确的还本付息期限，这种期限对融资双方都是硬约束，在到期前，投资者不能向筹资者要求兑现，但可以通过转让收回投资。

(5) 变现性（流动性）。或称可兑换性，是指持有人按自己的需要，及时自由地将证券转让给他人换取现金的便利程度。

(6) 价悖性。是指证券的市场价格与证券的票面金额的不一致性。

19. 运用所学习的金融资产投资的基本分析方法，请你谈谈关于中国宏观经济运行对证券投资市场影响的观点。

(1) 宏观经济影响证券市场主要有6大因素：①经济增长与经济周期，通货膨胀；②货币政策；③财政政策；④利率水平；⑤汇率水平；⑥产业政策等。

(2) 经济增长与经济周期分析。目前处于经济结构调整、创新驱动、规模向质量转变和打造"全球命运共同体"综合发展时期，总体经济指标平稳、持续和向上运行。我国经济正处在供给侧结构调整中，经济质量向好步伐在加快，但部分主要经济指标增速在正常水平，积极的财政政策和稳步的货币政策是主流。①全国经济在绿灯区继续上行；②GDP连续稳定在6.5～7.0；③工业增速保持了持续增长；④出口回升速度较快。⑤CPI指数

2017年增长维持在1.5%～1.6%的水平，压力增大，经济回升如同逆水行舟，不进则退。当前我国GDP、规模以上工业增加值、出口额等主要经济指标增长率都回升到正常水平，积极的财政政策和稳健的货币政策促进了经济政策的连续性和稳定性，为以后发展奠定好基础。

（3）货币政策对证券市场影响。货币政策按照调节货币供应量的程度分为紧缩性的货币政策和扩张性的货币政策。但是，由于经济的周期性出现通货膨胀，经济结构不稳定，宏观经济政策采取"货币政策＋宏观审慎政策"双支柱的金融调控框架。货币政策继续主要针对宏观经济和总需求管理，侧重于经济增长和物价水平的稳定。宏观审慎政策则直接和集中作用于金融体系本身，抑制杠杆过度扩张和顺周期行为，侧重于维护金融稳定。对证券市场的影响：导致证券市场总体基本面向好，但是政策面偏紧的状况，证券市场中长期向好，但是短期偏弱的情况。可以看出，货币政策对证券市场的影响是直接而重大的。

（4）财政政策对证券市场的影响。财政政策根据其对经济运行的作用分为扩张性的财政政策和紧缩性财政政策。财政收入政策和支出政策主要有：国家预算、税收、国债等。首先是国家预算，作为政府的基本财政收支计划，国家预算能够全面反映国家财力规模和平衡状态，并且是各种财政政策手段综合运用结果的反映。扩大财政支出是扩张性财政政策的主要手段，其结果往往促使股价上扬。

（5）利率变动对证券市场的影响。首先是利率，利率对股市的影响是十分直接的。从七次降息和股价变动的关系看，我国股市与利率存在着高度的负相关性，但利率变动对股价的作用逐渐减弱。其次是存款准备金率，中央银行调整存款准备金率，影响商业银行的资金来源，在货币乘数作用下，调整货币供应量，影响社会需求，进而影响股市的资金供给和股价。利率的变动与证券的价格呈反方向波动，目前利率下降，证券投资的价值则高于银行存款利率，人们将提取存款入市投资证券，获得两者之间的收益差价，同样上市公司融资成本也下降，扩大投资经营，促使了证券投资价值的提高，而预期效应将会推高股价背离内在价值。

（6）汇率政策对证券市场影响。在实行紧缩性的货币政策时，货币供给减少，利率上升，对股价形成向下压力，而实行扩张的货币政策意味着货币供给增加和利率下调，使股价水平趋于上升。我国中央银行具体的货币政策工具主要有：利率、存款准备金率、贷款规模控制、公开市场业务、汇率等。目前稳住外汇政策，外汇风险自2016年6月份开始显现，一方面是外汇价格贬值压力加大，另一方面是外汇储备加速减少。外汇引发金融风险的可能性正在减少，稳住外汇仍然是未来几年防范金融风险的重点任务之一。人民币汇率变化的可能性实际上已经影响到证券市场的运行。央行汇率政策的调整直接影响到许多上市公司产品定价与业绩表现。

（7）行业政策对证券市场影响。推动供给侧结构型改革。供给侧结构型改革主要包含4个方面的内容：一是调整经济结构；二是转变经济增长方式；三是调整开放战略；四是深化经济体制改革。调整经济结构，核心的是调整支柱性产业。传统的支柱性产业有两个，一个是传统制造业。现在存在的问题是产能严重过剩，对策是去产能。另一个是房地产业。过去一直保持20%的增长速度，而且引发的产业链条很长。产业政策调整是"退二进三"：两个产业要转为一般性产业，即传统制造业与房地产业；三个产业要上升为未来的支柱产业，即战略性新兴产业、服务业、现代制造业。转变经济增长方式，中国过去主要依靠劳动力、土地、货币等要素投放推动经济增长，不可持续了，由要素投入向创新驱动转变，这是中国经济增长方式转变的方向。创新驱动有3个层次：一是产品服务的创新；二是商业模式的创新；三是技术创新。新基础由4个部分组成：一是法律基础，对知识产权的保护；二是财力基础，需要强大财力支持；三是物质基础；四是人才基础。

通过以上改革，将促进证券投资市场的创新发展，保持证券市场的持续增长。

（五）计算题

1. 某建筑公司在2001年5月1日拟将400万元的资金进行证券投资，目前证券市场上有甲、乙两种股票可以买入。有关资料如下：

购买甲股票100万股，在2002年、2003年和2004年的4月30日每股可分得现金股利分别为0.4元、0.6元和0.7元，并于2004年4月30日以每股5元的价格将甲股票全部出售。

购买乙股票80万股，在未来的3年中，每年4月30日每股均可获得现金股利0.7元，并于2004年4月30日以每股6元的价格将乙股票全部抛出。

分别计算甲、乙两种股票的投资收益率，并确定该公司应投资于哪种股票。

参考【例4-9】

2. 某房地产公司去年支付的股利为每股1元，一位投资者预计此公司股利按固定比率5%增长，该股票的β系数为1.5，无风险利率为6%，所有股票的平均报酬率为15%。

计算投资者投资于该股票的必要报酬率。

该股票的市场价格为多少时，该投资者才会购买？

【解】$R = R_F + \beta(R_M - R_F) = 6\% + 1.5 \times (15\% - 6\%) = 19.5\%$

$V = 1 \div (19.5\% - 5\%) = 6.90$ 元

3. 某人以15000元购进某公司债券，两月后以16000元售出，购入和售出时分别另支付手续费60元和68元。计算本债券投资收益额及持券期间的收益率。

【解】债券投资收益额 = 16000 - 15000 - 60 - 68 = 872 元

持券期间收益率 = 872 / (15000 + 60) × 100% = 5.79%

4. 某上市房地产公司2005年利润总额为6000万元，年末股本总数为10000万股，所得税率为25%，上年留存利润为300万元。按规定提取10%法定盈余公积金、5%法定公益金、15%任意盈余公积金后，拟采用派发现金红利方式进行分配。

请分别计算以下指标：

（1）每股收益（摊薄）；

（2）每股最多可派发的现金红利额（含税）。

【解】（1）6000 - 6000 × 25% = 4500 万元，4500 ÷ 10000 = 0.45 元/股

（2）4500 × 10% = 450 万元，4500 × 5% = 225 万元，

4500 × 15% = 675 万元，

4500 - 450 - 225 - 675 + 300 = 3450 万元

3450 ÷ 10000 = 0.345 元/股

5. 假设有三个证券组合，有关它们的条件如下所示：组合A、B和C三只股票的β系数为1.8、0.9和1.2；期望收益率（%）为11.0、5.0和15.0。如果不允许卖空，能否用其中的两个组合构造一下与剩下的组合具有相同系统风险的新组合？如果能够构造，

新组合的期望收益率是多少？

【解】只可以用 A 和 B 构造一个与组合 C 具有相同系统风险的新组合。具体做法如下：

(1) 设在 A 上的投资比重为 x，则在 B 上的投资为 $1-x$ 于是有 $1.8x+0.9(1-x)=1.2$ 解得，$x=1/3$

由此可知，可以用 A 和 B 构造一个与组合 C 具有相同系统风险的新组合，其中 A 的投资比重为 1/3，B 的投资比重为 2/3。

(2) 新组合的期望收益率 $E=11\%\times1/3+5\%\times2/3=7\%$

6. 预计 A 建筑股份公司明年的税后利润为 1000 万元，发行在外普通股 500 万股。

要求：(1) 假设其市盈率为 12 倍，计算其股票的价值；

(2) 预计其盈余的 60% 将用于发放现金股利，股票获利率应为 4%，计算其股票的价值；

(3) 假设成长率为 6%，必要报酬率为 10%，预计盈余的 60% 用于发放股利，用固定成长股利模式计算其股票价值。

【解】

(1) 每股盈余＝税后利润÷发行股数＝1000÷500＝2 股票价值＝2×12＝24 元

(2) 股利总额＝税后利润×股利支付率＝1000÷60%＝600 万元 每股股利＝600÷500＝1.2 元/股

(或：每股股利＝2 元/股×60%＝1.2 元/股）股票价值＝每股股利÷股票获利率＝1.2÷4%＝30 元

(3) 股票价值＝预计明年股利÷(必要报酬率 − 成长率)
　　　　　＝(2×60%)÷(10%−6%)
　　　　　＝1.2÷4%＝30 元

（六）案例分析题

【雅戈尔公司投资案例分析】

1. 公司基本情况

(1) 总体情况

雅戈尔集团创建于 1979 年，经过 20 多年的发展，逐步确立了以纺织、服装、房地产、国际贸易为主体的多元并进，专业化发展的经营格局。2004 年集团完成销售 139.45 亿元，利润 8.99 亿元，出口创汇 6.5 亿美元。集团现拥有净资产 50 多亿元，员工 20000 余人，是中国服装行业的龙头企业，综合实力列全国大企业集团 500 强第 144 位，连续四年稳居中国服装行业销售和利润总额双百强排行榜首位。主打产品雅戈尔衬衫连续九年获市场综合占有率第一位，西服也连续五年保持市场综合占有率第一位。旗下的雅戈尔集团股份有限公司为上市公司。

(2) 上市公司基本情况

以下为其上市公司雅戈尔集团股份有限公司的基本资料：证券代码：600177 证券简称：雅戈尔

公司名称：雅戈尔集团股份有限公司 交易所：上海 公司注册国家：中国 省份：浙江省 城市：宁波市

注册地址：浙江省宁波市鄞州区鄞县大道西段 2 号办公地址：浙江省宁波市鄞县大道

西段 2 号 法人代表：李如成。

由宁波盛达发展公司和宁波青春服装厂等发起并以定向募集方式设立的股份有限公司。公司设立时总股本为 2 600 万股，经 1997 年 1 月至 1998 年 1 月的两次派送红股和转增股本，公司总股本扩大至 14 352 万股。1998 年 10 月 12 日，经中国证券监督管理委员会以"证监发字（1998）253 号"文批准，公司向社会公众公开发行境内上市内资股（A 股）股票 5 500 万股并上市交易。1999 年至 2006 年间几经资本公积金转增股本、配股以及发行可转换公司债券转股，截至 2006 年年末公司股本增至 1 781 289 356.00 股。公司于 2006 年 6 月换领了新的企业法人营业执照。公司法定代表人：李如成。

（3）被控股公司情况 以 2009 年的为示例

2. 投资的合理性分析

金融投资作为雅戈尔集团努力探索的一个发展方向，金融投资产业有力地支撑了雅戈尔集团的发展。公司 1993 年开始介入股权投资领域，随后进一步涉足了证券、银行等金融领域。2006 年，随着股权分置改革工作 基本完成，公司持有的中信证券、宜科科技等股权投资价值逐步体现，公司净资产水平得以显著提高，股权投资将获得巨大的增值空间，取得了良好的投资收益。

2007 年，雅戈尔集团成立了专业投资公司，针对已上市和拟上市的金融企业、资源型企业、行业龙头企业，秉承稳健、谨慎、高效原则，进行股权投资方面的探索。考虑投资的合理性主要从以下方面分析：

（1）雅戈尔公司资金闲置情况

若是企业本身都周转困难，是难以对外进行投资的。所以，资金的闲置情况是分析合理性的重点。

雅戈尔公司 2009 年 12 月 31 日的资产负债表简表——货币资金部分，从上面可以看出，本公司拥有大量的资金闲置，而且不仅 2009，历来年都是如此。这为该公司的对外投资提供了基本保障。

表 4-1

资产	附注五	年末余额	年初余额
流动资产：			
货币资金	（一）	2 103 247 227.65	3 983 253 928.06

这是雅戈尔公司 2009 年 12 月 31 日的资产负债表简表——向银行借款部分。雅戈尔公司历年来现金充沛，无银行借款，为其投资金融资产创造了条件。

表 4-2

负债和所有者权益（或股东权益）	附注五	年末余额	年初余额
流动负债：			
短期借款	（二十三）	8 207 684 616.79	7 455 568 284.18
中央银行借款			

（2）投资的方向性

雅戈尔专门委托了投资管理公司对投资进行分析和决策，借助凯石投资的投资研究团队，以参与定向增发和 PE 投资为重点投资战略布局，进一步深化对投资金融产业、资源性企业、行业龙头企业的探索。

1) 广泛调研，参与定向增发

2009年，经过深度调研与分析探讨，在已经公布定向增发预案且较可行的263家公司中，雅戈尔确定其中的98家作为重点跟踪对象，并最终参与了9家上市公司的定向增发投资，截至报告期期末，全部实现浮赢。

2) 谨慎决策，参与PE及其他投资

报告期内，雅戈尔经审慎调研，参与海南天然橡胶集团股份有限公司股份转让竞价，与科技部科技型中小企业技术创新基金管理中心、无锡新区创业投资集团和上海尚理投资有限公司共同发起设立无锡领峰创业投资合作基金，并出资参与绵阳科技城产业投资基金。

出售证券是因为前面两个股票出现了亏空，纺织业的行情和平时差不多，也不能带动多大的资金流入。

3. 雅戈尔公司投资的策略及其未来的投资趋势

(1) 雅戈尔公司投资的策略

雅戈尔在推行多元化发展战略多年后，形成了实业经营＋股权投资＋房地产的产业结构，并再继续实行着这一战略。从2007~2009年这三年的投资情况我们可以看出，其资金正是按照这一战略来使用的。在董事长李如成的蓝图里，雅戈尔是一架飞机，实业是机身，投资和地产是两翼。但是，2008年的金融危机使雅戈尔的两翼受到重创，其中200多亿元的金融资产缩水近100亿元。2009年雅戈尔在整合自身主业即服装业的同时，并未停止对外投资的脚步。随着全球经济和股市的回暖，雅戈尔又开始对多家A股上市公司和非上市企业进行投资。自2009年3月至今，其先后进行了13项重大股权投资，总出资额约57.77亿元。

(2) 未来的投资趋势

雅戈尔未来的投资趋势按照现今的情况来看，应该继续坚持其多元化发展的战略，即以服装业、房地产业和金融投资三个核心产业为主，相关配套企业为辅的投资策略。它曾同时扮演着中国男装领袖、宁波最大地产商和国内A股公司持股市值排名第二企业这三个角色，从这就可以看出雅戈尔公司的发展策略。而公司的资金流动应该是从金融投资中套现获利，然后支持服装和房地产业的发展，在稳固和发展其服装业行业龙头地位的同时，将房地产业从地域性行业龙头的地位发展到全国性行业龙头的地位。完成其服装、房地产、金融投资三足鼎立的产业布局，实现多元化发展的战略目标。

4. 外部投资者的看法

(1) 每股收益

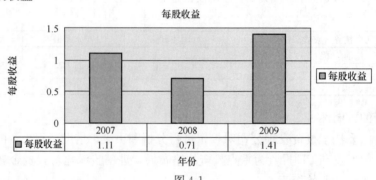

图 4-1

每股收益 2007 年为 1.11，2008 年为 0.71，2009 年为 1.41 每股收益是股份有限公司发行在外的普通股每股所取得的利润，它可以反映公司获利能力的大小。每股收益越高说明公司的获利能力越强。

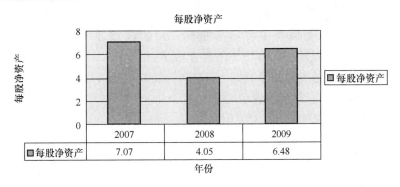

图 4-2

（2）每股净资产

每股净资产 2007 年为 7.07；2008 年为 4.05；2009 年为 6.48。

每股净资产是看这只股票（基金）有无投资价值，从理论上讲，每股净资产越多，表明该股票投资价值越高，这也是衡量该股票是否是"蓝筹股"的标准之一。

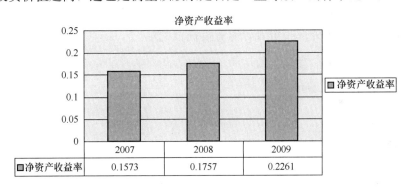

图 4-3

（3）净资产收益率

每股净资产收益率：2007 年为 0.1573；2008 年为 0.1757；2009 年为 0.2261。净资产收益率是衡量上市公司盈利能力的重要指标，该指标越高，说明投资带来的收益越高。

5. 雅戈尔公司的投资亮点

（1）公司是一家以纺织服装为主业、房地产和国际贸易为两翼的公司。拥有衬衫、西服、西裤、夹克和领带等名牌产品，在国内同行中优势明显，是我国近年来服装行业中发展速度较快的企业之一，综合实力和盈利能力居服装企业前列。

（2）自主创新优势：公司重点开发品牌优势产品，研发过程注重应用先进工艺技术，提升产品功能属性。先后开发新产品、新技术 27 项，其中国内领先水平 24 项，国际先进水平 3 项，有 6 种新技术申报国家发明专利。

（3）公司研发的"一种双开衩垂摆西服及其制作方法"和"一种西服衣架及其制造方法"两项新技术获国家知识产权局授权发明专利。至此，公司已拥有国家知识产权局授权专利 16 项。

（4）公司投资 14 亿元，将全资子公司雅戈尔服装控股有限公司注册资本由 2 亿元增加至 16 亿元。增资完成后，雅戈尔服装控股有限公司将收购雅戈尔直接或间接持有的服装营销板块和生产板块企业的全部股权。

（5）公司 2009 年年度报告主要财务指标：每股收益 1.4700（元），每股净资产 6.4800（元），净资产收益率 22.6118%；营业收入 12278622223.2700（元），同比增加 13.8961%；归属上市公司股东的净利润 1583184708.37（元），同比增加 106.1798%。利润分配预案：每 10 股派 5.50 元（含税）。

（6）公司 2010 年一季度报告主要财务指标：每股收益 0.0800（元），每股净资产 6.5000（元），净资产收益率 1.2116%，营业收入 2122449499.1700（元），同比增加 －27.6447%；归属上市公司股东的净利润 175345181.23（元），同比增加 －80.1641%。

6. 服装行业投资前景

统计数据显示，上半年纺织服装业利润增长幅度超过收入增长幅度，呈现出较好的行业景气度。服装业是一个永续产业，在经历了产业化、品牌化的改造后，中国服装业迎来了一个新的发展机遇期。随着经济发展以及二三线城市的迅速崛起，更为广阔的潜在市场将被开发出来。同时，消费者的消费意识趋于成熟与理性，讲究品位与舒适，服装业的市场环境将得到进一步的改善，投资前景看好。

7. 总论

从前面分析看，作为外部投资者，愿意投资雅戈尔。

第五章 工程项目投资管理

一、学习目标与要求

掌握工程项目投资的财务评价条件、财务评价方法和投资流程的基本原理；掌握工程项目投资的动机和投资内容，分析工程项目的投资方式；掌握工程项目投资案例财务分析及方案决策，了解工程项目财务评价与可行性研究的关系；了解固定资产投资财务管理基本流程；掌握工程项目财务投资方案编制。

二、预习概览

（一）重要概念

现金流量；财务评价；固定资产投资现金流量；财务净现值；财务内部收益率；投资回收期；投资收益率。

（二）关键问题

1. 什么是项目投资的概念，如何分类？
2. 什么是固定资产投资，如何构成？
3. 项目投资的概念。
4. 固定资产投资的构成。
5. 现金流量的含义及其构成关系。
6. 阐述财务评价的概念及其作用。
7. 理解建设项目财务评价指标体系，掌握建设项目财务评价主要方法。

三、本章重点与难点

1. 工程项目投资内涵及特征。
2. 工程项目投资目的和投资动机。
3. 工程财务评价原则和方法。
4. 工程项目评价内含报酬率。
5. 工程项目财务评价报表编制。
6. 工程财务风险管理。

四、习题和案例解析

(一) 单项选择题

1. 下列指标不考虑货币的时间价值的是（   ）。
   A. 净现值法　　　　　　　　　B. 现值指数
   C. 内含报酬率　　　　　　　　D. 静态投资回收期

2. 下列说法中不正确的是（   ）。
   A. 按收付实现制计算的现金流量比按权责发生制计算的净收益更加可靠
   B. 利用净现值不能揭示投资方案可能达到的实际报酬率
   C. 分别利用净现值、现值指数、回收期、内含报酬率进行同一项目评价时，评价结果有可能不一致
   D. 回收期法和会计收益率法都没有考虑回收期满后的现金流量状况

3. 如果其他因素不变，一旦折现率提高，则下列指标中其数值将会变小的是（   ）。
   A. 净现值　　　　　　　　　　B. 投资利润率
   C. 内部收益率　　　　　　　　D. 投资回收期

4. 在考虑所得税的情况下，计算项目的现金流量时，不需要考虑（   ）的影响。
   A. 更新改造项目中旧设备的变现收入
   B. 因项目的投产引起的企业其他产品销售收入的减少
   C. 固定资产的折旧额
   D. 以前年度支付的研究开发费

5. 某企业投资方案 A 的年销售收入为 200 万元，年总成本为 100 万元，年折旧为 10 万元，无形资产年摊销额为 10 万元，所得税率为 40%，则该项目经营现金净流量为（   ）。
   A. 92 万元　　　B. 80 万元　　　C. 60 万元　　　D. 50 万元

6. （   ）属于项目评价中的辅助指标。
   A. 静态投资回收期　　　　　　B. 投资利润率
   C. 内部收益率　　　　　　　　D. 获利指数

7. 已知甲项目的原始投资额为 800 万元，建设期为 1 年，投产后 1 至 5 年的每年净现金流量为 100 万元，第 6 至 10 年的每年净现金流量为 80 万元，则该项目不包括建设期的静态投资回收期为（   ）年。
   A. 7.5　　　　B. 9.75　　　　C. 8.75　　　　D. 7.65

8. 某项目投资的原始投资额为 100 万元，建设期资本化利息为 5 万元，投产后年均利润为 10 万元，则该项目的投资利润率为（   ）。
   A. 9.52%　　　B. 10%　　　C. 15%　　　D. 5%

9. 在 NCF 不等于 0 的情况下，使用插入函数法计算的项目的内含报酬率为 10%，则项目实际的内含报酬率为（   ）。
   A. 等于 10%　　　　　　　　　B. 大于 10%
   C. 小于 10%　　　　　　　　　D. 无法确定

10. 净现值、净现值率和获利指数指标共同的缺点是（　　）。
    A. 不能直接反映投资项目的实际收益率
    B. 不能反映投入与产出之间的关系
    C. 没有考虑资金的时间价值
    D. 无法利用全部净现金流量的信息

11. 下列（　　）指标的计算与行业基准收益率无关。
    A. 净现值   B. 净现值率
    C. 获利指数   D. 内部收益率

12. 某项目投资需要的固定资产投资额为 100 万元，无形资产投资 10 万元，流动资金投资 5 万元，建设期资本化利息 2 万元，则该项目的原始总投资为（　　）万元。
    A. 117   B. 115   C. 110   D. 100

13. 对于多个互斥方案的比较和优选，采用年等额净回收额指标时（　　）。
    A. 选择投资额较大的方案为最优方案
    B. 选择投资额较小的方案为最优方案
    C. 选择年等额净回收额最大的方案为最优方案
    D. 选择年等额净回收额最小的方案为最优方案

14. 在项目投资决策中，一般来说，属于经营期现金流出项目的有（　　）。
    A. 固定资产投资   B. 开办费
    C. 经营成本   D. 无形资产投资

15. 在判断一个投资项目是否具有财务可行性时，其中的一个必要条件是（　　）。
    A. 净现值小于 0   B. 净现值大于或等于 0
    C. 获利指数大于 0   D. 内部收益率大于 1

16. 当某方案的净现值大于 0 时，其内部收益率（　　）。
    A. 可能小于 0   B. 一定等于 0
    C. 一定大于设定折现率   D. 可能等于设定折现率

17. 下列评价指标中，其数值越小越好的是（　　）。
    A. 净现值率   B. 投资回收期
    C. 内部收益率   D. 投资利润率

18. 某投资项目原始投资额为 100 万元，使用寿命 10 年，以知该项目第十年的经营现金流量为 25 万元，期满处置固定资产残值收入及回收流动资金共 8 万元，则该投资项目第十年的净现金流量为（　　）。
    A. 8   B. 25   C. 33   D. 43

19. 获利指数与净现值指标相比，其优点是（　　）。
    A. 便于投资额相同的方案的比较
    B. 便于进行独立投资机会获利能力的比较
    C. 考虑了现金流量的时间价值
    D. 考虑了投资风险

20. 下列关于 β 系数，说法不正确的是（　　）。
    A. β 系数可用来衡量非系统风险的大小

B. 某种股票的 β 系数越大，风险收益率越高，预期报酬率也越大

C. β 系数反映个别股票的市场风险，β 系数为 0，说明该股票的市场风险为零

D. 某种股票 β 系数为 1，说明该种股票的市场风险与整个市场风险一致

21. 投资项目的现金流出量不包括（　　）。
    A. 固定资产投资　　　　　　　　B. 流动资产投资
    C. 经营成本　　　　　　　　　　D. 折旧费用

22. 某投资项目折现率 15%，净现值 500，折现率 18%，净现值 -480，使净现值为 0 的折现率是（　　）。
    A. 16.53%　　　　B. 16.88%　　　　C. 19.5%　　　　D. 22.5%

23. 某投资组合的风险收益率为 6%，市场组合的平均收益率为 9%，无风险收益率为 3%，则该投资组合的 β 系数为（　　）。
    A. 1　　　　　　B. 2　　　　　　C. 0.5　　　　　D. 1.5

24. 企业为维持一定经营能力所必须负担的最低成本是（　　）。
    A. 变动成本　　　　　　　　　　B. 混合成本
    C. 约束性固定成本　　　　　　　D. 酌量性固定成本

25. 某项目在建设起点一次投入全部原始投资额为 2000 万元，计算的方案净现值为 500 万元，企业资金成本率 10%，则方案本身的获利指数为（　　）。
    A. 1.1　　　　　B. 1.15　　　　C. 1.265　　　　D. 1.25

26. 在评价项目投资方案经济效果时，与静态评价方法相比，动态评价方法的最大特点是（　　）。
    A. 考虑了资金的时间价值
    B. 适用于投资方案的粗略评价
    C. 适用于逐年收益大致相等的投资方案
    D. 反映了短期投资效果

27. 关于投资方案现金流量表的构成要素的说法中，正确的是（　　）。
    A. 流动资金包括运营中需要的临时性营运资金
    B. 投资方案资本金就是企业的注册资金
    C. 维持运营投资全部形成固定资产，营运期应折旧
    D. 折旧、摊销等不直接在现金流量表中体现

（二）多项选择题

1. 计算净现金流量的正确公式是（　　）。
    A. 每年净现金流量＝净利＋折旧
    B. 每年净现金流量＝净利－折旧
    C. 每年净现金流量＝每年营业收入－付现成本－所得税
    D. 每年净现金流量＝净利＋折旧－所得税
    E. 每年净现金流量＝净利－折旧－所得税

2. 在下列指标中属于非贴现的指标有（　　）。
    A. 现值指数　　　　　　　　　　B. 内含报酬率
    C. 投资回收期　　　　　　　　　D. 会计收益率

E. 平均收益率

3. 下列说法正确的是（　　）。

A. 非系统性风险包括经营风险和财务风险两部分

B. 经营风险是指由于企业内外部条件变化对企业盈利能力或资产价值产生影响形成的风险

C. 由于行业技术的发展引起的风险属于系统风险

D. 在投资组合中投资项目增加的初期，风险分散的效果比较明显，但增加到一定程度，风险分散的效果就会逐渐减弱

E. 项目资本金是投资人与出资人共同的出资金额

4. 资本资产定价模型的假设条件包括（　　）。

A. 在市场中存在很多投资者

B. 不同投资者对于金融工具未来的收益现金流的预期值、方差等有不同的估计

C. 没有税金和交易成本

D. 所有的投资者都是理性的

E. 加上折旧和所得税

5. 静态投资回收期和投资利润率指标共同的缺点包括（　　）。

A. 没有考虑资金的时间价值

B. 不能正确反映投资方式的不同对项目的影响

C. 不能直接利用净现金流量信息

D. 不能反映原始投资的返本期限

E. 静态投资回收期指标能反映原始投资金额

6. 计算净现值时的折现率可以是（　　）。

A. 投资项目的资金成本　　　　　B. 投资的机会成本

C. 社会平均资金收益率　　　　　D. 银行存款利率

E. 行业平均收益水平

7. 下列说法正确的是（　　）。

A. 在其他条件不变的情况下提高折现率会使得净现值变小

B. 在利用动态指标对同一个投资项目进行评价和决策时，会得出完全相同的结论

C. 在多个方案的组合排队决策中，如果资金总量受限，则应首先按照净现值的大小进行排队，然后选择使得净现值之和最大的组合

D. 两个互斥方案的差额内部收益率大于基准收益率则原始投资额大的方案为较优方案

E. 两个方案组合时，以平均内含报酬率为标准

8. 关于投资各方现金流量表的说法，错误的是（　　）。

A. 投资各方现金流量表是从权益投资者整体的角度出发进行编制的

B. 投资各方现金流量表是以投资者的出资额作为计算基础的

C. 投资各方现金流量表是为分析项目融资后的盈利能力而编制的

D. 通过投资各方现金流量表，可以计算投资各方财务内部收益率反映各方受益是否均衡，或者非均衡性是否在一个合理的水平

E. 投资各方现金流量表是反映所有者权益的报表

（三）判断题

1. 完整的项目计算期包括试产期和达产期。（   ）

2. 投资总额就是初始投资，是指企业为使项目完全达到设计的生产能力、开展正常经营而投入的全部现实资金。（   ）

3. 对于单纯固定资产投资项目来说，如果项目的建设期为0，则说明固定资产投资的投资方式是一次投入。（   ）

4. 项目投资决策中所使用的现金仅是指各种货币资金。（   ）

5. 基于全投资假设，项目投资中企业归还借款本金不作为现金流出处理，但是企业支付利息需要作为现金流出处理。（   ）

6. 在计算项目的现金流入量时，以营业收入替代经营现金流入是由于假定年度内没有发生赊销。（   ）

7. 经营成本的节约相当于本期现金流入的增加，所以在实务中将节约的经营成本列入现金流入量中。（   ）

8. 经营期某年的净现金流量＝该年的经营净现金流量＋该年回收额。（   ）

9. 已知项目的获利指数为1.2，则可以知道项目的净现值率为2.2。（   ）

10. 内含报酬率是使项目的获利指数等于1的折现率。（   ）

11. 经营性项目财务分析可分为融资前分析和融资后分析，关于融资前分析和融资后分析的说法中，一般认为是融资前分析应以静态分析为主，动态分析为辅。（   ）

【参考答案】

单项选择题：1. C；2. D；3. A；4. D；5. B；6. B；7. C；8. A；9. B；10. A；11. D；12. B；13. C；14. C；15. B；16. C；17. B；18. C；19. B；20. D；21. D；22. A；23. A；24. C；25. D；26. C；27. D

多项选择题：1. AC；2. CD；3. ABD；4. ACD；5. AB；6. ABC；7. ABD；8. AE

判断题：1. ×；2. ×；3. √；4. ×；5. ×；6. ×；7. ×；8. √；9. ×；10. √；11. ×

（四）思考题

【参考答案】

1. 项目投资的概念

项目投资是以特定项目为对象，与新建项目和更新改造项目有关的长期投资行为。这里的项目不是广义的项目概念，而是以特定的土木工程建设物质条件为对象的，在特定建设领域中为某种特定目的而进行投资建设并含有一定建筑物或建筑安装工程的建设项目。

2. 固定资产投资的构成

固定资产投资是指投资主体垫付货币或物资，以获得生产经营性或服务性固定资产的过程。固定资产投资包括改造原有固定资产以及构建新增固定资产的投资。

3. 现金流量的含义及其构成关系

现金流量是指投资过程中现金流入、现金流出的数量。项目投资中的现金流是指特定的投资项目所引起的现金流入和现金流出的数量。

现金流入量的构成：

（1）经营收入；

（2）固定资产残值收入；

（3）垫支流动资金的回收；

（4）其他现金流入；

现金流出量的构成：

（1）建设性投资；

（2）垫支流动资金；

（3）经营支出；

（4）其他现金流出。

4. 阐述财务评价的概念及其作用

财务评价是指运用一定的评价方法来确定投资项目的净收益。其作用是从静态、动态两个方面，时间、价值、效率，盈利能力、偿债能力等多个角度对项目进行全面系统的评价。

5. 理解建设项目财务评价体系，掌握建设项目财务评价主要方法

项目投资财务评价方法主要包括：

财务盈利能力评价；财务净现值；财务内部收益率；获利指数；

投资回收期；投资收益率；清偿能力评价；贷款偿还期分析；

资产负债率；流动比率；速动比率；年平均报酬率法。

（五）简述题

【参考答案】

1. 简述项目投资的原则

综合性原则。投资项目需考虑的因素是复杂的、多样的和系统的，因此在项目投资决策时应综合各方面条件，做出准确的判断。

可操作性原则。构建项目投资评价指标体系时，应该根据国家、地区或行业标准的要求，确定符合项目特点、能够准确反映项目系统实际情况的指标，使得所构建的指标体系具有较强的可操作性，能够作出真实客观的评价。

客观性原则。对项目投资评价要从实际出发，以事实为依据，不能从主观愿望出发想当然的进行投资。

科学性原则。每一个项目的投资决策都必须建立在科学的依据之上，通过事实证明的过程，作出科学的、正确的、准确的判断。

相关性原则。项目投资评价信息要同信息使用者的经济决策相关联，即可以利用评价信息做准确和正确的投资决策。

2. 简述项目投资编制的主要报表

基础数据报表及参数表

辅助财务报表

财务分析报表

3. 简述项目投资财务评价静态指标和动态指标的关系

项目投资财务数据是与时间、项目、收益及成本等紧密相关联的，在财务报表中不仅有表达总体数据、绝对数据的静态指标，还包括计算与时间价值相关的动态指标。静态指标大多从各个项目投资的侧面建立与项目投资的关系，动态指标主要用于对项目投资决策的核心的说明。

4. 简述项目投资现金流量的关系

现金流量的由三部分构成：

初始现金流量，这个时期只有现金流出，而无现金流入，所以初始现金流量都是负值。一般包括固定资产上的投资；流动资产上的投资；其他投资费用；原有固定资产的变价收入四部分构成。

营业现金流量，是投资项目投入使用后，在其寿命周期内生产经营所带来的现金流入和现金流出的数量。每年的净现金流量＝每年营业收入－付现成本－所得税；每年的净现金流量＝净利＋折旧，这两种方式的计算必须相等。

终结现金流量，指项目完结时所发生的现金流量，包括：固定资产残值收入或变价收入；原有垫支在各种流动资产上的资金收回；停止使用的土地的变价收入。

（六）计算题

1. 现有 A、B 两个投资方案，其现金流量如下表所示，基准收益率 $i_c=15\%$，试通过计算净现值与内部收益率来选择投资方案。

单位：万元　表 5-1

年末 方案	0	1～10
A	－00	45
B	－160	30

【解】（1）净现值

$$NPV(A)=-200+45(P/A,15\%,10)$$
$$=25.846 \text{ 万元}$$
$$NPV(B)=-160+30(P/A,15\%,10)$$
$$=-9.436 \text{ 万元}$$

（2）内部收益率

计算年金现值系数

$$(P/A, IRR_A, 10)=200\div45=4.444$$
$$(P/A, IRR_B, 10)=160\div30=5.333$$

（3）查表找出与之最接近的数

$$(P/A, 12\%, 10)=5.6502$$
$$(P/A, 15\%, 10)=5.0188$$
$$(P/A, 20\%, 10)=4.1925$$

计算内部收益率：

$$\frac{IRR_A-15\%}{20\%-15\%}=\frac{4.444-5.0188}{4.1925-5.0188}$$

【解】$IRR_A=18.48\%$

$$\frac{IRR_B-12\%}{15\%-12\%}=\frac{5.333-5.6502}{5.0188-5.6502}$$

【解】$IRR_B=13.51\%$

综上所述，无论是比较净现值还是内部收益率，都应该选择方案 A。

2. 某公司准备搞一项新产品开发的投资项目，预计资料如下：固定资产投资额 800 万元，可使用 6 年，期满净残值 14 万元，直线法折旧，每年预计获得净利 200 万元。

要求：（1）计算该项目初始现金流量、每年营业净现金流量、终结现金流量；

（2）计算该项目的投资回收期；

（3）计算该项目的净现值，并判断该项目是否可行（假设资本成本为 10％；10％，6 年年金现值系数 4.355；10％，5 年年金现值系数 3.791；10％，6 年复利现值系数 0.564）。

【解】

初始现金流量＝－800 万元

每年营业净现金流量＝$200+\frac{800-14}{6}=331$ 万元

终结现金流量＝14 万元

投资回收期＝原始投资额/每年营业现金净流量＝800/331＝2.42 年

$$NPV=-800+331(P/A,10\%,6)+14(P/F,10\%,6)$$
$$=-800+331\times 4.355+14\times 0.564$$
$$=649.4 \text{ 万元}$$

该项目净现值大于零，故可行。

3. 某公司有一投资项目，需要投资 9000 万元（其中 8100 万元用于购买设备，900 万元用于追加流动资金）。预计投资该项目可使公司第一年增加 3750 万元销售收入，第二年增加 6000 万元销售收入；第三年增加 9300 万元销售收入；经营成本的增加额第一年、第二年、第三年分别为 750 万元、1500 万元、1800 万元；第三年末项目结束，收回流动资金 900 万元。若该公司所得税税率为 30％，固定资产按直线法计提折旧（期限为 3 年，残值为零）。公司的资金成本率为 12％。

要求：

（1）计算该项目的净现值；

（2）计算该项目的回收期；

（3）若不考虑其他因素，该项目是否值得投资？

【解】（1）项目净现值

$$NPV=-9000+[(3750-750)\times(1-30\%)+2700]\times(P/F,12\%,1)$$
$$+[(6000-1500)\times(1-30\%)+2700]\times(P/F,12\%,2)$$
$$+[(9300-1800)\times(1-30\%)+2700]\times(P/F,12\%,3)+900(P/F,12\%,3)$$
$$=-9000+4285.7143+4663.5842+5658.6530+640.6022$$
$$=6248.55 \text{ 万元}$$

（2）项目回收期

$$P_t=累计净现金流开始出现正值的年份-1+\frac{上一年累计现金流量的绝对值}{当年净现金流量}$$
$$=3-1+\frac{50.7015}{6299.2552}=2.008$$

净现值为正，投资回收期较短，值得投资。

4. 某公司拟投资一个新项目，现有甲、乙两个投资方案可供选择。

甲方案：投资总额1000万元，需建设期1年。投资分两次进行：第一年初投入500万元，第二年初投入500万元。第二年建成并投产，投产后每年税后利润100万元，项目建成后可用9年，9年后残值100万元。

乙方案：投资总额1500万元，需建设期2年。投资分三次进行：第一年初投入700万元，第二年初投入500万元，第三年初投入300万元。第三年建成并投产，投产后每年税后利润200万元，项目建成后可用8年，8年后残值200万元。若资金成本为10%，项目按直线法进行折旧，请通过计算净利现值进行方案选优。

【解】

$NPV_甲 = -500 - 500 \times (P/F, 10\%, 1) + 100 \times (P/A, 10\%, 9)(P/F, 10\%, 1) + 100 \times (P/F, 10\%, 10)$

$= -500 - 500 \times 0.9091 + 100 \times 5.7590 \times 0.9091 + 100 \times 0.3856$

$= -392.44$ 万元

$NPV_乙 = -700 - 500 \times (P/F, 10\%, 1) - 300 \times (P/F, 10\%, 2) + 200 \times (P/A, 10\%, 8)(P/F, 10\%, 2) + 200 \times (P/F, 10\%, 10)$

$= -700 - 500 \times 0.9091 - 300 \times 0.8265 + 200 \times 5.3349 \times 0.8265 + 200 \times 0.3856$

$= -443.52$ 万元

综上所述，甲乙方案净现值都为负，相比之下甲方案更优。

（七）案例分析题

【案例5-1】四个独立运作项目的评估案例

表5-2中罗列了四个独立运作项目的现金流，在基准贴现率为20%的条件下，用净现金指标来分别判断每个项目的可行性。

四个独立运作项目的现金流　　单位：10^5美元　　表5-2

t	$A_{t,1}$	$A_{t,2}$	$A_{t,3}$	$A_{t,4}$
0	−77.0	−75.3	−39.9	18.0
1	0	28.0	28.0	10.0
2	0	28.0	28.0	−40.0
3	0	28.0	28.0	−60.0
4	0	28.0	28.0	30.0
5	235.0	28.0	−80.0	50.0

贴现率i取20%。

[计算分析]

运用公式

$$NPV = \sum_{t=1}^{n}(CI-CO)_t(1+i_c)^{-t}$$

式中　NPV——财务净现值；

$(CI-CO)_t$——第t年的净现金流量，其中，CI为现金流入量，CO为现金流出量：

n——项目计算期；

i_c——基准贴现率。

然后再运用公式判断可行性

$$\sum_{t=1}^{n}(CI-CO)_t(1+IRR)^{-t}=0$$

式中 IRR——财务内部收益率。

$[NPV_1]_{20\%}=-77+235\times(P/F,20\%,5)=-77+94.4=17.4$

$[NPV_2]_{20\%}=-75.3+28\times(P/U,20\%,5)=-75.3+83.7=8.4$

$[NPV_3]_{20\%}=-39.9+28\times(P/U,20\%,4)-80\times(P/F,20\%,5)$
$=-39.9+72.5-32.2=0.4$

$[NPV_4]_{20\%}=18+10\times(P/F,20\%,1)-40\times(P/F,20\%,2)-60\times(P/F,20\%,3)+30\times(P/F,20\%,4)+50\times(P/F,20\%,5)=18+8.3-27.8-34.7+14.5+20.1=1.6$

这样，我们可以看出，前三个项目可行，而最后一个项目不可行。

[特别提示]

如果这四个项目是互斥的话，这个方法同样可以被用来做经济评估，根据公式 $[NPV=\sum_{t=1}^{n}(CI-CO)_t(1+i_c)^{-t}]$，项目1拥有最大的非负净现金值，应该选择它。同样，使用年度等值法和净将来值也能得出相同结果。然而，使用成本—收益法得到成本—收益比的项目却不是最佳的选择，并且如果使用内部收益率法的话就更不能深入分析出哪个项目最优，因为项目1和项目2的内部收益率相同，而项目3和项目4有多个内部收益率。

【案例5-2】项目互斥方案可行性分析案例

设有两个互斥方案，其使用寿命相同，有关资料见表5-3所示，折现率 $i_0=15\%$。试用净现值和差额内部收益率法比较和选择最优可行方案。

方案Ⅰ和Ⅱ的有关资料　　　　单位：万元　　表5-3

项目 方案	投资（K） （0年末发生）	年收入（CI）	年支出（CO）	净残值（Sv）	使用寿命 （年）
方案Ⅰ	5000	1600	400	200	10
方案Ⅱ	6000	2000	600	0	10

[计算分析]

1. 计算净现值，判别可行性

$NPV(Ⅰ)=-5000+1200(P/A,15\%,10)+200(P/F,15,10)$
$=1072$ 万元

$NPV(Ⅱ)=-6000+1400(P/A,15\%,10)=1026$ 万元

∵ $NPV(Ⅰ)>NPV(Ⅱ)>0$

∴ 两方案均可行，方案Ⅰ优于方案Ⅱ

2. 计算差额投资内部收益率，比较和选择最优可行方案

$\triangle NPV=-1000+200(P/A,i,10)-200(P/F,i,10)$

设 $i_1=12\%$，则

$\triangle NPV(i_1)=-1000+200(P/A,12\%,10)-200(P/F,12\%,10)=66$ 万元

设 $i_2=14\%$，则

$\triangle NPV(i_2) = -1000 + 200(P/A, 14\%, 10) - 200(P/F, 14\%, 10) = -10$ 万元

用线性内插法计算求得差额投资内部收益率为：

$$\triangle IRR = i_1 + \frac{\triangle NPV(i_1)}{\triangle NPV(i_1) + |\triangle NPV(i_2)|}(i_2 - i_1)$$

$$= 12\% + \frac{66}{66+10}(14\% - 12\%)$$

$$= 13.7\%$$

∵ $\triangle IRR = 13.7\% < i_0 = 15\%$。∴投资小的方案Ⅰ为优，此结果与净现值法评价结果一致。

[特别提示]

差额内部收益率也可用于仅有费用现金流的互斥方案比选。比选结论与费用现值法和费用年值法一致。在这种情况下，实际上是把增量投资所导致的对其他费用的节约看成是增量收益。计算仅有费用现金流的互斥方案的差额内部收益率的方程，可以按两方案费用现值相等或增量费用现金流现值之和等于零的方式建立。

【案例5-3】集团公司投资决策案例

一家总部设在A国的跨国公司将在B国进行一项投资。项目分析小组已收到以下资料：

(1) A国一家跨国公司准备在B国建立一合资子公司，以便生产和销售B国市场上急需的电子设备，该项目的固定资产投资需1500万B元，另需垫支营运资金3500万B元，采用直线法计提折旧，项目使用寿命为5年，五年后固定资产残值预计2500万B元，五年中每年的销售收入预计9000万B元，付现成本第1年为3000万B元，以后随着设备折旧，逐年增加修理费450万B元。

(2) B国企业所得税率为30%，A国企业所得税率为34%。如果B公司把税后利润汇回A国，则在B国缴纳的所得税可以抵减A国所得税；

(3) B国投资项目生产的税后净利可全部汇回A国，但折旧不能汇回，只能留在B国补充有关的资金需求，但A国母公司可以每年从B国子公司获得1500万B元的特许权使用费及原材料的销售利润。

(4) A国母公司和B国子公司的资金成本均为10%；

(5) 投资项目在第五年底时出售给当地投资者继续经营，估计售价为9000万B元；

(6) 在投资项目开始时，汇率为1A元=800B元，预计A元将以3%的速度贬值，因此，各年末的汇率预计详见下表5-4。

各年末的汇率预计　　　　　　　　　　　　　　　　单位：元　表5-4

年份	计算过程	汇率
0	—	800.00
1	$800 \times (1+3\%)$	824.00
2	$800 \times (1+3\%)^2$	848.72
3	$800 \times (1+3\%)^3$	874.18
4	$800 \times (1+3\%)^4$	900.40
5	$800 \times (1+3\%)^5$	927.42

要求：根据以上资料分别以 B 国子公司和 A 国母公司为主体评价投资方案是否可行。

(1) 以 B 国子公司为主体进行评价

1) 计算该投资项目的营业现金流量，见表 5-5。

投资项目营业现金流量计算表　　　　　　　　　单位：万元　　表 5-5

项目	1	2	4	5
销售收入(1)	9000	9000	9000	9000
付现成本(2)	3000	3450	4350	4800
折旧(3)	2500	2500	2500	2500
税前利润(4)=(1)-(2)-(3)	3500	3050	2150	1700
所得税(5)=(4)×30%	1050	915	645	510
税后净利(6)=(4)-(5)	2450	2135	1505	1190
营业现金流量(7)=(3)+(6)	4950	4635	4005	3690

2) 计算该投资项目的全部现金流量，如表 5-6 所示。

投资项目现金流量计算表　　　　　　　　　单位：万元　　表 5-6

项目	0	1	2	3	4	5
固定资产投资	-15000					
营运资金垫支	-3500					
营业现金流量		4950	4635	4320	4005	3690
终结现金流量						9000
现金流量合计	-18500	4950	4635	4320	4005	12690

3) 计算该投资项目的净现值，如表 5-7 所示。

投资项目净现值计算表　　　　　　　　　单位：万元　　表 5-7

年份(t)	各年的 NCF(1)	现值系数(P/F, 10%, n)(2)	现值(3)=(1)×(2)
1	4950	0.909	4499.55
2	4635	0.826	3828.51
3	4320	0.751	3244.32
4	4005	0.683	2735.415
5	12690	0.621	7880.49
未来报酬的总现值			22188.285
减：初始投资			18500
净现值			3688.285

[计算结果分析]

以子公司为主体做出评价，该投资项目有净现值 3688.285 万 B 元，说明是一个比较好的投资项目，可以进行投资。

(2) 以 A 国母公司为主体进行评价

1) 计算收到子公司汇回股利的现金流量。子公司汇回的股利可视为母公司的投资收益，应按 A 国税法纳税，但已在 B 国纳税的部分可以抵减 A 国所得税。因此，要在考虑两国所得税的情况下对股利产生的现金流量进行调整，如表5-8所示。

A国母公司来自B国子公司的投资收益　　　　单位：万元　　表5-8

年份 项目	1	2	3	4	5
汇回股利(1)	2450	2135	1820	1505	1190
汇回股利折算成税前利润(2)	3500	3050	2600	2150	1700
B国所得税(3)	1050	915	780	645	510
汇率(4)	824	848.72	874.2	900	927.4
汇回股利(5)=(1)/(4)	2.973	2.516	2.082	1.67	1.283
汇回股利折算成税前利润(6)=(2)/(4)	4.248	3.594	2.974	2.39	1.833
A国所得税(7)=(6)×34%	1.444	1.222	1.011	0.81	0.623
B国所得税(8)=(3)/(4)	1.274	1.078	0.892	0.72	0.55
向A国实际缴纳所得税(9)=(7)−(8)	0.170	0.144	0.119	0.1	0.073
税后股利(10)=(5)−(9)	2.803	2.372	1.963	1.58	1.21

注：(1)～(3)单位为万元；(5)～(10)单位为万元

2）计算因增加特许费及原材料销售利润现金流量，如表5-9所示。

特许费及原材料销售产生的现金流计算表　　　　表5-9

年份 项目	1	2	3	4	5
每年特许费收入及原材料销售利润（万元）	1500	1500	1500	1500	1500
汇率	824	849	874.84	900.4	927.6
每年特许费收入及原材料销售利润（万元）	1.82	1.77	1.72	1.67	1.62
所得税（税率为34%）	0.62	0.6	0.58	0.57	0.55
税后现金流量	1.2	1.17	1.14	1.1	1.07

3）计算A国母公司的现金流量。为此，要先把初始现金流量和终结现金流量折算为A元。初始现金流量为18500万元，折算为A元为23.125万元（18500/800）。终结现金流量为9000万元，折算为A元为9.7万元。计算A国母公司的现金流量，如表5-10所示。

A国母公司的现金流量计算表（A）　　　　单位：万元　　表5-10

年份 项目	0	1	2	3	4	5
初始现金流量	−23.125					
营业现金流量						
税后股利		2.803	2.372	1.96	1.576	1.21
特许费收入及原材料销售利润（税后）		1.2	1.17	3	1.1	1.07
终结现金流量				1.14		9.7
现金流量合计	−23.125	4.003	3.542	3.103	2.676	11.98

4）计算该项目的净现值，如表5-11所示。

投资项目净现值计算表（A）　　　　　　　　单位：万元　　表 5-11

年份(t)	各年的 NCF(1)	现值系数(P/F，10%，n)(2)	现值(3)=(1)×(2)
1	4.003	0.909	3.6391
2	3.542	0.826	2.9255
3	3.103	0.751	2.3303
4	2.676	0.683	1.8277
5	11.98	0.621	7.4395
未来报酬的总现值			18.162
减：初始投资			23.125
净现值			−4.963

5）以母公司为主体做出评价。从母公司的角度来看，该投资方案有负 4.963 万元的净现值，说明投资项目效益不好，故不能进行投资。

【案例 5-4】某水库项目改造国民经济评价案例

某水库是一座具有防洪、灌溉、航运和水产诸多功能为一体的巨型平原水库，承泄某河流上中游 20 万平方公里的来水。该工程项目通过建设一条新的入海通道，使大堤的防洪标准从 50 年一遇提高到百年一遇以上。该工程除具有巨大的防洪效益和潜在的航运效益外，还可使沿线 A 地区的排涝标准从三年一遇左右提高到五年一遇，并缓解 A 地区高低片之间的灌排矛盾。该工程项目于 2004 年开工建设，2008 年完工，工期 5 年，工程运行期 50 年。该工程项目国民经济效益和费用的识别及国民经济评估过程简述如下。

[计算分析]

1. 工程项目国民经济效益的识别和计算

(1) 防洪效益

该工程项目的防洪效益主要体现在减少水库周边圩区淹没及下游保护区的分、蓄洪概率上。

水库大堤的保护区主要有 A、B、C 三个地区。遇百年一遇以上标准特大洪水，该工程项目可减少这些地区的分洪概率和淹没范围。各区基本情况如表 5-12 所示。

某水库周边不同地区人口及耕地情况表　　　　表 5-12

地区	人口(万人)	耕地(万亩)
水库周边圩区	93	165
A 地区	213	165
B 地区	173	128
C 地区	1727	2038
合计	2206	2496

注：亩为非法定量单位，1 亩=666.6m²

1) 减少淹没面积的计算

根据水库的工程具体情况，对各种频率下的设计洪水进行了调洪演算，分析确定了在不同洪水下水库各分洪口的起用顺序，分析结果表明，遇各种频率洪水时，入海水道工程均可不同程度地减少圩区和各保护区的分蓄洪量。洪水重现期按 50 年一遇、100 年一遇、

300年一遇、1000年一遇、2000年一遇五个等级，分别分析在各种等级的洪水出现时各地区有无项目的淹没面积，以及通过"有无对比"计算的本项目的减灾面积及损失率。

各地区、各种频率洪水工程前后的淹没面积详如表5-13所示。

分洪量、淹没面积表 表5-13

	洪水重现期(年)	分洪总量(亿立方米)	分洪天数/亿立方米	各地区分洪量(亿立方米)			分洪后增加淹没面积(万亩)			
				A	B	C	周边圩区	A	B	C
无项目情况	50			0	0	0	165	0	0	
	100	29.2	8	11.2	8		165	165	36	
	300	133.7	20	38.2	21	75.2	165	165	32	1680
	1000	247.7	25	38.2	21	188	165	165	52	1680
	2000	299.0	25	38.2	21	240	165	165	52	1680
有项目情况	50									
	100						165			
	300	38.2	20	38.2			165	165		
	1000	170.5	24	38.2	21	111	165	165	52	1680
	2000	209.3	24	38.2	21	150	165	165	52	1680

上述分析结果表明，对应于不同标准洪水，通过有无对比分析得到的本项目的减淹面积详如表5-14所示。

有无对比减灾面积表 表5-14

洪水重现期(年)	有无对比该项目的减淹面积(万亩)			
	周边圩区	A地区	B地区	C地区
50	165	0	0	0
100	0	165	36	0
300	0	0	52	1680
1000	0	0	0	0
2000	0	0	0	0

2）直接洪灾损失计算

应首先计算单位洪灾损失指标，它是洪水淹没地区单位面积(亩)资产损失总值(元/亩)，与资产值(元/亩)、洪灾损失率(％)及洪灾损失增长率等因素有关。

① 资产值

根据2002年对该地区的抽样调查，资产值水库周边圩区亩均9500元，A地区亩均17600元，B地区亩均13500元，C地区亩均18200元。

② 洪灾损失率

通过对过去历次洪水淹没情况的统计数据，研究确定洪灾损失率为：水库周边圩区遭遇50年一遇洪水15％～75％，遭遇100年一遇及以上标准洪水为20％～90％；A地区和B地区为25％～90％，C地区为15％～75％。详见表5-15～表5-18。

周边圩区资产损失情况（平均资产值 9500 元/亩）　　　　　　　表 5-15

洪水重现期(年)	无项目		有项目	
	平均损失率(%)	损失值(元/亩)	平均损失率(%)	损失值(元/亩)
50	60	5700	0	0
100	75	7125	60	5700
300	80	7600	70	6650
1000	90	8550	85	8075
2000	90	8550	90	8550

A 地区资产损失情况（平均资产值 17600 元/亩）　　　　　　　表 5-16

洪水重现期(年)	无项目		有项目	
	平均损失率(%)	损失值(元/亩)	平均损失率(%)	损失值(元/亩)
50	0	0	0	0
100	65	11440	0	0
300	70	12320	60	10560
1000	90	15840	80	14080
2000	90	15840	90	15840

B 地区资产损失情况（平均资产值 13500 元/亩）　　　　　　　表 5-17

洪水重现期(年)	无项目		有项目	
	平均损失率(%)	损失值(元/亩)	平均损失率(%)	损失值(元/亩)
50	0	0	0	0
100	40	5400	0	0
300	65	8775	0	0
1000	75	10125	70	9450
2000	90	12150	90	12150

C 地区资产损失情况（平均资产值 13500 元/亩）　　　　　　　表 5-18

洪水重现期(年)	无项目		有项目	
	平均损失率(%)	损失值(元/亩)	平均损失率(%)	损失值(元/亩)
50	0	0	0	0
100	40	7280	0	0
300	50	9100	0	0
1000	60	10290	50	9100
2000	75	13650	75	13650

③ 基准年的资产损失值

根据上述指标，计算出基准年的多年平均资产损失情况见表 5-19。

基准年多年平均损失计算　　　　　单位：万元　表 5-19

类别	周边圩区	A 地区	B 地区	C 地区	合计
无项目	36862	29572	4307	80772	151513
有项目	15100	9438	807	26754	52099
有无对比之差	21762	20134	3500	54018	99414

上述计算结果表明，该项目的多年平均直接防洪国民经济效益为 9.94 亿元。

④ 洪灾损失增长率

根据分析，该工程项目的约定采用洪灾损失年增长率为 2008～2015 年为 3%，2015～2030 年为 2.5%，2031～2053 年为 2%。

3）间接防洪国民经济效益

工程可减免的间接国民经济损失称为间接防洪国民经济效益。根据已有资料分析，结合该工程项目情况，间接损失按直接损失的 15% 计算。

该工程多年平均间接防洪国民经济效益为 1.49 亿元。

4）防洪国民经济效益

直接防洪国民经济效益和间接防洪经济效益之和为防洪国民经济效益。该项目多年平均防洪国民经济效益为 11.43 亿元。

5）防洪国民经济效益调整

需要调整的洪灾损失指标主要是粮食（以水稻为代表），其他财产的影子价格调整系数按 1.0 计算，不做调整。

大米按外汇出口货物计算，经计算其影子价格为 2398 元/吨，财务价格为 2150 元/吨，影子价格调整系数为 1.1，即粮食的影子价格调整系数为 1.1。房屋及其他公共设施用房屋建筑工程的影子价格换算系数 1.1 进行调整。这三项需要调整的国民经济费用占洪灾损失指标中损失值的约 30%～50%，取 40%。综上，对整个洪灾损失指标按 1.04 系数进行调整，即防洪国民经济效益调整为 1.04。调整后，该项目基期年防洪国民经济效益为 11.89 亿元。洪水损失增长率不作调整。基期以后年份按洪灾损失增长率递增。

（2）治涝国民经济效益的识别和计算

工程建设可使 A 地区的排涝标准从三年一遇提高到五年一遇，其治涝国民经济效益主要反映在提高排涝标准上。A 地区的排水面积、耕地情况见表 5-20。

A 地区排水、耕地面积　　　　　表 5-20

地块分类	排水面积/平方公里	耕地/万亩
普通地面	1428	127
滩区	399	34
水面及其他	31	—
合计	1858	161

该工程可使多年平均减灾面积达到 7.5 万亩。根据灾情统计分析，A 地区涝灾面积中受灾程度大部分为轻、重灾，少数为绝收，平均减产率为 5%～60% 之间。本次计算平均减产率取 35%。

该地区洪涝灾害受影响的主要是秋粮种植，且基本上都种植较耐水淹的水稻，所以把水稻作为秋粮的代表，2002年大米的财务价格为2150元/吨。水稻正常年景下的单产为480kg/亩，水稻出米率为75%。粮食单产以年均1%的速度递增。

由工程多年平均减灾面积、水稻单产、水稻出米率、大米单价和平均减产率这五项指标连乘即得到该项目多年平均治涝国民经济效益，经计算，基年（2002年）该项目多年平均治涝国民经济效益为2031.75万元，2002年后按1%的增长率递增。

将大米的财务价格用影子价格来代替，然后再计算治涝国民经济效益。大米按外贸出口货物计算，其影子价格为2398元/吨，调整后治涝国民经济效益为2266.11万元，并按1%的速度递增。

2. 工程项目国民经济费用的识别和计算

（1）国民经济费用构成

该项目的国民经济费用由工程建设费和年运行费、流动资金、更新改造费用和预留分洪口门费用构成。

1）工程建设费用

该项目的工程建设费用由河道工程投资（含移民安置）、枢纽建筑物工程投资、桥梁工程投资、排灌工程投资、穿堤建筑物投资等构成，共计546772万元，自2004年开始分5年投入，详见表5-21。

项目分年投资情况　　　　　　　　单位：万元　　表5-21

工程投资项目	静态投资	分年度投资				
		2004	2005	2006	2007	2008
枢纽建筑工程	202306	30346	49565	65749	43294	13352
桥梁工程	71081	10662	17415	23101	15212	4691
排灌工程投资	97326	14599	23845	31630	20828	6424
穿堤建筑工程	77642	11646	19023	25233	16616	5124
河道及移民安置过程	98417	14762	24112	31986	21061	6496
合计	546772	82015	133960	177699	117011	36087

2）年运行费用

经测算，该工程项目正常年份的年运行费用为4357万元，并按2.5%递增，从2006年到2008年按50%分年投入，2009年以后开始足额投入。

3）运营资金

流动资金从2005年到2008年按50%分年投入，2008年后足额投入。

4）更新改造投资

更新改造费用共9850万元，其中机电设备（含安装工程）1820万元，与工程投产后的第20年一次性投入；金属结构（含安装工程）8038万元，与工程投产后的第25年一次性投入。

5）预留分洪口门费用

国民经济评估费用计算中应包含分洪口门的工程费用，经估算为22500万元，在开工后前三年投资中摊列。

(2) 工程国民经济费用的调整

由于该项目投资构成较为单一，国民经济费用调整简化处理如下。

1) 确定国民经济内部转移支付费用（A）

内部转移支付费用的各种税金，约占建安工程量的10%，即A为19534万元。

2) 计算主要材料国民经济费用调整后与调整前的差值（B）

该投资项目的主要材料中，汽油、柴油、木材、钢材按外贸进口货物计算，水泥按非外贸货物计算。经调整计算，B为−18752万元，见表5-22。

主要材料国民经济费用调整计算　　　　　　　　　　　表5-22

材料名称	规格	数量 （吨·立方米）	财务价格 （元/吨·立方米）	影子价格 （元/吨·立方米）	价格差值 （元/吨·立方米）	国民经济价格 差值(万元)
汽油	70#	4057.1	2665.90	1586.82	(1079)	−438
柴油	0#	133562	2499	1458	(1042)	−14125
水泥	425#	221609.3	384	349	(35)	−775
板材		8062	2538	1339	(1199)	−967
钢材		25375	3291	2327	(965)	−2448
合计						−18753

3) 主要设备购置的调整

我国机电设备由市场进行调整，与国际市场价格相近，故本项目主要设备投资的国民经济费用不予考虑。

4) 土地国民经济费用的调整

① 土地机会成本的计算

根据占有土地的适用性和其所处环境等条件，土地利用情况及土地机会成本计算见表5-23。

土地利用情况及土地机会成本计算表　　　　　　　　表5-23

土地类别	占地面积 （亩）	可能替 代用途	征用年限 （年）	年净国民经济效益 [元/(年·亩)]	净国民经济效 益年均增长率 （%）	机会成本 （元/亩）	机会成 本总额 （万元）
挖压耕地	57180	小麦水稻种植	50	580	1%	6390	36538
滩地耕地	40920	小麦水稻种植	1.5	420	1%	618	2529
压挖鱼塘	7495	淡水养殖	50	2070	2%	25655	19228
滩地鱼塘	2542	淡水养殖	1.5	2070	2%	3384	860
压挖园地	6646	桑园	50	572	2%	7089	4711
宅基地	4003	蔬菜	50	1118	2.50%	14780	5916
合计	118786						69782

表5-23中，耕地、鱼塘、园地征地年限为施工期6年加上运营期54年。滩地征用1.5年后还原，园地以桑园为代表。

土地机会成本计算公式为：

$$OC = NB_0 (1+g)^{t+1} \times \frac{1-(1+g)^n(1+i)^{-n}}{i-g} (i \neq g)$$

式中 OC——土地机会成本；

n——项目占用土地的期限；

NB_0——基年土地的"最佳可替代用途"的单位面积净效益；

t——净效益计算基年2002年距项目开工年2004年的年数；

g——土地的最佳可替代用途的年平均效益增长率；

i——社会折现率10%。

例如，对于挖压耕地，$NB_0=580$，$g=1\%$，$i=10\%$，$n=50$，$\tau=2$，则

$$OC = 580 \times (1+1\%)^{2+1} \times \frac{1-(1+1\%)^{50}(1+10\%)^{-50}}{10\%-1\%} = 6390 \text{元}$$

利用同样的方法计算出：滩地耕地的每亩机会成本为618元；挖压鱼塘的每亩机会成本为25655元；滩地鱼塘的每亩机会成本为3384元；压挖园地的每亩机会成本为7089元；宅基地的每亩机会成本为14780元。然后根据占用土地的面积，计算出土地机会成本总额为69782万元。

② 新增资源消耗的计算

新增资源消耗用房屋建筑工程的影子价格换算系数1.1换算成影子国民经济费用，调整后的新增资源消耗为72680万元。

土地的国民经济费用为土地的机会成本和新增资源消耗之和，即142462万元。本项目占地的国民经济费用与投资估算中土地补偿费用的差值D为24619万元。分项调整结果见表5-24。

移民安置及土地补偿国民经济费用计算 单位：万元　　　表5-24

费用类别	调整前费用	调整后费用	差额
土地补偿及安置补助	49339	69782	20443
林木、果树补偿	10474	10474	0
房屋迁建补偿	27522	30274	2752
专项设施重建补偿	2913	3205	292
附属设施补偿	1309	1440	131
企事业单位搬迁	14011	15412	1401
其他费用	11875	11875	0
合计	117443	142462	24619

5) 按影子工资计算的劳动力国民经济费用与投资估算中的劳动力财务费用的差值(E)

劳动力的影子工资按工资及福利费乘影子工资换算系数1.0计算。据此，E为0。

6) 确定工程投资估算中的基本预备费(F)

基本预备费为主体工程投资中的工程费用和工程建设其他费用之和的6%，经测算为19027万元。

7) 计算投资项目国民经济总费用及各年投资分配额

投资项目国民经济总费用=(工程静态总投资－F－A+B+C+D+E)×(1+基本预

备费率6%)＝(546772－19027－19534－18753＋0＋24619＋0)×(1＋6%)
＝544922万元。

各年投资分配额由投资国民经济总费用乘以各年度的投资比例得到。

8) 流动资金的调整

流动资金不予调整，仍按1532万元计算。

9) 年运行费用的调整

工程年运营费不予调整，仍按4375万元计算。

10) 更新改造投资国民经济费用

更新改造费不予调整，仍按9850万元计算。

11) 预留分洪口门国民经济费用调整

预留分洪扣门国民经济费用本次不作调整，仍按22500万元计算。

国民经济评价分年度的投资、年运行费、流动资金和更新改造国民经济费用详见国民经济费用效益流量表，见表5-25所示。

项目国民经济效益费用流量表　单位：万元　　表5-25

年份	效益流量	直接防洪效益	间接防洪效益	治涝效益	回收流动资金	费用流量	固定资产投资	预留口门费用	投入流动资金	年运行费用	更新改造投资	净效益流量
2004	0					87426	81801	5625				－87426
2005	0					141485	133610	7875				－141485
2006	0					189024	177235	9000	766	2023		－189024
2007	0					118779	116705			2074		－118779
2008	0					38883	35992		766	2125		－38883
2009	121312	103376	15506	2430		4357				4357		116955
2010	124902	106477	15972	2454		4466				4466		120438
2011	128600	109672	16451	2478		4578				4578		124022
2012	132409	112962	16944	2503		4692				4692		127717
2013	136332	116351	17453	2528		4809				4809		131523
2014	140370	119841	17976	2554		4930				4930		135440
2015	144530	123436	18515	2579	5053					5053		139477
2016	148150	126522	18978	2605	5179					5179		142926
2017	151769	129685	19453	2631	5309					5309		146460
2018	155523	132927	19939	2657	5441					5441		150082
2019	159372	136251	20438	2684	5577					5577		153795
2020	163316	139657	20949	2711	5717					5717		157599
2021	167358	143148	21472	2738	5860					5860		161498
2022	171501	146727	22009	2765	6006					6006		165495
2023	175747	150395	22559	2793	6156					6156		169591
2024	180098	154155	23123	2821	6310					6310		173788
2025	184559	158009	23701	2849	6468					6468		178091

续表

年份	效益流量	直接防洪效益	间接防洪效益	治涝效益	回收流动资金	费用流量	固定资产投资	预留口门费用	投入流动资金	年运行费用	更新改造投资	净效益流量
2026	189130	161959	24294	2877	6630					6630		182500
2027	193815	166008	24901	2906	6795					6795		187020
2028	198301	170158	25524	2935		6965				6965		191336
2029	203220	174412	26162	2965		8959				7139	1820	194261
2030	208260	178773	26816	2944		7318				7318		200942
2031	212398	182348	27352	3024		7501				7501		204897
2032	216620	185995	27899	3054		7688				7688		208932
2033	220929	189715	28457	3085		7881				7881		213043
2034	225316	193509	29026	3116		16108				8078	8030	209208
2035	229794	197379	29607	3147		8280				8280		221514
2036	234362	201327	30199	3178		8487				8487		225875
2037	239021	205354	30803	3210		8699				8699		230322
2038	243773	209461	31419	3242		8916				8916		234857
2039	248619	213650	32047	3275		9139				9139		239480
2040	253562	217923	32688	3307		9368				9368		244194
2041	258604	222281	33342	3341		9602				9602		249002
2042	263747	226727	34009	3374		9842				9842		253905
2043	268991	231261	34689	3408		10088				10088		258903
2044	274240	235887	35383	3442		10340				10340		263900
2045	279796	240604	36091	3476		10599				10599		269197
2046	285361	245417				10864				10864		274497
2047	291037	250325	37549	3546		11413				11413		285414
2048	296827	255331	38300	3581		11699				11699		291032
2049	302731	260438	39066	3617		11991				11991		296762
2050	308753	265647	39847	3653		12291				12291		302605
2051	314896	270960	40644	3690		12598				12598		308563
2052	321161	276379	41457	3727		12913				12913		316169
2053	329082	281906	42286	3764	1532							

3. 国民经济评价指标的计算与分析

根据用影子价格调整后各年的工程国民经济费用和效益，编制国民经济效益费用流量表。国民经济评估的计算期包括工程的建设期和运行期。该项目建设期为6年，运行期为44年，计算期从2004年至2053年共50年。计算期的时间基准点定在工程建设期的第1年2004年初，各项费用和效益均按未发生计算。

根据国民经济效益费用流量表，计算得出计算期内各项国民经济评价指标为：

$EIRR = 16.86\%$，$ENPV(i=10\%) = 54.43$ 亿元

[计算结果分析]

计算结果表明，投资项目的国民经济内部收益率大于国家规定的社会折现率10%。以社会折现率计算的国民经济净现值大于零，因此投资项目在国民经济上是可行的。

【案例5-5】公路建造的国民经济评价案例

国道318线A段，原有公路技术标准低，大部分为三级公路，随着市场经济的迅速发展，交通增长与道路承受能力之间的矛盾日趋尖锐，A段的改建已经势在必行。经过多次线路必选和方案论证，拟将该工程改造成二级公路，道路全长20.745km，预计总投资为10485.5万元。资金来源为业主自筹资金2500万元，其余需申请银行贷款。

公路建设项目基础数据包括三个方面的内容：(1) 费用方面的数据。(2) 经济效益方面的数据。(3) 评价年限。以下为对基础数据进行的估算。

公路建设项目费用方面的数据分为两个方面：一是公路建设项目的建设费用；二是公路建成后的养护大修及管理费用。按照建设项目分列，如表5-26所示。

分项投资估算　单位：千万元　　　　　　　　　　　　表5-26

建设项目	路基工程	桥梁涵洞工程	交叉工程及沿路设施	设施技术装备费	计划利润	税金	办公及生活用具购置费	土地青苗等补偿及拆迁费	建设单位管理费	勘察设计费	供电贴费	建设期贷款利息	预留费用	路面工程	估算总金额
投资金额	2.22	1.09	0.06	0.16	0.22	0.22	0.005	2.1	0.18	0.05	0.01	0.57	0.81	2.83	10.5

表5-26中数据说明，公路建设后的各年经济效益投资评估，投资金额按《公路技术指标》的计算模式计算，项目计划使用年限为20年，在评价年限内不考虑大修。

公路建设项目的效益集中体现在其交通量上。该项目交通量预测从2000年开始，年平均增长率按4.13%，到2019年，各车型折合为中型车交通量合计达到8158辆，详细资料见表5-27所示。

318国道A段交通量（汽车）发展预测表　单位：辆/日　表5-27

年份	2000	2001	2002	2003	2004	2005	2006	2007	2008	2009
交通量	3707	3855	4009	4170	4299	4433	4571	4711	4858	5115
年份	2010	2011	2012	2013	2014	2015	2016	2017	2018	2019
交通量	5387	5672	5972	6288	6622	6974	7252	7542	7844	8158

公路建设项目经济评价计算年限为建设年限加公路投入使用后的预测年限。投入使用后的预测年限原则上按20年计算。本项目计划在1999年开支，施工期1年，2000年全部工程完成后可投入使用，评价年限按20年加1年的建设期，共计21年。

[计算分析]

1. 国民经济评价

(1) 影子价格计算

本项目所采用的影子价格系数和社会折现率以原国家计划委员会加建设部1993年颁布的《建设项目经济评价方法和参数》第二版为计算依据。社会折现率取12%，贸易费用率为6%，公路货运影子价格换算系数为1.26，铁路货运影子价格换算系数为1.84，残值按经济费用的50%，以负费用形式列入评价年限的末年。

本项目主要材料的影子价格见表5-28所示。

主要材料价格调整表　　　　　　　　　　　　　　　　　表5-28

材料名称	口岸价格或分解成本（元/t）	平均运距火车+公路（km）	贸易费用率（%）	运费影子价格（元/t）	影子价格（元/t）
原木	644	2 400+20	6	100.58	783.22
铝材	858	2 400+20	6	100.58	1 010.06
钢材	3 065	2 400+20	6	100.58	3 349.48
钢绞线	4 325	2 400+20	6	100.58	4 713.70
石油沥青	845	2 400+20	6	92.88	988.58
水泥	220	170	6	98.60	331.80

本项目中直接使用的民工，其影子工资应作调整，按总工日的70%计算，其调整系数为0.5，其余30%包括各项技工不作调整。影子工资换算系数按0.65调整。本项目使用期20年内每亩土地的影子价格为6000元，青苗补偿及安置补偿费不作调整，拆迁建筑物按1.1系数调整。

材料价差预备费是考虑物价上涨因素而列入财务支出的。由于前面已将材料费用按影子价格作了调整，故在经济费用中应扣除这部分费用，同时扣除的还有建安费中的税金、其他费用中的供电补贴费、建设期贷款利息。

（2）国民经济评价费用的计算

公共建设项目的经济评价是获得效益与支出的相对比较。对此，《公路建设项目经济评价办法》指出：应按照费用与效益计算范围对应一致的原则进行计算。费用是指项目投入物的经济价值。经济评价费用的具体范围如下：

$$费用\begin{cases}公路大修费\\公路建设费\\公路养护费\\交通管理费\\残值（负值）\end{cases}$$

① 根据材料的影子价格和材料的用量计算本项目的经济费用，调整后的公路建设费用见表5-29所示。

国民经济评价费用调整表　单位：万元　　　　　　　　表5-29

	项目	估算费用	调整系数	经济费用
1	工资	1045.85	0.65	679.8025
2	原木	11.7691	0.79	9.3203
3	锯材	26.705	0.66	17.676
4	钢绞线	0	0	0
5	钢材	19.1168	1.016	19.427
6	石油沥青	10.0706	0.422	4.2509
7	水泥	1094.4435	0.962	1052.5691

续表

	项 目	估算费用	调整系数	经济费用
8	税金	218.8258	0	0
9	征地拆迁及安置费	2050.4840	1.1	2255.5324
10	供电贴费	10.3414	0	0
11	建设期贷款利息	567.8046	0	0
12	预留费	733.1729	0	0
13	不调整部分	4696.9152	1	4696.9152
	合计	10485.4989	0.833	8735.4934

② 公路大修费。在本项目的评价年限内不考虑大修。

③ 公路养护费。本公路各年养护费按照《公路技术经济指标》的计算模式计算，其计算公式如下：

$$C_{20} = 51.97 \times a \times e0.04211t (元/km)$$

式中 C_{20}——各年份养护管理费用；

t——年序；

a——系数，取为2.7。

公路养护费用调整系数按国民经济费用调整系数0.833。

④ 交通管理费。本项目的交通管理费主要为收费系统管理费。该公路为收费公路，共设一个收费站，收费站管理人员30人，每人每年按2.5万元计算，共计75万元/年。交通管理费用不作调整。

⑤ 残值。本项目的残值按经济费用的50%以负费用形式列入评价年限的末年。

2. 国民经济评价效益计算

效益的分析计算是按"有""无"此项目的条件下所产生的运输成本的差额进行计算，并遵循费用与效益对应一致的原则。

本项目的效益的计算范围取为：（1）晋级效益；（2）旅客节约时间效益；（3）货物节约时间效益；（4）减少交通事故效益；（5）缩短里程效益。

该项目的总经济效益（可定量计算的）为上述各种效益的总和，具体计算结果见表5-30所示。

社会效益汇总表　　　　　　　单位：万元　　表5-30

序号	年份	晋级效益	旅客节约时间效益	货物节约时间效益	减少交通事故效益	缩短里程效益	效益合计
1	2000	722	173	10.2	5.1	147	1057.3
2	2001	824	194	10.8	5.3	151	1185.1
3	2002	952	218	11.5	5.6	156	1343.1
4	2003	4095	245	12.2	5.8	165	1523
5	2004	1238	273	12.8	6.0	169	1698.8
6	2005	1412	304	13.6	6.1	174	1909.7
7	2006	1576	339	14.2	6.3	178	2113.5
8	2007	1763	377	14.8	6.5	187	2348.3

续表

序号	年份	晋级效益	旅客节约时间效益	货物节约时间效益	减少交通事故效益	缩短里程效益	效益合计
9	2008	1989	420	15.7	6.7	192	2623.4
10	2009	2286	478	16.9	7.1	205	2993
11	2010	2286	543	18.1	7.5	214	3376.6
12	2011	2594	618	19.4	7.9	223	3828.3
13	2012	2960	703	21.0	8.3	236	4360.3
14	2013	3392	799	22.4	8.7	250	4919.1
15	2014	4373	909	24.1	9.2	263	5578.3
16	2015	4953	1034	25.9	9.7	276	6298.6
17	2016	5537	1162	27.5	10	285	7021.5
18	2017	6191	1305	29.1	10.5	299	7834.6
19	2018	6891	1466	30.8	11.9	308	8706.7
20	2019	7722	1646	32.8	11.3	321	9733.1
合计		62309	13206	383.8	154.5	4399	80452.3

3. 经济现金流量分析

经济现金流量分析见表 5-31 所示。表 5-30 计算采用的社会折现率为 12%。经分析计算，本项目的经济内部收益率为 21.7%，项目经济净现值为 9483.4 万元，经济效益费用比为 2.18，动态投资回收期为 10.7 年（含建设期 1 年）。以上结果表明：本项目具有较高的国民经济效益。

经济现金流量表　　　　　　　　　单位：万元　　表 5-31

年份	费别	费用	效益	净现金流量	净现金折现值	折现值累计	评价指标
1999							
2000	基础建设费	8735	0	−8735	−7799.1	−7799.1	
2001	养护管理费	91.35	1057.3	965.95	770.0	−7029.1	
2002	养护管理费	92.05	1185.1	1093.05	778.0	−6251.1	
2003	养护管理费	92.78	1343.1	1250.32	794.6	−5465.5	
2004	养护管理费	93.55	1523	1429.45	811.1	−4645.4	
2005	养护管理费	94.35	1698.8	1604.45	812.9	−3832.5	
2006	养护管理费	95.18	1909.7	1814.52	820.8	−3011.7	
2007	养护管理费	96.05	2113.5	2017.45	814.8	−2196.9	
2008	养护管理费	96.96	2348.3	2251.34	811.9	−1385.0	ENPV=9483.4
2009	养护管理费	97.90	2623.4	2525.50	813.1	−571.9	EBCR=2.18
2010	养护管理费	98.88	2993	2894.12	8320	260.1	EIRR=21.7%
2011	养护管理费	99.91	3376.6	3276.69	8410	1101.1	N=10.7 年
2012	养护管理费	100.98	3828.3	2727.32	854.2	1955.3	
2013	养护管理费	102.10	4360.3	4258.2	871.3	2826.6	
2014	养护管理费	103.26	4919.1	4815.84	879.8	3706.4	
2015	养护管理费	104.48	5578.3	5473.82	892.9	4599.3	
2016	养护管理费	105.75	6298.6	6192.85	901.9	5501.2	
2017	养护管理费	107.07	7021.5	6914.43	899.1	6400.3	
2018	养护管理费	108.45	7834.6	7726.15	897.1	7297.4	
2019	养护管理费	109.89	8706.7	8596.81	891.2	8188.6	
合计	养护管理费	−4256.1	9733.1	13989.2	1294.8	9483.4	

[计算结果分析]

通过对本项目的国民经济评价,可以看出本项目有较好的国民经济效益,经济内部收益率达 21.7%,远高于 12%的社会折现率,经济净现值也高达 9483.4 万元。

[特别强调]

本项目除可以计算的国民经济效益外,还具有难以定量分析的国民经济效益和社会效益,如下:①项目实施后,不仅可以满足运输上的需要,而且可以带动地区社会经济发展,进而提高该地区人民生活水平。②本项目实施后,沿线的商业网点和服务设施将会迅速发展,这对增加劳动力就业机会和发展地方经济有显著作用。③该公路属于国道 318 线上的一个重要区段,因此项目改建后,不仅在经济上,而且在国防上也具有重要意义。

当然,项目实施既有对社会有利的一面,但也有负面效应,如项目占用耕地较多;项目投入使用后,不可避免的产生对环境的污染等。但综合正反两方面的作用,本项目所带来的国民经济和社会效益远远大于负面效应。

第六章 工程项目投资风险分析

一、学习目标与要求

本章重点是介绍项目投资风险产生原理、财务风险分类和财务风险评价科学方法。

掌握工程项目总风险、组合风险和系统风险的概念及其对企业价值的影响。掌握敏感性分析、模拟分析、盈亏平衡分析、风险调整折现率法、确定等值法和概率分析等方法应用。

二、预习概览

(一) 重要概念

项目总风险；项目组合风险；项目系统风险；敏感性分析；模拟分析；盈亏平衡分析；风险调整折现率法；确定等值法和概率分析。

(二) 关键问题

1. 风险的概念、形成原因及性质。
2. 项目投资相关风险的类别及含义。
3. 试叙述调整项目投资风险的基本步骤。
4. 什么是敏感性分析方法？它的应用条件和作用是什么？
5. 什么是盈亏平衡分析方法？它的应用条件和作用是什么？
6. 什么是风险调整折现率法？它的应用条件和作用是什么？
7. 工程项目系统风险评价方法的条件是什么？

三、本章重点与难点

1. 工程项目风险评价的内涵及特征。
2. 工程项目投资风险评价方法。
3. 工程项目投资敏感性分析方法。
4. 工程项目投资盈亏平衡分析方法。
5. 工程项目投资风险调整折现率法。
6. 工程项目投资系统风险评价方法。

四、习题和案例解析

(一) 单项选择题

1. 在项目财务评价和国民经济评价中均可以使用的不确定性分析方法是( )。
   A. 投入产出分析法　　　　　　　B. 现金流量分析法
   C. 敏感性分析法　　　　　　　　D. 盈亏平衡分析法

2. 进行建设项目敏感性分析时,如果主要分析方案状态和参数变化,投资回收快慢与产品价格波动对方案超额净收益的影响,应选取的分析指标为( )。
   A. 投资回收期与财务净现值
   B. 投资回收期与财务内部收益率
   C. 财务内部收益率与财务净现值
   D. 建设工期与财务净现值

3. 根据对项目不同方案的敏感性分析,投资者应选择( )的方案实施。
   A. 项目盈亏平衡点高,抗风险能力适中
   B. 项目盈亏平衡点低,承受风险能力弱
   C. 项目敏感程度大,抗风险能力强
   D. 项目敏感程度小,抗风险能力强

4. 在单因素敏感性分析中,当产品价格下降幅度为 5.91%、项目投资额降低幅度为 25.67%、经营成本上升幅度为 14.82% 时,该项目净现值均为零。按净现值对产品价格、投资额、经营成本的敏感程度由大到小进行排序,依次为( )。
   A. 产品价格—投资额—经营成本
   B. 产品价格—经营成本—投资额
   C. 投资额—经营成本—产品价格
   D. 经营成本—投资额—产品价格

5. 如果主要分析产品价格波动对技术方案超额净收益的影响,应选用( )作为分析指标。
   A. 投资回收期　　　　　　　　　B. 财务净现值
   C. 财务内部收益率　　　　　　　D. 财务净现值率

6. 当单位产品价格为 1500 元时,内部收益率为 23%;当单位产品价格为 1080 元时,内部收益率为 18%;当单位产品价格为 950 元时,内部收益率为 10%;当单位产品价格为 700 元时,内部收益率为 -8%。若基准收益率为 10%,则单位产品价格变化的临界点为( )元。
   A. 1500　　　B. 1080　　　C. 950　　　D. 700

7. 当单位产品价格为 1600 元时,净现值为 3210 万元;当单位产品价格为 1050 元时,净现值为 1210 万元;当单位产品价格为 960 元时,净现值为 110 万元;当单位产品价格为 720 元时,净现值为 -210 万元。故该项目单位产品价格变化的临界值处在( )元。
   A. ≤720　　　B. 720~960　　　C. 960~1050　　　D. ≥1050

8. 下列关于敏感度系数（SAF）说法不正确的是(　　)。

A. SAF＞0，表示评价指标与不确定性因素同方向变化

B. SAF＜0，表示评价指标与不确定性因素反方向变化

C. ｜SAF｜越大，表明评价指标 A 对于不确定性因素 F 越敏感

D. ｜SAF｜越小，表明评价指标 A 对于不确定性因素 F 越敏感

9. 关于边际贡献模式量本利分析图，下列说法中不正确的是(　　)。

A. 边际贡献在弥补固定成本后形成利润

B. 此图的主要优点是可以表示边际贡献的数值

C. 边际贡献随销量增加而减少

D. 当边际贡献超过固定成本后企业进入盈利状态

10. 已知单价对利润的敏感系数为 5，本年盈利，为了确保下年度企业不亏损，单价下降的最大幅度为(　　)。

A. 20%　　　　B. 40%　　　　C. 50%　　　　D. 100%

11. 盈亏平衡点位置与项目抗风险能力的关系，正确的是(　　)。

A. 盈亏平衡点越高，项目抗风险能力越强

B. 盈亏平衡点越高，项目适应市场变化能力越强

C. 盈亏平衡点越高，项目适应市场变化能力越强，抗风险能力越弱

D. 盈亏平衡点越低，项目抗风险能力越强

12. 盈亏平衡分析分为线性盈亏平衡分析和非线性盈亏平衡分析。其中，线性盈亏平衡分析的前提条件之一是(　　)。

A. 只生产单一产品，且生产量等于销售量

B. 单位可变成本随生产量的增加成比例降低

C. 生产量与销售量之间成线性比例关系

D. 销售收入是销售量的线性函数

13. 在投资项目经济评价中进行敏感性分析时，如果要分析投资大小对方案资金回收能力的影响，可选用的分析指标是(　　)。

A. 投资回收期　　　　　　　B. 净现值

C. 内部收益率　　　　　　　D. 借款偿还期

14. 有关单因素敏感性分析图，理解正确的是(　　)。

A. 将临界点与未来实际可能发生的变化幅度相比，可分析项目的风险情况

B. 临界点表明方案经济效果评价指标达到最高要求所允许的最大变化幅度

C. 一张图只能反映一个因素的敏感性分析结果

D. 不确定因素变化超过临界点越多，方案越好

15. 某项目设计生产能力为年产 50 万件，每件产品价格为 150 元，单位产品可变成本为 100 元，年固定成本为 2000 万元，产品销售税金及附加忽略不计，则盈亏平衡的生产能力利用率为(　　)。

A. 26.7%　　　　B. 80%　　　　C. 60%　　　　D. 90%

16. 某工程方案设计生产能力为年产 1.5 万 t，产品销售价格为 3200 元/t，年总成本为 4000 万元，其中固定成本为 1900 万元，则盈亏平衡时的单位产品变动成本为

(　　)元/t。

A. 1400　　　　　B. 1312.5　　　　C. 1680　　　　D. 1800

17. 工程建设项目按投资用途划分可以分为(　　)。

A. 限额以上和限额以下建设项目

B. 生产性和非生产性建设项目

C. 政府投资和非世界银行贷款建设项目

D. 新建、改建和扩建的建设项目

18. 下列哪项费用属于静态投资(　　)。

A. 建筑安装工程费用　　　　　　B. 价差预备费

C. 投资方向调节税　　　　　　　D. 建设期贷款利息

(二) 多项选择题

1. 在项目敏感性分析中，确定敏感因素可以通过计算(　　)判断。

A. 盈亏平衡点　　　　　　　　　B. 评价指标变动率

C. 不确定因素变动率　　　　　　D. 临界点

E. 敏感度系数

2. 技术方案敏感性分析收益方面的影响因素有(　　)。

A. 产销量　　　　　　　　　　　B. 销售价格

C. 汇率　　　　　　　　　　　　D. 动力费

E. 人工费

3. 关于敏感度系数 SAF 的说法，不正确的是(　　)。

A. SAF 越大，表示评价指标 A 对于不确定因素 F 越敏感

B. SAF>0 表示评价指标 A 与不确定因素 F 同方向变化

C. SAF 表示不确定因素 F 的变化额与评价指标 A 的变化额之间的比例

D. SAF 可以直接显示不确定因素 F 变化后评价指标 A 的值

E. SAF<0，表示评价指标与不确定性因素反方向变化

4. 在多品种条件下，能够影响加权平均边际贡献率大小的因素有(　　)。

A. 企业固定成本总额　　　　　　B. 各种产品销售收入比重

C. 各种产品的边际贡献率　　　　D. 全厂目标利润

E. 企业销售费用

5. 某企业生产一种产品，单价 20 元，单位变动成本 12 元，固定成本 80000 元/月，每月实际销售量为 25000 件。以一个月为计算期，下列说法正确的有(　　)。

A. 保本点销售量为 10000 件　　　B. 安全边际额为 300000 元

C. 保本作业率为 40%　　　　　　D. 销售利润率为 24%

E. 保本点盈利为 50000 元

6. 不确定性分析方法的应用范围是(　　)。

A. 盈亏平衡分析既可用于财务评价，又可用于国民经济评价

B. 敏感性分析可用于国民经济评价

C. 概率分析可同时用于财务评价和国民经济评价

D. 敏感性分析可用于财务评价

E. 盈亏平衡分析只能用于财务评价

7. 关于盈亏平衡分析的论述,下列说法中正确的是( )。

A. 盈亏平衡点的含义是指企业的固定成本等于变动成本

B. 当实际产量小于盈亏平衡产量时,企业亏损

C. 经营安全度越高,抗风险能力就越强

D. 生产能力利用率大于盈亏平衡点就可赢利

E. 盈亏平衡产量越大,抗风险能力就越强

8. 关于敏感性分析的论述,下列说法中错误的是( )。

A. 敏感性分析对不确定因素的变动对项目投资效果的影响作了定量的描述

B. 敏感性分析得到了维持投资方案在经济上可行所允许的不确定因素发生不利变动的最大幅度

C. 敏感性分析不能说明不确定因素发生的情况的可能性

D. 敏感性分析考虑了不确定因素在未来发生变动的概率

E. 敏感性分析可以分为单因素敏感性分析和多因素敏感性分析

9. 判别敏感因素的方法包括( )。

A. 代数分析法 B. 相对测定法

C. 公式法 D. 图解法

E. 绝对测定法

10. 下面( )可以用来表示盈亏平衡点。

A. 销售收入 B. 产量

C. 销售价格 D. 单位产品变动成本

E. 生产能力

11. 关于盈亏平衡分析的论述,下列说法中正确的是( )。

A. 盈亏平衡点的含义是指企业的固定成本等于变动成本

B. 当实际产量小于盈亏平衡产量时,企业亏损

C. 经营安全度越高,抗风险能力就越强

D. 生产能力利用率大于盈亏平衡点就可赢利

E. 盈亏平衡产量越大,抗风险能力就越强

12. 判别敏感因素的方法包括( )。

A. 代数分析法 B. 相对测定法

C. 公式法 D. 图解法

E. 绝对测定法

13. 项目对某种因素的敏感程度,可表示为( )。

A. 评价指标值变动百分比

B. 不确定因素变动百分比

C. 该因素按一定比例变化时引起项目指标的变化幅度

D. 评价指标变动百分比除以不确定因素变动百分比

E. 评价指标达到临界点时,某个因素允许变化的幅度

14. 下面（　　）可以用来表示盈亏平衡点。
   A. 销售收入　　　　　　　　　B. 产量
   C. 销售价格　　　　　　　　　D. 单位产品变动成本
   E. 生产能力

15. 下列表述中，属于工程项目投资特点的有（　　）。
   A. 单项投资数额大
   B. 投资回收期长
   C. 决策成败影响深远
   D. 投资的回收具有分散性
   E. 资金循环与生产经营周期具有一致性

（三）判断题

1. 当单位产品价格为1500元时，内部收益率为23%；当单位产品价格为1080元时，内部收益率为18%；当单位产品价格为950元时，内部收益率为10%；当单位产品价格为700元时，内部收益率为−8%。若基准收益率为10%，则单位产品价格变化的临界点为1080元。（　　）

2. 如果主要分析投资大小对技术方案资金回收能力的影响，则可选用财务内部收益率。（　　）

3. 在工程经济分析中不确定性分析的基本方法中，盈亏平衡分析和敏感性分析只用于财务效益分析，概率分析可同时用于财务效益分析和国民经济效益分析。（　　）

4. QBEP是项目保本的产量，其值越低，方案的风险越大。（　　）

5. RBEP是盈亏平衡点的生产能力利用率，其值越低，表明该项目适应市场变化的能力，抗风险能力强，获利能力大。（　　）

6. 项目财务分析中所涉及的营业税、增值税，城市维护建设税和教育费附加，必须从中扣除。（　　）

7. 用于建设项目偿债指标计算的是资产负债率、流动比率和速动比率。（　　）

8. 在多方案决策中，如果各个投资方案的现金流量是独立的，其中任一方案的采用与否均不影响其他方案是否采用，则方案之间存在的关系为正相关。（　　）

9. 变化率 β 描述了评价指标变化率对变量因素变化率的反映程度。（　　）

10. 在概率分析中，不确定因素的概率分布是未知的。（　　）

11. 建设项目敏感性分析中，确定敏感因素可以通过计算敏感度系数来判断。（　　）

12. 运用"销售量×（单价−单位变动成本）−固定成本"公式来计算息税前利润。（　　）

13. 项目的销售利润是销售收入减去销售税金及附加与总成本费用等项目的差额。（　　）

【参考答案】

单项选择题：1. C；2. A；3. D；4. B；5. B；6. C；7. B；8. D；9. C；10. A；11. D；12. A；13. C；14. A；15. B；16. A；17. B；18. A

多项选择题：1. DE；2. ABC；3. BCD；4. BC；5. ABCD；6. BCDE；7. BD；8. AD；9. BE；10. ABCD；11. BCD；12. BE；13. CE；14. ABCD；15. ABC

判断题：1. ×；2. √；3. ×；4. ×；5. √；6. ×；7. ×；8. ×；9. ×；10. ×；11. √；12. ×；13. √

（四）思考题

【参考答案】

1. 工程风险的概念、形成原因及性质。

【解】 工程项目投资是建立在对未来现金流量的预测与判断基础上的。由于影响投资项目现金流量各种因素的未来变化带有不确定性，加上预测方法和条件的局限性，使实际值与预期值可能会有偏差，从而给企业带来风险。

风险的性质有：客观性、偶然性、损害性、不确定性、相对性（或可变性）、普遍性和社会性。

2. 项目投资相关风险的类别及含义。

【解】

（1）项目总风险

从项目层次上，项目本身期望现金流的不确定性或项目实际收益将低于预期收益的可能性。

（2）项目的组合风险

从企业整体层次上，主要考虑该项目对企业现有项目或资产组合整体风险所做出的贡献。

（3）项目的系统风险

从企业股东角度上，多样化资产组合都无法分散的那一部分风险，即为项目的系统风险。

3. 试叙述调整项目投资风险的基本步骤。

【解】 项目风险调整方法主要有敏感性分析、模拟分析、盈亏平衡分析、风险调整折现率法、确定等值法和概率分析等。

4. 什么是不确定性分析？为什么要对建设项目进行不确定性分析？

【解】

对工程项目投资方案进行不确定性分析，就是对工程项目未来将要发生的情况加以掌握，分析这些不确定因素在什么范围内变化，以及这些不确定因素的变化对方案的技术经济效果的影响程度如何，即计算和分析工程项目不确定因素的假想变动对技术经济效果评价的影响程度。

通过对工程项目不确定因素变化的综合分析，就可以对工程项目的技术经济效果是否可接受做出评价，指出具体的论证结果或修改方案的建议和意见，从而做出比较切合实际的方案评价或投资决策。同时，通过不确定性分析还可以预测工程项目投资方案抵抗某些不可预见的政治与经济风险的冲击力，从而说明建设项目的可靠性和稳定性，尽量弄清和减少不确定性因素对建设项目经济效益的影响，避免投产后不能获得预期利润和收益的情况发生，避免企业出现亏损状态。因此，为了有效减少不确定性因素对项目经济效果的影响，提高项目的风险防范能力，进而提高项目投资决策的科学性和可靠性，除了对项目进行确定性分析外，还有必要对建设项目进行不确定性分析。

(五) 计算题

1. 某企业生产某种产品，设计年产量为 6000 件，每件产品的出厂价格估算为 50 元，企业每年固定性开支为 66000 元，每件产品成本为 28 元，求企业的最大可能盈利，企业不盈不亏时最低产量，企业年利润为 5 万元时的产量，试计算其盈亏平衡点。

【解】最大可能盈利 $=6000\times(50-28)-66000=66000$ 元

不赢不亏时最低产量 $=66000\div(50-28)=3000$ 件

年利润为 5 万元时的产量 $=(66000+50000)\div(50-28)=5273$ 件

盈亏平衡点为 3000 件。

2. 某厂生产一种配件，有两种加工方法可供选择。一为手工安装，每件成本为 1.20 元，还需分摊年设备费用 300 元；一种为机械生产，需投资 4500 元购置机械，寿命为 9 年，预计残值为 150 元，每个配件需人工费 0.5 元，维护设备年成本为 180 元。假如其他费用相同，利率为 10%，试进行加工方法决策。

【解】计算未来 9 年内两种方法的成本，设每年产量为 Q

$=6.9108Q+1727.7$

$=2.8795Q+5473.005$

当 $NPV_1>NPV_2$ 时，即 $6.9108Q+1727.7>2.8795Q+5473.005$，$Q>929.06$

即当年产量大于等于 930 件时，选择第二种加工方法；当年产量小于 930 件时，选择第一种加工方法。

3. 某投资项目其主要经济参数的估计值为：初始投资 15000 元，寿命为 10 年，残值为 0，年收入为 3500 元，年支出为 1000 元，投资收益率为 15%。求：

(1) 当年收入变化时，试对内部收益率的影响进行敏感性分析。

(2) 试分析初始投资、年收入与寿命三个参数同时变化时对净现值的敏感性。

【解】$NPV_1=-15000+(3500-1500)\times(P/A,IRR,10)=0$

解得 $(P/A,IRR_1,10)=7.5$

根据 $(P/A,6\%,10)=7.3601$，$(P/A,6\%,10)=7.3601$

由线性内插法可以算出 $IRR_1=5.61\%$

小于投资收益率，方案不可行，故应当使收入增加。

表 6-1

IRR	基本方案	+10%	30%
销售收入	5.61%	9.16%	15.61%

即收入增长为 30% 使，方案可行。

设初始投资变化率为 X，年收入变化率为 Y，寿命为 n

$NPV_2=-15000(1+Y)+[3500(1+X)-1000]\times(P/A,15\%,n)$

例如 $X=20\%$，$Y=-10\%$，$n=15$

$=-2453$ 元

$=5211.68$ 元

4. 某方案需投资 25000 元，预期寿命为 5 年，残值为 0，每年净现金流量为随机变量，其变动如下：5000 元 $(P=0.3)$；10000 元 $(P=0.5)$；12000 元 $(P=0.2)$。若利率为 12%，试计算净现值的期望值与标准差。

【解】
$NPV_1 = -25000 + 5000 \times (P/A, 12\%, 5) = -6976$ 元

$NPV_2 = -25000 + 10000 \times (P/A, 12\%, 5) = 11048$ 元

$NPV_3 = -25000 + 12000 \times (P/A, 12\%, 5) = 18257.6$ 元

$\qquad = 7082.72$ 元

$\qquad = 92131593.8$ 元

$\sigma(NPV) = 9598.52$ 元

5. 某工厂欲新建一条自动生产线，据估算初始投资为 100 万元，寿命期 10 年，每年可节约生产费用 20 万元。若该行业的基准收益率为 12%。

试分别就初始投资完成以下项目投资风险测试内容。

① 生产费用节约额 C 和使用年限 n 各变动 ±10% 的范围内，对该项目的 IRR 作敏感性分析。

② 计算各不确定因素分别在 ±10% 的范围内变动时，对 IRR 目标值的影响。

③ 计算敏感性系数。

④ 计算临界点和临界值。

【解】① 按题意确定分析的项目评价指标为 IRR，并计算其目标值。

列方程：$NPV = -100 + 20(P/A, IRR, 10) = 0$

$(P/A, IRR, 10) = 100/20 = 5.0$

经查表，在 15% 和 20% 之间插入，得

$IRR = 15\% + (5.019 - 5.0)/(5.019 - 4.192) \times (20 - 15)\% = 15\% + 0.1\% = 15.1\%$

【解】② 计算各不确定因素分别在 ±10% 的范围内变动时，对 IRR 目标值的影响。

(1) 设投资额 I 变动的百分比为 x，计算 IRR 的相应变动数值。

列方程：$-100(1+x) + 20(P/A, IRR, 10) = 0$

当 $x = -10\%$ 时

方程为：$-100 \times 0.9 + 20(P/A, IRR, 10) = 0$

即：$(P/A, IRR, 10) = 90/20 = 4.5$ 可得 $IRR = 18.1\%$

当 $x = 10\%$ 时

方程为：$-100 \times 1.1 + 20(P/A, IRR, 10) = 0$

即：$(P/A, IRR, 10) = 110/20 = 5.50$ 可得 $IRR = 12.7\%$

(2) 设生产费用节约额 C 变动的百分比为 y，计算 IRR 的相应变动数值。

列方程：$-100 + 20(1+y)(P/A, IRR, 10) = 0$

当 $y = -10\%$ 时，

方程为：$-100 + 18(P/A, IRR, 10) = 0$

$(P/A, IRR, 10) = 100/18 = 5.556$ 可得 $IRR = 12.5\%$

当 $y = 10\%$ 时，

方程为：$-100 + 22(P/A, IRR, 10) = 0$

$(P/A, IRR, 10) = 100/22 = 4.546$ 可得 $IRR = 17.9\%$

(3) 设使用年限 n 变动的百分比为 z，计算 IRR 的相应变动数值。

列方程 $-100 + 2(P/A, IRR, 10(1+z)) = 0$

当 $z = -10\%$ 时，

方程为：$-100 + 20(P/A, IRR, 9) = 0$

$(P/A, IRR, 9) = 100/20 = 5.0$

可得 $IRR = 13.8\%$

当 $z = 10\%$ 时，

方程为：$-100 + 20(P/A, IRR, 11) = 0$

$(P/A, IRR, 11) = 100/20 = 5.0$ 可得 $IRR = 16.3\%$

【解】③ 计算敏感性系数

(1) 初始投资 I 的敏感度系数

$$SAF_{I1} = (18.1 - 15.1)/15.1/-0.1 = 0.1987/-0.1 = -1.99$$
$$SAF_{I2} = (12.7 - 15.1)/15.1/0.1 = -0.1589/0.1 = -1.59$$

(2) 生产费用节约额的敏感度系数

$$SAFC_1 = 1.72 \quad SAFC_2 = 1.85$$

(3) 使用年限的敏感度系数

$$SAFn_1 = 0.86 \quad SAFn_2 = 0.80$$

【解】④ 计算临界点和临界值

即分别求出若使项目可行（$IRR \geq 12\%$），敏感因素 I、C 的允许变动范围。

(1) 求直线 I 与 i_C 的交点：

即由方程：$-100(1+x) + 20(P/A, IRR, 10) = 0$，当 $IRR = i_C = 12\%$ 时，求出 x 的值。

由：$-100(1+x) + 20(P/A, 12\%, 10) = 0$ 得：$X = 13.0\%$

(2) 求 C 与 i_C 的交点：

【解】$-100 + 20(1+y)(P/A, 12\%, 10) = 0$ 得 $y = -11.5\%$

（六）案例分析题

【案例 6-1】工程项目单因素敏感性案例分析

设某工程项目基本方案的参数算值如下表 6-2 所示，试对销售收入、经营成本和投资进行敏感性分析（基准收益率 $i_0 = 9\%$）。

基本方案参数估算表　　　　　　　　表 6-2

因素	期初投资 I（万元）	年销售收入 R（万元）	年经营成本 C（万元）	期末残值 L（万元）	寿命（n 年）
估算值	1500	600	250	200	6

[计算分析]

(1) 内部收益率初始状态的计算

$$0 = -P + (R-C)\sum_{t=1}^{5}(1+IRR)^{-t} + (R+L-C)(1+IRR)^{-6}$$

式中 $P=1500$，$R=600$，$C=250$，$L=200$。上式可写成

$$-1500+350\sum_{t=1}^{5}(1+IRR)^{-5}+550(1+IRR)^{-6}=0$$

经过计算可得 $IRR=12.45\%$

(2) 计算销售收入、经营成本和投资变化对内部收益率的影响如6-3所示。

单因素敏感性分析表　　　　　　　表 6-3

不确定因素	−5%	基本方案	+5%
销售收入	10.121	12.457	15.633
经营成本	14.017	12.457	11.758
投　资	13.360	12.457	11.288

各因素的敏感度为：

K 收入 $=(15.633-12.457)\div 12.457/5\%=5.10$

K 成本 $=(11.758-12.457)\div 12.457/5\%=-1.12$

K 投资 $=(11.288-12.457)\div 12.457/5\%=-1.88$

(3) 收入临界值计算

$NPV(i)=-P+(R-C)(P/A,i,6)+L(P/F,i,6)$

令 $NPV(i_0=9\%)=0$，即可得 R 临界值 $=558$

价格下降幅度 $=(600-558)/600=7\%$

[计算结果分析]

从上式敏感度的计算可判断各因素敏感程度依次为：收入＞投资＞经营成本。由此可见，对本工程项目风险影响最强的因素即是收入，也是风险控制的主要对象。

根据临界值分析得知，当价格下降幅度超过 7%，将出现 $NPV<0$ 或者 $IRR<i_0$，工程项目将变得不可行。

【案例 6-2】工程项目双因素敏感分析案例

案例 6-1 的基本方案作关于投资和收入的双因素敏感性分析。

[计算分析]

(1) 建立 NPV 等指标值的表达方程式

设 x 表示投资额变化的百分比，用 y 表示年销售收入变化的百分比，则当折现率为 i_0，且投资和价格分别具有变化率 x 和 y 时，净现值为

$NPV(i_0)=-P(1+X)+[R(1+y)-C](P/A,i,6)+L(P/F,i,6)$

$=-P+(R-C)(P/A,i,6)+L(P/F,i,6)-Px+R(P/A,i,6)y$

即

$NPV(i_0)=-1500+350(P/A,i,6)+200(P/F,i,6)-1500x+600(P/A,i,6)y$

显然若 $NPV(i_0)>0$，则 $IRR>i_0$

取 $i=i_0=9\%$，则 $NPV(i_0)=189.36-1500x+2691.6y$

(2) 作敏感分析图

此式为一平面方程，令 $NPV(i_0)=0$，可得该平面与 oxy 坐标面的交线：$y=0.557$；$x-0.0704$

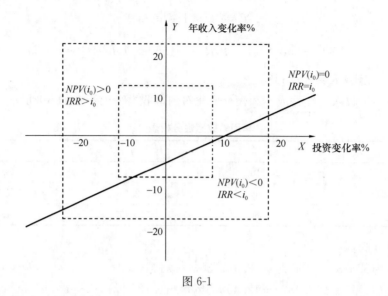

图 6-1

[计算结果分析]

此交线将 oxy 平面分为两个区域,oxy 平面上任意一点 (x,y) 代表投资和价格的一种变化组合,当这点在交线的左上方时,$NPV(i_0)>0$,即 $IRR>i_0$;若在右下方,则 $NPV(i_0)<0$,因而 $IRR<i_0$。当左上方区域大于右下方时,则说明该工程项目风险较小,左上方区域所占比重越大,风险则越小;反之,则风险大。所以,为了保证方案在经济上可接受,应设法防止处于交线左上方区域的变化组合情况出现。

【案例 6-3】期望收益的计算

某房地产开发公司现有两种类型的房地产开发方案,其净收益和各种收益出现的概率如表 6-4 所示:

某房地产开发方案　　单位:万元　　　　　　　　表 6-4

销售情况	发生概率（P_i）		预期收益（X_i）	
	A 方案	B 方案	A 方案	B 方案
较好	0.20	0.20	$X_i=18000$	$X_i=30000$
一般	0.50	0.40	$X_i=12000$	$X_i=20000$
较差	0.30	0.40	$X_i=4000$	$X_i=-8000$

[计算分析]

解:由上表数据可以计算 A、B 两个方案各自的期望收益:

$$\overline{E}=\sum_{i=1}^{n}(X_i \cdot P_i)$$

A 方案:$\overline{E}=18000\times0.20+12000\times0.50+4000\times0.30=10800$ 万元

B 方案:$\overline{E}=30000\times0.20+20000\times0.40+(-8000)\times0.40=10800$ 万元

[计算结果分析]

从上面的计算可知,A、B 两个开发方案期望收益相同,但其概率分布不同。A 方案期望收益的分散程度较小,B 方案期望收益的分散程度较大。在期望收益相同的情况下,概率分布越集中，实际收益越接近期望收益，即风险程度越小；概率分布越分散，实际收益与期望收益的偏差越大，即风险程度越大。因此，在上例中，A、B两个开发方案期望收益相同，但风险大小不同，A方案风险较小，B方案风险较大。

【案例 6-4】 标准差的计算（基本案情同案例1）

[计算分析]

根据案例 6-1 计算结果，分别计算 A、B 两个开发方案的标准离差。

计算如下：

$$\sigma = \sqrt{\sum_{i=1}^{n}[(X_i - \overline{E})^2 \cdot P_i]}$$

A 方案：

$\sigma = \sqrt{(18000-10800)^2 \times 0.2 + (12000-10800)^2 \times 0.5 + (4000-10800)^2 \times 0.3}$
$= 4995$ 万元

B 方案：

$\sigma = \sqrt{(30000-10800)^2 \times 0.2 + (20000-10800)^2 \times 0.5 + (-8000-10800)^2 \times 0.3}$
$= 15778$ 万元

[计算结果分析]

A 开发方案的标准离差 4995（万元）远小于 B 开发方案的标准离差，说明 A 开发方案的风险小于 B 开发方案的风险。

[特别提示]

由于标准离差是以绝对数反映方案风险大小，所以只能用来比较期望值相同的各项投资的风险程度。期望值不同，标准离差的大小不具可比性。对于期望值不同的投资项目风险程度的比较，可用标准离差与期望值的比值，即标准离差率。

【案例 6-5】 标准离差率的计算（基本案情同案例1）

[计算分析]

仍以案例二数据为例，计算 A、B 两个开发方案的标准离差率为：

$$Q = \frac{\sigma}{E}$$

A 方案：$Q = \dfrac{4995}{10800} = 0.4625$

B 方案：$Q = \dfrac{15778}{10800} = 1.4609$

[计算结果分析]

A 开发方案的标准离差率小于 B 开发方案的标准离差率，说明 A 开发方案比 B 方案风险小。

[特别提示]

通过上述标准离差和标准离差率的计算，对于单个方案，决策者可以根据标准离差（率）的大小，并将其同设定的可接受的此项指标最高限值对比，若前者低于后者，则方案可以采纳；若前者高于后者，则方案应当放弃。对于多个方案，决策者选择的基本原则应该是低风险高收益的方案，即标准离差（率）低、收益高的方案。但由于收益高的方案

第六章 工程项目投资风险分析

风险也大,这就要权衡收益与风险,并且取决于决策者对待风险的态度。喜欢冒险的决策者可能会选择风险和收益都较高的方案,而不喜欢冒险的决策者可能会选择风险和收益均较低的方案。

【案例 6-6】即期外汇买卖合同法避免外汇风险

英国一公司在两天内要向一美商支付一笔货款,货款金额为 100 万美元,英国公司可直接与其开户银行签订以英镑购买 100 万美元的即期外汇买卖合同,两天后,英国公司的开户银行交给英商 100 万美元的款项,英商则用这 100 万美元来支付美商货款,即期汇率为 1 英镑=1.5 美元,交割日汇率为 1 英镑=1.48 美元。

[计算分析]

英商通过签订外汇买卖合同减少的英镑支出为:

100 万/1.48－100 万/1.5=0.9 万英镑

[计算结果分析]

英商通过签订外汇买卖合同少支出 0.9 万英镑,从而避免了因外汇汇率下降的不利因素,消除了英镑贬值的风险。

[特别提示]

外汇汇率变动不是人们所能预见的,外汇汇率可能会朝反方向变动,而使得签订外汇即期买卖合同后受到损失。

【案例 6-7】远期外汇买卖合同法避免外汇风险

续案例 6-6,假设英商与银行签订的是 3 个月的远期外汇买卖合同,银行卖出 100 万美元,最初即期汇率为 1 英镑=1.5 美元,远期汇率为 1 英镑=1.55 美元。

[计算分析]

远期支付汇率为 1 英镑=1.55 美元

按远期汇率计算的英镑=100/1.55=64.52 万英镑

[计算结果分析]

到时英商只需支付 64.52 万英镑便能获得 100 万美元,而不管交割日时的汇率大小。

【案例 6-8】外汇期货合同法避免外汇风险

中国某公司 6 月 1 日向美商进口一批货物,付款日期是 9 月 1 日,货款金额为 100 万美元,6 月 1 日即期汇率为 1 美元=8.5 人民币,3 个月交割的远期汇率为 1 美元=8.57 人民币,专家们预测在 6 月份后美元会升值,中国公司为避免美元升值的风险,从外汇期货市场中买进远期美元 100 万元。若 9 月 1 日公司在支付货款时,汇率为 1 美元=8.60 人民币元,分析公司的风险管理效果。

[计算分析]

按 9 月 1 日汇率计算的货款金额:100×8.60=860 万人民币

按 6 月 1 日汇率计算的货款金额:100×8.50=850 万人民币

按 3 个月交割的远期汇率计算的货款金额:100×8.57=857 万人民币

[计算结果分析]

如果公司不购买外汇期货那么为支付 100 万美元的货款,需支出人民币 860 万元,比 6 月 1 日时的远期汇率多支出 3 万元,即由于汇率变动,公司损失了 3 万元人民币。但是,公司在外汇交易所买进美元期货,保证以 1 美元=8.57 人民币元的汇率将人民币兑换成美元,这时兑换成100万美元,只需支付人民币857万元,公司立刻再将100万美元按1美元=8.6人民币元的汇率换成人民币,这时可得人民币860万元,这一笔外币期货合同使公司又赚回3万元,从而消除了汇率变动带来的风险。

同样地,当公司有外币收入时,为避免外汇风险,可在外汇期货市场中签订卖出外币的合同。

【案例6-9】 外汇期权合同法避免外汇风险

某美商从英国进口一批货物价值100万英镑,3个月后支付。当时外汇汇率为1英镑;1.5美元。该美商为了固定进口成本,防止外汇风险,花费2万美元的期权费,用150万美元按1英镑=1.5美元的协定汇率,买入100万英镑的欧式期权。假定3个月后发生了以下情况:(1)英镑升值,汇率为1英镑=1.65美元;(2)英镑贬值,汇率为1英镑=1.4美元;(3)汇率仍维持在原水平,1英镑=1.5美元。

[计算分析]

(1) 英镑升值,汇率为1英镑=1.65美元,此时需支付100万×1.65=165万美元;

(2) 英镑贬值,汇率为1英镑=1.4美元,此时需支付100万×1.4=140万美元;

(3) 汇率仍维持在原水平,1英镑=1.5美元,此时需支付100万×1.5=150万美元。

[计算结果分析]

(1) 在这种情况下,如果美商未曾签订期权合同,比原采货价150万美元多支付15万美元;但通过签订期权合同,使得公司免遭巨大损失,15万美元扣除2万美元的期权费后,公司仍可减少13万美元的汇价损失。

(2) 在这种情况下,美商会放弃行使权力,如行使该权力,则美商要支付150美元,而放弃行使权力,只需支付货款140万美元。加上期权费2万美元,较行使期权少支付8万美元。

(3) 在这种情况下,汇率仍维持在原水平,美商没有产生损失或收益,仅以2万美元的期权费为代价来减少或避免风险,固定进口成本。

【案例6-10】 某企业现有资金100000元可以用于以下投资方案:

方案A:购入国库券(五年期,年利率10%,不计复利,到期一次支付本息);

方案B:购买新设备,即交付使用。(使用期5年,预计残值收入为设备总额的10%,按直线法计提折旧,设备交付使用后每年可以实现12000元的税前利润。

该企业的资金成本率为10%,适用所得税率为30%。要求:

(1) 计算投资方案A中国库券的到期值;

(2) 计算方案A的净现值;

(3) 计算投资方案B的初始现金流量、设备折旧额、税后净利润、1~5年营业活动现金净流量、终结现金流量;

(4) 计算方案B的净现值;

(5) 运用净现值法对上述投资方案进行选择。

【解】 依据债券原理和固定资产投资净现金流量分析:

(1) 国库券的到期值净现值=100000×(1+16%×5)=180000元

(2) 净现值=180000×0.621−100000=11780元

(3) 方案 B 初始现金流量 = -100000 元

设备折旧额 = 100000×(1-10%)/5 = 18000 元

税后净利润 = 12000×(1-30%) = 8400 元

营业活动现金净流量(第 1 到 5 年) = 18000+8400 = 26400 元

终结现金流量 = 100000×10% = 10000 元

(4) 方案 B 的净现值 = 26400×3.791+10000×0.621-100000

= 6292.4 元

(5) 因为方案 B 的净现值 > 方案 A 的净现值 > 0，所以应选择投资方案 B。

第七章　工程营运资产管理

一、学习目标与要求

本章主要介绍了工程营运资产管理的基本原理、特点及日常策划方法。

要求掌握营运流动资产财务管理行为，主要包括持有现金的目的、现金规划量管理、应收账款信用成本的规划、存货量规划内容、存货资金测算及存货控制方法。掌握固定资产在资金规划管理，固定资产折旧成本测试方法。熟悉无形资产资金规划、投资、累计成本决策等。掌握最佳现金持有量的确定方法、公司信用政策的确定和信用风险的防范与控制，存货经济订货批量的基本模型。理解现金流量预测方法等。

二、预习概览

（一）重要概念

营运资产；资产管理；最佳现金持有量；短期有价证券；信用政策；5C 评估法；存货经济订购批量；ABC 分类管理；净现值；内含报酬率；投资回收期；固定资产折旧；年限平均法；工作量法；加速折旧法。

（二）关键问题

1. 流动资产管理的含义是什么？
2. 现金的周转受哪些因素的影响？
3. 现金管理的主要目的是什么，包括哪些内容？
4. 应收账款的作用是什么？简述应收账款的信用政策。
5. 如果一个企业从来都没有坏账损失，这是否是最好的信用管理模式？
6. 什么是存货概念及其分类和功能？
7. 存货成本的构成及其含义是什么？请阐明理由。
8. 固定资产的含义是什么？
9. 影响固定资产折旧的主要因素包括哪些？
10. 固定资产日常管理包括哪些方面？

三、本章重点与难点

1. 工程现金管理内容及特征。
2. 工程存货管理分类及方法。
3. 工程应收账款管理，坏账本质及特征。

4. 工程固定资产内涵、分类和管理特征。
5. 工程固定资产折旧内涵、分类和计算方法特征。

四、习题和案例解析

(一) 单项选择题

1. 下列关于营运资产管理的说法中不正确的是(　　)。
   A. 营运资金的管理既包括流动资产的管理，也包括流动负债的管理
   B. 流动资产是指可以在一年以内或超过一年的一个营业周期内变现或运用的资产
   C. 流动资产的数量会随着企业内外条件的变化而变化，时高时低，波动很大
   D. 企业占用在流动资产上的资金，会在一年内收回

2. 在下列各项中，属于应收账款机会成本的是(　　)。
   A. 收账费用   B. 坏账费用
   C. 应收账款占用资金的应得利息   D. 对客户信用进行调查的费用

3. 下列各项中，不属于信用条件构成要素的是(　　)。
   A. 信用期限   B. 现金折扣   C. 现金折扣期   D. 信用标准

4. 信用的"5C"系统中，条件（Condition）是指(　　)。
   A. 顾客的财务实力和财务状况，表明顾客可能偿还债务的背景条件
   B. 顾客拒付款项或无力支付款项时能被用作抵押的资产条件
   C. 影响顾客付款能力的经济环境条件
   D. 企业流动资产的数量和质量

5. 若某企业预测的年度销售收入净额为1000万元，应收账款周转期为36天，则该企业的应收账款平均余额为(　　)万元。
   A. 80   B. 60   C. 100   D. 50

6. 信用条件为"2/10，N/30"时，预计有40%的客户选择现金折扣优惠，则平均收账期为(　　)天。
   A. 16   B. 28   C. 26   D. 22

7. 在其他因素不变的条件下，企业采用积极的收账政策可能导致(　　)。
   A. 坏账损失增加   B. 平均收账期延长
   C. 收账成本增加   D. 应收账款投资增加

8. 企业将资金占用在应收账款上而放弃其他方面投资可获得的收益是应收账款的(　　)。
   A. 管理成本   B. 机会成本   C. 坏账成本   D. 资金成本

9. 企业持有现金的原因，主要是为了满足(　　)。
   A. 交易性、预防性、收益性需要   B. 交易性、投机性、收益性需要
   C. 交易性、预防性、投机性需要   D. 收益性、预防性、投机性需要

10. 企业6月10日赊购商品时双方约定"2/10，N/20"。在6月15日有能力付款，但直到6月20日才支付这笔款项。其目的是运用现金日常管理策略中的(　　)。
    A. 力争现金流量同步   B. 使用现金浮游量

C. 加速收款　　　　　　　　　　D. 推迟应付款的支付

11. 现金管理的目标是(　　)。

A. 尽量减少现金支出

B. 尽量使现金的收益最大

C. 加强现金收支计划

D. 在现金的收益性和流动性之间进行权衡，在较少风险水平上获得较大收益

12. 现金的短缺成本与现金持有量的关系是(　　)。

A. 正向变动关系　　　　　　　　B. 反向变动关系
C. 无明确的比例关系　　　　　　D. 无关系

13. 某企业每月现金需要量为 250000 元，现金及有价证券的每次转换金额为 50000 元，每次转换成本为 400 元，则其每月的现金转换成本为(　　)。

A. 2000 元　　　B. 12500 元　　　C. 4000 元　　　D. 5000 元

14. 某公司持有有价证券的平均年利率 5%，公司的现金最低持有量为 1500 元，现金余额的最低返回线为 8000 元。如果公司现有现金 20000 元，根据现金持有量随机模式，此时应当投资于有价证券的金额是(　　)元。

A. 0　　　B. 6500　　　C. 12000　　　D. 18500

15. 固定资产按使用情况所作的分类是(　　)。

A. 生产用固定资产和非生产用固定资产

B. 经营用固定资产和管理用固定资产

C. 自有固定资产和融资租入固定资产

D. 使用中的固定资产、未使用的固定资产和不需用的固定资产

16. 利用存货模型确定最佳现金持有量时，不予考虑的因素是(　　)。

A. 有现金的机会成本　　　　　　B. 现金的管理成本
C. 现金的交易成本　　　　　　　D. 现金的平均持有量

17. 以下现金成本与现金持有量成正比例关系的是(　　)。

A. 现金交易成本　　　　　　　　B. 现金机会成本
C. 现金管理成本　　　　　　　　D. 现金短缺成本

18. 某公司的原料购买和产品销售均采用商业信用方式，其应付账款的平均付款天数为 35 天，应收账款的平均收款天数 90 天，存货平均周转天数为 125 天。假设一年为 360 天，则公司的年现金周转率为(　　)。

A. 1.44　　　B. 2　　　C. 2.88　　　D. 5.14

19. 固定资产因使用产生损耗而转移到产品上的价值是(　　)。

A. 固定资产折旧　　　　　　　　B. 固定资产折余价值
C. 固定资产重置价值　　　　　　D. 固定资产原始价值

20. 现金作为一种资产，它的(　　)。

A. 流动性强，盈利性差　　　　　B. 流动性强，盈利性也强
C. 流动性差，盈利性也强　　　　D. 流动性差，盈利性也差

21. 财务人员从事以下工作时须考虑收账费用和坏账损失的是(　　)。

A. 进行应收账款预测　　　　　　B. 制定收账政策

C. 确定信用标准 D. 分析收现率

22. 公司将资金占用在应收账款上而放弃的投资于其他方面的收益，称为应收账款的（　　）。
    A. 管理成本 B. 坏账成本 C. 短缺成本 D. 机会成本

23. 某企业规定的信用条件是1/20，N/30，一客户从该企业购入原价为10000元的原材料，并于第18天付款，则该客户实际支付的货款为（　　）。
    A. 9700元 B. 9800元 C. 9900元 D. 10000元

24. 存货经济批量的基本模型所依据的假设不包括（　　）。
    A. 存货集中到货 B. 一定时期的存货需求量能够确定
    C. 存货进价稳定 D. 允许缺货

25. 某企业全年需用甲材料240吨，每次进货成本40元，每吨材料年储存成本12元，则每年最佳进货次数为（　　）次。
    A. 3 B. 4 C. 6 D. 9

26. 某种材料全年的消耗总额为54万元，资金周转期为20天，其资金占用量为（　　）万元。
    A. 0.15 B. 2.7 C. 3 D. 6

27. 如果企业营运资金短缺成本较低，资本成本较高，则其持有政策宜采取（　　）。
    A. 宽松的营运政策 B. 紧缩的营运资金政策
    C. 适中的营运资金政策 D. 上述三种政策均可

28. 经济订货量指（　　）。
    A. 订货成本最低的采购批量 B. 储存成本最低的采购批量
    C. 缺货成本最低的采购批量 D. 存货总成本最低的采购批量

29. 在下列各项中，属于应收账款机会成本的是（　　）。
    A. 收账费用 B. 坏账损失
    C. 应收账款占用资金的应计利息 D. 对客户信用进行调查的费用

30. 给定的信用条件为$n/10$，$n/40$，则其含义为（　　）。
    A. 付款期限为10天，现金折扣率为1%，信用期限为40天
    B. 信用期限为40天，现金折扣率为1/10
    C. 如果在10天内付款，可享受1%的现金折扣，否则应在40天内按全额付清
    D. 如果在10天内付款，可享受10%的现金折扣，否则应在40天内按全额付清

31. 下列项目中属于持有现金的资本成本的是（　　）。
    A. 现金管理人员工资 B. 现金管理措施费用
    C. 现金被盗损失 D. 现金的再投资收益

32. 企业采取宽松的营运资金持有政策，产生的结果有（　　）。
    A. 收益性较高，资金流动性较低 B. 收益性较低，风险性较低
    C. 资金流动性较高，风险较低 D. 收益性较高，资金流动性较高

33. 采取稳健型的营运资金持有政策，产生的结果是（　　）。
    A. 收益低，风险低 B. 收益高，流动性差
    C. 流动性强，风险低 D. 收益低，流动性强

34. 某企业采取激进型融资政策，固定资产800万，永久性流动资产200万，临时性流动资产200万。已知长期负债、自发性负债和权益资本可提供的资金为900万元，则该企业至少应借入临时性借款的数额是(　　)。

   A. 200万　　　B. 300万　　　C. 400万　　　D. 100万

35. 下列现金的成本中，属于固定成本性质的是(　　)。

   A. 现金管理成本　　　　　　B. 持有现金的机会成本
   C. 现金交易成本　　　　　　D. 现金短缺成本

36. 假定其他条件不变，下列关于采购批量与存货费用之间关系的表述正确的是(　　)。

   A. 采购批量越小，采购费用越少
   B. 采购批量越小，存货总费用越少
   C. 采购批量越小，储存保管费用越少
   D. 采购批量越小，储存保管费用越多

37. 按固定资产的经济用途区分，下列属于生产用固定资产的是(　　)。

   A. 职工宿舍　　　　　　　　B. 附属医院的房屋
   C. 施工现场的动力设备　　　D. 专设科研机构使用的设备

38. 某住宅开发项目，市场预测售价为2300元/m^2，变动成本为900元/m^2，固定成本为500万元，综合销售税金为150元/m^2。此项目最少应开发(　　)m^2商品住宅面积才能保本。

   A. 6500　　　B. 4635　　　C. 5420　　　D. 4000

(二) 多项选择题

1. 按照《企业会计准则》的规定，"资产是企业拥有或者控制的能以货币计量的经济资源"，其中"经济资源"包括(　　)。

   A. 各种财产　　　　　　　　B. 各种债权
   C. 各种所有权　　　　　　　D. 其他权利
   E. 人力资源

2. 下列项目中，属于为了满足现金的交易性需要而产生的活动的有(　　)。

   A. 支付工资　　　　　　　　B. 临时采购原材料
   C. 购买股票　　　　　　　　D. 取得银行借款
   E. 偿还长期负债

3. 现金支出管理的主要任务是尽可能延缓现金的支出时间，下列属于延缓现金支出时间的方法有(　　)。

   A. 争取现金流出与现金流入同步　　B. 透支
   C. 使用专用账户　　　　　　　　　D. 推迟应付款的支付
   E. 使用零余额账户

4. 缩短信用期限有可能会使(　　)。

   A. 销售额降低　　　　　　　　B. 应收账款占用资金降低
   C. 收账费用降低　　　　　　　D. 坏账损失降低
   E. 增加现销比重

111

5. 下列关于营运资金管理原则的说法，正确的有（　　）。
   A. 营运资金的管理必须把提高资金使用效率作为首要任务
   B. 加速资金周转是提高资金使用效率的主要手段之一
   C. 企业要千方百计加速存货、应收账款等流动资产的周转
   D. 保持足够的偿债能力是营运资金的管理原则之一
   E. 营运资金管理促进固定资产加速折旧

6. 通常情况下，企业持有现金的机会成本（　　）。
   A. 与现金余额成正比　　　　　　　B. 与持有时间成反比
   C. 用有价证券的利息率确定　　　　D. 是决策的无关成本
   E. 放弃短期投资

7. 为了提高现金使用效率，企业应当（　　）。
   A. 加速收款效率
   B. 在不影响信誉的前提下推迟应付款的支付
   C. 使用现金浮游量
   D. 力争现金流入与现金流出同步
   E. 保持现金最佳余额

8. 对信用期限的叙述，不正确的是（　　）。
   A. 信用期限越长，企业坏账风险越小
   B. 信用期限越长，表明客户享受的信用条件越优越
   C. 延长信用期限，不利于销售收入的扩大
   D. 信用期限越长，应收账款的机会成本越低
   E. 信用期限越短，收回现金越快

9. 应收账款的作用主要有（　　）。
   A. 增强市场竞争力　　　　　　　　B. 减少存货
   C. 促进销售　　　　　　　　　　　D. 节约存货支出
   E. 购买材料

10. 信用标准过高的可能结果包括（　　）。
    A. 丧失很多销售机会　　　　　　　B. 降低违约风险
    C. 扩大市场占有率　　　　　　　　D. 减少坏账费用

11. 现金折扣是企业对顾客在商品价格上的扣减。向顾客提供这种价格上的优惠，可以达到的目的有（　　）。
    A. 缩短企业的平均收款期　　　　　B. 扩大销售量
    C. 减少成本　　　　　　　　　　　D. 增加收益
    E. 增加风险

12. 用成本分析模式确定最佳现金持有量时，应予考虑的成本费用项目有（　　）。
    A. 现金管理费用　　　　　　　　　B. 现金短缺成本
    C. 现金转换成本　　　　　　　　　D. 现金与有价证券的转换成本

13. 企业用来加速收款，提高现金的周转速度的方法有（　　）。
    A. 银行业务集中法　　　　　　　　B. 运用"浮游量"

C. 控制现金支出时间　　　　　　　D. 锁箱系统

14. 企业为满足预防性需要而置存的现金余额主要取决于（　　）。
   A. 企业对现金流量预测的可靠程度　　B. 企业的借款能力
   C. 企业愿意承担风险的程度　　　　　D. 企业在金融市场上的投资机会

15. 为获得最大收益，企业可将闲置资金投资于（　　）。
   A. 长期债券　　　　　　　　　　　　B. 国库券
   C. 转让大额存单　　　　　　　　　　D. 政府公债

16. 采用原始价值对固定资产进行计价，其用途有（　　）。
   A. 反映固定资产的新旧程度　　　　　B. 反映对固定资产的原始投资
   C. 反映企业固定资产规模和生产能力　D. 便于对固定资产进行重新估价
   E. 反映企业当前实际占用的固定资金

17. 计算固定资产折旧额时，需要考虑投资利息的计算方法是（　　）。
   A. 采用工作量法所计提的各年折旧费
   B. 采用行驶里程法所计提的各年折旧费
   C. 采用年限平均法所计提的各年折旧费
   D. 采用年数总和法所计提的各年折旧费
   E. 采用双倍余额递减法所计提的各年折旧费

18. 下列关于固定资产计提折旧的表述，正确的有（　　）。
   A. 月份内开始使用的固定资产，当月不计提折旧，从下月起计提折旧
   B. 月份内减少或停用的固定资产，当月仍计提折旧
   C. 已提足折旧继续使用的固定资产，继续提折旧
   D. 提前报废的固定资产不得补提折旧
   E. 以前年度已经估价单独入账的土地，不计提折旧

（三）判断题

1. 在存货管理中，与持有存货有关的成本，包括取得成本和储存成本。（　　）

2. 如果企业信誉恶化，即使在信贷额度内，企业也可能得不到借款，此时，银行不会承担法律责任。（　　）

3. 在5C信用评价系统中，能力是指如果企业或个人当前的现金流不足以还债，他们在短期和长期内可供使用的财务资源。（　　）

4. 在流动资产的三种融资战略中，使用短期融资最多的是激进融资战略。（　　）

5. 如果某企业存货周转期为90天，应收账款周转其为40天，应付账款周转期为30天，则现金周转期＝90＋30－40＝20天。（　　）

6. 应收账款具有增加销售和减少存货的功能。（　　）

7. 某企业预计全年需用现金2000万元，预计的存货周转为90天，应收账款和应付账款周转期均为60天，该企业的最佳现金持有量500万元。（　　）

8. 在应收账款管理中，信用政策必须明确地规定三个内容即信用标准、信用期间和折扣条件。（　　）

9. 固定资产的计价方法中，固定资产原始价值减去已提折旧后的净额是重置价值。（　　）

10. 在提前报废的固定资产不得补提折旧。（ ）

11. 信用评价的"5C"系统中，调查了解企业资本规模和负债比率，反映企业资产或资本对负债的保障程度是评估顾客信用品质的能力、抵押和资本（ ）。

12. 企业购入20万元商品，卖方提供的信用条件为"1/10，N/20"，若企业由于资金紧张，延至第30天付款，放弃现金折扣的信用成本率是23.26%。（ ）。

【解：放弃现金折扣的信用政策成本率＝[1%/(1－1%)]×[360/(30－10)]＝18.18%。】

13. 关于营业净现金流量的计算，下列表达式为营业净现金流量＝营业收入－付现成本－所得税＋折旧（ ）。

14. 下列固定资产项目投资决策指标中，其数值越小越好的指标是投资回收期。（ ）。

【参考答案】

单项选择题：

1. B；2. C；3. D；4. C；5. C；6. D；7. C；8. B；9. C；10. D；11. D；12. B；13. A；14. A；15. D；16. B；17. D；18. B；19. A；20. A；21. A；22. D；23. C；24. D；25. C；26. C；27. B；28. D；29. C；30. C；31. D；32. B；33. A；34. B；35. A；36. B；37. C；38. D

多项选择题：

1. ABD；2. AD；3. ABDE；4. ABCD；5. BC；6. AC；7. ABCD；8. ACD；9. ABCD；10. ABD；11. BCD；12. AB；13. AD；14. ABC；15. BCD；16. BD；17. CD；18. AB

判断题：1. ×；2. √；3. ×；4. ×；5. ×；6. √；7. √；8. √；9. ×；10. √；11. ×；12. ×；13. √；14. √

(四) 思考题

【参考答案】

1. 流动资产管理的含义是什么？

【解】流动资产是指在一年内或者超出一年的一个营业周期内变现或者耗用的资产，流动资产对企业的生产经营具有极为重要的意义。其含义体现在：

根据企业的销售状况，合理确定各阶段的流动资产需要数额；

建立企业内部流动资产分级管理责任制，加速流动资产周转，提高资产使用效率；

合理安排不同的资金需求，保障企业正常的生产周转需要，使企业拥有足够的短期支付能力。

2. 现金的周转受哪些因素的影响？

【解】现金的周转受到经营活动现金需求、资金成本、资金流动性和盈利性的影响。

3. 现金管理的主要目的是什么，包括哪些内容？

【解】现金管理的目的是在保证企业生产经营活动现金需求的基础上，尽量节约资金使用，降低资金成本，提高资金使用效率，在流动性和盈利性之间做出最佳选择。包括：

(1) 编制现金计划，合理估计现金需求；

(2) 控制和调整日常现金收支，尽量做到收支匹配；

（3）确定理想的现金余额。

4. 应收账款的作用是什么？简述应收账款的信用政策。

【解】应收账款是企业因为赊销而产生的一种短期债权，是企业向客户提供的一种商业信用。与现销相比，赊销有利于客户提高其资金利用效率，促进销货企业的产品销售，扩大其市场份额。同时也有助于减少销货企业的存货，降低其存货成本。

信用政策包括信用标准、信用条件、信用额度、确定收账政策和综合信用政策。

5. 如果一个企业从来都没有坏账损失，这是否是最好的信用管理模式？

【解】不是，如果一个企业从来都没有坏账损失，说明该企业对其应收账款控制非常严格，紧缩性收款政策将不向客户提供融资服务，非常不利于其扩大市场份额和减少存货。

6. 简述存货的分类及功能。

【解】工程项目中使用的材料包括：

主要材料；

结构件；

机械配件。

存货存在于供应、生产和销售等生产经营过程中，不断销售、耗用和重制，适量的存货可以保证销售和耗用的及时需要。

7. 存货成本的构成及其含义是什么，请阐明理由。

【解】

（1）订货成本

企业由于对外采购存货而发生的成本，包括填制订单、发出订单、订货追踪、到货验收、进库等开支。

（2）储存成本

为保持存货而发生的成本，包括存货所占用资金应支付的利息、仓储费用、保险费用、存货的毁损和变质损失等。

（3）缺货成本

是一种机会损失，通常以存货短缺所支付的代价来衡量。

（4）采购成本

是指存货本身价值的进价成本，主要包括采购保管费、运杂费。

8. 固定资产的含义是什么？日常管理包括哪些方面？

【解】固定资产是指企业使用年限超过 1 年的房屋、建筑物、机器、机械、运输工具以及其他与生产、经营有关的设备、器具、工具等。其日常管理包括：

（1）固定资产取的时的管理

（2）固定资产使用中的管理

（3）固定资产处置时的管理

9. 简述 5C 分析法就是通过 "5C" 系统来分析顾客或客户的信用标准。

【解】5C 系统是评估顾客或客户信用品质的五个方面：品质、能力、资本、抵押和条件。

（1）品质（Character）：指顾客或客户努力履行其偿债义务的可能性，是评估顾客信用品质的首要指标。

(2) 能力 (Capacity): 指顾客或客户的偿债能力, 即其流动资产的数量和质量以及与流动负债的比例, 其判断依据通常是客户的偿债记录、经营手段以及对客户工厂和公司经营方式所做的实际调查。

(3) 资本 (Capital): 指顾客或客户的财务实力和财务状况, 表明顾客可能偿还债务的背景, 如负债比率、流动比率、速动比率、有形资产净值等财务指标等。

(4) 抵押 (Collateral): 指顾客或客户拒付款项或无力支付款项时能被用做抵押的资产, 一旦收不到这些顾客的款项, 便以抵押品抵补, 这对于首次交易或信用状况有争议的顾客或客户尤为重要。

(5) 条件 (Condition): 指可能影响顾客或客户付款能力的经济环境, 如顾客或客户在困难时期的付款历史、顾客或客户在经济不景气情况下的付款可能。

(五) 计算题

1. 某公司的存货周转率为 6, 应收账款周转率为 10, 应付账款周转率为 12。若 1 年按 36 天计, 问:

(1) 该公司的存货周转期, 应收账款周转期和应付账款周转期各是多少?

(2) 该公司的营运资金周转期是多少?

【解】(1) 存货周转期 = 360÷6 = 60 天

应收账款周转期 = 360÷10 = 36 天

应付账款周转期 = 360÷12 = 30 天

(2) 营运资金周转期 = 存货周转期 + 应收账款周转期 − 应付账款周转期 = 60+36−30 = 66 天

2. 设期末现金最低余额为 5000 元, 银行借款的最小单位为 1000 元, 贷款年利息率为 10%, 还本时付息, 根据以上条件完成下面的现金预算, 见表 7-1。

某公司存货购置资料　单位: 万元　　　　表 7-1

项目摘要	1 季度	2 季度	3 季度	4 季度	全 年
期初现金余额	8000				
加: 现金收入			96000		32100
可动用现金合计	68000				
减: 现金支出					
采购	35000	45000		35000	
营业费用		30000	30000		113000
购置设备	8000	8000	10000		36000
支付股利	2000	2000	2000	2000	
合计		85000			
现金多余 (不足)	(2000)		11000		
融通资金:					

续表

项目摘要	1季度	2季度	3季度	4季度	全年
银行借款		15000			
归还借款					
归还利息					
期末现金余额					

【解】

某公司存货购置资料表 单位：万元　　　　　　　　表7-2

项目摘要	1季度	2季度	3季度	4季度	全年
期初现金余额	8000	5000	5000	11000	13000
加：现金收入	60000	70000	96000	95000	321000
可动用现金合计	68000	75000	101000	106000	
减：现金支出					
采购	35000	45000	48000	35000	163000
营业费用	25000	30000	30000	28000	113000
购置设备	8000	8000	10000	10000	36000
支付股利	2000	2000	2000	2000	8000
合计	70000	85000	90000	75000	320000
现金多余（不足）	(2000)	(10000)	11000	31000	
融通资金					
银行借款	7000	15000	0	0	
归还借款				15000	
归还利息				3000	
期末现金余额					

3. 某公司经销甲商品；该商品的售价为每件10元，进价为每件7元。据分析，如果该公司提供的销售信用期为20天，年销量为20万件；若将信用期拓展至30天，年销量可达30万件。不论信用期限多长，因此发生的固定性费用均为8000元。试计算不同信用期限下的应收账款资金占用（设平均收款期与信用期天数相同）。

【解】

（1）信用期为20天

销售收入＝200000×10＝2000000元

应收账款周转次数＝360÷20＝18

应收账款资金占用额＝2000000÷18＝111111.11元

（2）信用期为30天

销售收入＝300000×10＝3000000元

应收账款周转次数＝360÷30＝12

应收账款资金占用额＝3000000÷12＝250000 元

4. 已知某种存货的经济批量订货次数为每年 10 次，该存货每天平均耗用 4 件，缺货成本为零，求该存货的：

(1) 年订货总数；

(2) 经济订货批量；

(3) 年平均存货水平。

【解】依据存货订货公式：

(1) 年订货总数＝4×360＝1440 件

(2) 年经济订货批量＝1440÷10＝144 件

(3) 年平均存货水平＝144÷2＝72 件

5. 已知关于采购部件 A 的下列信息：

(1) 每次订货必须为 100 的位数；

(2) 年需求为 3×3000；

(3) 购进价为每件 10 元；

(4) 订货费用为每次 150 元；

(5) 运输期间为 3 天；

(6) 安全存货为 1000 单位；

(7) 持有成本为部件单位价格的 30%。

计算部件 A 的：

(1) 最佳经济订货批量；

(2) 年订货次数；

(3) 订货时的存货水平；

(4) 假定持有成本上升到 50% 重新计算存货量。

【解】

$$\text{最佳经济订货批量} = \sqrt{\frac{2DK}{H}} = \sqrt{\frac{2 \times 9000 \times 150}{10 \times 30\%}} = 948.68 \text{ 件}$$

每次订货必须为 100 的倍数，故每次应该定 900 件。

年订货次数＝9000÷900＝10 次

订货时存货水平＝(订货至到货间隔×平均每日耗用量)＋保险库存量

＝(3×9000÷360)＋1000

＝1075 件

此时持有成本变为 10×30%×(1＋50%)＝4.5 元

$$\text{最佳经济订货批量} = \sqrt{\frac{2DK}{H}} = \sqrt{\frac{2 \times 9000 \times 150}{10 \times 30\% \times (1+50\%)}} = 774.60 \text{ 件}$$

每次订货必须为 100 的倍数，故每次应该定 800 件。

年订货次数＝9000÷800＝11.25（次）

订货时存货水平＝(订货至到货间隔×平均每日耗用量)＋保险库存量

＝(3×9000÷360)＋1000

＝1075 件

四、习题和案例解析

6. 某企业 2002 年 9 月 20 日自行建造的一条生产线投入使用,该生产线建造成本为 740 万元,预计使用年限为 5 年,预计净残值为 20 万元。在采用年数总和法计提折旧的情况下,2003 年该设备应计提的折旧额为多少万元?

【解】2002 年 10 月至 2003 年 9 月的月折旧额
$= (740-20) \times 5 \div [(5+1) \times 5 \div 2] \div 12$
$= 20$ 万元

2003 年 10 月至 2004 年 9 月的月折旧额
$= (740-20) \times 4 \div [(5+1) \times 5 \div 2] \div 12$
$= 16$ 万元

2003 年全年折旧额 $= 20 \times 9 + 16 \times 3 = 228$ 万元

7. 某建筑企业计划生产 A、B 两种建筑材料产品,耗用甲材料的单耗分别为 10 公斤和 20 公斤,产量分别为 1000 件和 500 件,甲材料的计划单价为 10 元,每次采购费用为 1600 元,单位材料的年保管费为其价值的 40%。

计算:(1) 甲材料的经济订货批量。

(2) 如果每次进货量在 5000 公斤以上,可享受 2% 的折扣,这时的经济批量是多少?

【解】(1) 甲材料的年需求量 $= 1000 \times 10 + 500 \times 20 = 20000$ 件

$$\text{最佳经济订货批量} = \sqrt{\frac{2DK}{H}} = \sqrt{\frac{2 \times 20000 \times 1600}{10 \times 40\%}} = 4000 \text{kg}$$

(2)
① 当进货量低于 5000 件时,最佳经济订货批量为 4000 件,此时

$$\text{存货总费用} = \sqrt{2DHK} + DP = \sqrt{2 \times 20000 \times 4 \times 1600} + 20000 \times 10 = 216000 \text{ 元}$$

② 当进货量大于 5000 件时,

$$\text{存货总费用} = \frac{Q}{2}H + \frac{D}{Q}K + DP$$

$$= \frac{Q}{2} \times 4 + \frac{20000}{Q} \times 1600 + 20000 \times 10 \times (1-2\%)$$

$$= 2Q + \frac{32000000}{Q} + 196000$$

可知当 $Q = 5000$ 时,存货总费用最小,为 212400 元 < 216000 元。

故经济订货批量应为 5000 件。

8. 某城市有两家银行,其中一家为内资银行,另一家为外资银行。现假设两家的计息方法和利率水平都不同,外资银行采用复利法,不管存期的长短,年利率一律为 4%,每年复利两次;而内资银行采用单利法,10 年期的银行存款利率为 4.5%。现某人有在 10 年内不需要使用的多余资金 1000000 元需要存入银行,假设两银行在其他方面的情况完全一致。试问,该人的多余资金应该存入哪家银行?

(1) 存入内资银行
10 年后本利和 $= 1000000 + 1000000 \times 4.5\% \times 10 = 1450000$ 元

(2) 存入外资银行

10 年后本利和 $=1000000\times(F/P,2\%,20)=1000000\times1.4859=1485900$ 元

故应当存入外资银行。

9. 某企业拟进行一项固定资产投资，该项目的现金流量表（部分）如表 7-3 所示。

现金流量表（部分）　　单位：万元　　表 7-3

项目 \ t	建设期		运营期					合计
	0	1	2	3	4	5	6	
现金净流量	−1000	−1000	100	1000	(B)	1000	1000	2900
累计现金净流量	−1000	−2000	−1900	(A)	900	1900	2900	—
贴现现金净流量	−1000	−943.4	89	839.6	1425.8	747.3	705	1863.3

要求：(1) 计算上表中用英文字母表示的项目的数值。

(2) 计算或确定下列指标：①静态回收期；②净现值；③原始投资现值；④现值指数。

(3) 评价该项目的财务可行性。

现金流量表（部分）　　单位：万元　　表 7-4

项目 \ t	建设期		运营期					合计
	0	1	2	3	4	5	6	
现金净流量	−1000	−1000	100	1000	(B)	1000	1000	2900
累计现金净流量	−1000	−2000	−1900	(A)	900	1900	2900	—
贴现现金净流量	−1000	−943.4	89	839.6	1425.8	747.3	705	1863.3

参考答案：

【解】(1) A=−1900+1000=−900 万元

B=900−(−900)=1800 万元。

【解】(2) ①静态回收期：包括筹建期的静态回收期=3+900/1800=3.5 年

不包括筹建期的静态回收期=3.5−1=2.5 年

②净现值=1863.3 万元

③原始投资现值=1000+943.4=1943.4 万元

④未来现金净流量的现值=1943.4+1863.3=3806.7 万元

现值指数=3806.7/1943.4×100%=1.96。

【解】(3) 因为该项目净现值 1863.3 万元大于零，所以该项目可行。

10. 某房地产公司赊销期为 30 天，年赊销量为 20 万件，每件售价 1 元，单位变动成本 0.6 元。现有两种现金折扣方案，第一种为"2.5/10，N/30"；第二种为"1.5/20，N/30"。假定两种方案都有一半的客户享受现金折扣，企业的坏账损失为未享受现金折扣赊销额的 3%，资金成本率 20%。

要求：计算选择何种折扣政策对企业有利？

【解】依据应收账款折扣原理：

第一种折扣政策下的平均收现期=10×50%+30×50%=20 天

应收账款周转率＝360÷20＝18 次
应收账款的机会成本＝(200000÷18)×60％×20％＝1333.33 元
现金折扣＝200000×50％×2.5％＝2500 元
坏账损失＝200000×50％×3％＝3000 元
该折扣政策下的总成本＝1333.33＋2500＋3000＝6833.33 元
第二种折扣政策下的平均收现期＝20×50％＋30×50％＝25 天
应收账款周转率＝360÷25＝14.4 次
应收账款的机会成本＝(200000÷14.4)×60％×20％＝1666.67 元
现金折扣＝200000×50％×1.5％＝1500 元
坏账损失＝200000×50％×3％＝3000 元
该折扣政策下的总成本＝1666.67＋1500＋3000＝6166.67 元
企业应该选择第二种折扣政策。

(六) 案例分析题

【案例 7-1】存货模型法案例分析

若某建筑施工企业年现金需求量为 12650000 元，平均每次资产转化费用为 150 元，年利息率为 10％，根据存货模型，最佳现金持有量为：

$$\sqrt{\frac{2\times 12650000\times 150}{0.10}}=194807\text{ 元}$$

即该企业的最佳现金持有量约为 20 万元。

【案例 7-2】经验公式法案例分析

若某施工企业上年现金平均占用额为 30000 元，经分析其中不合理占用额为 2500 元，预计今年销售收入将比上年增加 10％，根据上式，今年的理想现金余额为：

理想现金余额＝(30000－2500)×(1＋10％)＝30250 元

【案例 7-3】账龄管理案例分析

A、B 项目公司应收账款账龄表见表 7-5，试分析评价两公司应收账款的管理质量。

A、B 公司应收账款账龄表 表 7-5

应收款账龄（天）	A 公司		B 公司	
	应收账款数额	％	应收账款数额	％
0～10	1300000	86.0	800000	53.0
11～30	200000	13.2	350000	23.2
31～45	10000	0.8	180000	11.9
46～60	0	0.0	120000	7.9
60 天以上	0	0.0	60000	4.0
应收账款总计	1510000	100.0	1510000	100.0

[计算分析]

由表 7-5 可以看出，尽管 A、B 两公司的应收账款总额相同，但 B 公司的"高龄"应收账款远高于 A 公司，表明其应收账款发生坏账的可能性要高于 A 公司，如果两家公司的信用条件相同，说明 B 公司在应收款管理方面存在着某些漏洞，如对客户的信用分析不够，导致较多的低信用客户享受到不该享受的商业信用，或公司在收账政策上过于放松，导致一些逾期款项无法及时收回等。

【案例 7-4】 应收账款账龄管理案例分析

设某建筑公司 1—3 季度，每季度销售总额均为 360 万元，如表 7-6 所示，但每季的销售模式不同，第一季度每月销售数量均为 120 万；第二季度销售数量是逐月增长趋势，4 月份销售量为 60 万，5 月份为 120 万，6 月份为 180 万；第三季度销售额逐月下降，7 月份为 180 万，8 月份为 120 万，9 月份为 60 万。不论销售额如何变动，客户的付款方式均保持不变，即购买当月支付货款的 10%，之后的第一个月支付 30%，第二个月支付 40%，第三个月支付最后的 20%。试分析销售额的变动对企业平均收款期和账龄分布的影响。

应收账款平均收款表　　　　　　　　　　　　　　　　　　　　表 7-6

月	销售额（万元）	季末应收账款*（万元）	按不同期间计算的平均日销售额			按不同期间计算的平均收款期		
			30 天	60 天	90 天	30 天	60 天	90 天
1 月	120	24						
2 月	120	72						
3 月	120	108						
		204	4	4	4	51	51	51
4 月	60	12						
5 月	120	72						
6 月	180	162						
		246	6	5	4	41	49	62
7 月	180	36						
8 月	120	72						
9 月	60	54						
		162	2	3	4	81	54	41

* 季末应收款每行数字表示在季度末，该月发生的销售额中尚未收回的款项，比如，1 月份销售额为 120 万，当月收回 10%，2 月收回 30%，3 月收回 40%，即，1—3 月共收回 80%（96 万元），其余 24 万元（20%）未收回，故对应季末应收款为 24 万元。

[计算分析]

由条件可知，每季终了，公司的应收账款分布状况为该季度第一个月的 20%，第二个月销售额的 60% 和第三个月销售额的 90%。从表 7-6 中可看出，当销售额表现为均匀分布时（第一季度），以最近 30 天销售额计算的平均收款期为 51 天；当销售额逐月增长时，上述平均收款期为 41 天；当销售额逐月减少时，则上升为 81 天，从表 7-6 中还可注意到，当销售量因季节性变化时，计算平均收款期所用的期间不同，得出的分析结果也不一样，期限越短，引起的变化越大。

表 7-7 所示是上述销售模式的应收账款账龄分析表，由表中可看出，随着销售额的季

节性变化，应收款的账龄分布也随之变化。

应收账款账龄分析表　　　　　　　　　　　　　　表 7-7

月	销售额（万元）	季末应收账款（万元）	账龄分类（天）	占季末应收账款总额的比例（%）
1月	120	24	61～90	12
2月	120	72	31～60	35
3月	120	108	0～30	53
		204		
4月	60	12	61～90	5
5月	120	72	31～60	29
6月	180	162	0～30	66
		246		100
7月	180	36	61～90	22
8月	120	72	31～60	45
9月	60	54	0～30	33
		162		100

[特别说明]

前例中客户的付款模式是：当月付款 10%，其后三个月内分别支付货款的 30%、40% 和 20%，只要该客户始终保持这一付款模式，就说明公司的应收款未出现异常，表 7-8 即说明了这一问题。虽然各季季末公司的应收账款余额有很大的不同，前面计算的平均付款期和账龄也不同，但客户每月偿付应付款的比例始终未变，说明客户在正常付款，企业不必为平均付款期和账龄的变化而担心。

应收账款账龄分析表　　　　　　　　　　　　　　表 7-8

月	销售额（万元）	季末应收账款（万元）	该月季末应收账款与当月销售额之比（%）
1月	120	24	20
2月	120	72	60
3月	120	108	90
		204	
4月	60	12	20
5月	120	72	60
6月	180	162	90
		246	
7月	180	36	20
8月	120	72	60
9月	60	54	90
		162	

【案例 7-5】 应收账款信用条件案例分析

某房地产开发公司要改变信用条件,可供选择的 A、B 两种方案见表 7-9 所示。试分析该公司应采用哪种方案。

应收账款信用表　　　　　　　　　　　　　　　　　　　　　　表 7-9

信用条件 A	信用条件 B
信用条件:40 天内付清,无现金折扣	信用条件:"2/10,N/30"
SA 增加销售额 100000 元	SB 增加销售额 150000 元
$\overline{B}_A$ 增加销售额的坏账损失率为 10%	$\overline{B}_B$ 增加销售额的坏账损失率为 9%
DA 需付现金折扣的销售额占总销售额的百分比为 0	DB 需付现金折扣的销售额占总销售额的百分比为 50%
$\overline{C}_A$ 平均收账期为 55 天	$\overline{C}_B$ 平均收账期为 20 天

[计算分析]

根据表 7-9 的有关资料,分别测算两种信用条件对利润和各种成本的影响见表 7-10 所示。又从表 7-11 所示的计算结果中可以看出,采用 B 方案的收益较多,故应采用 B 方案。

该房地产公司现行的信用政策　　　　　　　　　　　　　　　　表 7-10

项　目	数　据
S_0 现在信用政策情况下的销售收入(元)	500000
A_0 现在信用政策情况下的应收账款投资(元)	60000
P_0 现在利润(元)	100000
P' 销售利润率(%)	20
B_0 信用标准[预期坏账损失率的限制](%)	9
$\overline{B}_0$ 平均坏账损失率(%)	5
C_0 信用条件	30 天付清
$\overline{C}_0$ 平均收账期(天)	40
R_0 应收账款的机会成本率(%)	15

信用条件变化对利润和各种成本的影响　　　　　　　　　　　　表 7-11

项　目	方案 A	方案 B
信用条件变化对利润的影响	$PA = SA \cdot P' = 100000 \times 20\% = 20000$	$PB = SB \cdot P' = 150000 \times 20\% = 30000$
信用条件变化对应收账款机会成本的影响	$IA = \left(\dfrac{\overline{C}_A - \overline{C}_0}{360} \cdot S_0 + \overline{C}_A/360 \cdot S_A\right) \cdot R_0$ $= \left(\dfrac{55-40}{360} \cdot 500000 + 55/360 \cdot 100000\right) \cdot 15\%$ $= 5416.7$	$LB = \left(\dfrac{\overline{C}_B - \overline{C}_0}{360} \cdot S_0 + \overline{C}_B/360 \cdot S_B\right) \cdot R_0$ $= \left(\dfrac{20-40}{360} \cdot 500000 + 20/360 \cdot 100000\right) \cdot 15\%$ $= -2916.7$
现金折扣成本的变化情况	$D_{mA} = 0$	$D_{mB} = (S_0 + S_B) \cdot D_B \cdot 2\%$ $= (500000 + 150000) \times 50\% \times 2\%$ $= 6500$

续表

项目	方案 A	方案 B
信用条件变化对坏账损失的影响	$K_A = S_A \cdot \overline{B}_A = 100000 \times 10\% = 10000$	$K_B = S_B \cdot \overline{B}_B = 150000 \times 9\% = 13500$
信用政策变化带来的净收益	$P_{mA} = 20000 - 5416.7 - 1000 - 0 = 4583.3$	$P_{mB} = 30000 - (-2916.7) - 6500 - 13500 = 12916.7$

【案例 7-6】应收账款收账政策确定案例分析

某房地产公司在不同的收账政策条件下，有关资料如表 7-12 所示。试分析是否采用此建议收账政策。

应收账款收账政策表　　　　　　表 7-12

项目	现行收账政策	建议收账政策
全年收账费用	80000 元	100000 元
平均收款期限	60 天	30 天
坏账损失率	4%	2%

该公司全年赊销额为 2000000 元，收账政策对销售收入的影响不考虑。该公司应收账款的机会成本为 10%，现根据以上资料计算结果见表 7-13。

[计算分析]

应收账款收账政策分析表　　单位：元　　　　表 7-13

项目	现行收账政策	建议收账政策
(1) 年赊销收入	2000000	2000000
(2) 应收账款周转次数（次）	6	12
(3) 应收账款平均占用额	333333	166667
(4) 建议收账政策节约的机会成本	—	16666.7
(5) 坏账损失	80000	40000
(6) 建议计划减少坏账成本	—	40000
(7) 两项节约合计[(4)+(6)]	—	56666.7
(8) 按建议政策增加收账费用	—	20000
(9) 建议政策可获得利益[(7)-(8)]	—	36666.7

[计算结果分析]

按建议收账政策可获净收益 36666.7 元，故应采用建议收账政策。

存货管理案例分析

【案例 7-7】材料经济采购批量确定案例分析

某安装工程公司 2000 年耗用进水管 4000m，平均每米购价 150 元，一次采购费用为 100 元，年度保管成本为存货购价的 13.33%，试计算其经济采购批量（订货次数分别为 50，40，32，25，20，16，10，8 八种）。计算结果如表 7-14 所示：

[计算分析]

进水管订货批量成本计算表 表 7-14

全年耗用量（D）4000m；一次采购费用（K）100元；每米年保管费用20元（H）(150×13.33%)

订货次数	采购批量	平均存量	年平均采购周期（天）	全年储存保管费用（元）	全年采购费用（元）	全年保管及采购总费用（元）
$N=D/Q$	Q	$Q/2$	$360/n$	$Q/2\times H$	$D/Q\times K$	$T=Q/2\times H+D/Q\times K$
50	80	40	7.2	800	5000	5800
40	100	50	9	1000	4000	5000
32	125	62.5	11.25	1250	3200	4450
25	160	80	14.4	1600	2500	4100
20	200	100	18	2000	2000	4000
16	250	125	22.5	2500	1600	4100
10	400	200	36	4000	1000	5000
8	500	250	45	5000	800	5800

由上表可知：

全年保管费用 $=Q/2\times H$

全年采购费用 $=D/Q\times K$

全年采购及保管总费用 $T=Q/2\times H+D/Q\times K$

公式中 Q 为变量，D、H、K 为常量，为了求存货费用即 T 为最低的采购批量，需对公式中的变量求导，得出：

经济采购批量 $$Q=\sqrt{\frac{2DK}{H}}$$

存货总费用 $$T=\sqrt{2DKH}$$

为了更清楚地显示经济批量法的模型，可绘制下列经济采购批量的函数图，如图7-1所示。

图7-1标出了存货的采购费用、保管费用及总费用（两者之和）之间的关系。当采购批量很小时，较高的采购费用掩盖了较低的储存费用，总费用较高。随着采购批量的逐渐加大，由于固定的采购费用分摊到逐步增高的存货上，所以总费用曲线逐步下降。但当订货批量继续增大时，增加的储存保管费用超过了减少的单位采购费用，从而引起

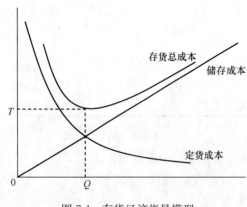

图7-1 存货经济指量模型

总费用曲线的重新上升。Q点正好是储存费用与采购费用相交的点，它表示存货总成本最低的经济订购批量。

【案例 7-8】 保险存货量确定案例分析

仍以表 4-9 的资料为例：经济采购批量为 200m，设一个时期内安装需用量不确定的概率如下表 7-15 所示。假定该安装公司在此期间内短缺 1 米水管将损失 40 元。试分析该公司的保险存货量应为多少？

经济采购批量表　　　　　　　　　　　　　　　　表 7-15

安装需用量（m）	概率%	安装需用量（m）	概率%
200	90	240	3
220	5	260	2

[计算分析]

保险存货量计算见表 7-16：

保险存货量计算结果　　　　　　　　　　　　　　表 7-16

保险存货量（m）	短缺数（m）	短缺概率（%）	缺货损失（元）		保管费用（元）	合计（元）
0	20	5	20×20×0.05×40			
	40	3	20×40×0.03×40	=2720	0	2720
	60	2	20×60×0.02×40			
20	20	3	20×20×0.03×40			
				=1120	20×150×13.33%=400	1520
	40	2	20×40×0.02×40			
40	20	2	20×20×0.02×40	=320	40×150×13.33%=800	1120
6	0	0	0	0	60×150×13.33%=1200	1200

[计算结果分析]

从表 7-13 中可得出当保险储备为 40m 时，缺货损失与保管费用之和为最小。因此以 40m 单位水管为保险储备量较合适。在这里，缺货损失总额是按下述公式计算的：

缺货损失＝采购次数×缺货数量×缺货概率×单位缺货损失

【案例 7-9】 存货资金占用量案例分析

某企业生产耗用 5 种原材料。有关资料见表 7-17 所示。试分析该企业库存材料资金占用量。

表 7-17

材料	A	B	C	D	E
经济采购批量（T）	18	24	38	49	54
保险储存量（t）	2.1	1.4	2.5	3.1	3
单价（元）	3500	24	1200	1400	500

[计算分析]

该企业材料平均库存量与最高库存量比率为 70%，则库存材料资金占用量计算见表 7-18。

库存材料资金占用量　　　　　　　　　　　　表 7-18

材料	最高库存量（吨）	单价（元）	库存材料最高资金占用额（元）	折扣率（%）	库存材料资金占用量（元）
A	20.1	3500	70350	70	49245
B	25.4	2400	60960	70	42672
C	40.5	1200	48600	70	34020
D	42.1	1400	58940	70	41258
E	57	500	2850	70	1995
合计	—	—	—	—	169190

【案例 7-10】存货日常管理案例分析

某企业消耗材料共 20 种，其分类情况见表 7-19 所示。

存货使用数量表　　　　　　　　　　　　表 7-19

材料名称	年耗用量（吨）	单价（元）	年耗用金额（元）	资金占用比率（%）	分类
♯1	5000	70	350000	35.7	A
♯2	3400	60	204000	20.8	A
♯3	987	154	152000	15.5	A
3 种材料小计			706000	72	A
♯4	1139.5	43	49000	5	B
♯5	1451.9	27	39200	4	B
（略）					
5 种材料小计			196000	20	B
其余 12 种材料			78000	8	C
合计			980000	100	

以上各种材料按消耗金额大小为分类标准：A 类：耗用金额在 15 万元以上；

B 类：　　　　　　　　耗用金额在 2 万—15 万元

C 类：　　　　　　　　耗用金额在 2 万元以下

[计算分析]

根据上述资料可绘出存货项目分布图，如图 7-2 所示。

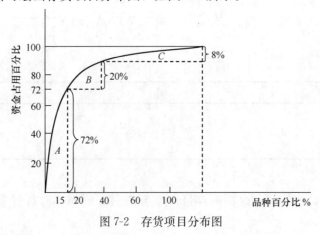

图 7-2　存货项目分布图

从图 7-2 可看出，A 类存货虽少（15%），但占用的资金多（70%），应集中主要力量管理，对其经济批量认真规划，对收入、发出进行严格控制；C 类存货种类繁多（60%），但占用资金不多（8%），不必耗费大量人力物力去管。这类存货的经济批量可凭经验确定，不必花费大量时间和精力去规划和控制；B 类存货介于 A 类和 C 类之间，也应给予适当的重视，但不必像 A 类那样进行严格的控制。

【案例 7-11】 固定资产取得案例分析

有两种功能相同的设备，A 设备现值 10000 元，年运行费用 3000 元，寿命 4 年；B 设备价值 30000 元，年运行费用 800 元，寿命 8 年。两种设备残值正好抵消其拆卸成本，试分析当 $i_0=10\%$ 时，应选用哪台设备？

[计算分析]

方法一：利用最小公倍数法，计算两设备费用现值。

设两方案在 8 年内的费用现值分别为 PC_A^8、PC_B^8

则

$$PC_A^8 = [10000 + 3000(P/A, 10\%, 4)] \cdot \sum_{t=0}^{1}(1+10\%)^{-4t}$$

$$= 32835 \text{ 万元}$$

$$PC_B^8 = 30000 + 800(P/A, 10\%, 8) = 34607 \text{ 元}$$

$\because PC_A^8 < PC_B^8 \quad \therefore A$ 设备较优

方法二：利用年值法，计算两设备费用年值 AC_A、AC_B。

$$AC_A = 10000(A/P, 10\%, 4) + 3000 = 6155 \text{ 元}$$

$$AC_B = 30000(A/P, 10\%, 8) + 800 = 6422 \text{ 元}$$

$\because AC_A < AC_B \quad \therefore A$ 设备较优

方法三：利用研究期法，设研究期为 4 年。

（1）将设备未使用价值作为研究期末终端价值，由公式得 B 设备第 4 年末的终端价值为：

$$F_{4(B)} = 30000(A/P, 10\%, 8)(P/A, 10\%, 4) = 17822 \text{ 元}$$

由公式得：

$$PC_{4(B)} = 30000 + 800(P/A, 10\%, 4) - 17822(P/F, 10\%, 4) = 20364 \text{ 元}$$

而 $PC_{4A} = 19510$ 元

$\because PC_{4A} < PC_{4B} \quad \therefore A$ 设备较优

（2）利用设备经济寿命计算设备 B 在研究期末终端价值，由公式得：

$$F_{4(B)} = \frac{30000(A/P, 10\%, 4) - 30000(A/P, 10\%, 8)}{(A/F, 10\%, 4)}$$

$$= 17835 \text{ 元}$$

由公式得：

$$PC_{4B} = 30000 + 800(P/A, 10\%, 4) - 17835(P/F, 10\%, 4)$$

$$= 20354 \text{ 元}$$

$\because PC_{4A} < PC_{4B} \quad \therefore A$ 设备较优

【案例 7-12】 固定资产处置管理案例分析

假定某建筑工程公司现有一台正在使用的土方工程机械 A，其目前残值为 12000 元，估计这台机械还可以使用 5 年，每年的运行成本平均为 2000 元，第 5 年末残值为零。考虑这台机械需要更新，故提出两个方案。

方案甲：5 年之后用机械 B 来代替 A。机械 B 原始价值为 70000 元，寿命估计为 15 年，残值为零，每年运行成本为 1000 元。

方案乙：现在用机械 C 来代替机械 A。机械 C 原始价值为 55000 元，寿命为 15 年，残值为零，每年运行成本为 900 元。如果按 10% 的折现率来计算，试比较两个方案。

[计算分析]

(1) 选定研究期为 15 年，考虑未使用的价值。

选定研究期为 15 年，它相当于机械 C 的寿命。由于方案甲有机械 B 接续机械 A 的过程，因此采用现值指标进行比较方便。

方案甲：15 年研究期包括机械 A 使用 5 年；机械 B 使用 10 年。由于考虑机械 B 未使用的价值，所以机械 B 的年度费用为：

$$(0.1315)$$
$$AC(15,10)_B = 70000(A/P,10,15) + 1000 = 10205(元)$$
$$(3.7910) \qquad\qquad (6.1446) \quad (0.6209)$$
$$甲\ NPV(10) = 12000 + 2000(P/A,10,5) + 10205(P/A,10,10)(P/F,10,5)$$
$$= 58516\ 元$$

按照以上的计算，机械 B 还可以使用 5 年，到研究期末使用的价值应为：

$$(0.1315)\quad (3.7910)$$
$$70000(A/P,10,15)(P/A,10,5) = 34896\ 元$$

方案乙：机械 C 在 15 年中费用的现值为：7.6061

$$乙\ NPV(10) = 55000 + 900(P/A,10,15) = 61845\ 元$$

以现值 58516 元和现值 61845 元相比较可知，甲方案比乙方案优越。另外还有未使用的 34896 元价值，这对长远规划还是有利的。

(2) 选定研究期为 15 年，忽略未使用价值。

忽略未使用价值的含义，就是指尽管机械 B 可以使用 15 年，但把它的原始价值分摊在前 10 年。这样机械 B 的年度费用为：

$$(0.1628)$$
$$AC10(10)_B = 70000(A/P,10,10) + 1000 = 12396\ 元$$
$$(3.7910) \qquad\qquad (6.1446)\quad (0.6209)$$
$$NPV(10)\ 甲 = 12000 + 2000(P/A,10,5) + 12396(P/A,10,10)(P/F,10,5)$$
$$= 66875(元)$$

这样计算显然不利于机械 B。

(3) 选定研究期为 5 年。在这种情况下只是机械 A 与机械 C 的比较：

$$(0.2638)$$
$$AC(10)_A = 12000(A/P,10,5) + 2000 = 5165.6\ 元$$
$$(0.1315)$$

$$AC(10)_C = 55000(A/P,10,15) + 900 = 8132.5 \text{ 元}$$

这里的 $AC(10)_C$ 的值是考虑了机械 C 未使用价值的前提下的年度费用。以年度费用 8132.5 元与 5165.6 元相比较,可知方案 A 优于方案 C。也就是说使用期只是 5 年的话,机械 A 不必更新为机械 C。

[特别提示]

此方案的比较指标是年度费用,它与现值指标的比较是等效的。

第八章 工程项目成本管理

一、学习目标与要求

本章介绍基于财务视角的工程成本管理的基本原理、特点及成本控制方法。

要求掌握工程成本的基本概念、分类和指标结构；掌握工程成本与工程造价原理、结构和指标的联系与区别；掌握运用BIM（Building Information Modeling）信息技术将造价成本转换为工程财务成本；熟悉运用工程成本测算挣值方法、目标成本方法和作业成本方法等对预算成本、计划成本和实际成本分析；掌握工程成本资金流量方案编制，融资方案编制和增值税务方案编制；通过目标控制、编制工程成本决算表。理解工程成本控制方法，实现工程项目全过程建设中的盈利目标。

二、预习概览

（一）重要概念

工程项目成本；成本控制；成本预测；成本计划；成本分析；目标成本；价值工程；目标成本管理；成本控制；装配式建筑成本管理。

（二）关键问题

1. 什么是工程项目成本内涵及特点，工程成本管理要考虑的因素有哪些？
2. 什么是资源负荷？它与资源平衡有什么不同？
3. 工程成本控制的估算的步骤和依据是什么？
4. 什么是工程成本预算，它有什么作用？
5. 预算成本、实际成本、挣值三者有何联系与区别？
6. 如何判断一个项目的成本绩效和工期绩效是否出了问题？
7. 如何运用挣值法对工程项目成本进行控制？
8. 什么是项目的预算成本、实际成本、完工预算成本？
9. 什么是工程成本偏差、工期偏差？
10. 简述各种工程成本估算方法。
11. 简述工程成本预算项目控制作用。
12. 简述工程成本控制作用。
13. 装配式工程项目成本管理特征与方法是什么？
14. 工程实际成本与预算成本控制的原则是什么？

三、本章重点与难点

1. 工程成本内涵及特征。
2. 工程成本管理目标、原则和程序。
3. 工程成本预算、计划和实际成本的关系。
4. 装配式建筑成本管理内涵、特征和方法。
5. 工程成本控制方法。
6. 工程成本管理中税务处理方法。
7. 工程成本管理风险。

四、习题和案例解析

(一) 单项选择题

1. 关于工程成本及其管理的说法，正确的是(　　)。
  A. 工程成本是指施工过程中消耗的构成工程实体的各项费用支出
  B. 工程成本管理就是在保证工期和满足质量要求的情况下，采取相应措施把成本控制在计划范围内，并最大限度的节约成本
  C. 工程成本预测是以货币形式编制施工项目在计划期内的生产费用、成本水平、成本降低率及降低成本措施的书面方案
  D. 工程成本考核是在施工成本核算的基础上，对成本形成过程和影响成本升降的因素进行分析，以寻求进一步降低成本的途径

2. 以工程承包合同、施工组织设计、市场价格等为依据编制，对实现降低施工成本任务具有直接指导作用的文件是(　　)。
  A. 工程成本分析报告　　　　B. 工程成本计划
  C. 工程成本核算资料　　　　D. 工程成本预测报告

3. 建筑工程成本控制的各工作步骤中，最核心的工作是(　　)。
  A. 分析　　　　　　　　　　B. 预测
  C. 比较　　　　　　　　　　D. 纠偏

4. 下列工程成本管理的措施中，属于组织措施的是(　　)。
  A. 选用合适的分包项目合同结构
  B. 确定合适的施工机械，设备使用方案
  C. 确定合理的施工高成本控制工作流程
  D. 对施工成本管理目标进行风险分析，并制定防范性对策

5. 关于工程成本分析的说法，正确的是(　　)。
  A. 工程成本分析的实质是在施工之前对成本进行估算
  B. 工程成本分析是科学地预测成本水平及其发展趋势
  C. 工程成本分析是预测成本控制的薄弱环节
  D. 工程成本分析贯穿于建筑项目成本管理的全过程

6. 工成本计划的编制以成本预测为基础,关键是确定( )。
   A. 目标成本　　B. 预算成本　　C. 计划成本　　D. 实际成本

7. 某施工承包企业将其承接的高速公路项目的目标总成本,分解为桥梁工程,隧道工程成本,道路工程成本等了项,并编制相应的成本计划。这是按( )编制施工成本计划。
   A. 成本组成　　B. 项目组成　　C. 工程类别　　D. 工程性质

8. 按建设工程项目成本构成编制施工成本计划时,将施工成本分解为( )等。
   A. 人工费、材料费、施工机械使用费、企业管理费
   B. 直接费、间接费、利润、税金
   C. 分部分项工程费、其他项目费、规费
   D. 单位工程施工成本及分部、分项施工成本

9. 编制施工项目成本计划的关键是确定( )。
   A. 预算成本　　B. 平均成本　　C. 目标成本　　D. 实际成本

10. 施工成本计划的编制基础是( )。
    A. 施工成本考核　　　　　　B. 施工成本预测
    C. 施工成本核算　　　　　　D. 目标成本确定

11. 应用 S 形曲线法进行施工成本偏差分析时,已完工作实际成本曲线与已完工作预算成本曲线的竖向距离表示施工( )。
    A. 进度累计偏差　　　　　　B. 成本局部偏差
    C. 进度局部偏差　　　　　　D. 成本累计偏差

12. 某分部工程计划工程量 $5000m^3$,计划成本 380 元$/m^3$,实际完成工程量为 $4500m^3$,实际成本 400 元$/m^3$。用赢得值法分析该分部工程的施工成本偏差为( )元。
    A. -100000　　B. -190000　　C. -900000　　D. -200000

13. 应用曲线法进行施工成本偏差分析时,已完工作实际成本曲线与已完工作预算成本曲线的竖向距离,表示( )。
    A. 成本偏差　　　　　　　　B. 进度偏差
    C. 进度局部偏差　　　　　　D. 成本局部偏差

14. 下列施工成本材料费的控制中,可以影响材料价格的因素是( )。
    A. 材料领用的指标　　　　　B. 材料的投料计量
    C. 材料消耗量的大小　　　　D. 材料的采购运输

15. 某钢门窗安装工程,工程进行到第三个月末时,已完成工作预算费用 40 万元。已完成工作实际费用为 45 万元,则该项目的成本控制效果是( )。
    A. 费用偏差为 -5 万元,项目运行超出预算
    B. 费用偏差为 5 万元,项目运行节支
    C. 费用偏差为 5 万元,项目运行超出预算
    D. 费用偏差为 -5 万元,项目运行节支

16. 在施工成本控制的步骤中,控制工作的核心是( )。
    A. 预测估计完成项目所需的总费用
    B. 分析比较结果以确定偏差的严重性和原因
    C. 采取适当措施纠偏

D. 检查纠偏措施的执行情况

17. 关于施工成本控制的说法,正确的是( )。

A. 施工成本管理体系由社会有关组织进行评审和认证
B. 要做好施工成本的过程控制,必须制定规范化的过程控制程序
C. 管理行为控制程序是进行成本过程控制的重点
D. 管理行为控制程序和指标控制程序是相互独立的

18. 施工成本的过程控制中,人工费的控制实行( )方法。

A. 量化管理　　　B. 量价分离　　　C. 弹性管理　　　D. 指标包干

19. 施工项目年度成本分析的重点是( )。

A. 通过实际成本与目标成本的对比,分析目标成本落实情况
B. 通过对技术组织措施执行效果的分析,寻求更加有效的节约途径
C. 通过实际成本与计划成本的对比,分析成本降低水平
D. 针对下一年度进展情况,规划切实可行的成本管理措施

20. 分部分项工程成本分析"三算"对比分析,是指( )的比较。

A. 预算成本、目标成本、实际成本
B. 概算成本、预算成本、决算成本
C. 月度成本、季度成本、年度成本
D. 预算成本、计划成本、目标成本

21. 某施工项目经理对商品混凝土的施工成本进行分析,发现其目标成本是44万元,实际成本是48万元,因此要分析产量、单价、损耗率等因素对混凝土成本的影响程度,最适宜采用的分析方法是( )。

A. 比较法　　　B. 构成比率法　　　C. 因素分析法　　　D. 动态比率法

(二) 多项选择题

1. 工程成本可以按照基本构成分解为人工费、材料费和( )。

A. 措施项目费　　　　　　　　B. 暂估价
C. 施工机械使用费　　　　　　D. 规费
E. 企业管理费

2. 按施工进度编制施工成本计划时,若所有工作均按照最早开始时间安排,则对项目目标控制的影响有( )。

A. 工程按期竣工的保证率较高　　　B. 工程质量会更好
C. 不利于节约资金贷款利息　　　　D. 有利于降低投资
E. 不能保证工程质量

3. 某项目实施过程中,绘制了下图所示的时间—成本累计曲线,该图反映的项目进度正确的信息有( )。

A. Ⅱ阶段进度慢　　　　　　B. Ⅰ阶段进度慢
C. Ⅲ阶段进度慢　　　　　　D. Ⅳ阶段进度慢
E. 工程施工连续

4. 下列文件中属于施工成本计划编制依据的有( )。

A. 招标文件　　　　　　　　B. 施工成本预测资料

C. 已签订合同 D. 施工组织设计或施工方案
E. 企业定额、施工预算

5. 某施工项目为实施成本管理收集了以下资料，其中可以作为编制施工成本计划依据的有（　　）。

   A. 施工预算 B. 签订的工程合同
   C. 施工图预算 D. 分包合同
   E. 资源市场价格

6. 关于项目费用偏差分析方法的说法，正确的有（　　）。

   A. 横道图法是最常用的一种方法 B. 横道图法形象、直观
   C. 曲线法能够直接用于定量分析 D. 表格法反映的信息量大
   E. 表格法具有灵活、适用性强的优点

7. 建设工程项目施工成本控制的主要依据有（　　）。

   A. 工程承包合同 B. 进度报告
   C. 施工成本计划 D. 施工成本预测资料
   E. 工程变更

8. 下列关于施工成本控制的说法，正确的有（　　）。

   A. 施工成本控制应贯穿项目从投标开始到工程竣工验收的全过程
   B. 施工成本控制应对成本的形成过程进行分析，并寻求进一步降低成本的途径
   C. 施工成本控制需按动态控制原理对实际施工成本的发生过程进行有效控制
   D. 进度报告和工程变更及索赔资料是施工成本控制过程中的动态资料
   E. 合同文件和成本计划是成本控制的目标

9. 根据施工成本的过程控制方法，其控制要点有（　　）。

   A. 材料费的控制实行量价分离的方法
   B. 实行弹性需求的劳务管理制度
   C. 做好施工机械配件和工程材料采购计划
   D. 材料价格由项目经理负责控制
   E. 对分包费用的控制，主要做好分包工程的询价、施工验收和分包结算

10. 关于分部分项工程施工成本分析的说法，正确的有（　　）。

    A. 分部分项工程成本分析的对象为已完成分部分项工程
    B. 分部分项工程成本分析是施工项目成本分析的基础
    C. 必须对施工项目中的所有分部分项工程进行成本分析
    D. 分部分项工程成本分析的方法就是进行实际成本与目标的成本比较
    E. 对主要分部分项工程要做到从开工到竣工进行系统的成本分析

11. 单位工程竣工成本分析的内容包括（　　）。

    A. 竣工成本分析 B. 经济效果分析
    C. 主要资源节超对比分析 D. 成本指标对比分析
    E. 主要技术节约措施分析

12. 单位工程竣工成本分析的内容包括（　　）。

    A. 专项成本分析 B. 竣工成本分析

C. 成本总量构成比例分析　　　　D. 主要资源节超对比分析

E. 主要技术节约措施及经济效果分析

13. 下列施工管理的措施中，属于组织措施的有（　　）。

A. 进行技术经济分析，确定最佳的施工方案

B. 编制施工成本控制计划

C. 对成本目标进行风险分析，并制定防范性对策

D. 确定合理详细的工作流程

E. 做好现金使用计划，严格控制各项开支

14. 工程项目施工成本管理的基础工作包括（　　）。

A. 建立成本管理责任体系　　　　B. 建立企业内部施工定额

C. 及时进行成本核算　　　　　　D. 编制项目成本计划

E. 科学设计成本核算账册

15. 下列某大跨度体育场项目钢结构施工的成本管理措施中，属于技术措施的是（　　）。

A. 确定项目管理班子的任务和职能分工　　B. 分析钢结构吊装作业的成本目标

C. 修订钢结构吊装施工合同条款　　　　　D. 提出多个钢结构吊装方案

E. 改变吊装用的施工机械

16. 常用的建设工程项目成本计划可按（　　）编制。

A. 施工成本组成　　　　　　　　B. 人力资源需求

C. 子项目组成　　　　　　　　　D. 工程进度

E. 材料种类

17. 全寿命周期成本分析原则的局限性表现在（　　）。

A. 分析的时间跨度过大

B. 假定项目有确定的寿命周期

C. 在寿命周期早期评估影响结果的准确性

D. 成本高

E. 高敏感性

18. 建设工程成本控制贯穿于工程建设全过程，但应以（　　）为控制重点。

A. 决策阶段　　　　　　　　　　B. 设计阶段

C. 施工招标阶段　　　　　　　　D. 施工安装阶段

E. 竣工验收阶段

19. 下列成本中哪些不属于项目静态成本？（　　）

A. 办公和生活家具购置费　　　　B. 固定资产投资方向调节税

C. 建设期贷款利息　　　　　　　D. 利率、汇率调整预备费

E. 竣工验收时为鉴定工程质量对隐蔽工程进行必要的挖掘和修复费用

（三）判断题

1. 工程成本，一般是指进行某项工程建设花费的全部费用。生产性建设工程成本包括建设投资和预备费两部分。（　　）

2. 建设工程项目的全寿命周期包括项目的可行性研究阶段、设计阶段、施工阶

段。（　　）

3. 按工程构成分部组合计算是指计算工程成本时，按单位、单项、分项、分部工程顺序计算，并逐层汇总。（　　）

4. 建筑项目是能用较为简单的施工过程生产出来的，可以用适量的计量单位计算并便于测定或计算的工程基本构造要素，也是假定的建筑安装产品。（　　）

5. 工程成本管理作为独立的专业门类正式出现在工程项目建设过程中是在美国和法国。（　　）

6. 成本管理的实质是成本分析和成本控制。（　　）

7. 建设项目成本控制的原理是动态控制。（　　）

8. 建设项目经理部应依据项目成本计划，在对成本实际值与计划值进行比较的基础上进行分析和检查，这一步是成本控制工作的核心。（　　）

9. 实现建设工程成本控制最有效的手段是进行招标和投标阶段的控制。（　　）

10. 在成本管理中，主动控制和被动控制之间的关系是以主动控制为主。（　　）

11. 取得建造师执业资格的人员表示其成为工程项目施工的项目经理和获得了专业技术职称。（　　）

【参考答案】

单项选择题：

1. B；2. B；3. D；4. A；5. D；6. A；7. B；8. A；9. C；10. B；11. D；12. B；13. A；14. D；15. A；16. C；17. B；18. B；19. D；20. A；21. C

多项选择题：

1. CE；2. AC；3. AD；4. BCDE；5. ABDE；6. BDE；7. ABCD；8. ACDE；9. ABCE；10. ABE；11. ABCE；12. BDE；13. BD；14. ABE；15. BDE；16. ACD；17. BCDE；18. AB；19. BCDE

判断题：1. ×；2. ×；3. √；4. ×；5. ×；6. ×；7. √；8. √；9. ×；10. √；11. ×

（四）思考题

【参考答案】

1. 工程项目成本管理需要考虑的因素有哪些？

工程项目成本与项目建设活动一致，工程项目的影响因素包括：

（1）工程项目组织因素

（2）工程质量因素

（3）工程进度因素

（4）工程风险因素

2. 什么是资源负荷？它与资源平衡有什么不同？

资源负荷是指在特定的时间段，现有进度计划所需的个体资源的数量。

资源平衡是一种进度网络分析技术，用于已经利用关键路线法分析过的进度模型，通过项目所需资源的确切投入时间，尽可能均衡使用各种资源的一种方法。

3. 简述项目成本估算的步骤和依据。

成本估算的技术路线包括自下而上的估计、自上而下的估计和参数模型法。

(1) 项目成本估算依据包括:
(2) 项目范围说明书
(3) 项目任务分解结构,即 WBS
(4) 项目资源需求计划
(5) 资源市场单位价格
(6) 相似项目的历史信息
(7) 财务会计资料

4. 成本预算有什么作用。

通过编制好的预算成本曲线和累计曲线图,就可以对实际发生成本进行比较,如果实际成本低于预算成本,则实现了控制目标;同时通过成本预算表或图,进行准确控制。

5. 预算成本、实际成本、挣值三者有何联系与区别?

(1) 预算成本(BCWS)是指工程完成时工程总的预算成本,还包括工程不同时期的分配情况。

(2) 实际成本(ACWP)是指在给定时间范围内,完成任务所引起的全部实际发生成本。

(3) 挣值(BCWP)是指已经完成工作的预算成本,是已经挣得的价值,相当于销售收入。

预算成本和挣值都是工程开工前的预算值,但前者是全部工程量的预算值,后者是已完成工程量的预算值。实际成本和挣值都是基于已完成工程量,但前者是实际成本,后者是预算成本。

6. 如何判断一个项目的成本绩效和工期绩效是否出了问题?

比较项目的实际成本和预算成本可以知道项目的成本是否超过预算,如果实际成本超过预算成本范围,就必须查明原因,并采取措施解决问题,以降低成本。同理,比较挣值和预算成本可以测算出实际进度,若落后于计划进度,则需要调整计划工期和工程施工速度。

7. 如何用挣值法对工程项目成本进行控制?

挣值法是运用工程项目范围、进度、计划、资源和项目绩效测量的综合成本控制方法,它通过成本计划与实际成本完成的工作,对实际取得的收益与实际发生的成本进行比较,以确定成本与进度完成量是否在预算规定范围内。常用的指标有:工程预算成本(BCWS)、挣值(BCWP)、工程实际成本(ACWP)、工程成本差异(CV=BCWP−ACWP)、工程进度差异(SV=BCWP−BCWS)等。

8. 什么是项目的预算成本、实际成本和完工预算成本?

(1) 预算成本(BCWS)是指工程完成时工程总的预算成本,还包括工程不同时期的分配情况。

(2) 实际成本(ACWP)是指在给定时间范围内,完成任务所引起的全部实际发生成本。

(3) 完工预算成本(BAC)是工程项目在期末时候的总成本,即完工时预算成本。

9. 什么是成本偏差、工期偏差?

成本偏差是工程实际成本与已完工程预算成本之间的差额,工期偏差是指已完工程的预算成本与工程进度成本预算之间的差异。

10. 简述各种成本估算方法。

(1) 自上而下的估算

又称类比估算，由上而下一层层进行，通常在项目初期或者信息不足时进行，由于此时只确定了初步的任务分解，分解层次少，很难将基本单元分解出来，因此成本分解的对象可能是整个项目或其中的某一个子项目。主要以专家经验为主，又称为专家评价法。

(2) 自下而上的估算

也称为工程量清单估算法，它是在划分详细、完整的项目任务单元的情况下进行的估算。其基本过程是先估算各个任务或分部分项工程成本，然后将各个任务或分部分项工程成本自下而上汇总，从而估算出整个项目成本。

(3) 参数模型法

是一种比较科学、传统的估计方法，它是将项目的一些特征作为参数，通过建立数学模型来估算的方法，比较适用于大中型建设项目。

11. 简述成本预算项目控制作用。

(1) 为成本管理方案的制定提供科学依据。

通过成本预算，对项目中可能出现的影响或成本升降的各种因素进行科学分析，比较各种方案的经济效益，为选择最佳成本方案和最优成本决策提供依据。

(2) 成本预算是进行项目成本控制的基础，是有效实现成本控制的重要途径。

对项目成本费用进行整体预算，帮助估算项目所需费用以及项目方所能获得的收益，然后，项目方才能很好的进行项目成本控制。

(3) 通过成本预算，可以降低成本，实现利润最大化。

在项目成本的构成项目中，经营成本项目、运营成本项目及人工成本项目在总成本中占有重要的地位，企业通过加强预算加强内部成本控制，通过对成本执行过程的监控，对一定时期的成本实际完成与预算成本目标进行分析，合理有效的控制和降低主要成本是企业发展战略目标的关键。一个好的成本预算，在成本降低的同时，也保证了项目质量，这样就能够保证成本管理的质量，从而实现利润最大化。

12. 简述项目成本控制作用。

在市场经济条件下，追求利润最大化、提高经济效益是企业的主要目标。控制项目成本的作用体现在：

(1) 降低成本费用，增加利润的重要途径。

(2) 控制项目成本，是增强企业竞争力的重要保证。

(3) 对于施工企业要在市场竞争中处于有利地位，要增强竞争力，除了靠工程质量和优质服务外，还要靠工程价格。在保证质量的条件下，工程价格是竞争的主要手段，是赢得市场信誉的重要条件。因此，要加强项目成本管理工作，不断降低成本费用，提高企业竞争力，增加经济效益。

(4) 控制项目成本是企业落实经济责任制，提高管理水平，加强经营决策的有利条件。

项目成本是反映项目经营管理水平的一个综合性指标，每个部门甚至每个职工工作好坏都会直接地影响项目的成本，必须实行成本管理责任制。要按照项目部组织分工和岗位责任制,建立上下衔接,左右结合的全面成本管理责任制度。并利用成本指标,来考核实际工作成果。发现问题采取有效措施,不断地提高项目的经营管理水平。

13. 建筑项目工程成本按不同主体其解释的是什么?

对投资者而言,工程成本的含义即建设项目投资总额。建设项目投资总额是保证项目建设和生产经营活动正常进行的必要投入资金。它包括建设投资和流动资金两个部分。

对开发商而言,工程成本的含义即建设工程成本。建设工程成本指进行一个建设工程项目的建造所花费的全部费用,也就是从工程项目确定建设意向直至建成、竣工验收为止的整个建设期间所支出的总费用。包括建安工程费、设备及工器具购置费用、工程建设其他费用、预备费、建设期贷款利息和固定资产投资方向调节税。

对承包商而言,工程成本等同于建筑产品价格。建筑产品价格即建筑安装工程费用或建筑安装工程造价,也表现为建筑工程招标投标的定标价格,建筑工程的承包价格和结算价格,它包括直接费、间接费、利润和税金四个部分。

(五)计算题

1. 某公路修建项目,预算单价为 400 元/m。计划用 30 天完成,每天 120m。开工后 5 天测量,已完成 500m,实际付给承包商 35 万元。计算:

(1) 费用偏差(CV)和进度偏差(SV)是多少?说明了什么?

(2) 进度执行指数(SPI)和成本执行指数(CPI)是多少?说明了什么?

【解】

(1)

$$BCWS = 400 \times 5 \times 120 = 240000 \text{ 元}$$
$$BCWP = 500 \times 400 = 200000 \text{ 元}$$
$$ACWP = 350000 \text{ 元}$$
$$CV = BCWP - ACWP = 240000 - 350000 = -110000 \text{ 元}$$
$$SV = BCWP - BCWS = 200000 - 240000 = -40000 \text{ 元}$$

说明该项目实际成本大于计划成本,成本超支,成本控制需要加强。同时进度落后,需要调整工程计划,提高效率。

(2)

$$CPI = BCWP/ACWP = 240000/350000 = 0.6857$$
$$SPI = BCWP/BCWS = 200000/240000 = 0.8333$$

CPI 与 SPI 均小于 1,说明工程成本高于预算值,工程进度落后于预计。

2. 一个大型设备的每周成本预算情况,见表 8-1 所列。

某项目完工情况表(万元/周)   表 8-1

成本	1	2	3	4	5	6	7	8	9	10
设计	4	3								
建造			2	3	1					
安装							2	2		
测试									1	2
合计	5	5	5	7	6	6	9	10	10	12

试计算该项目预算成本。

【解】BCWS=4+3+2+3+1+2+2+1+2=20万元

3. 下图是某豪华别墅装修项目网络图。

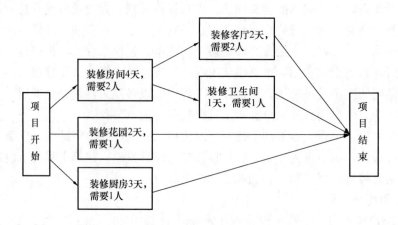

图 8-1　某别墅装修项目网络图

要求：
(1) 绘制资源需求甘特图。
(2) 当该项目只有 3 个装修工时，如何进行该项目的资源平衡？

【解】(1) 略

(2) 装修工 A、B 前四天共同装修房间，后两天共同装修客厅；装修工 C 前三天装修厨房，第四天装修卫生间，最后两天装修花园。共费时 6 天。

4. 某项目预算成本为 400 万元，计划工期为 2 年。在项目的实施过程中，通过成本记录的信息可知：开工第一年年末的实际发生成本为 100 万元，已完成工作的预算成本金额为 50 万元。与项目预算成本比较，项目计划工程量的预算成本为 200 万元。试分析该项目的成本执行情况和计划完成情况。

【解】开工第一年末的时候：

$$BCWS = 2000000 \text{ 元}$$
$$BCWP = 500000 \text{ 元}$$
$$ACWP = 1000000 \text{ 元}$$
$$CV = BCWP - ACWP = 500000 - 1000000 = -500000 \text{ 元}$$
$$SV = BCWP - BCWS = 500000 - 2000000 = -1500000 \text{ 元}$$

说明该项目实际成本大于计划成本，成本执行有问题导致超支，成本控制需要加强。同时进度落后，未能按时完成计划，需要调整工程计划，提高效率。

(六) 案例分析题

【案例 8-1】资金成本的管理和控制

某工程项目公司计划年初的资金结构见表 8-2 所示，普通股股票面值为 200 元，今年期望股息为 20 元，预计以后每年股息增加 5%，其所得税税率假定为 33%。

某企业计划年初的资金结构 表 8-2

各种资金来源	金额（万元）
B 长期债券，年利率 9%	600
P 优先股，年股息率 7%	200
C 普通股，年 10%，年增长率 5%	600
R 保留盈余	200
合计	1600

现该企业拟增资 400 万元，有两个备选方案：

甲方案：发行长期债券 400 万元，年利率为 10%，筹资费率为 3%，普通股股息增加到 25 元，以后每年还可增加 6%。

乙方案：发行长期债券 200 万元，年利率 10%，筹资费率为 4%，发行普通股 200 万元，筹资费率为 5%，普通股股息增加到 25 元，以后每年增加 5%。

试问：该企业应如何选择？

[计算分析]

(1) 计算采用甲方案后，企业的平均资金成本率 $K_甲$。

各种资金来源的比重和资金成本率分别为：

原有长期债券：

$$w_{B1} = \frac{600}{2000} = 30\%, \quad K_{B1} = \frac{9\% \times (1-33\%)}{1-0} = 6.03\%$$

新增长期债券：

$$w_{B2} = \frac{400}{2000} = 20\%, \quad K_{B2} = \frac{10\% \times (1-33\%)}{1-3\%} = 6.91\%$$

优先股：

$$w_P = \frac{200}{2000} = 10\%, \quad K_P = 7\%$$

普通股：

$$w_C = \frac{600}{2000} = 30\%, \quad K_C = \frac{25}{200} + 6\% = 18.5\%$$

保留盈余：

$$w_R = \frac{200}{2000} = 10\%, \quad K_R = \frac{25}{200} + 6\% = 18.5\%$$

综合资金成本率 $K_甲$：

$$K_甲 = 30\% \times 6.03\% + 20\% \times 6.91\% + 10\% \times 7\% + 30\% \times 18.5\%$$
$$+ 10\% \times 18.5\%$$
$$= 11.29\%$$

(2) 计算采用乙方案后，企业的平均资金成本率 $K_乙$。

各种资金来源的比重和资金成本率分别为：

原有长期债券：

$$w_{B1}=\frac{600}{2000}=30\%,\ K_{B1}=\frac{9\%\times(1-33\%)}{1-0}=6.03\%$$

新增长期债券：

$$w_{B2}=\frac{200}{2000}=10\%,\ K_{B2}=\frac{10\%\times(1-33\%)}{1-4\%}=6.98\%$$

优先股：

$$w_{P}=\frac{200}{2000}=10\%,\ K_{P}=7\%$$

原有普通股：

$$w_{C}=\frac{600}{2000}=30\%,\ K_{C}=\frac{25}{200}+5\%=17.5\%$$

新增普通股：

$$w_{C}=\frac{200}{2000}=10\%,\ K_{C}=\frac{25}{200(1-5\%)}+5\%=18.16\%$$

保留盈余：

$$w_{R}=\frac{200}{2000}=10\%,\ K_{R}=\frac{25}{200}+5\%=17.5\%$$

综合资金成本率 K_Z：

$$\begin{aligned}K_Z=&30\%\times6.03\%+10\%\times6.98\%+10\%\times7\%+30\%\times17.5\%+10\%\times18.16\%\\&+10\%\times17.5\%\\=&12.02\%\end{aligned}$$

（3）分析判断。从以上计算总可以看出，综合资金成本率 $K_Z>K_甲$，所以应选择甲方案筹资。

[特别提示]

资金成本是指企业为筹集和使用资金而付出的代价。资金成本包括资金筹集费用和资金占用费用两部分。需要注意的是，企业发行股票和债券时，支付给发行公司的手续费不作为企业筹集费用。因为此手续费并未通过企业会计账务处理，企业是按发行价格和除发行手续费后的净额入账的。

计算公式：

$$资金成本=\frac{每年的用资费用}{(筹资总额-筹资费用)}$$

本题主要考核各资金成本的计算。可先根据相应的计算公式算出各资金成本率，然后根据加权平均求出各方案的资金成本，比较即可得出结论，综合资金成本率低者为优。

【案例 8-2】 投标报价法的选择及技巧

某承包商参与某高层商用办公楼土建工程的投标（安装工程由业主另行投标）。为了既不影响中标，又能在中标后取得较好的收益，决定采用不平衡报价法对原估价作适当调整，具体数字见表 8-3，有关现值系数表见表 8-4 所示。

报价调整前后对比表　单位：万元　　　　表 8-3

	桩基围护工程	主体结构工程	装饰工程	总价
调整前（投标估价）	1480	6600	7200	15280
调整后（正式报价）	1600	7200	6480	15280

先假设桩基围护工程、主体结构工程、装饰工程的工期分别为 4 个月、12 个月、8 个月，贷款月利率为 1%，并假设各分部工程每月完成的工作量相同且能按月度及时收到工程款（不考虑工程款结算所需要的时间）。

现值系数表　　　　　　　　　　表 8-4

n	4	8	12	16
$(P/A, 1\%, n)$	3.9020	7.6517	11.2551	14.7179
$(P/F, 1\%, n)$	0.9610	0.9235	0.8874	0.8528

试分析：

(1) 该承包商所采用的不平衡报价法是否恰当？为什么？

(2) 采用不平衡报价法后，该承包商所得工程款的现值比原估价增加多少？（以开工日期为折现点）

[计算分析]

因为该承包商是将属于前期工程的桩基围护工程和主体结构工程的单价调高，而将属于后期工程的装饰工程的单价调低，可以在施工的早期阶段收到较多的工程款，从而可以提高承包商所得工程款的现值；而且，这三类工程单价的调整幅度均在±10%以内，一般不会受到质疑。

解答一：

计算单价调整前后的工程款现值。

(1) 单价调整前的工程款现值

桩基围护工程每月工程款：$A_1 = 1480 \div 4 = 370$ 万元

主体结构工程每月工程款：$A_2 = 6600 \div 12 = 550$ 万元

装饰工程每月工程款：$A_3 = 7200 \div 8 = 900$ 万元

则，单价调整前的工程款现值：

$$\begin{aligned} PV_0 &= A_1(P/A, 1\%, 4) + A_2(P/A, 1\%, 12)(P/F, 1\%, 4) \\ &\quad + A_3(P/A, 1\%, 8)(P/F, 1\%, 16) \\ &= 370 \times 3.9020 + 550 \times 11.2551 \times 0.9610 + 900 \times 7.6517 \times 0.8528 \\ &= 1443.74 + 5948.88 + 5872.83 \\ &= 13265.45 \text{ 万元} \end{aligned}$$

(2) 单价调整后的工程款现值

桩基围护工程每月工程款：$A'_1 = 1600 \div 4 = 400$ 万元

主体结构工程每月工程款：$A'_2 = 7200 \div 12 = 600$ 万元

装饰工程每月工程款：$A'_3 = 6480 \div 8 = 810$ 万元

则，单价调整后的工程款现值：

$$PV' = A'_1(P/A,1\%,4) + A'_2(P/A,1\%,12)(P/F,1\%,4) + A'_3(P/A,1\%,8)$$
$$(P/F,1\%,16)$$
$$= 400 \times 3.9020 + 600 \times 11.2551 \times 0.9610 + 810 \times 7.6517 \times 0.8528$$
$$= 1560.80 + 6489.69 + 5285.55$$
$$= 13336.04 \text{ 万元}$$

(3) 两者的差额

$$PV' - PV_0 = 13336.04 - 13265.45 = 70.59 \text{ 万元}$$

因此，采用不平衡报价法后，该承包商所得工程款的现值比原估价增加 70.59 万元。

解答二：

先按解答 1 计算 A_1、A_2、A_3 和 A'_1、A'_2、A'_3，则两者的差额

$$PV' - PV_0 = (A'_1 - A_1)(P/A,1\%,4) + (A'_2 - A_2)(P/A,1\%,12)(P/F,1\%,4)$$
$$+ (A'_3 - A_3)(P/A,1\%,8)(P/F,1\%,16)$$
$$= (400 - 370) \times 3.9020 + (600 - 550) \times 11.2551 \times 0.9610$$
$$+ (810 - 900) \times 7.6517 \times 0.8528$$
$$= 70.58 \text{ 万元}$$

[特别提示]

本案例考核不平衡报价法的基本原理及其运用。首先，要明确不平衡报价法的基本原理是在估价（总价）不变的前提下，调整分项工程的单价，所谓"不平衡报价"是相对于单价调整前的"平衡报价"而言。通常对前期工程、工程量可能增加的工程（由于图纸深度不够）、计日工等，可将原估单价调高，反之则调低。其次，要注意单价调整时不能畸高畸低，一般来说，单价调整幅度不宜超过±10%，只有对承包商具有特别优势的某些分项工程，才可以适当增大调整幅度。

本案例要求运用工程经济学的指示，定量计算不平衡报价法所取得的收益。因此，要能熟练运用资金时间价值的计算公式和现金流量图。

计算中涉及两个现值公式，即：

一次支付现值公式　　$P = F(P/F,i,n)$

等额年金现值公式　　$P = A(P/A,i,n)$

上述两公式的具体计算公式应掌握，在不给出有关表格的情况下，应能使用计算器正确计算。

【案例 8-3】 建设工程索赔案例

某建设工程系外资贷款项目，业主与承包商按照 FIDIC《土木工程施工合同条件》签订了施工合同。施工合同《专用条件》规定：钢材、木材、水泥由业主供货到现场仓库，其他材料由承包商自行采购。

当工程施工至第五层框架柱钢筋绑扎时，因业主提供的钢筋未到，使该项作业从 10 月 3 日至 10 月 16 日停工（该项作业的总时差为零）。

10 月 7 日至 10 月 9 日因停电、停水使第三层的砌砖停工（该项作业的总时差为 4 天）。

10月14日至10月17日因砂浆搅拌机发生故障使第一层抹灰迟开工（该项作业的总时差为4天）。

为此，承包商于10月20日向工程师提交了一份索赔意向书，并于10月25日送交了一份工期、费用索赔计算署和索赔依据的详细材料。其计算书的主要内容如下：

(1) 工期索赔：
1) 框架柱扎筋　　　10月3日至10月16日停工，　　　　　　计14天
2) 砌砖　　　　　　10月7日至10月9日停工，　　　　　　计3天
3) 抹灰　　　　　　10月14日至10月17日迟开工，　　　　计4天
　　　　　　　　　　　　　　　　　　　　总计请求顺延工期：21天

(2) 费用索赔：
1) 窝工机械设备费：
一辆运输车　　　　　　　　　　　　　　　$14×468=6552$元
一台塔吊　　　　　　　　　　　　　　　　$14×110=1540$元
一台混凝土搅拌机　　　　　　　　　　　　$7×48=336$元
　　　　　　　　　　　　　　　　　　　　小计：8428元

2) 窝工人工费：
扎筋　　　　　　　　　　　　　　　　　　$35人×40.30×14=19747$元
砌砖　　　　　　　　　　　　　　　　　　$30人×40.30×3=3627$元
抹灰　　　　　　　　　　　　　　　　　　$35人×40.30×4=5642$元
　　　　　　　　　　　　　　　　　　　　小计：29016元

3) 保函费延期补偿：　　　　$(1500×10\%×6\%)/365×21=517.81$元
4) 管理费增加：　　　　　　$(8428+29016+517.81)×15\%=5694.27$元
5) 利润损失：　　　　　　　$(428+29016+517.81+5694.27)×15\%=2182.80$元

试分析：

(1) 承包商提出的工期索赔是否正确？应予批准的工期索赔为多少天？

(2) 假定经双方协商一致，窝工机械设备费索赔按台班单价的65%计；考虑对窝工人工应合理安排工人从事其他作业后的降效损失，窝工人工费索赔按每工日20元计；保函费计算方式合理；管理费、利润损失不予补偿。试确定经济索赔额。

[计算分析]

问题1：承包商提出的工期索赔不正确。

(1) 框架柱绑扎钢筋停工14天，应予工期补偿。这是由于业主原因造成的，且该项作业位于关键路线上。

(2) 砌砖停工，不予工期补偿。因为该项停工虽属于业主原因造成的，但该项作业不在关键路线上，且未超过工作总时差。

(3) 抹灰停工，不予工期补偿，因为该项停工属于承包商自身原因造成的。

因此，同意工期补偿为：$14+0+0=14$天

问题2：经济索赔审定。

(1) 窝工机械费：
塔吊1台：$14×468×65\%=4258.80$元（按惯例闲置机械只应计取折旧费）；

混凝土搅拌机 1 台：14×110×65％＝1001.00 元（按惯例闲置机械只应计取折旧费）；

砂浆搅拌机 1 台：3×48×65％＝93.60 元（因停电闲置只应计取折旧费）；

因故障砂浆搅拌机停机 4 天应由承包商自行负责损失，故不予补偿。

小计：4258.80＋1001.00＋93.60＝5353.40 元

（2）窝工人工费：

扎筋窝工：35×20×14＝9800.00 元（业主原因造成，但窝工工人已做其他工作，所以只补偿工效差）；

砌砖窝工：30×20×3＝1800.00 元（业主原因造成，只考虑降效费用）；

抹灰窝工：不应给补偿，因系承包商责任。

小计：9800.00＋1800.00＝11600.00 元

（3）保函费补偿：

1500×10％×65％÷365×14＝0.035 元

因此，经济补偿合计：3353.40＋11600.00＋350.00＝17303.40 元

[特别提示]

该案例主要考核工程索赔成立的条件与索赔责任的划分、工期索赔、费用索赔计算与审核。分析该案例时，要注意网络计划关键线路，工作的总时差的概念及其对工期的影响，因非承包商原因造成窝工的人工与机械增加费的确定方法。

因业主原因造成的施工机械闲置补偿标准要视机械来源确定，如果是承包商的自有机械，一般按台班折旧费标准补偿；如果是承包商租赁来的机械，一般按台班租赁费标准补偿。因机械故障造成的损失应由承包商自行负责，不予补偿。

确定因业主原因造成的承包商人员窝工补偿标准时，可以考虑承包商应该合理安排窝工工人做其他工作，所以只补偿工效差。

因承包商自身原因造成的人员窝工和机械闲置，其损失业主不予补偿。

【案例 8-4】运用价值工程分析案例

某市拟兴建一截污环保工程，工程地质条件复杂，施工场地狭小，实物工程量多，为保证施工质量，按期完成施工任务，有关方面决定对其开展价值工程活动。经过认真的调查研究，对截污环保工程的建设提出三个备选方案。

方案 1：竖井施工，直径 5.5m，深度 60m，需开挖山体 1730m³，预计工期 4 个月；

方案 2：斜井施工，圆拱直墙断面，全长 105m，预计工期 2.5 个月；

方案 3：平洞施工，圆拱直墙断面，全长 130m，预计工期 3.5 个月。

[计算分析]

在对截污环保工程进行功能分析时，第一步是进行功能定义。截污环保工程的基本功能是截排污水，其辅助功能是使用方便。第二步是进行功能整理，建设方请有关的专家分类整理出 5 项功能：下料出渣通道（F_1）、施工人员通道（F_2）、隧道井棚（F_3）、隧道施工面衬砌（F_4）和通风供水供电（F_5），通过计算，得出这 5 项功能的重要程度比为 F_1：F_2：F_3：F_4：F_5＝6：2：4：1：3。按照环比评分法的评分计算标准，计算出各项功能的权重，具体数据见表 8-5。

功能权重计算　　　　　　　　　　　　表 8-5

功能	重要程度比	得分	功能权重
下料出渣通道（F_1）	$F_1：F_2=6：2$	2	0.375
施工人员通道（F_2）	$F_2：F_3=2：4$	2/3	0.125
隧道井棚（F_3）	$F_3：F_4=4：1$	4/3	0.25
隧道施工面衬砌（F_4）	$F_4：F_5=1：3$	1/3	0.0625
通风供水供电（F_5）	—	1	0.1875
合计	—	16/3	1.00

随后，专家对三个方案的功能满足程度进行了打分，具体数据见表 8-6。

根据功能权重计算表和各方案功能得分表的相关数据，可以计算出各方案的功能指数，具体数据见表 8-7。

建设方请有关专家估算出三个方案的工程总造价分别为：方案 1：220.07 万元；方案 2：209.47 万元，方案 3：266.09 万元。经计算得出各方案的成本指数，具体数据见表 8-8。

各方案功能得分　　　　　　　　　　表 8-6

功能名称	方案功能得分		
	方案 1	方案 2	方案 3
下料出渣通道（F_1）	6	10	9
施工人员通道（F_2）	7	9	8
隧道井棚（F_3）	6	8	7
隧道施工面衬砌（F_4）	8	9	8
通风供水供电（F_5）	7	8	7

各方案的功能指数计算　　　　　　　表 8-7

功能	功能权重	各方案功能加权得分		
		方案 1	方案 2	方案 3
下料出渣通道（F_1）	0.375	0.375×6	0.375×10	0.375×9
施工人员通道（F_2）	0.125	0.125×7	0.125×9	0.125×8
隧道井棚（F_3）	0.25	0.25×6	0.25×8	0.25×7
隧道施工面衬砌（F_4）	0.0625	0.0625×8	0.0625×9	0.0625×8
通风供水供电（F_5）	0.1875	0.1875×7	0.1875×8	0.1875×7
合计	1.00	6.4375	8.9375	7.9375
功能指数		0.2761	0.3834	0.3405

各方案成本指数计算　　　　　　　　表 8-8

方案	方案 1	方案 2	方案 3	合计
工程总造价（万元）	220.07	209.47	266.09	695.63
成本指数	0.3164	0.3011	0.3825	1.00

依据各方案的功能指数和成本指数的计算结果,可以计算出各方案的价值指数,具体数据见表 8-9。

各方案计算表价值指数　　　　　　　表 8-9

方案	方案 1	方案 2	方案 3
功能指数	0.2761	0.3834	0.3405
成本指数	0.3164	0.3011	0.3825
价值指数	0.8726	1.2733	0.8902

[计算结果分析]

由计算分析知,方案 2 的价值指数最高,当几个方案比较时,价值指数最高的方案为最优方案,所以应选择斜井施工方案。

与其他方案相比,虽然斜井施工方案为最优,但它本身也存在一些问题,仍需改进,价值工程工作人员应针对存在的问题,运用价值工程进行进一步优化。

[特别提示]

本题主要考核价值工程的相关概念及理解,以及价值功能分析的步骤和功能评价的方法。首先计算出各方案的功能指数和成本指数,然后由功能指数法得出价值指数,最后根据价值指数最高的方案为最优方案从而得出结论。

价值工程要求方案满足必要功能,清除不必要功能。在运用价值工程对方案的功能进行分析时,各功能的价值指数有以下三种情况:

(1) $VI=1$,说明该功能的重要性与其成本的比重大体相当,是合理的,无须再进行价值工程分析;

(2) $VI<1$,说明该功能不太重要,而目前成本比重偏高,可能存在过剩功能,应作为重点分析对象,寻找降低成本的途径;

(3) $VI>1$,出现这种结果的原因较多,其中较常见的是:该功能较重要,而且前成本偏低,可能未能充分实现该重要功能,应适当增加成本,以提高该功能的实现程度。

各功能目标成本的数值为总目标成本与该功能的功能指数的乘积。

【案例 8-5】某垃圾掩埋场封底工程的成本案例

要使垃圾处理与地下水隔绝,其方法之一就是建成碗状底部,密封壳可以在现有垃圾堆场中用泵送或压力注浆法建造。先在垃圾堆场中每隔一定间距成孔,将注浆管插入垃圾堆的底部,由于垃圾堆的底部平面可能不均匀,可以将注浆管插入垃圾底部以下 5 英尺,以保证封闭壳和垃圾堆底部之间至少有 5 英尺厚的保护土层。密封灰壳有 4~6 英尺厚,一般采用波特兰水泥灰浆通过导管用泵压入土层中,水泥灰浆硬化厚就形成一个不透水永久密封壳。

[计算分析]

工程包括:(1) 每间隔 50 英尺的钻孔并插入注浆管;(2) 向土层中泵送水泥浆,形成一个 4~6 英尺厚的封闭层。这两项工作的工作量是根据垃圾场的面积所确定的。

8 英亩=8×43560 平方英尺/英亩=348480 平方英尺

碗状灰浆壳的面积大约为 360000 平方英尺。

钻孔的数量:在 360000 平方英尺的场地面积中以 50 英尺×50 英尺的网络分布的钻

孔数量为 3600000 平方英尺÷（50 英尺×50 英尺）＝144 个

平均钻孔深度估计为 20 英尺，所以总钻孔深度为

144×20 英尺＝2880 英尺

注浆土层的体积估算如下：

对 4 英尺厚的注浆土层，体积为：4 英尺×360000 平方英尺＝1440000 立方英尺

对 6 英尺厚的注浆土层体积为：6 英尺×360000 平方英尺＝2160000 立方英尺

通过土工实验得知土层空隙率在总体积的 20％到 30％之间，所以对 4 英尺厚的注浆土层：

空隙率 20％时的注浆量＝20％×1440000 立方英尺＝288000 立方英尺

空隙率 30％时的注浆量＝30％×1440000 立方英尺＝432000 立方英尺

对 6 英尺厚的注浆土层：

空隙率 20％时的注浆量＝20％×2160000 立方英尺＝432000 立方英尺

空隙率 30％时的注浆量＝30％×2160000 立方英尺＝648000 立方英尺

钻孔的单位成本估计在每英尺 3～10 美元之间（以 1978 年的价格计算），所以钻孔的总成本为 2880 英尺×3 美元/英尺＝8640 美元，2880 英尺×10 美元/英尺＝28800 美元，介于二者之间。注入波特兰水泥灰浆的单位成本在每立方英尺 4～10 美元之间，其中包括管理费和利润。除了单位成本会发生变化外，封闭灰浆底壳的造价还要取决于注浆土层的厚度和土层的空隙率。计算如下：

对 4 英尺厚的注浆土层，孔隙率为 20％时，注浆工程造价在 1152000～2880000 美元之间；

对 4 英尺厚的注浆土层，孔隙率为 30％时，注浆工程造价在 1728000～4320000 美元之间；

对 6 英尺厚的注浆土层，孔隙率为 20％时，注浆工程造价在 1728000～4320000 美元之间；

对 6 英尺厚的注浆土层，孔隙率为 30％时，注浆工程造价在 2592000～6480000 美元之间。

相对于注浆工程来说，钻孔的成本非常之小，因此在成本匡算阶段甚至可以将其忽略不计。而且，单位成本会因土质的不同而有较大差别，工程师必须根据自己的判断缩小这个价格区间。另外，也可以进行进一步的土工试验以便更准确地估计注浆的单位成本和土层中的孔隙率。假定忽略钻孔费用，注浆土层的厚度平均按照 5 英尺计算，土层的孔隙率按照 25％计算，而每立方英尺的注浆成本为 7 美元，则工程总造价为：

5 英尺×360000 平方英尺×25％×7 美元/立方英尺＝3150000 美元

［特别提示］

本成本匡算在很大程度上基于工程师对土的特点的判断，其真实成本的范围可能介于 1152000 美元和 6480000 美元之间，尽管真实成本为估价区间的极限值的概率并不一定很大。

【案例 8-6】工程估价和投标估算案例

在美国犹他州境内的 70 号州际公路，工程师对其中一段 14 英里长的公路项目进行估价，其估价为 20950859 美元。投标书在 1987 年 3 月 10 日递交，工期为 320 天，三个低

价投标人是：

(1) Ball，Ball & Brosame，Inc.，Danville CA　　14129798 美元

(2) National Projects，Inc.，Phoenix，AR　　15381789 美元

(3) Kiewit Western Co.，Murray，Utah　　18146714 美元

令人惊讶的是中标价比工程师估价要低 32％。即使是第三名的投标价也要比其低 13％，价格相差如此悬殊，一种可能是犹他州交通管理当局的估价工程师太保守，另一种可能是当地的投标者强烈地希望获得这项工程。

对 (1) Ball，Ball & Brosame，Inc.

(2) National Projects，Inc.

两家投标公司对各项工程的投标单价比较于表 8-10 中，值得注意的是，两家公司对于一些项目的估计非常接近，而有些项目则差别很大。

某公路施工项目的投标单价的比较　　表 8-10

项目	单位	数量	单价/美元	
			1	2
启动费	项	1	115000	569554
现场清理，垫土	英尺	8020	1.00	1.50
完整的路基	平方码	1207500	0.50	0.30
地表开挖	英尺	525	2.00	1.00
开挖支护结构	立方码	7000	3.00	5.00
路基，未处理，3/4 英寸	吨	362200	4.50	5.00
少灰混凝土，4 英寸厚	平方码	820310	3.10	3.00
聚合物混凝土，路面，10 英寸厚	平方码	76010	10.90	12.00
混凝土，ciAA（AE）	项	1	200000	190000
零星结构	立方码	50	500	475
挡板，预制	英尺	7920	15.00	16.00
找平，4 英寸厚	平方码	7410	10.00	8.00
10 英寸厚	平方码	4241	20.00	27.00
保护斜坡	平方码	2104	25.00	30.00
金属，断面，15 英寸	个	39	100	125
18 英寸	个	3	150	200
标杆，公用路，改型	英尺	4700	3.00	2.50
修复和替换管道	英尺	1680	5.00	12.00
抛石	立方码	32	40.00	30.00
固定标杆	个	54	100	110
路边线轮廓标，类型Ⅰ	磅	1330	12.00	12.00
类型Ⅱ	个	140	15.00	12.00
固定的结构标记	平方英尺	52600	0.10	0.40
路障，类型Ⅲ	英尺	29500	0.20	0.20

续表

项目		单位	数量	单价/美元	
				1	2
警示灯		天	6300	0.10	0.50
路面标志，环氧树脂	黑色	加仑	475	90.00	100.00
	黄色	加仑	740	90.00	80.00
	白色	加仑	985	90.00	70.00
	开槽，单向白色	个	342	50.00	20.00
表层土，承包商提供		平方码	260	10.00	6.00
播种，方法		英亩	103	150	200
覆盖层		平方码	500	2.00	2.00
波纹金属管，18英寸		英尺	580	20.00	18.00
聚乙烯管，12英寸		英尺	2250	15.00	13.00
集水井格网和框架		个	35	350.00	280.00
培训		小时	18000	0.80	0.80
粒状回填土取土		立方码	274	10.00	16.00
钻井沉箱，2英尺×6英寸		英尺	722	100	80
铺砌石板		小时	20000	8.25	12.50
预应力混凝土构件	类型Ⅳ，141英尺×4英寸	个	7	12000	16
	132英尺×4英寸	个	6	11000	14
加固钢筋		磅	6300	0.60	0.50
环氧树脂涂层		磅	122241	0.55	0.50
钢结构		项	1	5000	1600
标记，覆盖层		平方英尺	16	10.00	4.00
木标杆，类型C-2		平方英尺	98	15.00	17.00
24英寸		个	3	100	400
30英寸		个	2	100	160
48英寸		个	11	200	300
附属设施		平方英尺	61	15.00	12.00
钢制标杆，48英寸×60英寸		个	11	500	700
木制标杆，类型3		平方英尺	669	15.00	19.00
24英寸		个	23	100	125
30英寸		个	1	100	150
36英寸		个	12	150	180
42英寸×60英寸		个	8	150	220
48英寸		个	7	200	270
附属设施		英尺	135	15.00	13.00
钢制标杆		英尺	1610	40.00	35.00

续表

项目	单位	数量	单价/美元	
			1	2
12英寸×36英寸	个	28	100	150
基础，混凝土	个	60	300	650
路障，48英寸×42英寸	个	40	100	100
木制标杆，封路	英尺	100	30.00	36.00

【案例 8-7】 指数关系中成本指数 m 值的确定

对大量污水处理厂的成本数据进行经验总结的基础上，形成了指数关系并转化为 $\ln(Q/Q_n)$ 和 $\ln(y/y_n)$ 的线性关系。当 $Q/Q_n=1$ 或者 $\ln(Q/Q_n)=0$ 时，$\ln(y/y_n)=0$；$Q/Q_n=2$ 或者 $\ln(Q/Q_n)=0.301$，$\ln(y/y_n)=0.1765$。

【案例分析】

m 是一根斜的直线，可以根据几何方法求得，即

$$m=\frac{0.1765}{0.301}=0.585$$

当 $\ln(y/y_n)=0.1765$ 时，$y/y_n=1.5$，相应的 $Q/Q_n=2$。也就是说，当 $m=0.585$ 时，污水处理厂规模增加一倍，而其造价只增加 50%。

【案例 8-8】 污水处理厂的成本指数

在指数关系中的成本指数 m 为我们提供了一个简单、经济的估算方法，从而在设计污水处理厂时，可以根据现有的可靠系统为远期建设大规模的系统进行预测。当 m 值较小时，因为存在规模经济性，就会促使人们建设更大规模的项目。当 m 接近于 1 时，其成本与规模之间接近于线性关系，随着项目规模的增大，m 的值可能相同，系统单元数量的增加也在不断增大。

[计算分析]

对具有不同系统组成的污水处理厂，根据现有实际造价的统计数据，确定了相应的 m 值，见表 8-11 所示。

污水处理厂成本指数　　表 8-11

污水处理厂的类型	指数 m	处理能力（百万加仑/天）
1 水处理	0.67	1~100
2 废水处理		
初级降解（小规模）	0.55	0.1~10
初级降解（大规模）	0.75	0.7~100
低速过滤	0.6	0.1~20
活性污泥	0.77	0.1~100
调节池	0.57	0.1~100

注：资料来源：Data are collected from various sources by P. M. Berthoue. See the refences in his article for the primary sources.

【案例 8-9】 工程指数关系法的成本分析案例

指数关系可以有不同的表达形式，如

$$y = KQ^m$$

其中：

$$K = \frac{y^n}{(Q_n)^m}$$

对于某个确定类型的项目，m 和 K 应该为已知的，则一定规模 Q 的拟建项目，其造价 y 就可以方便地计算出来了。

对于污水处理厂各种工艺的造价参数 K 和 m 值见表 8-12 所示，K 值是以 1968 年的美元价值为基础的，应当注意，用于计算 K 和 m 值的第一手数据是介于一定范围内的区间值，在做成本估算时应予以考虑。

污水处理厂各种工艺过程的造价参数　　　表 8-12

工艺过程	处理能力单位	K 值 1968 年（美元）	m 值
1 水处理			
除油	mgd	58000	0.84
旋流除砂	mgd	3820	0.35
一级沉淀	平方英尺	399	0.60
澄清	平方英尺	700	0.57
污泥曝气	mil. gal	170000	0.50
低速过滤	平方英尺	21000	0.71
充氧曝气	mil. gal	46000	0.67
调节装置	mil. gal	72000	0.52
中和装置	mgd	60000	0.70
2 污泥处理			
消化处理	立方英尺	67500	0.59
真空过滤	平方英尺	9360	0.84
离心分离	lb 干固体/hr	318	0.81

注：资料来源：Data are collected from various sources by P. M. Berthoue. See the references in his article for the primary sources.

[计算分析]

例如，对一级沉淀装置，取 K 为 399 美元，m=0.60（见表 8-12），对于一个拟建的新处理厂，污水处理能力为 15000 平方英尺，其估算造价为（以 1968 年的美元计算）

$$y = 399 \text{ 美元} \times 15000^{0.60} = 128000 \text{ 美元}$$

【案例 8-10】 将房屋建筑的基础工程分解为设计和施工两大元素

成本分解的思想可以通过房屋建筑基础的成本估算案例来说明，其成本（未包括基坑开挖）分解见表 8-13 所示，其中行表示分解的设计项，列表示分解的合同项，对于一个设计估算来说，设计人员首先会把项目分解成基脚、基础墙和电梯井坑，因为这样容易跟踪各个设计元素，然而，对一个投标估算，项目则分解成模板、钢筋、混凝土可能更方便，承包商可以非常方便地从专业分包商那里得到报价。

房屋建筑基础的成本分解示意 单位：美元   表 8-13

设计因素	合同元素			
	模板	边条线	混凝土	总成本
基脚	5000	10000	13000	28000
基础墙	15000	18000	28000	61000
电梯井坑	9000	15000	16000	40000
总成本	29000	43000	57000	129000

【案例 8-11】 某工程人、材和机械设备费用成本分析案例

对于一个房屋建筑的混凝土基础，给定工程量 Q_i，其中人工、材料和设备的有关费用见表 8-14 所示，其成本估算以基本公式为基础，其估算结果见表 8-14 所示最后一行。

利用人工、材料和机械设备费用进行成本估算表   表 8-14

类别	数量 Q_i	材料单价 M_i	设备单价 E_i	工资率 W_i	人工投入 L_i	人工单价 W_iL_i	直接成本 Y_i
模板	12000 平方英尺	0.4 美元/平方英尺	0.8 美元/平方英尺	15 美元/人	0.2 人/平方英尺	3.0 美元/平方英尺	50400 美元
钢筋	4000 磅	0.2 美元/磅	0.3 美元/磅	15 美元/人	0.04 人/磅	0.6 美元/磅	4440 美元
混凝土	500 立方码	5.0 美元/立方码	50 美元/立方码	15 美元/人	0.8 人/立方码	12.0 美元/立方码	33500 美元
总成本							88300 美元

【案例 8-12】 现场管理和一般管理按比例分配成本案例

如果表 8-14（案例 8-11）中项目的现场管理费是 13245 美元，直接费用总额是 88300 美元，计算对项目各种要素按比例分配的现场管理费。此外，如果一般管理费总额是现场直接费用的 4%，而现场直接费用是基本费用和现场管理费的总和，计算对项目各种要素按比例分配的一般管理费用总额。

对该项目：$y=88300$ 美元，$F=13245$ 美元。因此有

$$z=13245 \text{ 美元}+88300 \text{ 美元}=101545 \text{ 美元}$$
$$G=0.04 \times 101545 \text{ 美元}=4062 \text{ 美元}$$
$$L=101545 \text{ 美元}+4062 \text{ 美元}=105607 \text{ 美元}$$

各种要素按比例分配的成本见表 8-15 所示。

某房屋建筑各种要素按比例分配的成本 单位：美元   表 8-15

种类	基本费用 y_i	分配的现场管理费 F_i	现场费用总额 z_i	分配的一般管理费 G_i	总成本 L_i
模板工程	50400	7560	57960	2319	60279
钢筋工程	4400	660	5060	202	5262
混凝土工程	33500	5025	38525	1541	40066
合计	88300	13245	101545	4062	105607

四、习题和案例解析

【案例 8-13】 一份分摊管理费用的标准报告

在典型的管理会计系统中,通常依据人工费用分配一般管理费用,这可以用某种产品的标准成本表来说明。表 8-16 是一家公司的一个实际产品的标准成本表,这家公司用一般管理费用的比率来评估每个直接工时。制造某种阀门的材料和人工的成本,可以通过设计研究以及材料与人工的当前价格来估算。表 8-16 的第 4 栏显示的是一般管理费用,把这几个部门的费用支出按人工成本所占的比例分配到这几个部门生产的各种产品中去,由此可以得到相应的一般管理费用。见表 8-16 的最后一行,材料成本等于总成本的 60%。虽然材料成本超过了人工成本,但只有人工成本参与了一般管理费用的分摊,这种分摊方法在工业生产中很常见,但是混合成本的随意分摊会导致无意识的产品间交叉沉没,而且可能对销售和利润产生不利的结果。例如,某个零件实际上可能几乎没有一般管理费用的支出,但在标准成本报告中却无法反映这种现象。

某种阀门的标准成本报告　单位:美元　　　　　表 8-16

	(1) 材料成本	(2) 人工成本	(3) 一般管理费用	(4) 总成本
采购零件	1.1980			1.1980
操作				
钻孔,表面磨平,活栓(2)		0.0438	0.2404	0.2842
除油污		0.0031	0.0337	0.0368
去除毛口		0.0577	0.3241	0.3818
该部件总成本	1.1980	0.1046	0.5982	1.9008
其他部件	0.3523	0.2994	1.8519	2.4766
部件总成本	1.5233	0.4040	2.4501	4.3773
装配和测试		0.1469	0.4987	0.6456
无纸包装		0.0234	0.1349	0.1583
该项总成本	1.5233	0.5743	3.0837	5.1813
成本构成	29%	11%	60%	100%

注:资料来源:H. T. Johnson and R. S. Kaplan, *Relevance lost*: *The Rise and Fall of Management Accounting*, Harvard Business School Press, Boston. Reprinted with permission.

【案例 8-14】 高速公路和住宅建筑成本的变化分析

表 8-17 显示了从 1940 年到 1990 年间标准高速公路成本的变化,而表 8-18 显示了从 1970 年到 1990 年间住宅建筑成本的变化。从表中可以看出,在 20 世纪 70 年代期间,成本增长率实质上大于通货膨胀率。实际上,1970 和 1980 年间的真实成本每年增加 3%。但是,这些数据也表明了一些值得乐观的理由。在标准高速公路的例子中,从 1970 年到 1990 年间,真实成本是下降的。但没有基于全国范围的其他种类建设项目的产出指数可以比较。

标准高速公路成本的比较（1940~1990年） 表 8-17

年份	标准高速公路成本 （1972年为100美元）	价格紧缩指数 （1972年为100）	标准高速公路真实成本 （1972年为100美元）	每年的变化 百分率
1940	26	29	90	
1950	48	54	89	−0.10%
1960	58	69	84	−0.60%
1970	91	92	99	1.80%
1980	255	179	143	4.40%
1990	284	247	115	−2.80%

注：资料来源：Statistical Abstract of the United States. GDP deflator is used for the price deflator index.

住宅建筑成本比较（1970~1990年） 表 8-18

年份	标准住宅成本 （1972年为100美元）	价格紧缩指数 （1972年为100）	标准住宅真实成本 （1972年为100美元）	每年的变化 百分率
1970	77	92	74	
1980	203	179	99	3.40%
1990	287	247	116	1.70%

注：资料来源：Statistical Abstract of the United States。GNP deflator is used for the price deflator index.

【案例 8-15】一座精炼厂的投资成本案例

坐落在美国印第安纳州加里的一座产能为200000桶/天的精炼厂竣工于2001年，建设总成本为1亿美元。有人建议在加州洛杉矶建一座产能为300000桶/天的类似精炼厂，2003年竣工。运用下面给出的信息，对该工厂的成本做一个估算。

（1）在印第安纳州加里的精炼厂，建设总成本中有一项用于场地准备的500万美元费用，在其他精炼厂项目中不常见；

（2）精炼厂不同规模的变化可以运用指数规则来近似表示，运用公式 P1＝未来NCF总现值/原始投资额现值，则 m＝0.6；

（3）从1999年到2003年，预测的通货膨胀率是每年8%；

（4）1999年，印第安纳州加里的当地指数为0.92，洛杉矶为1.14，这些指数被认为适用于对两个城市之间成本差异进行调整；

（5）在洛杉矶的工厂，新的空气污染处理设备在2003年价值700万美元（加里工厂不需要此项）；

（6）洛杉矶的气候良好，由于恶劣天气导致工期推迟的偶然费用会因此而减少，为建设总成本的1%（和加里相比较而言）。

[计算分析]

基于以上的条件，对此新项目的估算如下：

（1）剔除印第安纳州加里的特别费用后，一般成本是：

$$100 \times 10^6 \text{美元} - 5 \times 10^6 \text{美元} = 95 \times 10^6 \text{美元}$$

（2）基于生产能力，运用指数规则进行调整为：

$$95 \times (300000/200000)^{0.6} \times 10^6 \text{美元} = 95 \times 1.5^{0.6} \times 10^6 \text{美元} = 1.212 \times 10^8 \text{美元}$$

(3) 因通货膨胀，对 2003 年美元的调整为：
$$121.2 \times 1.08^4 \times 10^6 \text{美元} = 1.646 \times 10^8 \text{美元}$$

(4) 当地指数调整为：
$$164.6 \times (1.14/0.92) \times 10^6 \text{美元} = 2.046 \times 10^8 \text{美元}$$

(5) 为洛杉矶工厂新的污染设备所做的调整为：
$$(204.6+7) \times 10^6 \text{美元} = 2.116 \times 10^8 \text{美元}$$

(6) 偶然费用的减少：
$$211.6 \times (1-0.01) \times 10^6 \text{美元} = 2.095 \times 10^8 \text{美元}$$

由于没有融资成本的调整，所以该新项目的估算是 2.095 亿美元。

【案例 8-16】某化工处理厂的安装成本估算案例

对一座化工厂进行初步估算时，几种主要种类的设备是影响安装费用最重要的因素，每一种设备的管道系统和其他辅助设备的费用可以用该种设备成本的百分比表示。两种不同日产能力的工厂，其主要设备的标准费用如表 8-19 所示，运用线性内插法，对一个日产能力界于 100000 桶和 400000 桶之间的工厂，其所有设备安装费用可以做出很好的估算。

设备和配件费用数据　　　　　　　　　　　　　　　　表 8-19

设备种类	设备费用（以 10^3 美元计）		配件费用占设备费用（以 10^3 美元计）的百分比	
	100000 桶	400000 桶	100000 桶	400000 桶
锅炉	3000	10000	40%	30%
塔	2000	6000	45%	35%
鼓	1500	5000	50%	40%
泵等	1000	4000	60%	50%

【案例 8-17】基于工程量清单的投标估算案例

【案例分析】

工程师提供的工程量清单见表 8-9（案例 8-6），我们可以根据承包商 1 的投标单价，计算出该承包商对该公路工程的投标价总额。各项工程的费用和投标价总额如表 8-20 所示。

某高速公路项目中承包商 1 的投标价　　　　　　　　表 8-20

项目		单位	数量	单价/美元	单项费用/美元
启动费		项	1	115000	115000
现场清理，垫土		英尺	8020	1.00	8020
完整的路基		平方码	1207500	0.5	603750
地表开挖		英尺	525	2	1050
开挖支护结构		立方码	7000	3	21000
路基	未处理，3/4 英寸厚	吨	362200	4.5	1629900
	少灰混凝土，4 英寸厚	平方码	820310	3.1	2542961
	聚合物混凝土，路面，10 英寸厚	平方码	76010	10.9	7695509

续表

项目		单位	数量	单价/美元	单项费用/美元
混凝土	ciAA（AE）	项	1	200000	200000
	零星结构	立方码	50	500	25000
	挡板，预制	英尺	7920	15	118800
	找平，4英寸厚	平方码	7410	10	74100
	10英寸厚	平方码	4241	20	84820
	保护斜坡	平方码	2104	25	52600
金属	断面，15英寸	个	39	100	3900
	18英寸	个	3	150	450
	标杆，公用路，改型	英尺	4700	3	14100
	修复和替换管道	英尺	1680	5	8400
	抛石	立方码	32	40	1280
	固定标杆	个	54	100	5400
路边线轮廓标记	类型Ⅰ	磅	1330	12	15960
	类型Ⅱ	个	140	15	2100
	固定的结构标记	平方英尺	52600	0.1	5260
	路障，类型Ⅲ	英尺	29500	0.2	5900
	警示灯	天	6300	0.1	630
路面标识，环氧树脂	黑色	加仑	475	90	42750
	黄色	加仑	740	90	66600
	白色	加仑	985	90	88650
	开槽，单向白色	个	342	50	17100
	表层土，承包商提供	平方码	260	10	2600
	播种，方法A	英亩	103	150	15450
	覆盖层	平方码	500	2	1000
	波纹金属管，18英寸	英尺	580	20	11600
	聚乙烯管，12英寸	英尺	2250	15	33750
	集水井格网和框架	个	35	350	12250
	培训	小时	18000	0.8	14400
	粒状回填土取土	立方码	274	10	2740
	钻井沉箱，2英尺×6英寸	英尺	722	100	72200
	铺砌石板	小时	20000	8.25	165000
预应力混凝土构件	类型Ⅳ，141英尺×4英寸	个	7	12000	84000
	132英尺×4英寸	个	6	11000	66000
	加固钢筋	磅	6300	0.6	3780
	环氧树脂涂层	磅	122241	0.55	67232.55
	钢结构	项	1	5000	5000

续表

	项目	单位	数量	单价/美元	单项费用/美元
标记	覆盖层	平方英尺	16	10	160
	木标杆，类型 C-2	平方英尺	98	15	1470
	24 英寸	个	3	100	300
	30 英寸	个	2	100	200
	48 英寸	个	11	200	2200
	附属设施	平方英尺	61	15	915
	钢制标杆，48 英寸×60 英寸	个	11	500	5500
	木制标杆，类型 3	平方英尺	669	15	10035
	24 英寸	个	23	100	2300
	30 英寸	个	1	100	100
	36 英寸	个	12	150	1800
	42 英寸×60 英寸	个	8	150	1200
	48 英寸	个	7	200	1400
	附属设施	英尺	135	15	2025
	钢制标杆	英尺	1610	40	64400
	12 英寸×36 英寸	个	28	100	2800
	基础，混凝土	个	60	300	18000
路障	48 英寸×42 英寸	个	40	100	4000
	木制标杆，封路	英尺	100	30	3000
	合计		14129797.55 美元		

【案例 8-18】公路的维护成本

公路的维护成本会随着时间的推移和公路的使用不断增长。例如，下面的经验模型被用来估算俄亥俄州收费公路各段的维护费用：

$$C = 596 + 0.0019V + 21.7A$$

式中 C 是每英里道路日常维护的年度成本；V 是公路上的交通容量（通过轴载等同标准（EASL）来测量，这样一辆重型卡车可以用多辆小汽车等同表示）；A 是公路最后一次重新铺设后的使用年数。依照这个模型，由于公路面不断老化，日常维护成本会逐年增加。此外，由于交通流量增加或者车载加重，维护成本也会随着这些额外的承重不断增加，这种交通状况的改变可由变量 V 表示。

例如，$V=500300$ ESAL，$A=5$ 年，每英里公路的维护年度成本可计算如下：

$$C = 596 + 0.0019 \times 500300 + 21.7 \times 5$$
$$= 596 + 950.5 + 108.5$$
$$= 1655 \text{ 美元}$$

【案例 8-19】作业成本法在房地产开发企业中的具体应用

[方法介绍]

按照作业成本法的一般实施步骤，结合房地产项目的开发流程，在房地产企业中实施作业成本法的步骤：
(1) 作业调研与作业认定

1) 作业调研的目标是详细了解建设项目的整个作业过程，理清其成本流动次序和导致成本发生的因素，了解各个过程对成本的影响，以便于设计作业及责任控制体系的建立。如建设项目的整个运作过程可分为前期可行性研究、设计、招投标、施工、销售、物业管理等几个过程，可以根据这几个运作过程理清成本流动的次序及各因素，以收集作业信息。

2) 作业随着规模、工艺和组织形式的不同而不同，对于一个建设项目来说，认定作业可以采用绘制流程图，将各种生产过程通过网络的形式表现出来，每一个流程都分解出多项作业，最后将相关或同类作业归并起来，这样可以较快地取得有关作业的资料，且准确性较高。例如根据提供生产服务的流程进行作业的划分，可以将房地产开发企业作业成本中心划分为：项目策划作业中心、项目前期作业中心、项目建设作业中心、项目销售作业中心、售后服务和物业管理作业中心、公司管理作业中心等。根据各作业中心的特点可以对各作业中心进一步细分，如项目前期作业中心可具体分为：项目规划设计、报批报建、土地征用及拆迁等作业。

(2) 分析和确定资源

把企业可直接归属到房地产开发业务的直接成本和不可直接归属到房地产开发业务的间接成本分开，间接成本则需要按资源动因分配到各房地产开发业务中。

(3) 确定成本动因

在计算成本时，成本核算深入到作业层次，先把企业消耗的各种资源按资源动因分配到作业，再把各项作业汇集的作业成本按作业动因分配到成本对象。

1) 确定资源动因。建立作业成本库资源动因是分配资源给各个作业形成作业成本库的依据，它在资源和作业成本库之间形成一种因果关系。

作业中心建立后，需先将资源费用按照资源动因分配归集到各作业中心的作业成本库中。一个作业成本库是由同质的作业组成的。例如，以土地征用及拆迁作业作为一个作业中心的同时，许多与土地征用及拆迁作业中心有关的成本将会归集到消耗该项资源的作业中心。根据作业中心的各种作业消耗资源的数量以及相应的单位资源成本计算各种作业的成本，所有作业成本之和就是作业中心成本。土地征用及拆迁作业中心包括的资源费用项目有：土地征用费、耕地占用税、劳动力安置费及有关地上、地下附着物拆迁补偿的净支出、安置动迁用房支出等。

2) 确定作业动因，计算作业动因分配率

一旦将资源耗费分配给作业成本库后，就可以开始确定作业动因，分配给产品。作业动因是指作业被消耗的直接原因，是进一步将作业成本库中的费用分配到各项产出上去的标的，其分配依据是该项产出消耗各作业成本库中的代表作业的数量。作业成本库确定后，就可以计算每一个成本库单位作业动因的成本，即作业动因分配率。

(4) 计算总成本、业绩评价以及报告不增值作业成本

将汇集于各个作业中心成本库的成本按作业动因分配率分配到各项最终产品上。产品最终作业成本即为该产品所经过的各作业中心应分摊的成本之和。将各成本库成本分配至最终的建设项目成本实体后，对作业成本的计算结果进行分析与解释，如成本偏高的原

因，成本构成的变化等。如某个建设项目的基础工程成本偏高，可以通过运行作业成本法，了解到是哪个作业导致了成本偏高，为决策者提供决策的依据。

[**特别提示**]

需要指出的是，作业成本法也有它一定的局限性。由于它提供的仍然是历史成本信息，所以要发挥决策作用必须要有附加条件。作业成本法虽然大大减少了现行方法在产品成本计算上的主观分配，但并未从根本上消除它们，也就是说，由于作业成本法的基础资料来自于现行的权责发生制，因此其计算结果必须受诸如折旧和开发等成本期末分配中任意性的影响。这样，作业成本法成本归集库归集成本的正确性和客观性就会受到影响。另外，就作业成本法最核心内容成本归集库和成本动因选择而言，作业成本法也无法做到尽善尽美。尽管作业成本法还存在如上一些问题，但决不能说它对我们毫无借鉴之处。它不仅是一种先进的成本计算方法，同时也是实现成本计算与控制相结合的全面成本管理制度。正如某些学者所说的：由于作业成本法独具的特点，我们完全可以在成本管理的其他方面采用，尤其是成本控制方面，可以用作业成本法来达到控制和节约成本的目的。

第九章 工程结算和收入管理

一、学习目标与要求

本章主要介绍工程项目结算、决算财务管理和工程企业营业收入的构成内容、营业收入的确认、企业利润的构成、利润的确认和利润分配管理的有关内容。

本章主要掌握工程项目收入概念、分类、内容和性质;掌握工程收入形成的程序,工程收入依据合同、进度、质量等要求及时办理工程结算;理解工程费用与利润的关系,工程项目完工后确认项目决算,工程收入实现条件;工程利润分配管理主要内容。因此,工程项目收入结算、决算和利润计算是财务管理的重要工作。

二、预习概览

(一) 重要概念

营业收入;主营业务收入;其他业务收入;工程结算收入;工程索赔收入;工程价款结算;利润;营业利润;利润总额;利润分配;股利政策。

(二) 关键问题

1. 工程结算的特点有哪些?说明了什么财务含义?
2. 工程结算与工程决算有何区别与联系?
3. 简述工程结算主要内容。
4. 施工企业营业收入包括哪些内容?如何确认?
5. 施工企业工程结算办法包括哪些?
6. 施工企业利润的构成内容包括哪些?
7. 施工企业应如何实施利润分配?
8. 什么是股利政策?主要有哪几种?各种股利政策的利弊如何?

三、本章重点与难点

1. 工程财务结算的内涵及特征。
2. 工程项目收入的本质、特点和收入管理。
3. 工程合同收入与合同成本关系。
4. 利润构成及其分配程序。
5. 工程营业收入概念及其结构。
6. 工程项目盈余管理原则。

四、习题和案例解析

(一) 单项选择题

1. 我国企业会计准则中的收入会计要素是指( )。
   A. 营业外收入　　B. 营业收入　　C. 其他业务收入　　D. 营业外收入

2. 下列关于收入的说法中,错误的是( )。
   A. 收入是企业在日常活动中形成的
   B. 收入会导致经济利益的流入,该流入不包括所有者投入的资本
   C. 收入最终会导致所有权益的增加
   D. 所有者投入的资本是收入的一种特殊形式

3. 下列各项不符合收入定义的是( )。
   A. 销售商品的收入　　　　　　B. 提供劳务的收入
   C. 让渡资产使用权的收入　　　D. 处置固定资产的收入

4. 下列项目中,属于工业企业其他业务收入的是( )。
   A. 罚款收入　　　　　　　　　B. 出售固定资产收入
   C. 材料销售收入　　　　　　　D. 出售无形资产收入

5. 某企业 2016 年 10 月承接一项设备安装劳务,劳务合同总收入为 200 万元,预计合同总成本为 140 万元,合同价款在签订合同时已收取,采用完工百分比法确认劳务收入。2016 年已确认劳务收入 80 万元,截至 2017 年 12 月 31 日,该劳务的累计完工进度为 60%。2017 年该企业应确认的劳务收入为( )万元。
   A. 36　　　　　B. 40　　　　　C. 72　　　　　D. 120

6. 工程项目完工应结算的工程主营业务收入是( )。
   A. 工程奖励收入　　　　　　　B. 材料销售收入
   C. 出售固定资产收入　　　　　D. 出售无形资产收入

7. 某企业于 2017 年 9 月接受一项产品安装任务,安装期 5 个月,合同总收入 30 万元,年度预收款项 12 万元,余款在安装完成时收回,当年实际发生成本 15 万元,预计还将发生成本 3 万元。2017 年末请专业评估师测量,产品安装程度为 60%。该项劳务收入影响 2009 年度利润总额为( )。
   A. 不影响当年利润　　　　　　B. 当年利润增加 7.2 万元
   C. 当年利润增加 15 万元　　　 D. 当年利润增加 30 万元

8. 甲房地产公司 2017 年 3 月 20 日销售一批材料商品,增值税专用发票上注明售价 300000 元,增值税额 33000 元。该批商品成本为 200000 元,货到后买方发现商品质量不合格,要求在价格上给予 6% 的折让。甲房地产公司已经同意了对方折让的请求,并开具了增值税红字发票。2017 年 4 月 10 日甲房地产公司实际收到了货款。针对该业务甲公司的下列处理中不正确的是( )。
   A. 销售实现时,确认销售收入 300000 元
   B. 发生销售折让时,冲减主营业务收入 18000 元
   C. 发生销售折让时,冲减主营业务成本 12000 元

D. 甲公司实际收到的款项为319020元

9. 甲建筑公司项目部销售A产品每件500元，若客户购买100件（含100件）以上可得到10％的商业折扣。乙公司于2017年11月5日购买该企业产品200件，款项尚未支付。按规定现金折扣条件为2/10，1/20，n/30。适用的增值税税率为11％。甲项目部于11月23日收到该笔款项，则应给予乙公司的现金折扣的金额为（　　）元。（假定计算现金折扣时不考虑增值税）

  A. 900   B. 1000   C. 1170   D. 2340

10. 下列关于让渡企业资产使用权的说法中，不正确的是（　　）。

  A. 如果合同或协议约定一次性收取使用费、且不提供后续服务的，应当视同销售该项资产，一次性确认收入

  B. 让渡资产使用权收入同时满足"相关的经济利益很可能流入企业"和"收入的金额能够可靠地计量"时才能予以确认

  C. 如果合同或协议约定一次性收取使用费，同时提供后续服务的，应在合同或协议约定的有效期内分期确认收入

  D. 出售无形资产所有权取得的收益属于让渡资产使用权收入

11. 甲建筑公司于2014年年初将其所拥有的一座桥梁收费权出售给A公司10年，10年后由甲公司收回收费权，一次性取得收入1000万元，款项已收存银行。售出的10年期间，桥梁的维护由甲公司负责，2014年甲公司发生桥梁的维护费用20万元。则甲公司2014年该项业务应确认的收入为（　　）万元。

  A. 1000   B. 100   C. 20   D. 0

12. 建筑施工企业收到投资者投入的短期投资，其初始成本应按（　　）。

  A. 投资各方确认   B. 买价

  C. 买价加相关费用   D. 评估价值

13. 建设单位供应材料，按现行制度规定，施工企业一般按材料的（　　）价格计算。

  A. 市场价格 B. 实际价格 C. 预算价格 D. 计划价格

14. 经过"银行存款余额调节表"调整后的银行存款余额为（　　）。

  A. 企业账上的银行存款余额

  B. 企业可动用的银行存款余额

  C. 银行账上的银行存款余额

  D. 企业应当在会计报表中反映的银行存款余额

15. 在不考虑固定资产减值准备的情况下，下列各项折旧方法中，每期折旧额均是相等的折旧方法是（　　）。

  A. 工作量法 B. 双倍余额递减法 C. 年数总和法 D. 平均年限法

16. （　　）是指过去的交易、事项形成并由企业拥有或者控制的资源，该资源预计会给企业带来经济利益。

  A. 资产 B. 负债 C. 所有者权益 D. 收入

17. 下列各项中不属于企业库存商品的是（　　）。

  A. 发出展览的商品

  B. 委托加工物资

C. 委托外单位代销的货品
D. 已完成销售手续但购买单位在月末未提取的产品

18. 下列材料中，属于施工企业中的周转材料的是（　　）。
    A. 水泥　　　　　B. 钢材　　　　　C. 模板　　　　　D. 砖块

19. 工程价款结算的主要内容中，（　　）是表达该工程不同阶段造价和工程价款结算依据的工程中间结算文件。
    A. 竣工结算　　　B. 专业分包结算　　C. 分阶段结算　　D. 合同中止结算

20. 关于工程预付款的说法中，符合 FIDIC/新红皮书/规定的是（　　）。
    A. 是否必须先提交履约保函由业主决定
    B. 是否必须先提交预付款保函由业主决定
    C. 若业主不支付预付款，承包商拥有终止合同的权利
    D. 预付款在施工期前半段全部扣回

21. 已知计算工程预付款起扣点的公式为 $T=P-M/N$，其中 N 的含义是（　　）。
    A. 工程预付款额
    B. 承包工程价款总额
    C. 主要材料及构件所占比重
    D. 开始扣回预付款时累计完成工作量

22. 根据我国现行的关于工程预付款的规定，下列说法中正确的是（　　）。
    A. 发包人应在合同签订后一个月内或开工前 10 天内支付
    B. 当约定需提交预付款保函时，则保函的担保金额必须大于预付款金额
    C. 发包人不按约定预付且经催促仍不按要求预付的，承包人可停止施工
    D. 预付款是发包人为解决承包人在施工过程中的资金周转问题而提供的协助

23. 某工程采用最高限额成本加最大酬金合同。合同规定的最低成本为 1800 万元，报价成本为 2400 万元，最高限额成本为 2600 万元，酬金数额为 460 万元，同时规定成本节约额合同双方各 50％，若最后乙方完成工程的实际成本为 2650 万元，则乙方能够获得的支付款额为（　　）万元。
    A. 2100　　　　B. 2600　　　　C. 2650　　　　D. 3110

24. 工程竣工结算审查时限中，从接到竣工结算报告和完整的竣工结算资料之日起 45 天的工程竣工结算报告金额为（　　）。
    A. 500 万元以下　　　　　　　　B. 500 万元～2000 万元
    C. 2000 万元～5000 万元　　　　D. 5000 万元以上

25. 在建设项目竣工决算报表中，反映建设项目全部资金来源和资金占用情况的是（　　）。
    A. 竣工财务决算审批表　　　　B. 竣工财务决算表
    C. 建设项目概况表　　　　　　D. 交付使用财产汇总表

26. 以下营业利润计算正确的是（　　）。
    A. 营业利润＝营业收入－营业成本－营业税金及附加
    B. 营业利润＝营业收入－营业成本－营业税金及附加－销售费用－管理费用－财务费用
    C. 营业利润＝营业收入－营业成本－营业税金及附加－销售费用－管理费用－财务费用－资产减值损失＋公允价值变动收益＋投资收益

D. 营业利润＝营业收入－营业成本－营业税金及附加－销售费用－管理费用－财务费用－资产减值损失＋公允价值变动收益＋投资收益＋营业外收入－营业外支出

27. 以下利润总额的计算公式中，表达正确的是（　　）。
    A. 利润总额＝营业收入－营业成本－营业税金及附加－期间费用
    B. 利润总额＝营业收入－营业成本－营业税金及附加－期间费用－资产减值损失＋公允价值变动收益＋投资收益
    C. 利润总额＝营业利润＋营业外收入－营业外支出
    D. 利润总额＝营业利润＋营业外收入－营业外支出－所得税

28. 以下各项中，不应计入营业外收入的是（　　）。
    A. 政府补助　　　B. 捐赠利得　　　C. 债务重组利得　　　D. 固定资产盘盈

29. 下列各项中，不应计入营业外支出的是（　　）。
    A. 无形资产处置损失　　　　　　B. 存货自然灾害损失
    C. 长期股权投资处置损失　　　　D. 固定资产处置净损失

30. 某建筑企业2016年度利润总额为600万元，其中本年度国债利息收入6万元，企业所得税税率为25%。假定不考虑其他因素，该企业2016年度所得税费用为（　　）万元。
    A. 148.5　　　B. 150　　　C. 400　　　D. 498

31. 某企业2012年度利润总额为100万元，其中国债利息收入为5万元。当年按税法核定的业务招待费为15万元，实际发生业务招待费为20万元。假定该企业无其他纳税调整项目，适用的所得税税率为25%，该企业2012年所得税费用为（　　）万元。
    A. 28.75　　　B. 25　　　C. 23.75　　　D. 22.58

32. 甲企业本期主营业务收入为500万元，主营业务成本为300万元，其他业务收入为200万元，其他业务成本为100万元，销售费用为15万元，资产减值损失为45万元，公允价值变动收益为60万元，投资收益为20万元，假定不考虑其他因素，该企业本期营业利润为（　　）万元。
    A. 300　　　B. 320　　　C. 365　　　D. 380

33. 某企业年初未分配利润为借方余额50万元，当年净利润为100万元，则当年以10%提取的法定盈余公积为（　　）。
    A. 15万元　　　B. 10万元　　　C. 7.5万元　　　D. 5万元

34. 某企业上年未分配利润为500000元，本年税后利润为200000，按规定提取盈余公积后，又向投资者分配利润300000元（法定盈余公积提取比例为10%），该企业本年未分配利润数额为（　　）。
    A. 700000　　　B. 500000　　　C. 400000　　　D. 380000

35. 竣工结算的核心内容和重要组成部分是（　　）。
    A. 工程竣工图　　　　　　B. 建设项目及财务决算
    C. 工程造价对比分析　　　D. 新增固定资产价值

36. 在下列各项中，能够增加普通股股票发行在外股数，但不改变公司资本结构的行为是（　　）。
    A. 支付现金股利　　　　　　B. 增发普通股

C. 股票分割   D. 股票股利

37. 企业的收益分配有狭义和广义之分,下列各项中,属于狭义收益分配的是( )。
   A. 企业收入的分配   B. 企业净利润的分配
   C. 企业产品成本的分配   D. 企业职工薪酬的分配

38. 某公司近年来经营业务不断拓展,目前处于成长阶段,预计现有的生产经营能力能够满足未来10年稳定增长的需要,公司希望其股利与公司盈余紧密配合。基于以上条件,最为适宜该公司的股利政策是( )。
   A. 剩余股利政策   B. 固定股利政策
   C. 固定股利支付率政策   D. 低正常股利加额外股利政策

39. 在下列股利分配政策中,能保持股利与收益之间一定的比例关系,并体现多盈多分、少盈少分、无盈不分原则的是( )。
   A. 固定股利支付率政策   B. 固定或稳定增长股利政策
   C. 剩余股利政策   D. 低正常股利加额外股利政策

(二) 多项选择题

1. 我国收入要素的结构是( )。
   A. 主营业务收入   B. 其他业务收入
   C. 让渡资产使用权收入   D. 营业外收入
   E. 公允价值变动收益

2. 根据《建设项目工程结算编审规程》,工程价款结算主要包括( )。
   A. 分阶段结算   B. 专业分包结算
   C. 预付款结算   D. 合同中止结算
   E. 竣工结算

3. 下列项目中属于直接计入当期利润的利得和损失的是( )。
   A. 财务费用   B. 管理费用
   C. 营业外支出   D. 营业外收入
   E. 销售费用

4. 工程项目的营业收入包括( )。
   A. 合同初始收入   B. 变更收入
   C. 营业外收入   D. 投资收益
   E. 奖励收入

5. 以下不属于工程项目营业成本的是( )。
   A. 资产减值损失   B. 公允价值变动损失
   C. 其他业务成本   D. 主营业务成本
   E. 营业外支出

6. 工程索赔按索赔的目的可以分为( )。
   A. 工程变更索赔   B. 工期索赔
   C. 工程加速索赔   D. 费用索赔
   E. 承包商与业主之间的索赔

7. 下列各项中，应确认为营业外收入的有（   ）。
   A. 存货盘盈 　　　　　　　　　B. 固定资产出租收入
   C. 非货币性资产交换利得 　　　D. 无法查明原因的现金溢余
   E. 债券收益

8. 下列项目中，影响营业外支出的有（   ）。
   A. 无形资产处置损失 　　　　　B. 现金盘亏
   C. 罚款支出 　　　　　　　　　D. 出售长期股权投资的净损失
   E. 存货减值损失

9. 利润总额包括的内容有（   ）。
   A. 营业利润 　　　　　　　　　B. 投资净收益
   C. 期间费用 　　　　　　　　　D. 营业外收支净额
   E. 其他业务利润

10. 直接工程费是指施工过程中直接耗费的构成工程实体的各项费用，包括（   ）。
    A. 企业管理费 　　　　　　　　B. 人工费
    C. 措施费 　　　　　　　　　　D. 材料费
    E. 施工机械使用费

11. 措施费是指为完成工程项目施工，发生于该工程施工前和施工过程中的非实体项目的使用费。以下费用属于工程其他直接费的是（   ）。
    A. 临时设施费 　　　　　　　　B. 二次搬运费
    C. 工器具购置费 　　　　　　　D. 文明施工费
    E. 财产保险费

12. 规费是指政府和有关权力部门规定必须缴纳的费用。下面费用中（   ）属于规费的项目。
    A. 税金 　　　　　　　　　　　B. 工会经费
    C. 危险作业以外伤害保险 　　　D. 住房公积金
    E. 工程排污费

13. 税金是指国家税法规定的应计入建筑安装工程造价内的（   ）。
    A. 印花税 　　　　　　　　　　B. 城市维护建设税
    C. 教育附加费 　　　　　　　　D. 土地使用税
    E. 增值税

14. 下列费用中属于其他直接费的是（   ）。
    A. 工具用具使用费 　　　　　　B. 脚手架费
    C. 施工排水、降水费 　　　　　D. 联合试运转费
    E. 环境保护费

15. 建筑企业的收益分配应当遵循的原则包括（   ）。
    A. 投资与收益对等 　　　　　　B. 成本与效益原则
    C. 兼顾各方面利益 　　　　　　D. 分配与积累并重
    E. 遵循国家政策

16. 建筑企业的收益分配应当遵循的程序包括（   ）。

A. 弥补以前年度亏损　　　　　　B. 提取法定盈余公积金
C. 提取法定公益金　　　　　　　D. 向投资者分配利润
E. 支付优先股股利

17. 下列企业股利政策中，基于股利有关的股利政策是（　　）。
A. 剩余股利政策　　　　　　　　B. 固定股利政策
C. 固定股利支付率政策　　　　　D. 低正常股利加额外股利政策
E. 分配顺序政策

（三）判断题

1. 我国企业会计准则规定企业收入按性质分类，企业销售商品、提供劳务和让渡资产使用权取得的收入都属于营业收入。（　　）

2. 企业的收入包括主营业务收入、其他业务收入和营业外收入。（　　）

3. 建筑企业出售原材料取得的款项扣除其成本及相关费用后的净额，应当记入"营业外收入"或"营业外支出"。（　　）

4. 以销售商品、提供劳务为主营业务的房地产企业，销售单独计价的包装物实现的收入通过"主营业务收入"项目进行管理。（　　）

5. 甲建筑企业 2017 年 12 月向乙企业提供某专利的使用权。合同规定：使用期 10 年，一次性收取使用费 360000 元，不提供后续服务，款项已经收到。则甲建筑企业当年应确认的使用费收入为 360000 元。（　　）

6. 建筑企业对于在同一会计期间内能够一次完成的劳务，应分期采用完工百分比法确认收入和结转成本。（　　）

7. 建筑企业购买商品附有商业折扣的，如果商业折扣实际发生了，则应按扣除商业折扣后的含税金额作为应付账款的价值管理。（　　）

8. 管理费用、资产减值损失、营业税金及附加和营业外收入都会影响企业的营业利润。（　　）

9. 某水利工程企业出售不动产计算应交的营业税应直接计入"营业外支出"科目。（　　）

10. 某建筑企业只能用税后利润弥补亏损。（　　）

11. 某房地产企业获得的捐赠利得应该计入营业外收入中，影响利润总额。（　　）

12. 某建筑企业本年实现利润总额 100 万元，发生业务招待费 50 万元，税务部门核定的业务招待费税前扣除标准是 60 万元，假定无其他纳税调整事项，企业在计算本年应纳税所得额时，应该做纳税调减处理。（　　）

13. 建筑企业的所得税费用一定等于企业当年实现的利润总额乘以所得税税率。（　　）

14. 某建筑企业 2009 年年初有上年形成的亏损 25 万元，当年实现利润总额 10 万元所得税税率为 25%。则企业 2009 年需要交纳企业所得税 2.5 万元。（　　）

15. 建筑企业获得的政府补助，应该在收到时直接确认为营业外收入。（　　）

16. 日常活动中形成的收入包括主营业务收入、其他业务收入和营业外收入。（　　）

17. 根据税法规定，国债利息收入应予免征所得税。（　　）

18. 收益分配是优化资本结构、降低资本成本的重要措施。（　　）

第九章 工程结算和收入管理

19. 收益与分配管理是对企业收益与分配活动及其形成的财务关系的组织与调节，是企业将一定时期内所创造的经营成果向企业所有者进行分配的过程。（　　）

【参考答案】

单项选择题：

1. B；2. D；3. D；4. C；5. B；6. A；7. B；8. C；9. A；10. D；11. B；12. A；13. B；14. A；15. D；16. A；17. D；18. C；19. C；20. C；21. C；22. C；23. C；24. C；25. B；26. C；27. C；28. D；29. C；30. A；31. B；32. B；33. D；34. D；35. B；36. C；37. B；38. C；39. A

7.【答案解析】当年应确认的收入＝30×60％＝18万元，当年应确认的成本＝(15＋3)×60％＝10.8万元，当年利润总额增加＝18－10.8＝7.2万元。

8.【答案解析】当年应确认的其他业务收入333000元（销售收入300000＋增值税33000元），扣除折让收入12000元，扣除销项税1980元，合计为15960元，实际获得款项为319020元。因此，扣除12000时还必须扣除增值税1980元。

多项选择题：

1. AB；2. ABCD；3. CD；4. ABE；5. ABE；6. BD；7. CD；8. AC；9. AD；10. BDE；11. ABD；12. CDE；13. BCE；14. BCE；15. ACD；16. ABCE；17. BCD

判断题：

1. √；2. ×；3. ×；4. ×；5. √；6. ×；7. √；8. ×；9. ×；10. ×；11. √；12. ×；13. ×；14. ×；15. ×；16. ×；17. √；18. √；19. ×

（四）思考题

【参考答案】

1. 工程结算的特点有哪些，说明了什么财务含意？

工程结算的特点：(1) 工程计算贯穿于工程生命周期；(2) 工程结算的影响因素具有复杂性；(3) 工程结算的工作具有一定的组织性。

工程结算的财务学意义主要体现在以下三点：(1) 工程结算是工程项目边际利润的成果；(2) 工程结算是工程项目市场价值的实现；(3) 工程结算是信息成本与信息收益的统一。

2. 工程结算与工程决算有何区别与联系？

(1) 区别如表9-1所示：

表9-1

区别项目	工程结算	工程决算
报表编制主体	预算部门	财务部门
报表内容	承包方承包建设项目施工的建筑安装工程的全部费用，最终反映，最终反映承包方完成的施工产值	工程从筹建到竣工全过程的全部建设费用，反映建设过程的投资收益
作用和性质	(1) 承包方与业主方办理工程价款最终结算的依据； (2) 双方签订建安合同最终终结的依据； (3) 业主编制竣工决算的资料	(1) 业主办理交付、验收、动用新增资产的依据。 (2) 竣工验收报告的重要组成部分

（2）联系

1) 工程结算和工程决算都是在工程完工后进行的。无论是办理工程结算或工程决算都必须以工程完工为前提条件。

2) 工程结算和工程决算都要使用同一工程资料。如工程立项文件、设计文件、工程概算及预算资料等。

3) 工程结算是工程决算的组成部分。工程结算总额是工程施工建设阶段的投资总额。

3. 简述工程结算主要内容。

（1）工程预付款 是指建设工程施工合同订立后由发包人按照合同约定，在正式开工前预先支付给承包人作为施工项目储备和准备主要材料、结构件所需的流动资金，也称为工程预付备料款。

（2）工程质量保证金

（3）工程进度款

（4）工程价款竣工结算

4. 施工企业营业收入包括哪些内容？如何确认？

施工企业的营业收入包括主营业务收入和其他业务收入。其中主营业务收入包括工程款结算收入、索赔收入、变更收入、奖励收入以及提供工业性劳务等实现的收入；其他业务收入主要包括对外销售材料、对外出租包装物、商品或固定资产、对外转让无形资产使用权以及提供非工业性劳务等实现的收入。

收入在满足以下5个条件时进行确认：（1）企业已将商品所有权上的主要风险和报酬转移给购货方；（2）企业既没有保留通常与所有权相联系的继续管理权，也没有对已出售的商品实施有效控制；（3）收入的金额能够可靠计量；（4）相关的经济利益很可能流入企业；（5）相关的已发生的或将发生的成本能够可靠计量。

5. 施工企业工程结算办法包括哪些？

工程结算办法包括按月结算、分段结算、竣工后一次结算和双方约定的其他结算方式。

6. 施工企业利润的构成内容包括哪些内容？

施工企业的利润包括营业利润和营业外收支净额两大组成部分。其中营业利润由工程结算利润（主营业务利润）和其他业务利润两部分构成。

7. 施工企业应如何实施利润分配？

施工企业如果是有限责任公司，则其分配顺序为（1）弥补以前年度亏损；（2）提取法定盈余公积金；（3）提取法定公益金；（4）向投资者分配利润。

施工企业如果是股份有限公司，则其分配顺序为（1）弥补以前年度亏损；（2）提取法定盈余公积金；（3）提取法定公益金；（4）支付优先股股利；（5）提取任意盈余公积金；（6）像普通股股东支付股利。

8. 什么是股利政策？主要有哪几种？各种股利政策的利弊如何？

股利政策是指股份制企业确定股利以及与之有关的事项所采取的方针和策略。主要有剩余股利政策、稳定的股利政策、变动的股利政策和正常股利加额外股利的股利政策四种。

（1）剩余股利政策 企业的税后利润首先用作内部融资，在满足投资的资金需要以后，剩余利润再向投资者（股东）分配股利。这种方法有利于公司的发展，但有可能引起股东的不满。

(2) 稳定的股利政策　不管企业盈利的多少，盈利总是维持在某一特定的水平上。即使在某些情况下有所调整，调整幅度也会是很小的。大部分股东喜欢这样的股利政策，对于期待股利的股东很有利，但是在公司经营不善时，会加重企业的负担。

(3) 变动的股利政策　公司支付给股东的股利不随盈利的增减变动而变动，股利随着企业盈利额的变动而进行相应的变动。能使企业向股东支付的股利与企业的盈利水平很好的结合，但不利于公司股票价格的稳定。

(4) 正常股利加额外股利的股利政策　企业每年按一个较低的固定数额向股东支付正常股利，当企业盈利有较大幅度的增长时，再加一部分额外股利。这一股利具有较大的灵活性，既能够保持股利的稳定性，又能实现股利与盈利的较好结合。

9. 简述生产工人人工日单价的组成内容。

(1) 基本工资：是指发放给生产工人的基本工资，生产工人的基本工资应执行岗位工资和技能工资制度，按岗位工资、技能工资和年功工资计算。

(2) 工资性补贴：是指按规定标准发放的各种物价补贴、煤燃气补贴、交通补贴、住房补贴、流动施工津贴、地区补贴等。

(3) 生产工人辅助工资：是指生产工人年有效施工天数以外非作业天数的工资，包括职工学习、培训期间的工资，调动工作、探亲、休假期间的工资，因天气影响的停工工资，女工哺乳时间的工资，病假在六个月以内的工资及产、婚、丧假期的工资。

(4) 职工福利费：是指按规定标准计提的职工福利费。

(5) 劳动保护费：是指按规定标准发放的劳动保护用品等购置费及修理费，徒工服装补贴，防暑降温费，有碍身体健康环境中施工保健费等。

10. 我国现行的建设工程投资及造价构成有哪些？

答：我国现行的建设项目投资由固定资产投资和流动资产投资两部分组成。

建设项目总投资中的固定资产投资与建设项目的工程造价在量上相等，根据工程项目建设过程中各类费用支出的性质、途径的不同，工程造价可分为：

(1) 建筑安装工程费用；(2) 设备及工器具购置费用；(3) 工程建设其他费用；(4) 预备费、建设期贷款利息和固定资产投资方向调节税。

11. 什么是设备购置费？它由哪些费用构成？

答：设备购置费是指为建设项目购置或自制的达到固定资产标准的各种国产或进口设备、工具、器具的购置费用。设备购置费用由设备原价和设备运杂费构成。

12. 简述选择股利政策时应该考虑的相关因素。

(1) 法律因素：①资本保全与积累限制；②无力偿付的限制；③利润约束；④现金积累的限制；

(2) 合同限制因素；

(3) 股东因素：①为保证控股权而限制股利支付；②为避税目而限制股利支付；③为取得固定收入或逃避风险而要求支付股利；

(4) 公司自身因素：①资金变现能力；②盈余的稳定性；③投资机会；④筹资能力；⑤资本成本。

(五) 计算题

1. 某项工程项目业主与承包商签订了工程施工承包合同。合同中估算工程量为 $5300m^3$，全费用单价为 180 元$/m^3$，合同工期为 6 个月。有关付款条款如下：

(1) 开工前业主应向承包商支付估算合同总价 20% 的工程预付款。

(2) 业主自第一个月起，从承包商的工程款中，按 5% 的比例扣留质量保证金；

(3) 当累计实际完成工程量超过（或低于）估算工程量的 10% 时，可进行调价，调价系数为 0.9（或 1.1）。

(4) 每月支付工程款最低金额为 15 万元。

(5) 工程预付款从乙方获得累计工程款超过估算合同价的 30% 以后的下一个月起，至第 5 个月均匀扣除。

承包商每月实际完成并经签证确认的工程量见表 9-2 所列。

每月实际完成工程量　　　　　　　　　　　　　表 9-2

月　份	1	2	3	4	5	6
完成工程量（m^3）	800	1000	1200	1200	1200	500
累计完成工程量（m^3）	800	1800	3000	4200	5400	5900

问题：

(1) 估算合同总价为多少？

(2) 工程预付款为多少？工程预付款从哪个月起扣留？每月应扣工程预付款为多少？

(3) 每月工程量价款为多少？业主应支付给承包商的工程款为多少？

【解】

(1) 估算合同总价：$5300 \times 180 = 954000$ 元。

(2) 工程预付款：$954000 \times 20\% = 190800$ 元。

原估算合同工程量为 $5300m^3$，则累计工程款达到估算合同总价 30% 时，累计工程量达到 $5300 \times 30\% = 1590m^3$，第二个月累计工程量为 $1800m^3$ 超过 $1590m^3$，所以从第三个月起开始扣留。

因为至第五个月均匀扣除，所以三月到五月每月扣除工程预付款 $190800 \div 3 = 63600$ 元。

(3) 1 月：工程量价款　$800 \times 180 = 144000$ 元

业主本应支付　$144000 \times (1 - 5\%) = 136800$ 元

因为每月支付工程款最低金额是 15 万元，所以第一个月不予支付。

2 月：工程量价款　$1000 \times 180 = 180000$ 元

业主本应支付　$180000 \times (1 - 5\%) = 171000$ 元

累计工程款为　$171000 + 136800 = 307800$ 元

所以 2 月支付 307800 元。

3 月：工程量价款　$1200 \times 180 = 216000$ 元

业主本应支付　$216000 \times (1 - 5\%) - 63600 = 141600$ 元

因为每月支付工程款最低金额是 15 万元，所以本月不予支付

4 月：工程量价款　$1200 \times 180 = 216000$ 元

业主本应支付　$216000×(1-5\%)-63600=141600$ 元

累计工程款为　$141600+141600=283200$ 元

所以 4 月支付 283200 元。

5 月：工程量价款　$1200×180=216000$ 元

业主本应支付　$216000×(1-5\%)-63600=141600$ 元

因为每月支付工程款最低金额是 15 万元，所以本月不予支付。

6 月：到该月累计完成工程量为 5900m³，比原估算工程量超出 600m³，已超出估算工程量的 10%，对超出的部分应调整单价。应按调整后的单价结算的工程量：$5900-5300×(1+10\%)=70$m³。

本月工程量价款：$70×180×0.9+(500-70)×180=88740$ 元

本月应支付工程款：$88740×(1-5\%)=84303$ 元。

所以 6 月应支付 1　$41600+84303=225903$ 元。

2. 某工程项目业主通过工程量清单招标方式确定某投标人为中标人。并与其签订了工程承包合同，工期 4 个月。有关工程价款条款如下：

(1) 分项工程清单中含有两个分项工程，工程量分别为甲项 2300m³，乙项 3200m³，清单报价中甲项综合单价为 180 元/m³，乙项综合单价为 160 元/m³。当某一分项工程实际工程量比清单工程量增加（或减少）10% 以上时，应进行调价，超出部分其单价调价系数为 0.9（1.08）。

(2) 措施项目清单中含有模板及其支撑等 6 个项目，总费用 18 万元，该项费用均一次性包死，不得调价。

(3) 其他项目清单中仅含零星工作费一项，费用为 3 万元，实际施工中，该零星工作项目和数量未发生变化。

(4) 规费综合费率 3.32%；税率 3.47%。

有关付款条款如下：

(1) 材料预付款为分项工程合同价的 20%，于开工前支付，在最后两个月平均扣除。

(2) 措施项目费于开工前和开工后第 2 月末分两次平均支付。

(3) 零星工作费于最后 1 个月结算。

(4) 业主自第一个月起，从承包商的工程款中，按 5% 的比例扣留质量保证金。

承包商每月实际完成并经签证确认的工程量见表 9-3 所列。

每月实际完成工程量表（m³）　　　　　　表 9-3

月份 分项工程	1	2	3	4
甲	500	800	800	600
乙	700	900	800	400

问题：

(1) 该工程预计合同总价为多少？材料预付款是多少？首次支付措施项目费是多少？

(2) 每月分项工程量价款是多少？承包商每月应得工程款是多少？

【解】
1. 该工程预计合同总价＝Σ计价项目费用×(1＋规费费率)×(1＋税金率)
　　　　　　　　　＝(2300×180＋3200×160＋80000＋100000＋30000)
　　　　　　　　　　×(1＋3.31％)×(1＋3.47％)
　　　　　　　　　＝(92600＋210000)×1.069
　　　　　　　　　＝1214384 元＝121.4384 万元

工程预付款＝材料预付款＋措施预付款

　　材料预付款金额
　　＝Σ(分项工程项目工程量×综合单价)×(1＋规费费率)×(1＋税金率)×预付率
　　＝(92.600×1.069×20％)万元
　　＝19.798 万元

措施费用首次支付金额＝(综合措施费用支付金额＋分项工程作业措施费用支付金额)
　　　　　　　　　×(1＋规费费率)×(1＋税金率)
　　　　　　　　　＝[(8＋10/2)×1.069]万元
　　　　　　　　　＝13.897 万元

2. 每月工程量价款＝Σ(计价项目计量工程量×综合单价)×(1＋规费费率)×(1＋税金率)

(1) 第 1 个月工程量价款为：
　　　　[(500×180＋700×160)×1.069]万元＝21.594 万元
应签证的分项工程款为：
　　　　(21.594×0.95)万元＝20.514 万元＜25 万元
故第 1 个月不予签发付款凭证。

(2) 第 2 个月工程量价款为：
　　　　[(800×180＋900×160)×1.069]万元＝30.787 万元
应签证的分项工程款为：
　　　　(30.787×0.95)万元＝29.248 万元
　　　　(20.514＋29.248)万元＝49.762 万元
实际应签发的付款凭证金额为：
　　　　(49.762＋10/2×1.069)万元＝55.107 万元

(3) 第 3 个月工程量价款为：
　　　　[(800×180＋800×160)×1.069]万元＝29.077 万元
应签证的分项工程款为：(29.077×0.95)万元＝27.623 万元
应扣预付款为：(19.798×50％)万元＝9.899 万元
实际应签发的付款凭证金额为：
　　　　(27.623－9.899)万元＝17.724 万元＜25 万元
故第 3 个月不予签发付款凭证。

(4) 第 4 个月甲项工程累计完成工程量为 2700m³，比原估算工程量超出 400m³，已超出估算工程量的 10％，应对超出部分单价进行调整。

超过估算工程量10%的工程量为：[2700－2300×(1＋10%)]m³＝170m³

这部分工程量综合单价应调整为：(180×0.9)元/m³＝162元/m³

甲项工程工程量价款为：

$$\{[(600-170)\times180+170\times162]\times1.069\}万元=11.218万元$$

乙项工程累计完成工程量为3000m³，比原估算工程量减少200m³，没达到估算工程量的10%以上，其单价不予调整。

乙项工程工程量价款为：

$$(600\times160\times1.069)万元=10.262万元$$

本月完成甲、乙两分项工程量价款合为：

$$(11.218+10.262)万元=21.480万元$$

应签证的分项工程款为：

$$(21.480\times0.95)万元=20.406万元$$

其他项目费用结算款＝(零星工作费用)×(1＋规费费率)×(1＋税金率)
$$=(3\times1.069)万元=3.207万元$$

本月实际应签发的付款凭证金额为：

$$(17.724+20.406+3.207-9.899)万元=31.438万元。$$

本月完成甲、乙两分项工程量价款为：

$$112180.86+106728.96=218909.82元$$

零星工作费结算：30000×1.069＝32070元，应扣预付款为：98994.22元

承包商应得工程款为：(218909.82＋32070)×(1－5%)－98994.22＝139436.61元

3. 2004年7月1日，某建筑公司与客户签订一项固定造价建造合同，承建一幢办公楼，预计2005年12月31日完工；合同总金额为12000万元，预计总成本为10000万元。截至2004年12月31日，该建筑公司实际发生合同成本3000万元。假定该建造合同的结果能够可靠地估计，2004年度对该项建造合同确认的收入和费用为万元。

【解】完工进度＝累计实际发生的合同成本/合同预计总成本＝3000/10000＝30%

2004年度合同费用＝合同预计总成本×完工进度－以前年度累计已确认费用
$$=10000\times30\%-0=3000万元$$

2004年度合同收入＝合同总收入×完工进度－以前年度累计已确认收入
$$=12000\times30\%-0=3600万元$$

4. 2004年1月1日，乙建筑公司与客户签订一项固定造价建造合同，承建一幢办公楼，预计2005年6月30日完工；合同总金额为16000万元，预计合同总成本为14000万元。2005年4月28日，工程提前完工并符合合同要求，客户同意支付奖励款200万元。截止2004年12月31日，乙建筑公司已确认合同收入12000万元。2005年度，乙建筑公司因该固定造价建造合同应确认的合同收入和费用为万元。

【解】

2005年度合同收入＝合同总收入×完工进度－以前年度累计已确认收入
$$=(16000+200)\times100\%-12000=4200万元$$

2004年度开工且当年合同确认收入为12000万元，则完工进度为12000/16000＝75%。

所以 2004 年度合同费用＝合同预计总成本×完工进度－以前年度累计已确认费用
$$=14000×75\%－0＝10500 \text{ 万元}$$
则 2005 年度合同费用＝合同预计总成本×完工进度－以前年度累计已确认费用
$$=14000×100\%－10500＝3500 \text{ 万元}$$

5. 长城公司销售 A、B、C 三种产品，其固定成本为 8000 元，其他资料见表 9-4 所列。

表 9-4

产品名称	单价（元）	单位变动成本（元）	销售结构（比重）
A	20	10	20%
B	40	30	30%
C	50	40	50%

要求：(1) 加权平均边际贡献率为多少？(2) 若要实现 36 万元的目标利润，销售收入要求达到多少？

【解】
(1) A 产品边际贡献率＝$(20－10)÷20＝50\%$
B 产品边际贡献率＝$(40－30)÷40＝25\%$
C 产品边际贡献率＝$(50－40)÷50＝20\%$
则加权平均边际贡献率为 $20\%×50\%＋30\%×25\%＋50\%×20\%＝27.5\%$。
(2) $(360000＋8000)÷27.5\%＝1338181.82$ 元。

（六）案例分析题

【案例 9-1】企业利润的预测案例

ABC 建筑施工企业预计 2010 年将从事以下几项工程的施工生产，有关数据见表 9-5。计算各工程项目的边际贡献率、各工程预计工程结算收入、企业加权平均边际贡献率及预计利润。

ABC 建筑施工企业几项工程的数据　　　　　　　表 9-5

工程项目	甲	乙	丙	合计
预计完工工程量（m²）	100000	150000	200000	
预计结算单价（元）	1000	800	900	
预计单位变动成本（元）	700	600	630	
预计固定成本总额（元）				60000000

[计算分析]
(1) 各工程项目的边际贡献率：
甲工程＝$(1000－700)÷1000＝30\%$
乙工程＝$(800－600)÷8000＝25\%$
丙工程＝$(900－630)÷900＝30\%$
(2) 各工程预计工程结算收入：

甲工程：1000×100000＝10000 万元
乙工程：800×150000＝12000 万元
丙工程：900×200000＝18000 万元
甲工程的比重：10000÷40000＝25％
乙工程的比重：12000÷40000＝30％
丙工程的比重：18000÷40000＝45％

（3）加权平均边际贡献率：

30％×25％＋25％×30％＋30％×45％＝28.5％

（4）该企业 2010 年预计利润：

40000×28.5％－6000＝5400（万元）

[特别提示] 当采用制造成本法时，预测工程结算利润的计算方法是不同的。

【案例 9-2】发放股票股利的案例

ABC 建筑公司日前宣布发放股票股利，《配股说明书》中规定："本次配股以 2007 年 12 月 31 日公司总股本（全部为普通股）5000 万股为基数，按每 10 股配 2 股的比例向全体普通股股东配售，可配售股份总额为 1000 万股。"公司股票面值 1 元，目前股票市价为 12 元。现假设该公司 2007 年度盈余为 12000 万元。要求：计算发放股票股利后的股份总数、每股收益、每股市价、公司股价总额。

[计算分析]

发放股票股利后的股份总数＝5000×(1＋20％)＝6000 万股

发放股票股利前的每股收益＝12000÷5000＝2.4 元

发放股票股利后的每股收益＝2.4/(1＋20％)＝2 元

发放股票股利后的每股市价＝12/(1＋20％)＝10 元

发放股票股利前的股价总额＝发放股票股利前的股价×发放股票股利前的股份总数
＝12×5000＝60000 万元

发放股票股利后的股价总额＝发放股票股利后的股价×发放股票股利后的股份总数
＝10×6000＝60000 万元

[结果分析] 具体影响见表 9-6。

发放股票股利对公司的影响　　　　　　　　　表 9-6

项　目	发放前	发放后	有无影响
股份总数（万股）	5000	6000	有
每股收益 EPS（元）	12000÷5000＝2.4	12000÷6000＝2	有
每股市价（元）	12	12÷(1＋20％)＝10	有（在其他因素不变的前提下）
股价总额（万元）	12×5000＝60000	10×6000＝60000	无（在其他因素不变的前提下）

【案例 9-3】剩余股利分配政策案例

某 A 建筑公司 2009 年提取公积金后的税后净利为 5000 万元，公司目前资本结构（权益资本占 70％，债务资本占 30％）是最优资本结构，公司流通在外的普通股为 4000 万股，公司采用剩余股利政策，预计 2010 年项目投资总额为 6000 万元。请问：如果保持资本结构不变，2010年项目投资资金该如何筹集？普通股每股股利是多少？

[计算分析]

在保持最优资本结构不变的前提下，公司可通过留存收益和对外举债两种筹资方式来筹集2010年项目投资的资金，其中：

留存收益筹资金额＝6000×70％＝4200万元

对外举债筹资金额＝6000×30％＝1800万元

可供分配的税后利润＝5000－4200＝800万元

普通股每股股利＝800÷4000＝0.2元

【案例9-4】剩余股利分配政策案例

ABC建筑公司制订了未来5年的投资计划，相关信息如下：公司的理想资本结构为负债与权益比率为2∶3，公司流通在外的普通股有125000股，5年内总投资规模和净利润总额规划如表9-7所示。

ABC未来5年的投资计划   单位：元   表9-7

年份	年度内的总投资规模	年度内的净利润总额
1	350000	250000
2	475000	450000
3	200000	600000
4	980000	650000
5	600000	390000

要求：

（1）若公司采用剩余股利政策：

1）若每年采用剩余股利政策，每年发放的每股股利是多少？

[计算分析]

计算结果见表9-8。

剩余股利政策下的每股股利   单位：元   表9-8

年份	1	2	3	4	5
净利润	250000	450000	600000	650000	390000
投资所需权益资金	210000	285000	120000	588000	360000
留存收益	210000	285000	120000	588000	360000
股利	40000	165000	480000	62000	30000
每股股利	0.32	1.32	3.84	0.496	0.24

2）若在规划的5年内总体采用剩余股利政策，每年的每股固定股利是多少？

[计算分析]

若在规划的5年内总体采用剩余股利政策，每年的每股固定股利为：

未来五年的总投资＝350000＋475000＋200000＋980000＋600000＝2605000元

投资所需要的权益资金＝2605000×0.6＝1563000元

未来五年总的净利润＝2340000元

$$留存收益 = 1563000（元）$$
$$发放的总股利 = 2340000 - 1563000 = 777000 元$$
$$每年的股利额 = 777000/5 = 155400 元$$
$$每股股利 = 155400/125000 = 1.24 元/股$$

（2）若公司采用每年每股 0.5 元加上年终额外股利，额外股利为净收益超过 250000 元部分的 50%，则每年应发放的股利为多少？

[计算分析] 计算结果见表 9-9。

公司每年应发放的股利　单位：元　　　　表 9-9

年份	1	2	3	4	5
净利润	250000	450000	600000	650000	390000
股利总额	62500	162500	237500	262500	132500
每股股利	0.5	1.3	1.9	2.1	1.06

五年股利总额的具体计算过程如下：

第 1 年：$0.5 \times 125000 = 62500$ 元

第 2 年：$62500 + (450000 - 250000) \times 50\% = 162500$ 元

第 3 年：$62500 + 350000 \times 50\% = 237500$ 元

第 4 年：$62500 + 400000 \times 50\% = 262500$ 元

第 5 年：$62500 + 140000 \times 50\% = 132500$ 元

（3）若企业的资金成本率为 6%，从股利现值比较看，哪种政策股利现值小？

[计算分析]

1）若每年采用剩余股利政策，股利现值计算结果见表 9-10。

每年采用剩余股利政策下的股利现值　　　　表 9-10

股利（元）	40000	165000	480000	62000	30000	合计
现值系数	0.9434	0.8900	0.8396	0.7921	0.7473	
现值	37736	146850	403008	49110.2	22419	659123.2

2）若在规划的 5 年内总体采用剩余股利政策，每年的固定股利现值为：
$$155400 \times (P/A, 6\%, 5) = 155400 \times 4.2124 = 654606.96 元$$

3）若公司采用每年每股 0.5 元加上年终额外股利政策，每年的股利现值见表 9-11：

采用每年每股 0.5 元加上年终额外股利政策的股利现值　　　　表 9-11

股利（元）	62500	165000	237500	262500	132500	合计
现值系数	0.9434	0.8900	0.8396	0.7921	0.7473	
现值	58962.5	144625	199405	207926.25	99017.25	709936

从公司的角度看，应采用 5 年内总体采用剩余股利政策，每年的固定股利总额为 155400 元（1.24 元/股）。

【案例 9-5】股票分割的案例

某 A 建筑公司 2007 年年底流通在外的普通股总数为 1000 万股，股票面额为 5 元，2007 年度净利润为 2000 万元，目前公司股票市价为 10 元，现准备按 1 股换成 5 股的比例（即拆股比例是 5）进行股票分割。要求：分析股票分割对股东权益总额和普通股、资本公积、未分配利润的影响，并计算股票分割后的股份总数、股票面额、每股收益、每股市价、股价总额。

[计算分析]

（1）股票分割不影响股东权益总额和资本公积、未分配利润等项目的金额，但会影响普通股股票的面额和股数。

（2）股票分割后发行在外的股份总数＝1000×5＝5000 万股

股票分割后的每股面额＝5/5＝1 元

股票分割后的每股收益＝2/5＝0.4 元

股票分割后的每股市价＝10/5＝2 元

股票分割后的股价总额＝2×5000＝10000（万元）＝股票分割前的股价总额

计算结果见表 9-12。

股票分割对股份总数、每股收益、每股面额的影响　　　表 9-12

项目	发放前	发放后	有无影响
股份总数（万股）	1000	5000	有
股票面额（元）	5	1	有
每股收益 EPS（元）	2000÷1000＝2	2000÷5000＝0.4	有
每股市价（元）	10	10÷5＝2	有（在其他因素不变的前提下）
股价总额（万元）	10×1000＝10000	2×5000＝10000	无（在其他因素不变的前提下）

【案例 9-6】股权回购纠纷案例

北京京辰房地产投资有限公司与北京华商置业有限公司股权回购纠纷案

原告：北京京辰房地产投资有限公司

被告：北京华商置业有限公司

2007 年 2 月 10 日被告华商公司章程约定，公司经营范围为房地产开发、房屋租售，注册资本 3500 万元。北京市大兴经济开发区开发经营总公司出资 2480 元，占出资比例 70.86％，北京埝坛经济开发中心出资 500 万元，占出资比例 14.28％，郭新华出资 420 万元，占出资比例 12％，北京京辰房地产投资有限公司出资 100 万元，占出资比例 2.86％。股东会会议（定期会议和临时会议）由股东按照出资比例行使表决权，股东会会议应当于会议召开前十五日以前通知全体股东，临时会议由代表四分之一以上表决权的股东、三分之一以上的董事，或者临事提议方可召开，股东会决议应由代表二分之一以上表决权的股东表决通过等。

2007 年 11 月 19 日，被告华商公司给原告京辰公司发出了关于召开股东大会的通知，该通知载明以下内容："华商公司全体股东：根据本公司章程并经董事提议，公司决定于

2007年11月21日上午十点在华商会议室召开北京华商置业有限公司股东大会。会议议题研究出售房产偿还贷款问题及通报2007年经营情况。请各位股东准时出席（若本人不能出席委托他人出席者，请提交就该委托者的授权委托书）。"

原告京辰公司于2007年11月20日向被告华商公司出具了书面回复，内容如下："本公司于2007年11月20日下午收到你公司发来的《关于召开股东大会的通知》，该通知确定的股东大会开会时间是2007年11月21日。该《通知》中拟召开的股东大会会议时间显然违反公司《章程》、《公司法》第四十二条中应当提前十五日以前通知的规定，我公司表示强烈反对。现要求你公司安排妥当会议时间并提前通知我公司。此复。本回复以传真和特快专递方式发往你公司。"

2007年11月21日，在原告京辰公司未到会的情况下，北京市大兴经济开发区开发经营总公司、北京埝坛经济开发中心在股东处盖章签署了（2007）字第03号《北京华商置业有限公司股东会议决议》，该决议记载被告华商公司股东会决议如下，"经研究决定应出售部分厂房偿还贷款以缓解资金压力；关于出售厂房的价格应为：TOWNFACTORY厂房每平方米3200元，标准厂房每平方米2800元，销售价格在上述价格标准以上即可出售"。

原告京辰公司于2008年1月4日向被告华商公司发出了股份回购的请求书，请求书内容如下："本股东于2007年12月30日收到你公司发来的文号为（2007）字第03号《股东会议决议》，该决议记载2007年11月21日你公司召开股东会议，并做出出售部分厂房的决定。对于该决议，本股东表示坚决反对。现根据《中华人民共和国公司法》第75条的规定，本股东要求你公司将本股东持有你公司的股权（注：本股东以货币出资100万元，持有你公司股权比例为2.86%）按照合理的价格进行回购。相关回购事宜，本股东授权黄显勇先生负责与你公司接洽并有权签署相关文件。"

被告华商公司于2008年1月15日做出了《关于"股份回购申请书"的回复》，该回复内容为："我公司于2008年1月11日收到贵股东的'股份回购请求书'。该请求书说明贵股东希望将以货币出资100万元的股份基于《中华人民共和国公司法》第七十五条之规定按照合理价格售与我公司。但我公司认为，2007年11月21日公司股东会所做出的出售部分厂房的决议并非转让公司主要财产。因此依照《公司法》第七十五条之规定无法同意贵股东的股份回购请求"。

原告诉称，被告华商公司出售作为公司主要资产的厂房，在我公司反对的情况下，仍然通过决议，是大股东滥用资本多数便利，漠视处于弱势地位的小股东权益的行为。请求法院依法判令被告华商公司以人民币120万元的价格收购我公司所持有股权。

被告华商公司辩称，原告京辰公司没有参加股东会，更谈不上对股东会的决议投反对票，不符合公司法第75条规定的权利主体要求；我公司在本案中转让财产的行为不是公司法第75条规定的"转让主要财产"的行为。

法院认为，原告京辰公司有关"被告华商公司以人民币一百二十万元收购我持有的股权"的诉讼请求缺乏证据支持，对此不予采纳。判决被告北京华商置业有限公司应按照合理价格收购原告北京京辰房地产投资有限公司的股权。

[争议焦点]

（1）本案原告是否享有权请求被告回购其股权？

(2) 股权回购的价格如何确定？

[法理分析]

1. 股权回购请求权

《公司法》为了有效保护中小股东的合法权益，明确规定了中小股东的股权回购请求权，有限责任公司股东的股权回购请求权是指异议股东在出现法律规定的某些特殊情况下，有权要求公司对其出资的股权予以收购。

股权回购请求权是一项法定的股东权利，为小股东提供了抵抗大股东侵害的法律武器。在坚持"资本多数决"原则的股东会表决机制中，大股东很容易滥用权利而侵害小股东利益，股份回购请求权为小股东提供了法定的退出机制，当小股东与大股东发生利益冲突时，小股东主张股权回购，可以避免违背自己意志的股东会决议给自己带来的不利影响，对小股东而言，股权回购请求权是一项法定的弥补性权利，弥补小股东在行使表决权方面的弱势。

对公司而言，公司要为股权回购支付一定资金而不利于公司的经营效率。为了平衡异议股东与公司之间的利益冲突，《公司法》在赋予异议股东股权回购请求权的同时，对其规定了明确的适用事项和严格的行使程序。根据《公司法》第七十五条的规定，有限责任公司异议股东行使股权回购请求权的要件如下：

(1) 适用事项

并非对股东会任何决议的反对都可以适用股权回购。《公司法》第七十五条第一款明确列举了适用股权回购的事项，股东对列举范围之外的决议事项的反对不得主张股权回购请求权。

(2) 行使程序

《公司法》根据行使方式的不同，规定了协议回购和诉讼回购两种形式。诉讼回购是对异议股东股权回购请求权的司法救济，在异议股东与公司达不成股权回购协议时，异议股东可以向法院请求强制公司回购其股权。

1) 协议回购的程序要求：

第一，股东对异议决议明确提出反对意见。《公司法》的表述是"有下列情形之一的，对股东会该项决议投反对票的股东可以请求公司按照合理的价格收购其股权"。该规定是对通常情形的一般规定，并没有考虑到股东有正当理由无法出席股东会的特殊情况。在公司未向股东依法履行召开股东会会议的通知义务的情况下，只要股东在合理的期间内明确提出反对意见，仍可主张股权回购请求权。本案中，原告因被告未在《公司法》和公司章规定的期间内通知召开股东会会议，而未能出席会议并对会议所议事项行使表决权，但其在向被告发出的股份回购的请求书中写明了坚决反对（2007）字第03号《股东会议决议》，表明原告对该决议明确提出反对意见。

第二，在自股东会会议决议通过之日起六十日内向公司主张股权回购请求权。本案中，被告于2007年11月21日通过（2007）字第03号《股东会议决议》，原告于2008年1月4日向被告发出了股份回购的请求书，符合《公司法》的要求。

2) 诉讼回购的程序要求：

异议股东与公司协议回购股权，协议回购是诉讼回购的前置程序；异议股东自股东会会议决议通过之日起九十日内向人民法院提起诉讼。

本案中，原告主张股权回购请求权的程序符合法律规定，因此，应该得到法院的支持。

2. 股权回购价格

关于回购的价格问题，《公司法》只规定按合理的价格回购，对于如何确定"合理价格"，我国法律没有规定。从各国立法来看，确定股份价格的方式主要以公司和异议股东协商一致为主，若公司和异议股东对股价公平价格不能达成一致意见，按照多数国家或地区立法的规定，将会启动股份估价的司法程序，即请求法院在外部专家的参与下，确定回购股票的公平交易价格。

本案中，原告与被告未达成股权回购协议，法院应该邀请专家对被告公司的股权进行估价，根据专家意见确定合理价格。

[法律风险提示及防范]

出席股东会会议是股东行使表决权的前提，因此，股东应该积极参加股东会会议。对违背自己意志的股东会会议事项应该投反对票，这是主张股权回购请求权的要件之一，所以股东必须积极而审慎地行使自己的表决权，怠于行使权利就会丧失股权回购请求权。

股权回购是把双刃剑，在保护小股东利益的同时很可能给公司带来不利影响，因此，股东会会议决议要尽量体现全体股东利益，否则，异议股东一旦主张股权回购，公司将面临资金压力，不利于公司的经营效率。

第十章 工程财务分析与评价

一、学习目标与要求

本章主要介绍了工程项目或工程企业财务报表的基本原理、特点及财务报表的分析方法。

要求掌握财务报表分析的基本概念、财务指标分类和财务指标结构；掌握工程财务报表信息形成的基本原理、结构和指标的关系；掌握运用比率法、比较法和杜邦分析法对企业财务报表的综合分析，通过分析提出企业财务风险状况、资金流量、利润动态变动的情况结论；理解沃尔财务分析方法对企业财务状况的变动；了解国有企业财务报表评价方法，会评价企业经营活动的业绩，从而有助于企业未来生产经营的可持续发展战略或目标。

二、预习概览

（一）重要概念

财务分析；财务比率法；杜邦分析法；业绩评价；盈利能力；偿债能力；营运能力；可持续增长力；资产负债表；利润表；财务状况变动表；现金流量表。

（二）关键问题

1. 财务分析与评价的概念与主要内容是什么？
2. 财务分析与评价的主体与目的有哪些？
3. 财务报表分析的方法有哪些？
4. 财务分析的程序是什么？
5. 企业盈利能力的概念及其分析评价的主要内容与意义是什么？
6. 分析盈利能力的财务指标有哪些？
7. 企业营运能力分析的内容与意义是什么？
8. 分析营运能力的财务指标有哪些？
9. 企业偿债能力分析的内容与意义是什么？
10. 分析偿债能力的财务指标有哪些？
11. 企业发展能力分析的内容与意义是什么？
12. 分析发展能力的财务指标有哪些？
13. 应用杜邦财务分析体系时，需要结合哪些综合分析方法进行分析评价？
14. 业绩评价与财务报表分析有何区别？
15. 业绩评价系统的构建应遵循什么原则？

16. 什么是动态评价和静态评价？
17. 企业业绩评价具有哪些功能？
18. 如何构建建筑施工企业的业绩评价系统？

三、本章重点与难点

1. 工程财务报表分析内涵及特征。
2. 工程财务报表分析指标及结构。
3. 杜邦财务信息分析方法。
4. 沃尔财务信息综合评价模型。
5. 财务资产负债表分析。
6. 财务利润表分析。
7. 财务现金流量表分析。
8. 财务状况综合评价模型。

四、习题和案例解析

（一）单项选择题

1. 财务报表分析的对象是（   ）。
   A. 企业的筹资活动　　　　　　　B. 企业的各项基本活动
   C. 企业的经营活动　　　　　　　D. 企业的投资活动
2. 财务报表分析的最终目的是（   ）。
   A. 阅读财务报表　　B. 做出某种判断　　C. 决策支持　　D. 解析报表
3. 下列财务比率中，能反映企业即时付现能力的是（   ）。
   A. 存货周转率　　B. 流动比率　　C. 速动比率　　D. 现金比率
4. 流动资产和流动负债的比值被称为（   ）。
   A. 流动比率　　B. 速动比率　　C. 营运比率　　D. 资产负债比率
5. 下列不属于财务报表分析基本原则的是（   ）。
   A. 严谨性原则　　　　　　　　　B. 目的性原则
   C. 全面性原则　　　　　　　　　D. 多元立体性原则
6. 下列不属于财务报表分析基本程序的是（   ）。
   A. 设计分析要点　　　　　　　　B. 收集、整理分析资料
   C. 选择分析方法　　　　　　　　D. 提交分析报告
7. 通过相关经济指标的对比分析以确定指标之间差异或指标发展趋势的方法是（   ）。
   A. 比率分析法　　B. 比较分析法　　C. 因素分析法　　D. 平衡分析法
8. 股东进行财务报表分析时将更为关注企业的（   ）。
   A. 偿债能力　　B. 营运能力　　C. 获利能力　　D. 投资能力
9. 基于比较分析法的比较标准，下列各项具有可比性的是（   ）。

A. 中国石油的销售利润率与中国石化的成本费用率

B. 家乐福超市与麦当劳的销售额

C. 苏宁电器本年一季度利润额与上年年度利润额

D. 百度本年一季度利润指标与本年一季度计划利润指标

10. 下列方法中常用于因素分析的是(　　)。

A. 比较分析法　　B. 比率分析法　　C. 连环替代法　　D. 平衡分析法

11. 下列各项中对账户式资产负债表表述不正确的是(　　)。

A. 将资产负债表中的三个项目由上而下依次排列

B. 将资产项目列在报表的左方

C. 资产负债表左右两方平衡，且满足会计恒等式

D. 我国现行的企业资产负债表采用账户式格式

12. 下列信息中不属于所有者权益变动表反映的是(　　)。

A. 所有者权益总量的增减变动信息

B. 所有者权益增减变动的重要结构性信息

C. 直接计入所有者权益的利得和损失

D. 企业经营规模和资产结构

13. 企业将营业收入分为主营业务收入和其他业务收入的依据是(　　)。

A. 经济利益流入的多少　　　　B. 收入的可持续性

C. 对利润的贡献程度　　　　　D. 日常活动在企业中的重要性

14. 下列选项中，能够引起经营活动现金流量减少的项目是(　　)。

A. 无形资产摊销　　　　　　　B. 销售长期股权投资利得

C. 存货增加　　　　　　　　　D. 应收账款减少

15. 每股经营现金流量主要衡量的是(　　)。

A. 偿债能力　　　　　　　　　B. 每股收益的支付保障

C. 资产运用效率　　　　　　　D. 财务弹性

16. 已知公司合并报表中的"净利润"为8210万元，筹资活动的损益反映在"财务费用"项目中，是650万元，处置固定资产、无形资产、其他长期投资的损失840万元，固定资产报废损失110万元，投资收益720万元，则A公司经营活动收益为(　　)。

A. 8980万元　　　B. 9090万元　　　C. 8330万元　　　D. 9810万元

17. 若流动比率大于1，则下列结论正确的是(　　)。

A. 速动比率大于1　　　　　　B. 营运资金为正数

C. 现金比率大于1　　　　　　D. 短期偿债能力绝对有保障

18. 某企业年初流动比率为2，速动比率为1；年末流动比率为2.3，速动比率为0.8，发生这种情况的原因可能是(　　)。

A. 存货增加　　　　　　　　　B. 应收账款增加

C. 应付账款增加　　　　　　　D. 预收账款增加

19. 某企业资产负债率为40%，则权益乘数为(　　)。

A. 1.67　　　B. 2.5　　　C. 2　　　D. 1.5

20. 某企业税后净利润为75万元，所得税税率为25%，利息支出为50万元，则该企

业的利息费用保障倍数为( )。

  A. 1   B. 2   C. 3   D. 4

21. 下列关于财务报表综合分析特征的说法中，不正确的是( )。

  A. 比较基准和角度不同   B. 分析方法不同

  C. 分析主体不同   D. 概括性程度不同

22. 杜邦分析体系中的基本指标不包括( )。

  A. 总资产周转率   B. 销售净利率   C. 资产负债率   D. 流动比率

23. 下列指标中，属于财务绩效评价体系中资产运营状况指标的是( )。

  A. 存货周转率   B. 速动比率

  C. 现金流动负债比率   D. 盈余现金保障倍数

24. 下列各选项中，不符合《中央企业综合绩效评价实施细则》的是( )。

  A. 财务绩效定量评价指标由八个基本指标和十四个修正指标构成

  B. 管理绩效定性评价指标包括战略管理、发展创新、经营决策、风险控制、基础管理、人力资源六个方面的指标

  C. 财务绩效定量评价指标的计分采用功率系数法

  D. 管理绩效定性评价指标的计分采用综合分析判断法

25. 投资报酬分析的最主要分析主体是( )。

  A. 短期债权人   B. 长期债权人

  C. 上级主管部门   D. 企业所有者

26. 在企业编制的会计报表中，反映财务状况变动的报表是( )。

  A. 现金流量表   B. 资产负债表

  C. 利润表   D. 股东权益变动表

27. 中国建筑集团公司 2011 年的主营业务收入为 60111 万元，其中年初资产总额为 6810 万元，年末资产总额为 8600 万元，该公司总资产周转率及周转天数分别为( )。

  A. 8.83 次，40.77 天   B. 6.99 次，51.5 天

  C. 8.83 次，51.5 天   D. 7.8 次，46.15 天

28. 某建筑企业( )时，可以增加流动资产的实际变现能力。

  A. 取得应收票据贴现款

  B. 为其他单位提供债务担保

  C. 拥有较多的长期资产

  D 有可动用的银行贷款指标

29. 某房地产企业的流动资产为 360000 元，长期资产为 4800000 元，流动负债为 205000 元，长期负债为 780000 元，则资产负债率为( )。

  A. 15.12%   B. 19.09%   C. 16.25%   D. 20.52%

30. ( )不属于财务弹性分析。

  A. 每股经营活动现金流量   B. 现金流量适合比率

  C. 现金再投资比率   D. 现金股利保障倍数

31. 资产负债表的附表是( )。

  A. 利润分配表   B. 分部报表

C. 财务报表附注　　　　　　　　D. 应交增值税明细表

32. 财务分析人员综合企业历史财务数据和现实经济状况提出的理想标准称为（　　）。
A. 经验基准　　B. 历史基准　　C. 行业基准　　D. 目标基准

33. 杜邦分析体系的核心比率是（　　）。
A. 净资产收益率　B. 总资产收益率　C. 销售毛利率　D. 销售净利率

34. 杜邦分析体系中的基本指标不包括（　　）。
A. 总资产周转率　B. 销售净利率　C. 资产负债率　D. 流动比率

35. 企业价值评估所使用的模型通常不包括（　　）。
A. 现金流量折现模型　　　　　　B. 经济利润模型
C. 资产负债模型　　　　　　　　D. 相对价值模型

36. 目前国际上最通行的企业价值评估模型是（　　）。
A. 现金流量折现模型　　　　　　B. 经济利润模型
C. 资产负债模型　　　　　　　　D. 相对价值模型

37. 财务报表分析报告的内容必须紧紧围绕分析的目的，突出分析重点，以满足不同分析主体及报告使用者的需求。这体现了财务报表分析报告应遵循的（　　）。
A. 重要性原则　B. 相关性原则　C. 明晰性原则　D. 客观性原则

（二）多项选择题

1. 关于财务分析的目的表述正确的有（　　）。
A. 帮助企业相关利益人进行决策和评价
B. 为投资决策、宏观经济等提供依据
C. 为信贷决策、销售决策提供依据
D. 为企业内部经营管理业绩评价、监督和选择经营管理者提供依据
E. 了解财务信息的供求关系，获得高质量的财务信息

2. 财务分析的内容包括（　　）。
A. 会计报表解读　　　　　　　　B. 财务综合分析
C. 盈利能力分析　　　　　　　　D. 生产能力分析
E. 发展能力分析

3. 财务综合分析的方法包括（　　）。
A. 比率分析法　　　　　　　　　B. 沃尔评分法
C. 杜邦财务分析法　　　　　　　D. 趋势分析法
E. 比较分析法

4. 属于会计核算方法的有（　　）。
A. 设置会计科目　　　　　　　　B. 编制会计报表
C. 成本计算　　　　　　　　　　D. 财产清查

5. 下列各项中，属于资产负债表项目的有（　　）。
A. 流动资产　　　　　　　　　　B. 固定资产
C. 应付利息　　　　　　　　　　D. 存货
E. 货币资金

6. 下列账户中，与资产类账户结构相反的账户是（　　）类账户。

A. 负债 B. 费用
C. 成本 D. 所有者权益
E. 收入

7. 以下属于会计报表的是（　　）。
A. 资产负债表 B. 试算平衡表
C. 利润表 D. 现金流量表
E. 现金余额调节表

8. 会计报表按照编报的主体可以分为（　　）。
A. 静态报表 B. 动态报表
C. 个别会计报表 D. 合并会计报表
E. 汇总报表

9. 会计信息的使用者包括（　　）。
A. 企业投资者 B. 企业债权人
C. 政府及其相关机构 D. 潜在投资者和债权人
E. 企业职工

10. 影响企业资产周转率的因素包括（　　）。
A. 资产的管理力度 B. 经营周期的长短
C. 资产构成及其质量 D. 企业所采用的财务政策
E. 所处行业及其经营背景

11. （　　）属于收回投资所收到的现金。
A. 收回固定资产
B. 收回长期债权投资的利息
C. 收回除现金等价物以外的短期投资
D. 收回长期债权投资本金
E. 收回非现金资产

12. 不能用于偿还流动负债的流动资产有（　　）。
A. 信用卡保证金存款 B. 有退货权的应收账款
C. 存出投资款 D. 回收期在一年以上的应收账款
E. 现金

13. 与息税前利润相关的因素包括（　　）。
A. 利息费用 B. 所得税
C. 营业费用 D. 净利润
E. 投资收益

14. 计算存货周转率可以以（　　）为基础的存货周转率。
A. 主营业务收入 B. 主营业务成本
C. 其他业务收入 D. 营业费用
E. 其他业务成本

15. 股票获利率的高低取决于（　　）。
A. 股利政策 B. 现金股利的发放

C. 股票股利 D. 股票市场价格的状况
E. 期末股价

16. 下面事项中，能导致普通股股数发生变动的是（   ）。
A. 企业合并 B. 库藏股票的购买
C. 可转换债券转为普通股 D. 股票分割
E. 增发新股

17. 国有资本金效绩评价的对象是（   ）。
A. 国家控股企业 B. 有限责任公司
C. 所有公司制企业 D. 国有独资企业
E. 股份有限公司

18. 保守速动资产一般是指以下几项流动资产（   ）。
A. 短期证券投资净额 B. 待摊费用
C. 预付账款 D. 应收账款净额
E. 货币资金

19. 企业持有货币资金的目的主要是为了（   ）。
A. 投机的需要 B. 经营的需要
C. 投资的需要 D. 获利的需要
E. 预防的需要

20. 与息税前利润相关的因素包括（   ）。
A. 投资收益 B. 利息费用
C. 营业费用 D. 净利润
E. 所得税

21. 现金流量表分析的目的包括（   ）。
A. 评价企业利润质量
B. 分析企业财务风险
C. 评价企业风险水平和抗风险能力
D. 预测企业未来现金流量
E. 评价企业财务状况

22. 下列关于短期偿债能力的影响因素表述正确的有（   ）。
A. 流动资产越多，企业短期偿债能力越强
B. 一般来说，流动资产转换成现金的时间越短，变现能力越强，企业短期偿债能力越强
C. 一般来说，资产预期价格与实际售价之间的差额越小，变现能力越强，企业短期偿债能力越强
D. 一般来说，时间刚性强的债务会对企业造成实际的偿债压力，而时间刚性弱的债务会减轻企业的偿债压力
E. 宏观经济形势、证券市场的发育与完善程度等外部因素也影响企业短期偿债能力

23. 影响企业短期偿债能力的项目有（   ）。
A. 货币资金 B. 固定资产

C. 预付账款　　　　　　　　　D. 存货

E. 无形资产

24. 在现在使用的沃尔评分法中，共计选用了10个财务指标，下列指标中没有被选用的是（　　）。

A. 总资产报酬率　　　　　　　B. 资产负债率

C. 自有资本比率　　　　　　　D. 速动比率

E. 存货比率

25. 杜邦分析法的核心作用是（　　）。

A. 解释指标变动的原因及变动趋势，可以衡量权益净利率这一项综合性指标发生升降变化的具体原因

B. 通过杜邦分析法自上而下的分析，可以了解企业财务状况的全貌以及各项财务分析指标间的结构关系

C. 通过杜邦分析法自上而下的分析，可以查明各项主要财务指标增减变动的影响因素及存在的问题

D. 通过杜邦分析法自上而下的分析，可以为决策者优化资产结构和资本结构，提高偿债能力和经营效益提供了基本思路

E. 通过杜邦分析法自上而下的分析，可以解决企业经营活动每个环节全部的问题

（三）判断题

1. 对于一个健康的、正在成长的公司来说，经营活动现金净流量一般应大于零，投资活动现金净流量应大于零，筹资活动的现金净流量应正负相间。（　　）

2. 财务报表分析是以财务报表为主要依据，运用科学的分析方法和评判方式，对企业的经营活动状况及其成果做出判断，以供相关决策者使用的全过程。（　　）

3. 财务报表分析的基本资料就是资产负债表、利润表、现金流量表三张主表。（　　）

4. 偿债能力分析、运营能力分析和获利能力分析是财务报表分析的主要内容，也是企业三大基本经济活动的综合结果的体现。（　　）

5. 利润总额反映了企业全部经济活动的财务成果，它包括营业利润及营业外收支净额等，但不包括非流动资产处置损益。（　　）

6. 利润表趋势分析就是对多个会计期间企业的盈利水平及其变动趋势进行分析，从绝对值角度判断影响企业净利润和综合收益变动的具体原因。（　　）

7. 编制会计报表的主要目的就是为会计报表使用者决策提供信息。（　　）

8. 资产负债表反映的是单位在一定时期财务状况具体分布的报表。（　　）

9. 资产负债表的编制依据为"资产＝负债＋所有者权益"。（　　）

10. 账户记录通过试算平衡后，表明账户记录完全正确。（　　）

11. 比较分析有三个标准：历史标准、同业标准、预算标准。（　　）

12. 营运资金是一个绝对指标，不利于企业不同企业之间的比较。（　　）

13. 营业周期越短，资产流动性越强，资金周转相对越快。（　　）

14. 从股东的角度分析，资产负债率高，节约所得税带来的收益就大。（　　）

15. 酸性测试比率也可以被称为现金比率。（　　）

16. 短期偿债能力是指企业偿还流动负债的能力，也称为企业流动性分析。（   ）

17. 动态偿债能力分析主要关注企业资产规模、结构与负债的规模和结构之间的关系。（   ）

18. 在现代的沃尔评分法中，总资产报酬率的评分值为18分，标准比率为5.5%，行业最高比率为15.8%，最高评分为30分，最低评分为10分，A企业的总资产报酬率的实际值为10%，则A企业的该项得分为24.37分。（   ）

19. 资产负债表是反映企业在一定会计期间的经营成果的会计报表。（   ）

20. 资产负债表描述了企业经营战略和财务战略之间的平衡关系。（   ）

【参考答案】

单项选择题：

1. B；2. C；3. D；4. A；5. A；6. B；7. B；8. C；9. D；10. C；11. A；12. D；13. D；14. C；15. B；16. B；17. B；18. A；19. A；20. C；21. C；22. D；23. A；24. B；25. D；26. A；27. D；28. D；29. B；30. A；31. C；32. D；33. A；34. D；35. C；36. A；37. B

多项选择题：

1. ABCD；2. ABCE；3. BC；4. ABCD；5. BCDE；6. ADE；7. ACD；8. CD；9. ABCDE；10. ABCD；11. CD；12. ABCD；13. ABCDE；14. AB；15. AD；16. ABCDE；17. AD；18. ADE；19. ABE；20. ABCDE；21. ABCD；22. BCDE；23. ACD；24. BD；25. ABCD

判断题：1. ×；2. √；3. ×；4. √；5. ×；6. ×；7. √；8. ×；9. √；10. ×；11. √；12. √；13. √；14. ×；15. ×；16. √；17. ×；18. ×；19. ×；20. √

(四) 思考题

【参考答案】

1. 财务分析与评价的概念与主要内容是什么？

【解】财务分析是指企业以价值形式运用会计报表等资料，采用一系列分析方法，对一定期间企业已完成的财务活动过程和结果进行研究和评价，借以认识财务活动规律，促进企业提高经济效益的财务管理活动。

财务评价是指在财务分析的基础上，对各个指标结构、数据结论通过综合比较，对企业经营活动行为进行评估，对现有企业财务状态进行总结，对未来发展趋势进行预测，其目的是为企业财务经营、生产活动提供重要的决策。

财务分析与评价的主要内容包括盈利能力分析评价、偿债能力分析评价、营运能力分析评价、发展能力分析评价以及财务综合分析与评价等内容。

2. 财务分析与评价的主体与目的有哪些？

【解】财务分析与评价的主体不同，其目的一般也不同。主要的主体与目的如下：

(1) 投资人：寻找投资机会、获得更高投资收益而进行的投资分析与评价；为考核企业经营管理者的经营受托责任履行情况的分析与评价；以及企业经营业绩综合情况的分析与评价。

(2) 债权人：为了保证提供资金的安全性、盈利性，他们极为关注企业的财务状况。其中短期债务中，债权人主要对企业资金变现质量和营业现金流量进行分析与评价；长期债务中，债权人还要对企业资本结构、利息支付能力、资产营运能力等进行分析与评价。

(3) 企业经营管理者：①实现对企业所有人掌握企业经营管理效果，激励和解除经营管理者受托责任的目的，起到考核的作用；②实现对企业财务能力作出全面评价，对企业各个环节的工作业绩作出评价，其目的是协调、改进、创新企业经营管理的能力，落实责任，提高企业整体竞争能力；③通过财务分析与评价，寻找出现的问题，分析存在的原因，为科学规划未来、预测企业财务能力，提出合适的建议和方案，从而保持企业良性、可持续发展的经营状态。

(4) 政府部门：掌握经济动态，了解企业经营运行、社会就业以及宏观产业政策等，目的在于协调产业结构、增加就业机会、掌握社会经济动态、保证国家税收。

3. 财务报表分析的方法有哪些？

【解】比较分析法、比率分析法、因素分析法、综合指数法、综合评分法和雷达图法等方法。

4. 财务分析的程序是什么？

【解】(1) 确定分析目的；(2) 收集分析资料；(3) 进行专题分析；(4) 进行综合分析与评价。

5. 企业盈利能力的概念及其分析评价的主要内容与意义是什么？

【解】企业盈利能力即企业获取利润的能力，该能力反映了企业的综合素质。企业要生存和发展必须要有足够的盈利能力，这样才能获得较高的利润，在竞争中立于不败之地。对企业盈利能力的分析不仅包括对获取利润的绝对数的分析，还包括对相对指标的分析。

6. 分析盈利能力的财务指标有哪些？

【解】主营业务利润率、成本费用利润率、盈余现金保障倍数、总资产收益率、净资产收益率、资本收益率、每股收益、每股股利、市盈率以及每股净资产等指标。

7. 企业营运能力分析的内容与意义是什么？

【解】营运能力反映了企业对资产的利用和管理能力。企业的生产经营过程就是利用资产取得收益的过程。资产是企业生产经营活动的经济资源，对资产的利用和管理能力直接影响到企业的收益，它体现了企业的经营能力。对营运能力进行分析，可以了解到企业资产的保值和增值情况，分析企业资产的利用效率、管理水平、资金周转状况、现金流量状况等，为评价企业的经营管理水平提供依据。

8. 分析营运能力的财务指标有哪些？

【解】存货周转率、应收账款周转率、流动资产周转率和总资产周转率等指标。

9. 企业偿债能力分析的内容与意义是什么？

【解】偿债能力是企业偿还到期债务的能力，包括短期偿债能力和长期偿债能力。通过对企业的财务报告等会计资料进行分析，可以了解企业资产的流动性、负债水平以及偿还债务的能力，从而评价企业的财务状况和财务风险，为管理者、投资者和债权人提供企业偿债能力的财务信息。

10. 分析偿债能力的财务指标有哪些？

【解】资产负债率、已获利息倍数、流动比率、速动比率以及现金流动负债比率等指标。

11. 企业发展能力分析的内容与意义是什么？

【解】企业的发展能力即企业成长的能力。通过对发展能力的分析，可以判断企业的发展潜力，预测企业的经营前景，从而为企业管理者和投资者进行经营决策和投资决策提供重要的依据，避免决策失误给其带来重大的经济损失。

12. 分析发展能力的财务指标有哪些？

【解】销售增长率、总资产增长率、利润总额增长率以及可持续增长率等指标。

13. 应用杜邦财务分析体系时，需要结合哪些综合分析方法进行分析评价？

【解】应用杜邦财务分析体系时，可以结合沃尔财务综合分析方法和国有企业综合财务分析评价方法等进行分析评价。

14. 业绩评价与财务报表分析有何区别？

【解】业绩评价是为了适应外部有关各方和企业自身管理需要而进行的工作，评估报告作为业绩评论的结论性文件，从整体上来讲，它所提供的信息对于所有的财务报表的使用者都是有用的，特别是业绩评价所提供的有关企业总体状况具有最普遍的适用性。但由于每个企业的信息使用者和财务报表的使用者对信息的需求各有不同，难以通过业绩评价直接揭示出来。所以业绩评价具有普适性，针对性较差，相对较为系统。财务报表分析具有一定的针对性，对于企业财务信息的反映更加详尽。具体区别在于行为主体不同，实施内容不同以及评价指标不同。

15. 业绩评价系统的构建应遵循什么原则？

【解】全面性原则；系统性原则；重点突出原则；定量因素和定性因素相结合原则；操作简便性原则。

16. 什么是动态评价和静态评价？

【解】动态评价：为了正确进行投资的分析与决策，要把不同的时间发生的现金流量进行等效值换算，然后，在相同的基准上进行比较和评价。这种考虑资金与时间关系的评价方法，称为动态评价方法。

静态评价：对投资项目进行财务评价时，若不考虑资的时间因素，称为静态评价方法。

17. 企业业绩评价具有哪些功能？

【解】价值判断功能；预测功能；战略传达和管理功能；行为导向功能。

18. 如何构建建筑施工企业的业绩评价系统？

略

（五）计算题

1. 某建筑企业 2014 年 12 月 31 日的资产负债表（简表）及 2014 年度利润表见下表所列，根据财务报表资料对企业盈利能力、偿债能力、营运能力进行分析；运用杜邦财务分析与评价方法对该企业进行综合分析与评价。

资产负债表（简表）（元） 表 10-1

资 产	年初数	期末数	负债与所有者权益	年初数	期末数
流动资产：			流动负债：		
货币资金	2189246.40	5197315.20	短期借款	4000000.00	6800000.00
短期投资	250000.00	650000.00	应付票据		126000.00

续表

资　产	年初数	期末数	负债与所有者权益	年初数	期末数
应收票据	875000.00	320000.00	应付账款	1253000.00	1073661.25
应收账款	1904700.00	2154520.00	预收账款		
减：坏账准备	20500.00	41220.00	其他应付款	210000.00	105500.00
应收账款净额	1884200.00	2113300.00	应付工资	27745.19	99095.17
预付账款	300000.00	750000.00	应付福利费		
其他应收款	413000.00	385470.20	未交税金	330000.00	341000.00
存货	4797528.40	7961329.55	未付利润		
其中： 在建工程	3517549.20	5939746.20	其他未交款		
待摊费用	27557.39	41733.47	预提费用		
待处理流动资产净损失			一年内到期的长期负债		
一年内到期的长期债券投资			其他流动负债		
其他流动资产			流动负债合计	5820745.19	8545256.42
流动资产合计	10736532.19	17419148.42			
			长期负债：		
长期投资：			长期负债合计		3000000.00
长期投资	50000.00	50000.00			
			负债合计	5820745.19	11545256.42
固定资产：					
固定资产合计	1386963.30	1951566.20	所有者权益：		
			所有者权益合计	6352750.30	7875458.20
资产总计	12173495.49	19420714.62	负债及所有者权益总计	12173495.49	19420714.62

利润表（元）　　　　　表 10-2

项　目	行次	上年数	本年累计数
一、工程结算收入	1	8997628.30	11984791.20
减：工程结算成本	2	5104975.55	6212976.55
工程结算税金及附加	4	546194.7	2139191.4
二、工程结算利润	7	2197916.05	3632623.25
加：其他业务利润	9	91275.30	138194.70
减：管理费用	10	248971.64	305891.31
财务费用	11	295773.20	394782.54

四、习题和案例解析

续表

项目	行次	上年数	本年累计数
三、营业利润	14	1744446.51	3070144.10
加：投资收益	15	57647.60	94137.88
营业外收入	16		
减：营业外支出	17		8791.20
加：以前年度损益调整	20		
四、利润总额	25	1802094.11	3155490.78
减：所得税	26	594691.06	1041311.96
五、净利润	30	1207403.05	2114178.82

注：上年利息 286500 元，本年度利息 378200 元

【解】（1）盈利能力：

$$净资产收益率 = 2114178.82 \Big/ \frac{(6352750.30 + 7875458.20)}{2} = 29.72\%$$

$$总资产收益率 = 2114178.82 \Big/ \frac{(12173495.49 + 19420714.62)}{2} = 13.38\%$$

$$主营业务利润率 = 2114178.82 / 11984791.20 = 17.64\%$$

由以上数据可知企业的盈利能力处于较高的水平，具体的分析应结合往年数据以及行业数据进行比较分析。

（2）偿债能力：

$$资产负债率 = 11545256.42 / 19420714.62 = 59.45\%$$

$$流动比率 = 17419148.42 / 8545256.42 = 2.04$$

$$速动比率 = (17419148.42 - 7961329.55) / 8545256.42 = 1.11$$

$$已获利息倍数 = (2114178.82 + 1041311.96 + 378200) / 378200 = 9.34$$

由上述指标可知企业的流动比率、速动比率、已获利息倍数均比较高，结合建筑行业高负债的特点知，该企业的财务安全性较高。

（3）营运能力：

$$存货周转率 = 6212976.55 \Big/ \frac{(4797528.40 + 7961329.55)}{2} = 97.39\%$$

$$应收账款周转率 = 11984791.20 \Big/ \frac{(1884200 + 2113300)}{2} = 6.00$$

$$流动资产周转率 = 11984791.20 \Big/ \frac{(10736532.19 + 17419148.42)}{2} = 85.13\%$$

$$总资产周转率 = 11984791.20 \Big/ \frac{(12173495.49 + 19420714.62)}{2} = 75.87\%$$

由上述指标知企业的收款能力较强，具体的营运能力的分析应结合往年数据和行业数据进行分析

杜邦分析如下图所示

杜邦分析涉及的指标见上图，由于缺少对比数据，此处不再进一步分析。

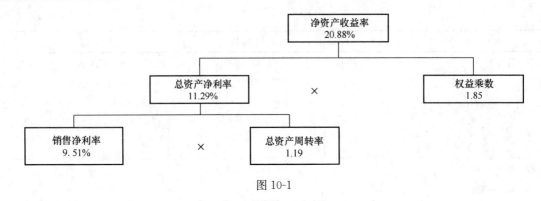

图 10-1

2. 某房地产公司 2006 年度有关财务资料如下：

某房地产公司资产负债表（万元）　　　　　　　　　　表 10-3

资产	年初	年末	负债及所有者权益	年初	年末
现金及有价证券	51	65	负债总额	119	134
应收账款	23	28	所有者权益总额	124	173
存货	16	19			
其他流动资产	21	14			
长期资产	131	181			
总资产	242	307	负债及所有者权益	242	307

其他资料如下：全年实现销售净收入 326 万元；制造成本 263 万元，管理费用 14 万元，销售费用 6 万元，财务费用 18 万元。其他业务利润 6 万元。

2000 年有关财务指标如下：营业净利率 11.23%，总资产周转率 1.31，权益乘数 1.44。

要求根据以上资料：

（1）运用杜邦财务分析体系，计算 2006 年该公司的净资产收益率。

（2）综合分析净资产收益率指标变动的原因。

【解】

（1）杜邦分析图如下，净资产收益率为 20.88%。

（2）2006 年数据与 2000 年相比，销售净利率由 11.23% 下降到 9.51%，总资产周转率由 1.31 降到 1.19。销售净利率和总资产周转率的下降将会导致总资产净利率的下降。权益乘数由 2000 年的 1.44 上升到 1.85。权益乘数的提高会使净资产收益率增大，所以最终净资产收益率的变化由总资产净利率和权益乘数二者的变化决定。

3. 某建筑公司 2006 年末资产负债表如下：

某房地产公司资产负债表　　　　　　　　　　表 10-4

资　产	金　额	负债和所有者权益	金　额
现金	50000	应付票据和应付账款	100000
应收账款	50000	长期负债	100000
存货	100000	普通股	100000
厂房和设备	200000	留存收益	100000
资产合计	400000	负债和股东权益合计	400000

该公司2006年实现销售收入1000000（全部为赊销），销售成本为900000。试计算下列财务比率：(1)资产负债率；(2)流动比率；(3)速动比率；(4)存货周转率；(5)应收账款收现期；(6)销售毛利率。

【解】依据比率公式：

(1) 资产负债率＝50%；(2) 流动比率＝2；(3) 速动比率＝1；

(4) 存货周转率＝9；(5) 应收账款收现期＝180天；(6) 销售毛利率＝10%。

(六) 案例分析题

【案例10-1】津腾工程公司浇筑一层结构商品混凝土，预算成本为1456000元，实际成本为1535040元，比预算成本增加79040元。根据表10-5的资料，用"因素分析法"分析其成本增加的原因。

混凝土预算成本与实际成本对比　　　　　　表10-5

项目	计量单位	预算成本	实际成本	差　异
产量	m³	1000	1040	+40
单价	元	1400	1440	+40
损耗率	%	4	2.5	-1.5
成本	元	1456000	1535040	+79040

[计算分析]

(1) 分析对象是浇筑一层结构混凝土的成本，实际成本与预算成本的差额为79040元。

(2) 该指标是由产量、单价、损耗率三个因素组成，其排序见表10-2所示。

(3) 以预算数1456000元＝(1000×1400×1.04)为分析替代的基数。

第1次替代：产量因素以1040替代1000，得1514240元，即1040×1400×1.04＝1514240元。

第2次替代：单因素以1440替代1400，并保留上次替代后的值，得1557504元，即1040×1440×1.04＝1557504元。

第3次替代：损耗率因素以1.025替代1.04，并保留上两次替代后的值，得1535040，即1040×1440×1.025＝1535040元。

(4) 计算差额。

第1次替代与预算数的差额＝1514240－1456000＝58240元；

第2次替代与第1次替代的差额＝1557504－1514240＝43264元；

第3次替代与第2次替代的差额＝1535040－1557504＝－22464元。

由于产量增加使成本增加58240元，由于单价提高使成本增加43264元，而损耗率下降使成本减少22464元。

(5) 各因素的影响程度之和＝58240＋43264－22464＝79040元，与实际成本和预算成本的总差额相等。

[计算结果分析]

为了使用方便，项目也可以通过运用因素分析表来求出各因素的变动对实际成本的影响程度，具体形式见表10-6。

混凝土成本变动因素分析表　　　　　　　　　　表10-6

顺序	连环替代计算	差异（元）	因素分析
预算数	1000×1400×1.04		
第1次替代	1040×1400×1.04	58240	由于产量增加40m³，成本增加58240元
第2次替代	1040×1440×1.04	43264	由于单价提高40元，成本增加43264元
第3次替代	1040×1440×1.025	22464	由于损耗率下降1.5%，成本节约22464元
合计	58240+43264−22464=79040	79040	

[特别提示]

在应用"因素分析法"时，各个因素的排列顺序应该固定不变，否则就会得出不同的计算结果，也会产生不同的结论。

【案例10-2】 某冶炼厂年产锌1万t（小型建设项目），竣工财务决算见表10-7。

小型基本建设项目竣工财务决算总表　　　　　　　表10-7

建设项目名称				建设地址：××县城东南			
初步设计概算标准文号				××省有色基字××号			
占地面积	计划	实际	总投资（万元）	计划		实际	
				固定资产	流动资产	固定资产	流动资产
	12.8公顷（192亩）	12.8公顷（192亩）		3000	500	320.8	453.5
新增生产能力	能力（效益）名称		设计				
	1万t/年		1万t/年				
建设起止时间			从1997年5月开工至1998年10月竣工				
基建支出	项目					概算（万元）	实际（万元）
	建筑安装工程					1587.80	2013.78
	设备工具器具					1205.70	1221.11
	待摊投资					666	1039.55
	其中：建设单位管理费					117.5	117.5
	其他投资					50	
	待核销基建支出						
	非经营性项目转出投资						
	合计					3509.50	4274.44
	资金来源			资金运用			
	项目	金额（万元）		项目		金额（万元）	
	一、基建拨款	270		一、交付使用资产		4140.4	
	其中：预算拨款	100		其中：固定资产		3604.75	
	二、项目资本	1050		二、待核销基建支出			
	三、项目资本公积			三、非经营项目转出投资			
	四、基建借款	1400					

续表

资金来源		资金运用	
项目	金额（万元）	项目	金额（万元）
五、上级拨入借款	1050	四、应收生产单位投资	
六、企业债券资金			
七、待冲基建支出			
八、应付款		五、拨付所属投资借款	10
九、未交款			
其中：未交基建收入 未交包干节余		六、器材	15.6
		七、货币资金	50
十、上级拨入资金	50	八、预付及应收款	24
十一、留成收入		九、有价证券	
		十、原有固定资产	
合计	4270	合计	4270

[计算结果分析]

通过竣工成本决算，核定了企业新增固定资产和流动资产，其结果是企业办理交付使用的依据，同时对建设项目实际造价和投资效益也进行了总结。项目成本决算是对建设项目进行财务监督的有效手段。

【案例 10-3】项目成本结算案例

某单位工程本期发生的施工费用为 1120000 元，期初未完施工成本为 12000 元，本期已完工程预算成本为 955000 元，期末未完施工预算成本为 185000 元，计算期末未完施工实际成本。

[计算分析]

$$期末未完施工实际成本 = \frac{12000 + 1120000}{955000 + 185000} \times 185000 = 183701 \cdot 75 \text{元}$$

[特别提示] 对于尚未竣工的工程，计算出的已完工程实际成本只用于同工程预算成本、工程计划成本进行比较，以确定成本节超，考核成本计划的执行情况，并不从"工程施工"账户转出。这样，"工程施工"账户的余额，就可以反映某工程自开工至本期止累计发生的施工费用。待工程竣工后，再进行成本结转。

【案例 10-4】某分部分项工程由三道工序组成，各工序占该分部分项工程的比例分别为 3：2：5，该分部分项工程的预算单价为 20 元/m^2。月末现场盘点，完成甲工序的有 400m^2，完成乙工序的有 300m^2，完成丙工序的有 200m^2，计算未完施工成本。

[计算过程]

甲工序单价＝20×30％＝6 元

乙工序单价＝20×20％＝4 元

丙工序单价＝20×50％＝10 元

未完施工成本＝400×6＋300×4＋200×10＝5600 元

[特别提示]

如果期末未完工程的材料费成本占比重较大,也可将未完施工的材料预算成本作为未完施工的成本,以简化计算手续。

【案例 10-5】 工程项目资金筹集及运用案例

某小区项目的有关资金筹集与运用基本案情、计算过程见表 10-8～表 10-10。

投资使用计划与资金筹措表　单位:万元　　　　　表 10-8

序号	项目	合计	1	2	3	4	5	6	7	8	9	10
1	总资产	13057	4669	3386	2761	1936	212	93				
1.1	自营资产投资	181	106	75								
1.2	自营资产投资借款建设期利息	1	…	1								
1.3	自营资产投资方向调节税											
1.4	经营资金	8				6	2					
1.5	开发产品投资	12866	4563	3310	2754	1934	212	93				
	其中:不含财务费用	12267	4492	3148	2571	1812	151	93				
	财务费用	599	71	162	183	122	61					
2	资金筹措	13057	4669	3386	2761	1936	212	93				
2.1	资本金	900	540	360								
2.2	预售收入	7629	609	2026	2754	1934	212	93				
2.3	预租收入											
2.4	其他收入											
2.5	借款	4528	3520	1000	6	2						
2.5.1	固定资产投资长期借款	4520	3520	1000								
	自营资产投资人民币投资	20	20									
	房地产投资人民币借款	4500	3500	1000								
	自营资产投资外币借款											
	房地产投资外币借款											
2.5.2	自营资产投资建设期利息借款											
2.5.3	经营资金人民币借款	8			6	2						

长期借款还本付息表　单位:万元　　　　　表 10-9

序号	项目	合计	1	2	3	4	5	6	7	8	9	10
1	长期借款偿还											
1.1	年初借款本息累计			3520	4520	3000	1500					
	本金			3520	4520	3000	1500					
	建设期利息											
1.2	本年借款	4520	3520	1000								
1.3	本年应计利息	601	71	163	184	122	61					
1.4	本年还本付息			71	163	1704	1622	1561				

续表

序号	项 目	合计	1	2	3	4	5	6	7	8	9	10
	还本	4520			1520	1500	1500					
	付息	601	71	163	184	122	61					
1.5	年末借款本息累计			3520	4520	3000	1500					
2	自营资产投资人民币借款											
2.1	年初借款本息累计			20	20							
	本金			20	20							
	建设期利息											
2.2	本年借款	20	20									
2.3	本年应计利息	2	…	1	1							
2.4	本年还本付息			1	21							
	还本	20			20							
	付息	2		1	1							
2.5	年末借款本息累计		20	20								
3	房地产投资人民币借款											
3.1	年初借款本息累计			3500	4500	3000	1500					
	本金			3500	4500	3000	1500					
	建设期利息											
3.2	本年借款	4500	3500	1000								
3.3	本年应计利息	599	71	162	183	122	61					
3.4	本年按约定还本付息		71	1162	1683	1622	1561					
	还本	4500			1500	1500	1500					
	付息	599	71	162	183	122	61					
3.5	年末借款本息累计		3500	4500	3000	1500						
4	还本资金来源		148	179	1539	2404	3162					
4.1	上年余额			148	179	19	904					
4.2	摊销											
4.3	折旧				10	10	10					
4.4	利润				392	564	390					
4.5	可利用租售收入		148	31	957	1811	1858					
4.6	其他											
5	偿还等额还款本金				1500	1500	1500					
6	偿还长期贷款—本金能力		148	179	39	904	1662					
7	长期借款偿还期（年）		5.00									

注：有效利率 4.06%。

资金来源与运用表　单位：万元　　　表 10-10

序号	项目	合计	1	2	3	4	5	6	7	8	9	10
1	资金来源	25881	5051	4050	5003	5454	3239	874	480	480	480	770
1.1	商品房销售收入	16707	991	2690	4901	4972	2759	394				
1.2	房地产租金收入	2520			360	360	360	360	360	360	360
1.3	自营收入	936			96	120	120	120	120	120	120	120
1.4	自营资产长期借款	20	20									
1.5	自营资产经营资金借款	8			6	2						
1.6	房地产投资借款	4500	3500	1000								
1.7	短期借款											
1.8	资本金	900	540	360								
1.9	其他											
1.10	回收固定资产余值	100										100
1.11	回收经营资金	8										8
1.12	净转售收入	182										182
2	资金运用	22962	4813	3776	5095	4469	2412	629	440	440	440	448
2.1	自营资产固定资产投资(含方向税)	181	106	75								
2.2	自营固定资产建设期利息	1		1								
2.3	房地产投资（含利息）	12866	4563	3310	2754	1934	212	93				
2.4	经营资金	8			6	2						
2.5	自营部分经营费用	678			70	87	87	87	87	87	87	87
2.6	自营部分财务费用	3			1	…	…	…	…	…	…	…
2.7	出租房经营费用	338				55	55	55	55	55	55	55
2.8	经营税金及附加	1061	54	148	270	294	172	42	20	20	20	20
2.9	土地增值税	867	45	123	247	270	158	24				
2.10	所得税	1452	44	120	227	327	226	116	98	98	98	98
2.11	应付利润	929						211	179	179	179	179
2.12	自营资产长期借款本金偿还	20			20							
2.13	自营资产经营资金借款偿还	8										8
2.14	房地产长期借款本金偿还	4500			1500	1500	1500					
2.15	偿还其他应付款											
2.16	短期借款本金偿还											
3	盈余资金	2919	238	274	−92	985	828	244	40	40	40	322
4	累计盈余资金		238	512	420	1405	2232	2477	2517	2557	2597	2919

[计算结果分析]

投资使用计划与资金筹措表说明了项目在融资上的可行性，发起人可以筹集到足够的资金保证项目能够顺利进行；长期借款还本付息表说明了项目有能力在 5 年内还清贷款，项目偿债能力强；资金来源与运用表说明该项目的盈利能力非常好，项目经营期末可获得多达 2919 万元的盈余资金。总之，该项目的财务状况良好。

【案例 10-6】 项目财务信息分析案例

某建设项目建设期为 2 年，生产周期为 8 年，项目建设静态投资 3500 万元，预计 85％形成固定资产，15％形成递延资产。固定资产折旧年限为 8 年，按照年数总和法计算折旧，残值率为 3％，在运营期末收回固定资产残值，递延资产按 8 年平均摊销。建设项目的资金投入、收益及成本情况见表 10-11。

建设项目资金投入、收益及成本表　单位：万元　　　　表 10-11

序号	项目		年份 1	2	3	4	5～10
1	建设投资	自由资金	1000	400			
		贷款	1500	600			
2	流动资金贷款				300		
3	年销售收入				4100	4500	5800
4	年经营成本				2870	3150	4060

建设期投资贷款利率为 6％，建设期只计利息不还款，银行要求建设单位从生产开始的 8 年间，等额偿还全部贷款本金，同时偿还当年发生的利息，流动资金贷款年利率 5％，假定销售税金及附加为 5％，所得税率为 33％，盈余公积按 10％计提。

(1) 编制项目借款还本付息表；
(2) 计算各年固定资产折旧额；
(3) 编制总成本费用估算表；
(4) 编制项目损益表。

问题（1）：

［计算分析］

1) 第 1 年贷款利息按半年计，即第 1 年应计（还）利息为：1500÷2×8％＝60(万元)

2) 所有应计（还）利息均为按复利计算，即利息同样需要计算利息。第 2 年应计（还）利息额为：(1500＋60＋400)×8％＝156.8 万元

3) 第 3 年年初累计借款额为：1500＋60＋400＋156.8＝2116.8 万元

4) 第 4 年起每年应还本金额为：2116.8÷8＝264.6 万元

5) 第 5 年年初累计借款额为：2116.8－264.6＝1852.2 万元，以后逐年等额递减

［编制结果］见表 10-12。

项目还本付息表　单位：万元　　　　表 10-12

序号	项目	年份 1	2	3	4	5
1	年初累积借款		1560	2116.8	1852.2	1587.6
2	本年新增借款	1500	400			
3	本年应计利息	60	156.8	169.34	148.18	127.01
4	本年应还本金			264.6	264.6	264.6
5	本年应还利息			169.34	142.53	127.01

续表

序号	项目＼年份	6	7	8	9	10
1	年初累积借款	1323	1058.4	793.8	529.2	264.6
2	本年新增借款					
3	本年应计利息	105.84	84.67	63.5	31.75	21.17
4	本年应还本金	264.6	264.6	264.6	264.6	264.6
5	本年应还利息	105.84	84.67	63.5	31.75	21.17

[**特别提示**] 项目还本付息的资金来源为项目的年净利润，年净利润为年销售收入减去年经营总成本费用和相关税费及附加。

问题（2）：

[计算分析]

本项目固定资产＝3500×85％＋(60＋156.8)＝3191.8 万元

本项目递延资产＝3500×15％＝525 万元

第 3 年折旧额＝3191.8×(1－3％)×8/(8＋7＋6＋5＋4＋3＋2＋1)＝688.01 万元

第 4 年折旧额＝3191.8×(1－3％)×7/(8＋7＋6＋5＋4＋3＋2＋1)＝602.01 万元

第 5 年折旧额＝3191.8×(1－3％)×6/(8＋7＋6＋5＋4＋3＋2＋1)＝515.01 万元

第 6 年折旧额＝3191.8×(1－3％)×5/(8＋7＋6＋5＋4＋3＋2＋1)＝430.01 万元

第 7 年折旧额＝3191.8×(1－3％)×4/(8＋7＋6＋5＋4＋3＋2＋1)＝344.01 万元

第 8 年折旧额＝3191.8×(1－3％)×3/(8＋7＋6＋5＋4＋3＋2＋1)＝258.00 万元

第 9 年折旧额＝3191.8×(1－3％)×2/(8＋7＋6＋5＋4＋3＋2＋1)＝172.00 万元

第 10 年折旧额＝3191.8×(1－3％)×1/(8＋7＋6＋5＋4＋3＋2＋1)＝86.00 万元

[计算结果] 见表 10-13。

固定资产折旧额表　　单位：万元　　　表 10-13

年份	3	4	5	6	7	8	9	10
年折旧额	688.01	602.01	515.01	430.01	344.01	258	172	86

[**特别提示**] 固定资产折旧方法确定的原则是确保每年的折旧额尽量与实际使用情况相符，本例中采用年数总和法是因为固定资产在使用前期比后期创造的收益高。

问题（3）：

[计算分析]

1) 每年流动资金贷款利息＝300×5％＝15 万元

2) 每年摊销费＝递延资产÷8＝65.63 万元

3) 每年总成本费用＝经营成本＋折旧费＋摊销费＋建设投资贷款利息＋流动资金贷款利息

[编制结果] 见表 10-14。

项目总成本费用表　　单位：万元　　　表 10-14

序号	项目＼年份	3	4	5	6	7	8	9	10
1	经营成本	2870	3150	4060	4060	4060	4060	4060	4060
2	折旧费	688.01	602.01	515.01	430.01	344.01	258	172	86

续表

序号	年份\项目	3	4	5	6	7	8	9	10
3	摊销费	65.63	65.63	65.63	65.63	65.63	65.63	65.63	65.63
4	建设投资贷款利息	169.34	142.53	127.01	105.84	84.67	63.5	31.75	21.17
5	流动资金贷款利息	15	15	15	15	15	15	15	15
6	总成本费用	3807.98	3975.17	4782.65	4676.48	4569.31	4462.13	4344.38	4247.8

[特别提示] 总成本费用是经营所付出的总成本，包括付现成本和非付现成本。其中折旧费和摊销费并没有实际支出，但是在计算年利润总额时须扣除。

问题（4）：

[计算分析]

1) 每年销售税金及附加＝产品销售收入×5％
2) 每年利润总额＝产品销售收入－销售税金及附加
3) 每年应缴所得税＝利润总额×33％
4) 每年税后利润＝利润总额－所得税
5) 每年盈余公积和公益金＝税后利润×10％
6) 每年可供分配利润＝应付利润＋未分配利润
7) 表中每年未分配利润＝税后利润－盈余公积和公益金
8) 每年累计未分配利润＝当年未分配利润＋上年累计未分配利润

[编制结果] 见表10-15。

项目利润表　单位：万元　　　　表10-15

序号	年份\项目	3	4	5	6	7	8	9	10
1	产品销售收入	4100	4500	5800	5800	5800	5800	5800	5800
2	销售税金及附加	205	225	290	290	290	290	290	290
3	总成本费用	3807.98	3975.17	4782.65	4676.48	4569.31	4462.13	4344.38	4247.8
4	利润总额	87.02	299.83	727.35	833.52	940.69	1047.87	1165.62	1262.2
5	所得税（33％）	28.27	98.84	240.03	275.06	310.43	345.8	384.65	416.53
6	税后利润	58.3	200.89	487.32	558.46	630.26	702.07	780.97	845.67
7	盈余公积金公益金	5.83	20.09	48.73	55.85	63.03	70.21	78.1	84.57
8	可供分配利润	52.47	180.8	438.59	502.61	567.24	631.87	702.87	761.11
8.1	应付利润	0	0	0	0	0	0	0	0
8.2	未分配利润	52.47	180.8	438.59	502.61	567.24	631.878	702.87	761.11
9	累计未分配利润	52.47	233.27	671.86	1174.48	1741.71	2373.58	3076.45	3837.55

[计算结果分析] 从项目的损益表中可以看出经营期第1年就有52.47万元的可供分配利润，经营期满有3837.55万元的累计未分配利润，可见本项目的盈利性非常好。

【案例 10-7】 公司财务报表分析

公司基本情况简介

（1）公司名称

中文名称：某城建投资发展股份有限公司（600266）

（2）规模

注册资本：6亿元

（3）人员

雇员总数：745

管理人员：170

技术人员：247

（4）经营目的

以优秀的产品和满意的服务为社会提供现代化的生活、工作条件，推进房地产业和金融、高科技事业的互动增长，达到股东利益和企业价值的最大化，实现公司与社会的共同发展。

（5）主营业务

房地产开发、销售；投资及投资管理；销售金属材料、木材、建筑材料、机械电器设备；信息咨询；环保技术开发、技术服务；企业依法选择经营项目，开展经营活动（需审批的先审批，法律法规不允许的除外）

（6）特色

除房地产业外，审慎研究、科学决策，积极稳妥地推进在高科技和金融领域的投资，使公司形成以房地产为主业、金融和高科技为两翼的发展格局，以便分享到高科技等新型经济发展的收益，补充新的血液，不断完善造血功能。

[计算分析]

公司主要财务指标计算：

（1）偿债能力分析

偿债能力评价指标包括流动比率和速动比率

1）流动比率

$$流动比率 = \frac{流动资产}{流动负债}$$

流动比率表　单位：元　　　表 10-16

报告期	流动资产	流动负债	流动比率
2002-12-31	7,331,630,669.95	5,530,300,047.36	1.325720233
2003-3-31	7,418,033,299.29	5,628,810,886.33	1.317868631
2003-6-30	7,320,241,151.07	5,616,087,813.19	1.303441362

[计算结果分析]

流动比率是衡量企业短期偿债能力的一个重要的财务指标，一般说来，这个比率越高，说明企业短期内偿还债务的能力越强。根据经验判断，流动比率在 2∶1 左右比较合适，但从表 10-12 可以看到，近一年来企业的流动比率很低，稳定在 1.3 左右。这与该企业的营业周期较长、流动资产中应收账款较多以及存货周转率较长有关。另外，在流动比率较低的情况下，企业的流动资产与流动负债都在增加，说明该企业有强大的融资能力，但流动比率的下降对企业的信用条件不利，会影响企业的发展。

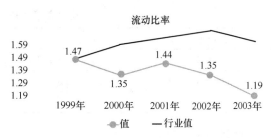

图 10-2 某企业流动比率与行业比率比较图

从折线图 10-2 中可以看出，1999 年到 2003 年公司的流动比率一直低于行业的平均水平，这反映了企业的财务风险较大，虽然财务杠杆作用比较明显，会使企业获得较多的利润，但是存在不能偿还到期债务的风险，应引起重视。

2) 速动比率

$$速动比率 = \frac{流动资产 - 存货}{流动负债}$$

速动比率表　单位：元　　　　　　　　　　　　　　表 10-17

报告期	流动资产	存货	流动负债	速动比率
2002-12-31	7,331,630,669.95	5,440,665,915.66	5,530,300,047.36	0.34
2003-3-31	7,418,033,299.29	5,735,052,151.90	5,628,810,886.33	0.30
2003-6-30	7,320,241,151.07	5,769,222,978.68	5,616,087,813.19	0.28

[计算结果分析]

用速动比率判断企业短期偿债能力比用流动比率更加准确。通常认为正常的速动比率为 1，低于 1 被认为是短期偿债能力偏低。对公司来说，除了流动负债较多外，还有一个影响它的重要因素：存货的比率在流动资产中占有很大的比重，公司的存货占公司流动资产的 74.2%，相应的速动比率远小于 1 就很正常了。而且从表 10-17 中可以看出，企业的速动比率逐步下降，说明企业的短期偿债能力逐渐降低，企业的信用度也会相应降低，这对企业以后的发展是很不利的。

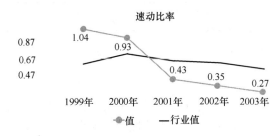

图 10-3 某企业速动比率与行业比率比较图

从折线图 10-3 中可以看出行业的速动比率平均值远远小于 1，公司的速动比率小于 1 是由其所处的行业决定的。由于产品的投资数额大，投资期限长导致了行业的速动比率低于其他行业。但是从 2001 年开始企业的速动比率开始低于行业平均水平并呈下降趋势，这对企业来说风险是很大的，应重视企业短期偿债能力的改善，否则会影响企业的经营状况和信用。

(2) 资本结构分析

资产负债率（见表 10-18）

$$资产负债率 = \frac{负债总额}{资产总额} \times 100\%$$

资产负债率表　单位：元　　表 10-18

报告期	负债总额	资产总额	资产负债率（%）
2002-12-31	6,669,560,047.36	8,415,877,503.36	79.25
2003-3-31	6,755,860,886.33	8,500,201,916.39	79.48
2003-6-30	6,591,823,193.61	8,374,651,271.79	78.71

[计算结果分析]

资产负债率反映的是企业资产总额中，债权人提供资金所占的比重，以及企业资产对债权人权益的保障程度，但不能反映企业的偿债风险。通常认为该比率不应超过50%，企业的资产负债率相对较高且比较稳定，这对企业的经营来说比较安全，但是获利能力较差，企业降低资产负债率是有利的，可以增强企业的获利能力。资产负债率偏高也说明企业有取得长期债券融资的潜力。在对该比率进行分析评价时，通常结合同行业平均水平进行。

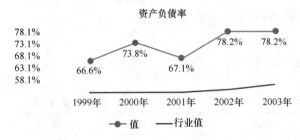

图 10-4　某企业资产负债率与行业平均率比较图

从折线图 10-4 中可以看出企业的资产负债率远远高于行业的平均水平，高负债率对企业经营来说比较安全，但是也不是越高越好，高资产负债率会降低企业的获利能力，不能满足企业股东的盈利要求。企业可以进行一些长期债券融资，这对企业的发展是非常有利的。

(3) 营运能力分析

1) 存货周转率（次数）见表 10-19

$$存货周转率 = \frac{销售成本}{平均存货}$$

存货周转率表　单位：元　　表 10-19

报告期	销售成本	存货	存货周转率
2002-12-31	1,327,939,002.52	5,440,665,915.66	0.244076557
2003-3-31	240,991,805.29	5,735,052,151.90	0.042020857
2003-6-30	597,086,521.46	5,769,222,978.68	0.103495137

[计算结果分析]

存货周转率说明了一定时期内企业存货周转的次数，可以用来测定企业存货的变现能力，同时可以反映企业销售能力的强弱、存货是否过量和资产流动性的一个指标，也是衡量企业生产经营各环节中存货运营效率的一个综合性指标。一般说来该项数值越高越好，但不同行业之间差异较大。

从折线图 10-5 中可以看出企业的存货周转率先急剧降低，降到行业平均值后又保持稳定，企业的存货周转率越大说明企业对存货的管理越好。从存货

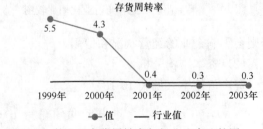

图 10-5　某企业存货周转率与行业比率比较图

周转率的变化规律我们可以看出该企业在存货管理方面有很大的潜力。

2)应收账款周转率(次数)见表10-20所示。

$$应收账款周转率 = \frac{销售收入}{平均应收账款}$$

应收账款周转率表　单位:元　　　　　　　　　　　　　表10-20

报告期	销售收入	应收账款	应收账款周转率
2002-12-31	1,681,000,759.22	838,440,274.79	2.004914136
2003-3-31	303,203,733.70	757,762,334.76	0.400130384
2003-6-30	751,492,430.72	770,646,118.45	0.975145936

[计算结果分析]

从表10-16中可以看出,同存货周转率一样,应收账款周转率也有很大的提高。这一比率越大,表明企业催收账款的速度越快,可以减少坏账损失,而且资产的流动性强,短期偿债能力也强,在一定程度上可以弥补流动比率低的不利影响。

从折线图10-6中可以看出企业的应收账款周转率在2001年以后急剧升高,这说明企业对应收账款的管理非常有效,虽然从2002年开始有所下降,但是总体看远远高于行业平均水平。应收账款的收回速度加快有助于提高企业的短期偿债能力。

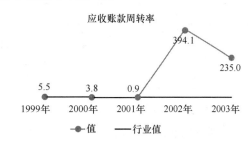

图10-6　某企业应收账款率与行业比率比较图

(4)盈利能力分析

1)销售净利润率(经营净利率%)见表10-21。

$$销售净利润率 = \frac{净利润}{销售收入}$$

销售净利润率表　单位:元　　　　　　　　　　　　　表10-21

报告期	净利润	销售收入	销售净利润率(%)
2002-12-31	159,850,449.09	1681,000,759.22	9.51
2003-3-31	1,221,740.59	303,203,733.70	0.40
2003-6-30	12,294,971.47	751,492,430.72	1.64

[计算结果分析]

该指标反映了每一元销售收入带来的净利润的多少,表示销售收入的收益水平。从表10-21可以看到,企业的销售净利润率并不高,这主要与企业的销售成本高且经营管理制度的不完善有关。另外,企业前期销售净利润率有较大的下降,后又开始回升,说明企业在增加销售收入的同时,也在努力提高盈利水平。

2)总资产收益率(总资产报酬率%)见表10-22。

$$总资产报酬率 = \frac{(利润总额 + 利息支出)}{平均资产总额}$$

总资产收益率表　　单位：元　　　　　　　　　　表 10-22

报告期	净利润	总资产	总资产收益率（%）
2002-12-31	159,850,449.09	8,415,877,503.36	1.90
2003-3-31	1,221,740.59	8,500,201,916.39	0.01
2003-6-30	12,294,971.47	8,374,651,271.79	0.15

[计算结果分析]

从表 10-18 可以看出，企业的总资产收益率经过一个明显的下降后，良性的生产及营销策略促使总资产收益率迅速的回升，同时，企业的总资产也有较大的增加。这对企业的整体发展非常有利。

3）净资产报酬率（净资产收益率%）见表 10-23。

$$净资产报酬率 = \frac{净利润}{平均净资产}$$

净资产报酬率表　　单位：元　　　　　　　　　　表 10-23

报告期	净利润	净资产	净资产报酬率（%）
2002-12-31	159,850,449.09	1,592,006,601.22	10.04
2003-3-31	1,221,740.59	1,580,048,912.47	0.08
2003-6-30	12,294,971.47	1,599,416,111.69	0.77

[计算结果分析]

企业的净资产报酬率反映了股东权益的收益水平，是企业盈利能力指标的核心，也是整个财务指标体系的核心。用净资产收益率评价上市公司业绩，可以直观的了解其净资产的运用带来的收益。企业的净资产报酬率是所有比率中综合性最强，最具代表性的一个指标。从表 10-19 可以看出，企业的净资产报酬率开始有一个较大的下降，但又很快回升，这与总资产收益率的变化相吻合，而同时权益系数却没有很大变化，可见，净资产报酬率的变化主要由于总资产收益率的变化引起的。

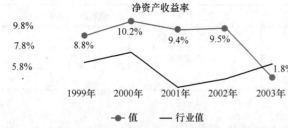

图 10-7　某企业净资产收益率与行业平均值比较图

从折线图 10-7 中可以看出，2003 年以前，公司的净资产收益率远远高于行业的平均水平，这说明公司在行业中的盈利水平是非常好的。1999 年到 2002 年公司的净资产收益率有微小的波动，但是总体来看远远高于行业平均水平。从 2002 年开始，公司的收益率迅速下降，与整个行业收益率升高的趋势相反，2003 年低于行业的平均水平。这说明公司可能在某个投资项目上投资失误，因此，应加强公司对项目赢利性的分析，提高公司的净资产收益率。

（5）现金流量分析

1）现金债务总额

$$现金债务总额 = \frac{经营现金流量净额}{负债}$$

[计算结果分析]

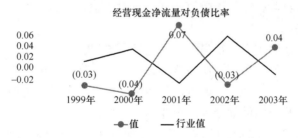

图 10-8　某企业经营活动净流量对负债比率与行业平均值比较图

该指标反映了企业用当期经营活动产生的现金偿还公司债务的能力。从经营活动中产生的现金是企业长期现金的来源，一般来说，该比率越高，说明企业偿还债务的能力就越强。

2）销售现金比率

$$销售现金比率 = \frac{经营活动产生的现金流量净额}{主营业务收入}$$

[计算结果分析]

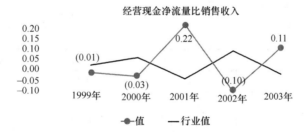

图 10-9　某企业销售现金比率与行业平均值比较图

该指标表示每一元主营业务收入能形成的经营活动现金流入，反映了企业主营业务的变现能力。通常说来，该比率指标越高越好。

3）每股经营现金流量净额

$$每股经营现金流量净额 = \frac{经营活动产生的现金流量净额}{普通股股数}$$

[计算结果分析]

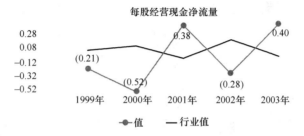

图10-10　某企业每股经营现金流量净额与行业平均值比较图

该指标反映每一普通股获取的现金流入量,在反映企业进行资本支出和支付股利的能力方面,要优于每股收益。通常该数值要高于每股收益,并且作为每股盈利的支付保障,该指标比率越高越好。

总体来看集团企业的实力是很强的,无论是在盈利能力还是在运营能力方面,都远远高于行业的平均水平。但是在短期偿债能力方面存在风险,公司的流动比率和速动比率都达不到行业的平均水平,此外公司的资产负债率偏高,这说明公司有获得长期债券融资的潜力,适当地筹集一些长期借款会提高企业的收益率。

【特别提示】 有关某集团企业的财务状况详细信息以附表(附表1、2、3)方式反映。

资产负债表　单位:元　　　　　　　　　　　　　　　附表1

	2003-06-30	2013-03-31	2012-02-31
流动资产			
货币资金	380,906,302.38	516,395,587.98	677,841,212.64
短期投资	14,976,841.78	17,842,517.22	16,154,003.71
短期投资跌价准备			
短期投资净额	14,976,841.78	17,842,517.22	16,154,003.71
应收票据			
应收股利	4,317,859.07	4,317,859.07	117,859.07
应收利息			
应收账款	7,804,749.85	9,581,744.09	7,799,450.17
其他应收账款	762,841,368.60	748,180,590.67	830,640,824.62
坏账准备			
应收账款净额	770,646,118.45	757,762,334.76	838,440,274.79
预付账款	322,222,382.32	315,486,945.18	287,234,862.25
应收补贴款			
存货	5,769,222,978.68	5,735,052,151.90	5,440,665,915.66
存货跌价准备			
存货净额	5,769,222,978.68	5,735,052,151.90	5,440,665,915.66
待摊费用	57,948,668.39	71,175,903.18	71,176,541.83
待处理流动资产净损失			
一年内到期的长期债权投资			
其他流动资产			
流动资产合计	7,320,241,151.07	7,418,033,299.29	7,331,630,669.95
长期投资			
长期股权投资	878,594,087.12	905,190,348.60	906,387,006.57
长期债权投资			
其他长期投资			
长期投资合计	878,594,087.12	905,190,348.60	906,387,006.57
长期投资减值准备			

续表

	2003-06-30	2013-03-31	2012-02-31
长期投资净额	878,594,087.12	905,190,348.60	906,387,006.57
合并差价			
股权投资差额			
固定资产			
固定资产原值	194,642,600.57	194,435,852.57	193,552,351.57
累计折旧	18,826,566.97	17,457,584.07	15,692,524.73
固定资产净值	175,816,033.60	176,978,268.50	177,859,826.84
工程物资			
在建工程			
固定资产清理			
待处理固定资产净损失			
固定资产合计	175,816,033.60	176,978,268.50	177,859,826.84
无形及其他资产			
无形资产			
开办费			
长期待摊费用			
其他长期资产			
无形资产及其他资产合计			
递延税项			
递延税款借项			
资产总计			
资产总计	8,374,651,271.79	8,500,201,916.39	8,415,877,503.36
流动负债			
短期借款	2,267,000,000.00	1,856,000,000.00	1,881,000,000.00
应付票据			
应付账款	795,365,078.05	659,285,717.24	855,431,337.02
预收账款	1,382,115,751.63	1,399,374,371.25	1,402,081,795.59
代销商品款			
应付工资	29,481,273.42	29,392,735.90	35,177,831.41
应付福利费	8,490,127.38	8,566,547.99	8,454,802.87
应付股利	90,019,200.00	90,019,200.00	90,033,600.00
应付税金	166,816,080.91	17,467,3007.17	185,578,599.52
其他应交款	4,234,524.36	4,330,899.88	4,622,688.94
其他应付款	581,974,018.58	862,317,208.14	652,767,009.17
应付短期债券			
预提费用	290,591,758.86	282,851,198.76	150,152,382.84

续表

	2003-06-30	2013-03-31	2012-02-31
一年内到期的长期负债		262,000,000.00	265,000,000.00
其他流动负债			
职工奖励及福利基金			
流动负债合计	5,616,087,813.19	5,628,810,886.33	5,530,300,047.36
长期负债			
长期借款	640,000,000.00	790,000,000.00	790,000,000.00
应付债券			
长期应付款	335,735,380.42	337,050,000.00	349,260,000.00
住房周转金			
其他长期负债			
长期负债合计	975,735,380.42	1,127,050,000.00	1,139,260,000.00
递延税项			
递延税款贷项			
负债合计			
负债合计	6,591,823,193.61	6,755,860,886.33	6,669,560,047.36
少数股东权益			
少数股东权益	183,411,966.49	151,112,688.25	154,310,854.78
股东权益			
股本	600,000,000.00	600,000,000.00	600,000,000.00
资本公积金	678,780,623.60	683,666,093.60	683,666,093.60
盈余公积金	126,701,339.70	126,701,330.70	126,701,339.69
其中公益金	42,233,779.91	42,233,779.91	42,233,779.91
未确认的投资损失			
未分配利润	193,934,148.39	182,860,917.51	181,639,176.92
股东权益合计	1,599,416,111.69	1,580,048,912.47	1,592,006,601.22
股东权益			
负债和股东权益合计	8,374,651,271.79	8,487,022,487.05	8,415,877,503.36

利润及利润分配表　单位：元　　　　　　　　　附表 2

	2003-06-30	2003-03-31	2002-12-31
一、主营业务收入			
主营业务收入	751,492,430.72	303,203,733.70	1,681,000,759.22
折扣与折让			
主营业务收入净额	751,492,430.72	303,203,733.70	1,681,000,759.22
主营业务成本	597,086,521.46	240,991,805.29	1,327,939,002.52
主营业务税金及附加	42,034,848.84	16,927,079.77	92,455,041.75

续表

		2003-06-30	2003-03-31	2002-12-31
	二、主营业务利润			
	主营业务利润	112,371,060.42	45,284,848.64	260,606,714.95
	其他业务利润	5,045,185.64	3,140,765.97	15,788,649.97
	存货跌价损失			
	营业费用	21,185,818.10	9,226,238.47	44,444,827.43
	管理费用	38,372,537.26	17,571,642.54	113,893,113.33
	财务费用	20,292,926.76	14,398,803.11	64,558,015.68
	三、营业利润			
	营业利润	37,564,963.94	7,228,930.49	53,499,408.48
	投资收益	945,624.89	1,762,431.67	47,535,583.04
	期货损益			
	补贴收入			
	营业外收入	22,365.00	18,365.00	8,766,436.10
	以前年度损益调整			
	营业外支出	1,126,734.65		60,688.01
	分给外单位利润			
	四、利润总额			
	利润总额	37,406,219.18	9,009,727.16	109,740,739.61
	所得税	17,641,501.40	5,633,960.61	−69,564,136.04
	应交特种基金			
	少数股东损益	7,469,746.31	2,154,025.96	19,454,426.56
	职工奖励及福利基金			
	购并利润			
	未确认的投资损失			
	所得税返还			
	五、净利润			
	净利润	12,294,971.47	1,221,740.59	159,850,449.09
	年初未分配利润	181,639,176.92	181,639,176.92	149,646,033.71
	盈余公积转入数			
	年初未分配利润调整			
	减少注册资本减少的未分配利润			
	外币报表折算差额			
	股份公司成立前利润分配			
	六、可供分配的利润			
	可供分配的利润	193,934,148.39	182,860,917.51	309,496,482.80
	提取法定盈余公积金			25,238,200.92

续表

	2003-06-30	2003-03-31	2002-12-31
提取法定公益金			12,619,104.96
提取职工奖励福利基金			
七、可供股东分配的利润			
可供股东分配的利润	193,934,148.39	182,860,917.51	271,639,176.92
应付优先股股利			
提取任意盈余公积金			
应付普通股股利			90,000,000.00
转作股本的普通股股利			
八、未分配利润			
未分配利润	193,934,148.39	182,860,917.51	181,639,176.92

现金流量表　　　　　　　　　单位：元　附表 3

	2003-06-30	2003-03-31	2002-12-31
一、经营活动产生的现金流量			
销售商品、提供劳务收到的现金	637,003,786.78	308,204,378.00	2,027,970,357.03
收取的租金			
收到的增值税销项税款和退回的增值税款			
收到的除增值税以外的其他税费返还			
收到的其他与经营活动有关的现金	217,612,163.11	340,788,163.57	198,822,542.08
经营活动产生的现金流入小计	854,615,949.89	651,585,269.01	2,345,089,127.27
购买商品、接受劳务支付的现金	759,239,521.76	637,630,522.90	1,496,128,162.66
经营租赁所支付的现金			
支付给职工以及为职工支付的现金	27,599,324.71	16,881,719.41	66,365,737.08
支付的增值税款			
支付的所得税款			
支付的除增值税、所得税以外的其他税费			
支付的其他与经营活动有关的现金	174,700,278.07	66,954,806.27	788,042,549.76
经营活动产生的现金流出小计	1,029,235,496.05	753,407,782.61	2,515,327,500.09
经营活动产生的现金流量净额	−174,619,546.16	−101,822,513.60	−170,238,372.82
二、投资活动产生的现金流量			
收回投资所收到的现金	285,896.15		249,512,469.99
分得股利或利润所收到的现金			
取得债券利息收入所收到的现金			
处置固定资产、无形资产和其他长期资产而收回的现金净额			154,600.00
收到的其他与投资活动有关的现金			146,144,791.24
投资活动产生的现金流入小计	21,608,926.54	8,423,304.99	428,146,528.47

续表

	2003-06-30	2003-03-31	2002-12-31
购建固定资产、无形资产和其他长期资产所支付的现金	2,152,664.39	1,144,395.39	7,530,626.73
权益性投资所支付的现金			
债权性投资所支付的现金			
支付的其他与投资活动有关的现金			
投资活动产生的现金流出小计	2,152,664.39	1,144,395.39	105,003,026.73
投资活动产生的现金流量净额	19,456,262.15	7,278,909.60	323,143,501.74
三、筹资活动产生的现金流量			
吸收权益性投资所收到的现金			
子公司吸收少数股东权益性投资收到的现金			
发行债券所收到的现金			
借款所收到的现金	1,210,000,000.00	300,000,000.00	2,164,000,000.00
收到的其他与筹资活动有关的现金		469,727.87	2,556,830.47
筹资活动产生的现金流入小计	1,210,000,000.00	300,469,727.87	2,166,556,830.47
偿还债务所支付的现金	1,268,155,000.00	328,000,000.00	1,760,030,000.00
固定资产			
发生筹资费用所支付的现金			
分配股利或利润所支付的现金			
子公司支付少数股东的股利			
偿付利息所支付的现金			
融资租赁所支付的现金			
减少注册资本所支付的现金			
子公司依法减资支付给少数股东的现金			
支付的其他与筹资活动有关的现金		1,698.00	
筹资活动产生的现金流出小计	1,351,771,626.25	367,371,748.53	1,982,439,484.04
筹资活动产生的现金流量净额	−141,771,626.25	−66,902,020.66	184,117,346.43
四、汇率变动对现金的影响			
汇率变动对现金的影响			
五、现金及现金等价物净增加额			
现金及现金等价物净增加额	−296,934,910.26	−161,445,624.66	337,022,475.35
附注:			
1. 不涉及现金收支的投资和筹资活动			
以固定资产偿还债务			
以投资偿还债务			
以固定资产进行长期投资			
以存货偿还债务			
融资租赁固定资产			

续表

	2003-06-30	2003-03-31	2002-12-31
2. 将净利润调节为经营活动的现金流量			
净利润	12,294,971.47	1,221,740.59	159,850,449.09
少数股东损益	7,469,746.31	2,154,025.96	19,454,426.56
购并利润			
计提的坏账准备或转销的坏账			
固定资产折旧	3,134,042.24	1,765,059.34	5,434,873.50
无形资产及其他资产摊销			
待摊费用的减少	13,227,873.44	638.65	−34,975,030.65
预提费用的增加	139,459,011.92	132,698,815.92	−1,443,684.87
处置无形资产、固定资产和其他长期资产的损失			−105,354.97
固定资产报废损失			
财务费用	53,673,248.72	14,398,803.11	60,486,413.39
投资损失	−945,624.89	−1,762,431.67	−47,535,583.04
递延税款贷项			
存货的减少	−184,932,626.53	−294,386,236.24	79,066,895.91
经营性应收项目的减少	29,783,798.20		−170,092,244.44
经营性应付项目的增加	−248,921,647.60	42,087,070.74	−268,885,393.77
增值税增加净额			
其他			
经营活动产生的现金流量净额	−174,619,546.16	−101,822,513.60	−170,238,372.82
3. 现金及现金等价物净值增加情况			
货币资金的期末余额	380,906,302.38	516,395,587.98	677,841,212.64
货币资金的期初余额	677,841,212.64	677,841,212.64	340,818,737.29
现金等价物的期末余额			
现金等价物的期初余额			
现金及现金等价物净增加额	−296,934,910.26	−161,445,624.66	337,022,475.35

【案例 10-8】

庆泰建筑公司 2015 年、2016 年的利润表资料见下表：

庆泰建筑公司管理层认为，2015 年营业收入上升而利润下降不是正常情况，同时管理费用大幅增加也不正常。

华日公司利润表水平分析表

编制单位：庆泰建筑公司　　　　　　　　　　　　　　　　单位：万元　表 10-24

项　目	2016 年度	2015 年度	变动额	变动率（%）
一、营业收入	48258	41248		
减：营业成本	32187	26801		
营业税费	267	164		
销售费用	1588	1380		
管理费用	4279	2867		
财务费用	1855	1615		
投资净收益	1250	990		
二、营业利润	9332	9411		
加：营业外收入	315	683		
减：营业外支出	33	79		
三、利润总额	9614	10015		
减：所得税	3172	3305		
四、净利润	6442	6710		

要求：（计算结果保留小数点后 2 位）

（1）根据上列有关资料完成庆泰建筑公司利润表水平分析表的编制。

（2）对庆泰建筑公司利润表水平分析表进行分析评价，并给予管理层合理解释。

【解】依据比较财务报表分析原理和比率分析方法：

（1）依据比较利润表编制利润数据

庆泰建筑公司利润水平分析表　　　　　　　　　　　　　　单位：万元　表 10-25

项　目	2016 年	2015 年	增减额	增减率（%）
一、营业收入	48258	41248	7010	16.99
减：营业成本	32187	26801	5386	20.10
营业税费	267	164	103	62.80
销售费用	1588	1380	208	15.07
管理费用	4279	2867	1412	49.25
财务费用	1855	1615	240	14.86
资产减值损失				
加：公允价值变对净收益				
投资净收益	1250	990	260	26.26
二、营业利润	9332	9411	−79	−0.84
加：营业外收入	315	683	−368	−53.88
减：营业外支出	33	79	−46	−58.23
其中：非流动资产处置净损失				
三、利润总额	9614	10015	−401	−4.00
减：所得税	3172	3305	−133	−4.02
四、净利润	6442	6719	−268	−3.99

(2) 分析评价：

1) 针对利润水平分析表，可以看出庆泰公司 2016 年实现净利润 6442 万元，比上年减少了 268 万元，降低率为 3.99%，降低幅度不高。从水平分析表看，庆泰公司净利润降低主要是由利润总额比上年减少 401 万元引起的；由于所得税比上年减少 133 万元，二者相抵，导致净利润减少了 268 万元。

2) 庆泰公司利润总额减少 401 万元，关键原因是公司营业外收入减少引起的，公司营业外收入减少 368 万元，降低率为 53.88%；同时营业利润减少也是导致利润总额减少的不利因素，营业利润比上年减少了 79 万元，降低率为 0.84%。但因营业外支出的有利影响，使利润总额增加 46 万元。增减因素相抵，利润总额减少了 401 万元。

3) 庆泰公司营业利润减少主要是各项成本费用大幅增加所致。营业成本、营业税费、销售费用、管理费用、财务费用的增加，共同减利 7349 万元；尽管该公司营业收入比上年增加 7010 万元，增长率为 16.99%，但低于营业成本增长率 20.10%。增减相抵，导致营业利润减少 79 万元，降低了 0.84%。

综上可以看出，尽管庆泰公司 2016 年营业收入上升 16.99%，但其成本费用上升幅度远大于营业收入上升幅度；至于管理费用上升 49.25% 还有待于针对管理费用明细项目进一步查找原因。

【案例 10-9】

龙威房地产公司 2016 年和 2017 年的相关会计数据如下所示：（单位为万元）

表 10-26

项目	2016 年	2017 年
平均总资产	8750	9898
平均净资产	5485	6820
主营业务收入	12556	14598
净利润	2870	3950
股利	1250	1850

要求：对龙威房地产公司可持续增长率的变动进行因素分析。

【解】

(1) 先计算有关指标：

表 10-27

	2016 年	2017 年
销售净利率：	22.86%	27.06%
资产周转率：	1.43	1.47
权益乘数：	1.60	1.45
股利支付率：	43.55%	46.84%
可持续增长率：	29.53%	30.66%

注：(2016 年可持续增长率 22.86%×1.43×1.60×(1−43.55%))

(2017 年可持续增长率 27.06%×1.47×1.45×(1−46.84%))

2016 年销售净利率 =（净利润/销售收入）×100% = 2870/12556，依次计算。

(2)连环替代分析：

销售净利率变动的影响：

$$(27.06\% - 22.86\%) \times 1.43 \times 1.60 \times (1 - 43.55\%) = 5.42\%$$

资产周转率变动的影响：

$$27.06\% \times (1.47 - 1.43) \times 1.60 \times (1 - 43.55\%) = 0.98\%$$

权益乘数变动的影响：

$$27.06\% \times 1.47 \times (1.45 - 1.60) \times (1 - 43.55\%) = -3.37\%$$

股利支付率变动的影响：

$$27.06\% \times 1.47 \times 1.45 \times [(1 - 46.84) - (1 - 43.55\%)] = -1.9\%$$

校对：$5.42\% + 0.98\% - 3.37\% - 1.9\% = 30.66\% - 29.53\% = 1.13\%$

（3）原因：龙威房地产公司可持续增长率上升，主要是销售净利率上升所致，再加上资产周转率也略有上升，但因权益乘数的下降及股利支付率的上升，所以该公司2017年的可持续增长率上升了1.13%。

（4）国际经验借鉴。从巴菲特过去40多年致股东的信来看，巴菲特非常关注下属公司的销售利润率。销售利润率，即利润除以销售收入。巴菲特有时会分别用税前利润和税后净利润计算销售利润率，但多数情况下是用税后利润。因此，所谓的销售利润率，一般是指销售净利率。

不同行业的企业销售利润率差异较大。巴菲特1965年收购伯克希尔纺织厂后发现纺织业务销售净利率非常低。但他收购报纸后，发现报纸行业的销售利润率明显高得多："虽然规模相当的报纸的高新闻成本与低新闻成本占营业收入的比率差异约为三个百分点，但这些报纸的税前销售利润率往往是这种差异的十倍以上。"

巴菲特衡量企业销售净利率好坏的标准，主要是和行业水平相比，并适当考虑所在地区环境因素："1983年布法罗新闻日报赢利略微超过原来设定的10%目标销售净利率。这主要受益于两个因素：①因前期巨额亏损冲抵使得州所得税费用低于正常水平；②每吨新闻印刷成本大幅降低（1984年情况可能同样出乎意料但完全相反）。虽然布法罗日报的销售净利率只不过相当于报纸行业平均水平，但如果考虑到布法罗日报所在当地的经济与销售环境，这种业绩表现却是相当不错。"

巴菲特（1987年）指出绝对不会只是为了提高销售利润率而降低公司产品和服务的品质。

提高销售利润率，按照其驱动因素，有以下四个方法：提高销量、提高价格、降低营业成本、降低营业费用。

巴菲特1996年指出，当销售收入增长不佳时，提高销售利润率的关键是控制费用。

提高销售净利率的措施能否成功，与管理层有很大关系。巴菲特1989年说："StanLipsey，布法罗日报的发行人，创造的利润已经完全达到我们报纸产品能力的最大限度。和同样的经营环境下，一个普通的经理人相比，我相信StanLipsey的管理能力至少使我们报纸的销售利润率，额外增加五个百分点以上。这是非常令人吃惊的业绩表现，只有一个非常熟悉也非常关心企业大大小小每个方面的天才经理人才能创造出来。"

【特别知识点】：企业财务指标属性

分析类型	财务指标
变现能力	流动比率｜速动比率
资产管理	存货周转率｜存货周转天数｜应收账款周转率｜应收账款周转天数｜营业周期｜流动资产周转率｜总资产周转率
负债	资产负债率｜产权比率｜有形净值债务率｜已获利息倍数
盈利能力	销售净利率｜销售毛利率｜资产净利率｜净资产收益率
现金流量	现金到期债务比｜现金流动负债比｜现金债务总额比｜销售现金比率｜每股营业现金流量｜全部资产现金回收率
财务弹性	现金满足投资比率｜现金股利保障倍数｜营运指数

企业财务分析指标

变现能力	·流动比率	·速动比率		
资产管理	·存货周转率	·存货周转天数	·应收账款周转率	·应收账款周转天数
	·营业周期	·流动资产周转率	·总资产周转率	
负债	·资产负债率	·产权比率	·有形净值债务率	·已获利息倍数
盈利能力	·销售净利率	·销售毛利率	·资产净利率	·净资产收益率
现金流量	·现金到期债务比	·现金流动负债比	·现金债务总额比	·销售现金比率
	·每股营业现金净流量	·全部资产现金回收率		
财务弹性	·现金满足投资比率	·现金股利保障倍数	·现金营运指数	

【案例 10-10】根据实源商贸实业有限公司 2010 年、2011 年两个年度的资产负债表、利润表及其附表资料以及会计报表附注，给出以下分析数据：

数据资料表　　　　　　　　　单位：千元　　表 10-28

项目	2010 年	2011 年
平均总资产	9638	15231
平均净资产	8561	11458
利息支出	146	189
利润总额	821	1689
所得税率（%）	33	25

要求：

（1）根据数据资料表计算并填列下表各项指标。（计算结果保留小数点后 2 位）

表 10-29

项目	2010 年	2011 年
总资产报酬率（%）		
负债利息率（%）		
负债/净资产		
净利润（千元）		
净资产收益率（%）		

（2）用连环替代法计算各因素变动对资本经营能力的影响程度。

【解】

资本营运能力分析　　　　　　　　　　　　　　　　　　表 10-30

项目	2010 年	2011 年
总资产报酬率（%）	10.03	12.33
负债利息率（%）	13.56	5.01
负债/净资产	0.13	0.33
净利润（千元）	550	1266.75
净资产收益率（%）	6.42	11.06

连环替代法：

分析对象：$11.06\%-6.42\%=4.64\%$

2010 年：$[10.03\%+(10.03\%-13.56\%)\times 0.13]\times(1-33\%)=6.42\%$

第一次替代：$[12.33\%+(12.33\%-13.56\%)\times 0.13]\times(1-33\%)=8.16\%$

第二次替代：$[12.33\%+(12.33\%-5.01\%)\times 0.13]\times(1-33\%)=8.88\%$

第三次替代：$[12.33\%+(12.33\%-5.01\%)\times 0.33]\times(1-33\%)=9.88\%$

2011 年：$[12.33\%+(12.33\%-5.01\%)\times 0.33]\times(1-25\%)=11.06\%$

总资产报酬率变动的影响为：$8.16\%-6.42\%=1.74\%$

负债利息率变动的影响为：$8.88\%-8.16\%=0.72\%$

资本结构变动的影响为：$9.88\%-8.88\%=1\%$

税率变动的影响为：$11.06\%-9.88\%=1.18\%$

第十一章　工程资金规划与控制

一、学习目标与要求

本章主要介绍工程财务资金预测与项目资金规划的相关知识。

本章要求理解工程财务预测基本概念、基本原理和基本方法；掌握工程项目投资需求与融资需求，投资需求是制定融资计划的基本前提；掌握工程项目资金规划概念、资金规划程序、资金规划内容和资金计划结构；理解工程项目资金预测及资金规划的资金来源、资金结构、资金平衡与债务偿还等内容，实现工程资金运用价值的最大化目标。

二、预习概览

（一）重要概念
利润规划；资金预测；资金规划；资金结构；债务偿还；资金使用计划。

（二）关键问题
1. 简述工程资金流量的概念及特征。
2. 阐述工程生产成本预测的主要构成。
3. 工程项目中的资金结构对项目全部投资收益水平有影响吗？对项目自有资金收益水平有影响吗？
4. 工程项目评价中的资金平衡的意义是什么？它需满足的条件是什么？
5. 说明编制资金使用计划对成本计划与控制的意义，施工阶段编制资金使用计划的关键是什么？

三、本章重点与难点

1. 工程资金流量内涵及特征。
2. 工程资金规划目标。
3. 工程资金规划编制原理。
4. 工程资金规划控制。
5. 工程资金进度规划。
6. 工程资金费用规划。

四、习题和案例解析

(一) 单项选择题

1. 工程资金在进行规划时，必须对资金的习性进行判别，以下属于对资金习性特征的是（　　）。
   A. 固定性　　　　　　　　　　B. 动态性
   C. 价值性　　　　　　　　　　D. 经济性

2. 进行资金预测时，应首先集中精力于主要项目，而不必拘泥于面面俱到，以节约时间和费用。这体现了资金预测的哪一原则（　　）。
   A. 目标控制原则　　　　　　　B. 弹性原则
   C. 全过程原则　　　　　　　　D. 时间价值原则

3. 下列各项中，属于非经营性负债的是（　　）。
   A. 应付账款　　　　　　　　　B. 应付票据
   C. 应付债券　　　　　　　　　D. 应付销售人员薪酬

4. 将全部成本分为固定成本、变动成本和混合成本所采用的分类标志是（　　）。
   A. 成本的目标　　　　　　　　B. 成本的可辨认性
   C. 成本的经济用途　　　　　　D. 成本的性态

5. 销售量与销售单价的最小允许值和单位变动成本与固定成本总额的最大允许值，指的是（　　）。
   A. 目标利润值　　　　　　　　B. 成本分界点
   C. 盈亏临界值　　　　　　　　D. 利润敏感值

6. 下列关于敏感系数的说法中，不正确的是（　　）。
   A. 敏感系数＝目标值变动百分比÷参量值变动百分比
   B. 敏感系数越小，说明利润对该参数的变化越不敏感
   C. 敏感系数绝对值越大，说明利润对该参数的变化越敏感
   D. 敏感系数为负值，表明因素的变动方向和目标值的变动方向相反

7. 在财务管理中，将资金划分为变动资金、不变资金和半变动资金，并据以预测企业未来资金需要量的方法称为（　　）。
   A. 定额预测法　　　　　　　　B. 比率预测法
   C. 资金习性预测法　　　　　　D. 成本习性预测法

8. 项目的现金流量和财务会计中的现金流量不同，项目的现金流量在计算时使用的是（　　）。
   A. 历史数据　　　　　　　　　B. 真实数据
   C. 未来数据　　　　　　　　　D. 一个会计年度的数据

9. 已知某项目的原始总投资为300万元，建设期为1年，生产经营期为10年，投产后生产经营期每年净现金流量为50万元，则该项目包括建设期的静态投资回收期为（　　）年。
   A. 6　　　　　　　　　　　　B. 5
   C. 8　　　　　　　　　　　　D. 7

10. (　　)是指建设期内按照一定的生产经营规模和建设内容进行的固定资产投资、无形资产投资和开办费投资的总称。

　　A. 原始总投资　　　　　　　　　　B. 投资总额

　　C. 建设投资　　　　　　　　　　　D. 流动资金投资

11. 利润最大化的缺陷在于(　　)。

　　A. 考虑货币的时间价值

　　B. 没有考虑风险因素

　　C. 利润反映了企业的经营成果

　　D. 没有考虑投资者的利益

12. 投资项目建设起点与终点之间的时间间隔称为(　　)。

　　A. 项目计算期　　　　　　　　　　B. 生产经营期

　　C. 建设期　　　　　　　　　　　　D. 试产期

13. 在财务管理中，将资金划分为变动资金、不变资金和半变动资金，并据以预测企业未来资金需要量的方法称为(　　)。

　　A. 定额预测法　　　　　　　　　　B. 比率预测法

　　C. 资金习性预测法　　　　　　　　D. 成本习性预测法

14. 甲企业本年度资金平均占用额为3500万元，经分析，其中不合理部分为500万元。预计下年度销售增长5%，资金周转加速2%，则下年度资金需要量预计为(　　)万元。

　　A. 3000　　　　　　　　　　　　　B. 3087

　　C. 3150　　　　　　　　　　　　　D. 3213

【解析】本题考核资金需要量预测的因素分析法。资金需要量=(基期资金平均占用额-不合理资金占用额)×(1±预测期销售增减率)×(1-预测期资金周转速度增长率)=(3500-500)×(1+5%)×(1-2%)=3087万元。

15. 以上年结转余额为基础，根据预测年度发生数额、摊销数额来测算流动资金需要量的方法是(　　)。

　　A. 资金占用比例法　　　　　　　　B. 周转期预测法

　　C. 因素测算法　　　　　　　　　　D. 余额测算法

16. 在季节预测分析法下，一般来说，如果所取观察值的季节波动与趋势值成比例关系，则应采用哪种模式(　　)。

　　A. 乘法模式　　　　　　　　　　　B. 加法模式

　　C. 加法模式或乘法模式　　　　　　D. 回归分析

17. 在预测对象有关资料完备的基础上，运用一定的数学方法，建立预测模型，做出预测的方法是(　　)。

　　A. 定量分析法　　　　　　　　　　B. 定性分析法

　　C. 趋势分析法　　　　　　　　　　D. 回归分析法

18. 在运用指数平滑法进行销售预测分析时，如果近期实际销售量对预测结果的影响越大，则平滑指数 a (　　)。

　　A. 越小　　　　　　　　　　　　　B. 越大

　　C. 没关系　　　　　　　　　　　　D. 越接近1

19. 在本期已实现的利润水平基础上，充分估计影响产品销售利润的各因素在下期增减变动的可能，来预测企业下期产品销售利润的数额的方法是指（   ）。

    A. 直接预测法

    B. 预计资产负债表法

    C. 资金增长趋势预测法

    D. 因素分析法

20. 下列选项中，不属于资金需要总量预测方法的是（   ）。

    A. 因素分析法　　　　　　　　　　B. 资金增长趋势预测法

    C. 高低点法　　　　　　　　　　　D. 预计资产负债表法

21. 季节预测分析法下，季节加量或季节指数须按一定的（   ）取值。

    A. 周期　　　　　　　　　　　　　B. 收入

    C. 资金　　　　　　　　　　　　　D. 成本

22. 不变资金是指产销量在一定范围内变动，这部分资金保持不变，下列不属于不变资金的是（   ）。

    A. 应收账款

    B. 为维持营业而占用的最低数额的现金

    C. 原材料的保险储备

    D. 必要的成品储备

23. 按工程进度绘制的资金使用计划 S 曲线必然包括在"香蕉图"内，该"香蕉图"是由工程网络计划中全部工作分别按（   ）绘制的两条 S 曲线组成。

    A. 最早开始时间（ES）开始和最早完成时间（EF）完成

    B. 最早开始时间（ES）开始和最迟开始时间（LS）开始

    C. 最迟开始时间（LS）开始和最早完成时间（EF）完成

    D. 最迟开始时间（LS）开始和最迟完成时间（LF）完成

（二）多项选择题

1. 下列各项中，不属于变动资金的包括（   ）。

    A. 辅助材料占用的资金　　　　　　B. 原材料的保险储备

    C. 最低储备以外的现金　　　　　　D. 固定资产占用的资金

2. 在构建资金习性模型时，下列关于运用线性回归法必须注意的问题的说法中，正确的有（   ）。

    A. 资金需要量与营业业务量之间线性关系的假定应符合实际情况

    B. 确定 a、b 的值，应利用连续若干年的历史资料，一般要有 3 年以上的资料

    C. 应考虑价格等因素的变动情况

    D. 应考虑销售量和销售额等因素的变动情况

3. 下列项目占有的资金属于不变资金的有（   ）。

    A. 构成产品实体的原材料和原材料的保险储备

    B. 厂房、设备

    C. 必要的成品储备

    D. 必要成品储备以外的产成品

4. 按工程项目组成编制施工阶段资金使用计划时，不能分解到各个工程分项的费用有（　　）。

A. 人工费
B. 保险费
C. 二次搬运费
D. 临时设施费
E. 施工机具使用费

5. 在构建资金习性模型时，下列关于运用线性回归法必须注意的问题的说法中，正确的有（　　）。

A. 资金需要量与营业业务量之间线性关系的假定应符合实际情况
B. 确定 a、b 的值，应利用连续若干年的历史资料，一般要有 3 年以上的资料
C. 应考虑价格等因素的变动情况
D. 应考虑销售量和销售额等因素的变动情况

6. 在利用高低点法计算资金需要量的时候，确定最高点和最低点的依据可以是（　　）。

A. 销售量
B. 生产量
C. 资金占用量
D. 资金需要量

7. 下列各项中，属于变动资金的有（　　）。

A. 存货
B. 应收账款
C. 最低储备以外的现金
D. 必要的成品储备

8. 下列属于企业资金需要量预测方法的是（　　）。

A. 因素分析法
B. 资金习性预测法
C. 连环替代法
D. 销售百分比法

9. 以销售百分比法预测资金需要量时，下列项目中不属于无关因素的是（　　）。

A. 基期和预测期的销售收入
B. 销售净利率
C. 股利支付率
D. 资本结构

10. 下列属于非经营性资产的是（　　）。

A. 应收账款
B. 固定资产
C. 应收利息
D. 其他应收款

11. 以下应属于变动资金的有（　　）。

A. 应收账款
B. 直接构成产品实体的原材料占用的资金
C. 原材料保险储备
D. 现金

12. 采用销售百分比法预测对外筹资需要量时，下列影响因素会使对外筹资需要量减少的有（　　）。

A. 股利支付率降低
B. 固定资产增加
C. 留存收益率提高
D. 销售净利率增大

（三）判断题

1. 工程资金预测依据的企业资金管理制度，掌握成本资金流入与支出管理规则。（　　）

2. 工程价值性反映了工程项目建造全过程中资金流入量和流出量的运动状态，因此能有效评价工程成本控制的质量和效益。（ ）

3. 最佳资金结构是指能够使企业获得利润最多的资金结构。（ ）

4. 资金成本的本质就是企业为了筹集和使用资金而实际付出的代价，其中包括用资费用和筹资费用两部分。（ ）

5. 如果某一项投资的资金是在第一年的年初和年末分别投入完成的，则该项投资的资金投入方式是一次投入。（ ）

6. 从资金习性角度来讲，原材料的保险储备属于变动资金。（ ）

7. 高低点以业务量为基准，有时在题目给定的资料中，高点业务量最大，而资金占用量不一定最大；低点业务量最小，而资金占用量不一定最小。（ ）

8. 在互斥方案的择优分析中，如果差额内部收益率指标大于或等于基准收益率或设定的折现率时，原始投资额较大的方案为较优方案。（ ）

9. 在全投资假设的条件下，利息支出不作为现金流出处理，但是归还借款的本金应当作为现金流出处理。（ ）

10. 投资项目的建设起点与终结点之间的时间间隔称为生产经营期。（ ）

11. 用条件"1/10，$n/20$"的含义是如果在 10 天内付款，可享受 1% 的现金折扣，否则应在 20 天内按全额付清。（ ）

12. 如果企业现有资金不能满足企业经营的需要，还要采取短期借款的方式来筹集所需资金，这样会产生企业资金的收付，这属于筹资活动。（ ）

13. 运用资金习性法预测资金需要量的理论依据是资金需要量与投资间的依存关系。（ ）

14. 销售百分比法的优点是能为筹资管理提供长期预计的财务报表，以适应外部筹资的需要。（ ）

15. 按工程进度绘制的资金使用计划 S 曲线必然包括在"香蕉图"内，该"香蕉图"是由工程网络计划中全部工作分别按最早开始时间（ES）开始和最早完成时间（EF）完成绘制的两条 S 曲线组成。（ ）

16. 工程资金结构主要分为建筑安装工程费、设备工器具费和工程建设其他费三部分，按工程造价构成编制的资金使用计划也分为建筑安装工程费使用计划、设备工器具费使用计划和工程建设其他费使用计划。（ ）

17. 资金需要量预测的方法中分析调整法计算简便、容易掌握；通常适用于品种繁多、规格复杂、资金用量较大的项目。（ ）

18. 销售百分比法，假设某些资产与销售额存在稳定的百分比关系，从而预计资产额，并根据资产额预计相应的负债和所有者权益，进而确定筹资需求量。（ ）

【参考答案】

单项选择题：

1. B；2. D；3. A；4. D；5. C；6. D；7. C；8. C；9. D；10. C；11. B；12. A；13. C；14. B；15. D；16. A；17. A；18. B；19. D；20. C；21. A；22. A；23. B

多项选择题：

1. ABD；2. ABC；3. BC；4. BD；5. ABC；6. AB；7. ABC；8. ABCD；9. ABC；

10. BCD；11. AB；12. ACD

判断题

1. ×；2. ×；3. ×；4. √；5. ×；6. ×；7. √；8. √；9. ×；10. ×；11. √；12. ×；13. ×；14. ×；15. ×；16. √；17. ×；18. √

(四) 思考题

【参考答案】

1. 简述财务预测分析的内容及主要方法。

【解】财务预测分析的内容：销售预测、利润预测、成本预测和资金预测。

财务预测分析的主要方法：定性分析法和定量分析法。其中定量分析法包括趋势分析法、平均法和修正的时间序列回归法等方法。

2. 简述工程生产成本预测的主要构成。

【解】工程生产成本预测即工程项目生产过程的成本费用预测，其主要构成包括所有原材料、辅助材料及燃料动力的预测；工资及福利费的预测；折旧费的预测；摊销费的预测；财务费用那个的预测以及其他费用的预测。

3. 工程项目中的资金结构对项目全部投资收益水平有影响吗？对项目自有资金收益水平有影响吗？

【解】项目全部投资收益水平由项目自身的收入与成本所决定，与工程项目的资金结构无关。

资金结构对项目自有资金收益水平有影响，由 $R_0 = R + K_L/K_0(R-i)$（其中 R_0 为自有资金收益率，R 为全部投资收益率，K_L 为贷款资金，K_0 为自有资金，i 为贷款利率。）知，当 $R > i$ 时，项目自有资金收益随着 K_L/K_0 的增大而增大，$R = i$ 时，项目自有资金收益与 K_L/K_0 无关，当 $R < i$ 时，项目自有资金收益随着 K_L/K_0 的增大而减小。

4. 工程项目评价中的资金平衡的意义是什么？它需要满足的条件是什么？

【解】工程项目资金平衡的意义在于保证项目每年的正常运转，即每年的资金来源加上上年的结余必须足以支付本年所需要的使用资金，否则项目将无法正常运转，其条件是各年的累计盈余资金不小于零。

5. 说明编制资金使用计划对成本计划与控制的意义，施工阶段编制资金使用计划的关键是什么？

【解】编制资金使用计划对成本计划与控制有着非常重要的意义，施工阶段是资金大量实际支出的阶段，资金使用计划对于资金的合理开支具有指导作用。编制资金使用计划可以确定施工各阶段成本控制的目标值，在施工过程中定期的将支出的实际值与目标值比较，通过比较发现问题，采取措施加以纠正。

编制资金使用计划的关键是目标的分解。根据成本控制目标和要求的不同，成本目标的分解可以分为按成本费用构成、按项目构成和按时间分解三种类型。

(五) 计算题

1. 已知方案 A、B、C 的有关资料如下，在基准折现率为 15% 时，试分别用净现值法和内部收益率法对这三个方案选优。

表 11-1

方案	初始投资（万元）	年收入（万元）	年支出（万元）	经济寿命（年）
A	3000	1800	800	5
B	3650	2200	1000	5
C	4500	2600	1200	5

【解】(1) 净现值法：

净现值 NPV 计算

$$NPV(A) = -3000 + (1800 - 800) \times (P/A, 15\%, 5) = 352.20 \text{ 万元}$$
$$NPV(B) = -3650 + (2200 - 1000) \times (P/A, 15\%, 5) = 372.64 \text{ 万元}$$
$$NPV(C) = -4500 + (2600 - 1200) \times (P/A, 15\%, 5) = 193.08 \text{ 万元}$$

因为方案 B 的净现值大于方案 A 的净现值大于方案 C 的净现值，所以 B 方案为最优方案。

(2) 内部收益率法：

由 $NPV(IRR_A) = -3000 + (1800 - 800) \times (P/A, IRR_A, 5) = 0$

解得：$IRR_A = 19.86\%$

由 $NPV(IRR_B) = -3000 + (2200 - 1000) \times (P/A, IRR_B, 5) = 0$

解得：$IRR_B = 19.23\%$

由 $NPV(IRR_C) = -3000 + (2600 - 1200) \times (P/A, IRR_C, 5) = 0$

解得：$IRR_C = 16.80\%$

因为方案 A、方案 B、方案 C 的内部收益率均大于基准收益率 15%，所以需要进一步比较三个方案的增量内部收益率。

方案 B 与方案 A 的比较。

用方案 B 的现金流量减方案 A 的现金流量，则

$$\Delta NPV(\Delta IRR_A)$$
$$= -650 + [(2200 - 1000) - (1800 - 800)] \times (P/A, \Delta IRR_A, 5) = 0$$

解得：$\Delta IRR_A = 16.32\%$

因为 $\Delta IRR_A > 15\%$（基准收益率），所以方案 B 优于方案 A。

方案 B 与方案 C 的比较。

用方案 C 的现金流量减方案 B 的现金流量，则

$$\Delta NPV(\Delta IRR_B)$$
$$= -850 + [(2600 - 1200) - (2200 - 1000)] \times (P/A, \Delta IRR_B, 5) = 0$$

解得：$\Delta IRR_B = 5.67\%$

因为 $\Delta IRR_B < 15\%$（基准收益率），所以方案 B 优于方案 C。

经过上述比较可知，运用内部收益率法得到方案 B 为最优方案。

2. 为修建某河的大桥，经考虑有 A、B 两处可供选点，在 A 地建桥其投资为 1200 万元，年维护费 2 万元，水泥桥面每 10 年翻修一次需 5 万元；在 B 点建桥，预计投资 1100 万元，年维护费 8 万元，该桥每 3 年粉刷一次 3 万元，每 10 年整修一次 4 万元，若利率为 10%，试比较哪个方案较优？

【解】由于桥的使用年数可以视为无穷，所以可以采用费用年值（AW）进行计算。

在 A 地修建：
$$AW = 2+5(A/F,10\%,10) = 2.314 \text{ 万元}$$
则方案 A 的费用现值=1200+2.314/10=1223.14 万元
在 B 地修建：
$$AW=8+3(A/F,10\%,3)+4(A/F,10\%,10)=9.157 \text{ 万元}$$
方案 B 的费用现值=1100+9.157/10=1191.57 万元
因为方案 A 的费用现值大于方案 B 的费用现值，所以应该选用方案 B。

3. 有位企业正在为一项工程筹集资金。其筹集渠道有自有资金 K_0 和银行贷款 K_L 两种方式，贷款利息率 i 为 10%。面临两种可能性：全部投资收益率 R 分别为 6%、15%。试为该企业家分析在债务比 K_L/K 分别为 0（不借款，全部用自有资金）、0.5（借款、自有资金各一半）和 0.8（4/5 借款，1/5 自有资金）情况下：

（1）自有资金收益率 R_0；
（2）如项目总投资 $K=100$ 万元，企业、银行各收益多少？
（3）为该企业经营者提供筹集资金的方案建议。

【解】项目全部投资 K 由自有资金 K_0 和银行贷款 K_L 构成，即 $K=K_0+K_L$。
当债务比 $K_L/K=0$ 时，对应的资金构成比 $K_L/K_0=0$
当债务比 $K_L/K=0.5$ 时，对应的资金构成比 $K_L/K_0=1$
当债务比 $K_L/K=0.8$ 时，对应的资金构成比 $K_L/K_0=4$

（1）由 $R_0=R+K_L/K_0(R-i)$ 得不同债务比、不同投资收益率下的自有资金收益率如表 11-2 所示。

表 11-2

投资收益率	$K_L/K=0$	$K_L/K=0.5$	$K_L/K=0.8$
$R=6\%$	6%	2%	−10%
$R=15\%$	15%	20%	35%

（2）如果项目总投资为 100 万元，则企业银行的受益如表 11-3 所示。

表 11-3

| 投资收益率 | $K_L/K=0$ | | $K_L/K=0.5$ | | $K_L/K=0.8$ | | 总投资收益 |
	企业收益	银行收益	企业收益	银行收益	企业收益	银行收益	
$R=6\%$	6	0	1	5	−2	8	6
$R=15\%$	15	0	10	5	7	8	15

结合（1）和（2）的分析可知，当企业家预测全部投资收益率为 15% 的可能性大时，应该尽可能的多借入负债，选择 $K_L/K=0.8$ 的债务比；当企业家预测全部投资收益率为 10% 的可能性大时，企业应该尽可能少借入负债，选择 $K_L/K=0$ 的债务比。

4. 已知：某房地产开发公司 2017 年销售收入为 20000 万元，2017 年 12 月 31 日的资产负债表（简表）如下：

资产负债表（简表）

2017 年 12 月 31 日　　　　　　　　　　　　　　单位：万元　**表 11-4**

资产	期末余额	负债及所有者权益	期末余额
货币资金	1000	应付账款	1000
应收账款	3000	应付票据	2000
存货	6000	长期借款	9000
固定资产	7000	实收资本	4000
无形资产	1000	留存收益	2000
资产总计	18000	负债与所有者权益合计	18000

该地产公司 2018 年计划销售收入比上年增长 20%，为实现这一目标，公司需新增设备一台，需要 320 万元资金。据历年财务数据分析，公司流动资产与流动负债随销售额同比率增减。假定该公司 2018 年的销售净利率可达到 10%，净利润的 60% 分配给投资者。

要求：

（1）计算 2018 年流动资产增加额；

（2）计算 2018 年流动负债增加额；

（3）计算 2018 年公司需增加的营运资金；

（4）计算 2018 年的留存收益；

（5）预测 2018 年需要对外筹集的资金量。

【解】 依据销售预测方法，得：

（1）流动资产增长率为：20%

2017 年末的流动资产 = 1000 + 3000 + 6000
　　　　　　　　　　= 10000 万元

2018 年流动资产增加额 = 10000 × 20%
　　　　　　　　　　　= 2000 万元

（2）流动负债增长率为 20%

2017 年末的流动负债 = 1000 + 2000 = 3000 万元

2018 年流动负债增加额 = 3000 × 20% = 600 万元

（3）2018 年公司需增加的营运资金

　　= 流动资产增加额 − 流动负债增加额

　　= 2000 − 600 = 1400 万元

（4）2018 年的销售收入

　　= 20000 × (1 + 20%)

　　= 24000 万元

2018 年的净利润 = 24000 × 10% = 2400 万元

2018 年的留存收益 = 2400 × (1 − 60%) = 960 万元

（5）2018 年需要对外筹集的资金量

　　=（1400 + 320）− 960 = 760 万元

5. 某公司只产销一种产品，2008 年销售量为 10000 万件，每件售价 200 元，单位成本为 150 元，其中单位变动成本 120 元，该企业拟使 2009 年利润在 2008 年基础上增加 20%。

要求：

（1）运用本量利分析原理进行规划，从哪些方面采取措施（要求定量计算；假定采取某项措施时，其他条件不变），才能实现目标利润。

（2）测算该公司的经营杠杆系数。

（3）如该公司股本总额为 3600000 万元，董事会在讨论 2010 年资金安排时提出：①计划年度股利支付率为 40%；②计划年度新增留存收益按股本的 10% 增加，公司适用的所得税税率为 25%。测算实现董事会上述要求所需要的目标利润。

【解】

（1）2008 年固定成本＝销量×（单位成本－单位变动成本）

＝10000×（150－120）

＝300000 万元

（说明：单位成本中包括单位变动成本和单位固定成本。）

2008 年利润＝销量×（单价－单位变动成本）－固定成本

＝10000×（200－120）－300000

＝500000 万元

2009 年目标利润＝500000×（1＋20%）

＝600000 万元

实现目标利润的措施如下：

①提高销量

＝（300000＋600000）÷（200－120）－10000

＝1250 万件

销售产量提高率

＝1250/10000

＝12.5%

②降低单位变动成本

＝120－[200－（600000＋300000）÷10000]

＝10 元

变动成本降低率＝10/120

＝8.33%

③降低固定成本

＝300000－[10000×（200－120）－600000]

＝100000 元

固定成本降低率

＝100000/300000

＝33.33%

④提高销售价格

＝[（300000＋600000）÷10000＋120]－200

＝10 元

销售价格提高率＝10/200
＝5％

（2）计算经营杠杆系数：
变动前经营杠杆系数＝20％÷12.5％＝1.6
或：DOL＝10000×(200－120)/500000＝1.6
变动后经营杠杆系数
＝11250×(200－120)/600000
＝1.5

（3）净利润
＝3600000×10％/(1－40％)
＝600000 万元
目标利润＝600000/(1－25％)＝800000 万元

6. 某建筑公司2009年12月份构件销售额和2010年1～2月份的预计销售额分别为150万元、100万元、200万元。其他有关资料如下：

（1）收账政策：当月销售当月收现60％，其余部分下月收回；

（2）材料采购按下月销售额的80％采购，付款政策：当月购买当月付现70％，下月支付其余的30％。

（3）假设每月现金余额不得低于3万元，现金余缺通过银行借款来调整。

（4）借款年利率为12％，借款或还款的本金必须是5000元的整倍数，利随本清，借款在期初，还款在期末。

（5）假设该企业销售的产品和购买的材料适用的增值税税率为17％。

要求：

（1）计算确定2010年1月份销售现金流入量和购买材料的现金流出量。

（2）计算确定2010年1月31日资产负债表中"应收账款"和"应付账款"项目金额。

（3）假设2010年1月份预计的现金收支差额为－12.32万元，计算确定1月末的现金余额。

（4）假设2010年2月份预计的现金收支差额为7.598万元，计算确定2月末的现金余额。

【解】

（1）2010年1月份销售现金流入量
＝(150×40％＋100×60％)×(1＋17％)＝140.4 万元
2010年1月份购买材料现金流出量
＝(100×80％×30％＋200×80％×70％)×(1＋17％)
＝159.12 万元

（2）应收账款＝100×40％×(1＋17％)＝46.8 万元
应付账款＝200×80％×30％×(1＋17％)＝56.16 万元

（3）2010年1月份借款＝12.32＋3＝15.32≈15.5 万元
1月末的现金余额＝15.5－12.32＝3.18 万元

(4) 2010 年 2 月份还款本金＝7.598－3＝4.598≈4.5 万元
2010 年 2 月份还款利息＝4.5×12％/6＝0.09 万元
2 月末的现金余额＝7.598－4.5－0.09＝3.008 万元

7. 某企业 2014～2017 年销售收入和各项资产、负债如下表所示（单位：万元）：

表 11-5

年 度	销售收入	现 金	应收账款	存 货	固定资产	流动负债
2004	1550	1340	1020	340	500	1000
2005	1500	1500	1000	1000	500	1150
2006	1680	1620	830	800	500	1100
2007	1700	1600	1100	1100	500	1250

要求：采用高低点法建立资金预测模型，并预测当 2018 年销售收入为 1800 万元时，企业资金需要总量。

【解】
资金预测方法一：分项汇总法
2015 年为低点，2017 年为高点
现金占用情况：
$$b = (1600 - 1500)/(1700 - 1500) = 0.5$$
$$a = 1600 - 0.5 \times 1700 = 750$$
应收账款占用情况：
$$b = (1100 - 1000)/(1700 - 1500) = 0.5$$
$$a = 1100 - 0.5 \times 1700 = 250 \text{ 万元}$$
存货占用情况：
$$b = 0.5 \quad a = 250$$
固定资产占用＝500 万元
流动负债占用情况：
$$b = \Delta y/\Delta x = (1250 - 1150)/(1700 - 1500) = 0.5$$
$$a = y - bx = 1250 - 0.5 \times 1700 = 400$$
汇总计算：
$$b = 0.5 + 0.5 + 0.5 - 0.5 = 1.0$$
$$a = 750 + 250 + 250 + 500 - 400 = 1350 \text{ 万元}$$
$$y = a + bx = 1350 + x$$
当 2018 年销售收入预计达到 1800 万元时，预计需要的资金总额：
＝1350＋1800＝3150 万元。

资金预测方法二：总额法
资金总额＝资产合计－自发性负债合计
2015 年资金总额＝1500＋1000＋1000＋500－1150＝2850 万元
2017 年资金总额＝1600＋1100＋1100＋500－1250＝3050 万元
b＝(3050－2850)/(1700－1500)＝1

$a = 3050 - 1 \times 1700 = 1350$ 万元

$y = 1350 + x$

当 2018 年销售收入预计达到 1800 万元时：

预计需要的资金总额 $= 1350 + 1800 = 3150$ 万元。

（六）案例分析题

1. 某建筑企业 2012 年至 2016 年的产销数量和资金占有数量的历史资料如下表所示，该建筑企业 2017 年的预计商品混凝土产销量为 86000t。

要求：运用回归分析法计算该建筑企业 2017 年的资金需要量。

某企业产销量与资金占用量表　　　　　　　　　　　　　　　　表 11-6

年　度	产量（万 t）	资金占用量（万元）
2012	8.0	650
2013	7.5	640
2014	7.0	630
2015	8.5	680
2016	9.0	700

【解】运用回归分析法，计算出 $a = 372$　$b = 36$

2017 年 8.6 万 t 时，则所需资金为：

$Y = a + bX = 372 + 36 \times 8.6 = 681.6$ 万元

2. 某房地产公司 2015 年的财务数据如下：

　　　　　　　　　　　　　　　　　　　　　　　　　　　　　　　　表 11-7

项　目	金额（万元）
流动资产	4000
长期资产	8000
流动负债	400
长期负债	6000
当年销售收入	4000
净利润	200
分配股利	60
留存收益	140

假设房地产企业的流动资产和流动负债均随销售收入的变化同比例变化。

要求：

（1）2016 年预计销售收入达到 5000 万元，销售净利率和收益留存比率维持 2015 年水平，计算需要补充多少外部资金？

（2）如果留存收益比率为 100%，销售净利率提高到 6%，目标销售收入为 4800 万元，计算需要补充多少外部资金？

【解】（1）变动资产销售百分比 $= 4000/4000 = 100\%$

变动负债销售百分比 $= 400/4000 = 10\%$

销售净利率 $= 200/4000 \times 100\% = 5\%$

留存收益比率 $= 140/200 = 70\%$

外部补充资金=(5000-4000)×(100%-10%)-5000×5%×70%
       =725 万元

(2) 外部补充资金=(4800-4000)×(100%-10%)-4800×6%×100%
       =432 万元

3. ABC 建筑公司 2016 年有关得财务数据如下：

表 11-8

项 目	金额（万元）	占销售额的百分比
流动资产	1400	35%
长期资产	2600	65%
资产合计	4000	
短期借款	600	无稳定关系
应付账款	400	10%
长期负债	1000	无稳定关系
实收资本	1200	无稳定关系
留存收益	800	无稳定关系
负债及所有者权益合计	4000	
销售额	4000	100%
净利	200	5%
现金股利	60	

要求：假设该公司实收资本一直保持不变，计算回答以下互不关联的 3 个问题：

(1) 假设 2017 年计划销售收入为 5000 万元，需要补充多少外部融资（保持目前的股利支付率、销售净利率和资产周转率不变)？

(2) 假设 2017 年不能增加借款，也不能发行新股，预计其可实现的销售增长率（保持其他财务比率不变）。

(3) 若股利支付率为零，销售净利率提高到 6%，目标销售额为 4500 万元，需要筹集补充多少外部融资（保持其他财务比率不变)？

【解】

已知资产销售百分比=100%；自然负债销售百分比=10%，留存收益率=70%

(1) 融资需求=经营资产增长-经营负债增长-留存收益增长
       =1000×(100%-10%)-5000×5%×70%=900-175=725 万元

(2) 经营资产销售比-经营负债销售比=销售净利率×[(1+增长率)/增长率]
       ×留存收益率

即：100%-10%=5%×(1/增长率+1)×70%

则：增长率=4.05%

(3) 融资需求=500×(100%-10%)-4500×6%×100%
       =450-270
       =180 万元

4. 某房地产企业现着手编制 2015 年 12 月份的现金收支计划。预计 2015 年 12 月月初余额为 8000 元，月初应收账款 4000 元，预计月内可收回 80%；本月销货 50000 元，预计月内收款比例为50%；本月采购材料8000元，预计月内付款70%；月初应付账款余额5000元需在月内全部付清；月内以现金支付工资8400元；本月制造费用等间接费用付现16000元；其他经营性现金支出900元；购买设备支付现金10000元。企业现金不足时，可向银行借款，借款金额为1000元的倍数；现金多余时可购买有价证券。要求月末现金余额不低于5000元。

要求：（1）计算经营现金收入；
（2）计算经营现金支出；
（3）计算现金余缺；
（4）确定最佳资金筹措或运用数额；
（5）确定现金月末现金余额。

【解】

（1）经营现金收入＝4000×80%＋50000×50%＝28200元；
（2）经营现金支出＝8000×70%＋5000＋8400＋16000＋900＝35900元；
（3）现金余缺＝8000＋28200－（35900＋10000）＝－9700元；
（4）银行借款数额＝5000＋10000＝15000元；
（5）现金月末余额＝15000－9700＝5300元。

5. 某房地产公司2016年的现金预算简表如下：假定企业没有其他现金收支业务，也没有其他负债。预计2016年年末的现金余额为7000万元。

要求：根据表中资料填写表中用字母表示的部分。

单位：万元

表11-9

项　　目	第一季度	第二季度	第三季度	第四季度
期初现金余额	6000			
本期现金流入	45000	48000	E	50000
本期现金支出	A	50400	40000	41000
现金余缺	9000	C	(1800)	G
资金筹措与运用	(2000)	1800	6000	H
取得借款		1800	6000	
归还借款	(2000)			
期末现金余额	B	D	F	I

【解】

表11-10

项　　目	第一季度	第二季度	第三季度	第四季度
期初现金余额	6000	7000	6400	4200
本期现金流入	45000	48000	E31800	50000
本期现金支出	A42000	50400	40000	41000
现金余缺	9000	C4600	(1800)	G13200
资金筹措与运用	(2000)	1800	6000	H（6200）
取得借款		1800	6000	
归还借款	(2000)			(6200)
期末现金余额	B7000	D6400	F4200	I7000

计算解析：

$A = 6000 + 45000 - 9000 = 42000$ 万元

$B = 9000 - 2000 = 7000$ 万元

$C = 7000 + 48000 - 50400 = 4600$ 万元

$D = 4600 + 1800 = 6400$ 万元

$6400 + E - 40000 = -1800$，$E = 31800$ 万元

$F = -1800 + 6000 = 4200$ 万元

$G = 4200 + 50000 - 41000 = 13200$ 万元

$I = 7000$ 万元

$H = 13200 - 7000 = 6200$ 万元

第十二章 工程税务管理

一、学习目标与要求

本章介绍工程税务管理的基本概念、原则和原理;工程税务规划原则、方法和规划方案编制。

掌握工程税务管理的基本概念、原则和原理;理解建设项目特征及工程税务特点,掌握工程税务管理内容;熟悉工程税务管理目标的重要性;熟悉工程税务管理环境对工程项目的税源产生、税务预测和税务规划具有重要意义;辨析税务与税收、税收筹划与税务管理以及相关税收法律概念;熟悉房地产和建筑工程税务管理流程和税务科学规划方法;了解工程税务风险管理。

二、预习概览

(一) 重要概念

税务与税收;工程税务;税收管理;工程税务管理;工程税务环境;税务管理目标;工程税务规划。

(二) 关键问题

1. 工程税务如何分类。
2. 税收与税务有何区别与联系?
3. 工程税务管理特点是什么?
4. 工程税务关系包括哪些主体之间的关系?
5. 政府项目税务管理有何特点?
6. 房地产开发项目税务管理有何特点?
7. 建筑施工项目税务管理有何特点?
8. 解释工程税务环境概念,提出环境的特征。
9. 什么是依法管理原则?
10. 什么是公平效率原则?
11. 什么是风险收益原则?
12. 国家税收管理体制是什么?
13. 税制要素内含包括哪些内容?

三、本章重点与难点

1. 工程税务管理内涵及特征。
2. 工程税务管理目标、原则和环境。
3. 建筑工程项目税务管理。
4. 房地产项目税务管理。
5. 国际工程项目税务管理。
6. 税务规划方案和税务管理。
7. 税务管理风险。

(一) 工程税务管理内涵及特征

1. 工程税务管理

(1) 工程税务

工程税务 (Project Taxation) 是在工程项目全寿命活动中产生的涉税相关的各项活动及形成的税务关系。工程税务的范畴包括：工程项目全寿命周期活动包括工程投资活动、融资活动、建造活动和经营管理活动等，它们都存在着纳税人行使各自纳税权力的过程中所发生的税收分配关系。工程税务根本性问题就是科学行使纳税人税务管理权，解决依法纳税和科学纳税的目的。

工程税务的基本特点是：

工程税务管理的主体是从事工程项目投资、融资和经营活动的企业及企业集团，也可以是工程项目管理公司或个人。

工程税务管理的客体是工程项目建设活动以及由此产生的各类税务关系。

工程税务管理的内容主要包括了建立纳税人税务制度 (Tax System)、工程税务规划 (Tax Planning)、工程纳税管理 (Pay Taxes) 和工程税务风险防范 (Tax Risk) 等。

(2) 工程税务管理

工程税务管理 (Construction Project Tax Management) 是工程纳税主体在依据税法及相关法规和政府政策的前提下，以工程项目及其发生的经营活动为客体，运用科学的管理原则，对工程项目建设全寿命周期的投资、融资、建造和经营管理产生的涉税活动及形成的税务关系，实施预测、规划、计量、决策、考核评价、税赋缴纳等的管理过程。工程税务管理根本性工作就是解决工程项目依法纳税、科学纳税和平等税收负担。

工程税务管理是以市场经济条件下的企业为主体，以从事建设工程项目为客体，依据国家法律及规章制度，对工程项目全寿命周期投资活动、融资活动和经营管理活动实施税务预测、税务规划、防范税务风险和完成纳税结算等事务，实现企业价值最大财务目标而实施的管理行为。它既可以归属于狭义的企业理财活动，也可独立的成为企业税务事项管理的专业活动。

(3) 工程税务管理特点

1) 系统性 (Systemics)。工程税务是遵从工程项目全寿命周期管理活动的价值衡量与表现，对工程活动中的投资、融资和经营管理发生的税负活动进行系统的、全面的和准确的计量、计算、规划和缴纳，处理好涉税活动中政府、业主、客户和消费者的税务关系，降低税务成本和税务风险，实现工程项目建造活动中最佳的经济利益。

2）复杂性（Complexity）。工程财务管理不仅是工程项目管理客体的全面管理，而且需要对参与工程项目的各方主体的经济利益及形成的财务关系、契约关系、税务关系以及所处的法律、政治、经济和生态环境等进行评估、规划、协调。

3）风险性（Risk）。工程税务不仅关注参与各方税务活动及税务关系可能出现的税务成本风险，更重要的是根据工程项目的政治风险、经济风险、市场风险、汇率及利率风险、资金成本风险和工程技术风险等进行全面衡量，基于工程项目财务目标，通过专门的税务规划，预防税务规划过程中的税务风险。

4）特殊性（Particularity）。工程税务管理的客体是工程项目载体，本质是对特定的工程项目包括建筑工程项目、房地产项目、政府投资项目和国际工程项目等。

(4) 税务管理意义

1）依法履行纳税义务。依法履行纳税义务是工程税务管理的基本出发点或基本目的，旨在规避纳税风险、规避任何法定纳税义务之外的纳税成本（损失）的发生，避免因涉税而造成的信誉损失，做到诚信纳税。

2）降低纳税成本。纳税人为履行纳税义务，必然会发生相应的纳税成本。纳税成本包括直接纳税成本和间接纳税成本。直接纳税成本容易确认和计量，间接纳税成本则需要估计或测算。税制越公平，纳税人的心理越平衡；税收负担若在纳税人的承受能力之内，其心理压力就小；税收征管越透明、越公正，纳税人对税收成本的恐惧感、抵触感就越小。

3）获取资金时间价值。通过税务科学管理实现递延纳税，相当于从政府方取得一笔无息贷款，其金额越大、时间越长，对企业的发展越有利，通过税务管理实现递延纳税，对改善企业的财务状况是非常有利的。

4）降低工程税收负担。降低税负必须是在纳税人整体收益增长的前提下才有实际意义，即降低税负是为了实现税后收益最大。

2. 工程税务管理目标

工程税务管理的目标是指企业对工程建设中发生的税务活动及形成的税务关系希望达到工程价值最大的基本目的，它决定着工程税务活动管理的根本任务。工程税务管理目标分为基本目标和具体目标，还可以与工程财务目标融合，共同实现工程价值的最优和企业经济利益的最大。

(1) 基本目标。依法纳税，科学纳税。

(2) 具体目标。工程税务管理具体包括：建立依法纳税的规章制度；科学安排税务方案或税务规划；建立规范的纳税流程和和谐的纳税关系。其中科学安排税务方案是工程税务管理的重点，因为它容易计量，可直接指导工程税务管理实务。

3. 工程税务管理分类

(1) 按工程项目的投资主体分类

主要包括公共项目税务管理、房地产项目税务管理和施工项目税务管理。

1）公共项目税务管理是指由政府投资或政府与社会资本合作（PPP）项目投资、建设和运营的工程项目所发生的税务活动及税务关系。

2）房地产项目税务管理是指由房地产企业或个人投资、建设和经营管理的房地产开发项目所发生的税务活动及税务关系。

3)施工项目税务管理是指因承包建筑工程项目的建筑施工企业及项目公司对工程项目建造活动中所发生的税务活动及税务关系。

(2)按工程项目客观的价值运动分类

主要包括融资活动税务管理、投资活动税务管理和经营活动税务管理。

1)融资活动税务管理是指纳税主体在对工程项目资金筹集、资金运用和资金偿付活动中产生的税务活动及其税务关系。

2)投资活动税务管理是指纳税主体在工程项目投资活动中以及相关投资活动所发生的税务活动及税务关系。

3)经营活动税务管理是指纳税主体在工程建造活动中发生的材料、固定资产、无形资产、负债、权益、收入和盈余分配等税务活动及税务关系。

(3)按工程项目所属性分类

主要包括国内工程项目税务管理和国际工程税务管理。

1)国内工程税务管理是指纳税主体在我国境内投资建造的工程项目,依据中华人民共和国税法法律及相关法律法规、政府政策和规章,对工程项目全寿命周期活动中产生的税务活动及税务关系的管理行为。

2)国际工程税务管理是指纳税主体在中国境外的国家投资、融资和经营建造活动中,依据所在国法律及国际工程相关法规、合同和国际惯例,对工程项目全寿命周期活动中产生的税务活动及税务关系的管理行为。

(4)按工程项目税务活动分类

主要包括经营活动税务管理和日常税务管理。

1)经营活动税务管理是指纳税主体在工程项目全寿命周期建造活动中所发生的各项业务的涉税活动及其形成的税务关系。

2)日常税务管理是指纳税主体依据税法及相关法规要求,按纳税主体的权益及义务,遵从纳税管理工作流程,开展税务登记、办理税务计算,填制纳税表格和实现税款缴纳等项工作。

4. 税务管理环境

(1)法律法规环境。工程税务管理所面临的法律环境主要包括税收法律制度和税收执法环境。

(2)市场经济环境。市场经济主要是指一个国家或地区的社会经济制度、经济发展水平、产业结构、资源状况、消费水平以及国家产业、货币、财政等宏观调控政策,工程项目建设面临市场经济环境及其运行状况变动,是影响工程建设成本与收益的重要因素,也是影响工程税务管理的重要因素。①经济环境;②市场环境;③金融环境;④政策环境。

(3)工程制度环境。符合企业税务管理的各种规章和制度:包括工程项目管理制度、财务制度和企业有关工程管理制度等。

(4)人文社会环境。社会文化环境是指人们在特定的社会环境中形成的习俗观念、价值观念、行为准则和教育程度以及人们对经济、财务和税务的传统观点等。

5. 工程税务管理原则

工程税务管理必须坚持6项原则,它们是:

（1）依法管理原则

依法管理原则是指依据法律法规及相关政策，遵循市场经济规则，从时间维度、主体维度和方法维度科学地对工程税务进行预测、规划、计划和决策，主动的履行工程税务管理职能。从而廓清税务管理定位、边界和范围，明晰工程税务管理目标、原则和内容，划清工程税务管理与避税、偷税和逃税等概念界线。

（2）公平效率原则

公平与效率原则是指工程税务管理活动从客观上能正确反映对各方利益主体的税务活动及形成的税务关系，纳税主体依法管理既是符合税法的立法、税收征管的必然要求，同时又是实现工程项目经济行为有效率的选择，降低了纳税成本与税务风险，优化纳税义务，提升工程总体经济效益，提高企业的竞争能力。因此，工程税务管理符合国家、企业和社会的各方利益需求。

工程项目公平原则强调量能负担，而工程项目效率原则强调税负应尽量避免对工程效益产生影响，公平纳税是前提，科学的税负效率原则为公平实现提供了条件。实现工程资源的有效配置和利润的稳定与增长，才能优化工程税务管理。

（3）成本效益原则

成本效益原则是指所有实施管理行为的基本原则。工程税务管理要实现企业的战略目标或财务目标，开展税务管理必须消耗资源即人、财、物和时间效应成本等。遵循成本效益是指在开展税务管理活动和实施税务管理行为时，确保其取得的税务管埋效益大于其管理成本。税务效益划分为当前利益与未来利益。重点分析税务管理中的非税成本，即指企业因实施工程税务管理所产生的经济行为的经济后果。非税成本是包括代理成本、交易成本、机会成本和组织协调成本等。

（4）全寿命周期原则

全寿命周期原则是指工程税务管理必须在工程生产经营的客观规律为前提，遵循不同属性工程项目的契约约定，基于建筑工程决策—建设—运营的时间维度，实施税务管理行为。工程税务管理是在一定法律环境下，在既定经营范围、经营方式下进行的，有着明显的针对性、特定性和时间性。随着时间的推移，社会经济环境、税收法律环境等各方面情况不断发生变化，企业必须把握时机，灵活应对，以适应税收的法规和政策导向，不断制定或调整税务管理对象、种类和方案，以确保企业持久地获得税务管理带来的收益。全寿命周期原则也体现在充分利用资金的时间价值上，同时，程序性税法与实体性税法如有变动，应遵循"程序从新、实体从旧"的原则，就是时效性原则。例如政府独立投资工程项目，从时间维度来讲主要是投融资、建设和移交；而房地产项目则是经历了决策—规划—投融资—采购—建设—销售或经营环节；而建筑工程项目则是签订合同—建造—竣工验收和决算。这就是不同时间维度不同，则税务管理的内容与周期不同。

（5）系统性原则

系统性原则是指工程税务管理从工程建造经营活动及形成的税务关系看作为一个总体系统，将其涉及税务的利益主体、工程客体、税法规及政策、税务环境和税务管理等划分为子系统，通过树立系统观，对工程税务活动实施管理。例如工程项目实体就包括工程规模和结构、工程投资与融资效益、工程组织与管理和工程时间维度等，可看作为一个有机的系统。在开展工程税务管理时候，既要考虑工程直接相关的税种的税负效应，还要科学规划间接相关的税负效应，既要分析税务管理环境影响，又要考虑与征税税种的税负效应，进行体系管理、综合预测，以求工程建设经营整体税负合理有效、工程税后利润（价值）最大，防止顾此失彼、前轻后重，也不能只考虑某个税种或税负高低，而导致工程总收益降低或发生损失，因而要着眼于工程项目客观生产经营的整体税负。

（6）风险收益均衡原则

风险收益均衡原则是指实施工程税务管理行为认为税务管理既产生收益的同时也面临着税务风险，它是指导税务管理的综合反映。所谓风险是指在一定时期、一定条件、一定环境下，通过税务管理可能发生的各种结果的变动程度、某一事项的实际结果与预期结果的偏差。在工程税务管理中，可能存在经济波动风险、市场风险、政策风险与企业经营风险，既有外部风险，也有内部风险。因此，建筑工程企业实施税务管理时应当遵循风险与收益适当均衡的原则，采取法律的、政策的和管理的手段和措施，明确税务风险的必然性，从而分散与化解工程税务风险的实际情况发生。

6. 工程税收与税务的关系

（1）税务与税收的关系

税收是一个古老的范畴。它是一个国家的政府或公共部门通过政治权力，采取强制手段，税收的概念是指国家为实现其职能，依照法律规定凭借政治权利参与国民收入分配和再分配取得财产收入的一种形式。税收是国家取得财政收入的主要形式；税收课征的权力依据是国家政治权力。社会产品的分配必须依据于一定的权力；税收体现以国家为主体的集中性分配关系；税收的最终来源是社会剩余产品；税收的最终用途是满足社会共同的需要。税收是向政治权力所及范围的公民、企业、机构等经济主体征收国家所需的人、财、物的一种社会分配方式。

政府税收的特征是：

① 税收是国家财政收入的基本形式；

② 税收目的是国家向社会提供公共产品及服务；

③ 税收的主体是国家；

④ 税收征管依法进行。

税务是指政府、企业与税收相关的事务。一般政府税务的范畴包括：税法的概念、税收的本质、税收的产生、税收的作用。税收作为经济杠杆之一，具有调节收入分配、促进资源配置、促进经济增长的作用。一般企业税务是在市场经济过程中，依法运用市场经济规律，对企业生产经营活动形成的税务关系进行调节、发生的税务成本测算，防范纳税各项风险，从税务管理的方法及措施入手，通过经济理论、市场理论、财务理论和税务理论，运用政府税收优惠、税收规划等一些合理合法的方法来达到降低企业经营成本，提高财务管理水平，最终实现企业价值的目的。

税务管理是企业在生产经营活动中形成的各方利益相关者形成的税务关系及其税务成本分配的方式，以达到企业涉税事务的预测、计划、决策和效益的活动。其主要目的是实现依法纳税前提下的企业税负公平分担，企业经济利益最大。企业工程税务管理的主要内容包括：企业内部税务制度建立、企业税务的科学规划（筹划）、企业税负的规范流程和建立和谐的企业公共税务关系。企业税务管理的原则是依法管理、系统管理、成本效益、风险预测和目标管理等。

（2）工程税务特点

工程项目税务是基于国家税法法规、政策，依法对工程项目全寿命周期生产经营过程中涉及的税务关系及其分配。企业通过建立本企业的税务管理制度，运用科学的税务规划方法，对工程投资、筹资、建设和经营等活动，甚至工程项目收益、权益和利润分配等环节，进行事先预测、计划、决策和风险控制，尽可能为企业或工程减轻税负，实现工程建造与经营的利润最优化和工程价值最大化。

工程税务特点：

①企业或工程项目为纳税主体；

②工程生产与经营中融资、投资、采购、建造和经营各环节计税客体；

③工程时间价值核心；

④工程价值最大化。

税务与税收的联系是依据国家制定的税收法律法规、税制规则；形成税务分配关系；遵从税法法规；协调税务工作。

区别是：

①主体不同。税收与国家相伴，税务则是与企业或个人相连。

②特征不同。在市场经济条件下，税收是实现市场经济分配关系，工程税务则是按工程项目投资、融资、建造和经营管理的纳税主体在工程建造活动中均与税负分配承担着权利与义务的关系。

③计税关系不同。税收是国家及政府税务部门制定税法、税收制度和纳税流程活动，税务是企业及工程建设活动中形成的依法纳税、税务规划、税务风险、税务管理等权利与义务。

④工作管理目的不同。税收是国家强制收税，制定税收工作制度，工程税务是依税收工作流程依法纳税，是从属关系。

⑤职能不同。税收是国家财政收入来源，是调控经济手段，是调节收入分配手段，是监督市场经济作用；工程税务是依法纳税的目的，是实现各利益相关者税务关系手段，是实现最佳纳税方案手段，是监督企业纳税的作用。

（二）工程税务管理内容

1. 工程税务关系管理

工程税务管理的内容是指工程建设活动及形成的纳税的各种税务关系，从工程建设活动划分主要包括政府主体税务管理、建筑施工企业承包工程项目和房地产投资与开发主体税务管理。从工程建设活动形成的税务关系划分，主要包括工程纳税人与政府的关系，工程纳税主体之间的税务关系，工程纳税人与工程建设活动中供应商之间的税务关系等。

（1）政府投资项目的工程税务关系是指政府项目中符合税法应纳税形成的纳税与政府征收形成的税务关系，如图 12-1 所示。

图 12-1　政府投资项目与国家征收关系

（2）房地产开发项目的工程税务关系是指商业开发项目活动中依法纳税与政府征收税收形成的税务关系，如图 12-2 所示。

（3）建筑施工项目的工程税务关系是指施工项目活动中依法纳税与政府征收税收形成

图 12-2　房地产开发项目与国家征收关系

的税务关系，如图 12-3 所示。

图 12-3　施工项目与国家征收关系

2. 工程税务工作管理内容

（1）税务信息管理。主要包括对企业外部和内部的税务信息（税收法规、历年纳税情况等）的收集、整理、传输、保管以及分析、研究、教育与培训等。

（2）税务规划管理。包括企业税收筹划、企业重要经营活动、重大项目的税负测算、企业纳税方案的选择和优化、企业年度纳税计划的制定、企业税负成本的分析与控制等。

（3）涉税业务的税务管理。包括企业经营税务管理、企业投资税务管理、企业营销税务管理、企业筹资税务管理、企业技术开发税务管理、商务合同税务管理、企业税务会计管理、企业薪酬福利税务管理等。

（4）纳税实务管理。包括企业税务登记、纳税申报、税款缴纳、发票管理、税收减免申报、出口退税、税收抵免、延期纳税申报等。

（5）税务行政管理。主要包括企业税务证照保管、税务稽查应对、税务行政复议申请与跟踪、税务行政诉讼、税务行政赔偿申请和办理等。

3. 工程税务规划管理

税务规划，西方国家和国内有关书刊所给的解释都不尽一致。一般认为，税收规划亦称为税收策划或税务策划，主要是指企业纳税主体或企业依据国家税法及相关法律法规，对本企业生产经营活动所发生的税务关系和纳税行为，运用科学的方法及市场关系，对纳税主体（法人或自然人）的经营活动或投资行为等涉税事项做出预测、计划和方案比选，促进纳税遵从原则的实现，通过纳税行为达到少缴税和递延缴纳目标的一系列谋划活动。

税务规划的主要特点：

（1）合法性。是指税收规划的基本前提是依法进行，只能在《税法》允许甚至鼓励的范围内进行。

（2）预期性。税收规划是对企业全过程发生的经营生产活动所发生的税务关系，纳税义务的基础上进行的事先规划。

（3）风险性。由于税收筹划是一种事前行为，具有长期性和预见性的特点，所以，进行税收筹划是有风险的。

（4）普遍性。各国的税收制度都强调遵从性原则，但它在不同纳税人、征税对象、纳税地点、期限、税率等方面都存在着差异，尤其是各国税法、会计核算制度、投资优惠政策等方面的差异。因此，税收规划在全球范围内普遍存在。

（5）综合性。是指税收规划属于纳税人资本总收益的长期稳定的增长，而不是着眼于个别税种税负的高低。此外，进行投资、经营决策时，除了考虑税收因素外，还应该考虑其他多种因素，综合决策，以达到企业价值或总体收益最大化的目的。

（6）专业性。专业性是指纳税人的税收筹划需要由企业财务与税务专业人员或第三方税务咨询公司完成。

4. 工程项目税务管理内容

（1）政府投资工程项目税务管理。主要包括工程税制管理、工程项目税务规划、税务成本管理和纳税关系管理等。

（2）房地产开发项目税务管理。主要包括房地产税制管理、房地产项目税务规划、税务成本管理、税务风险管理和纳税关系管理等。

（3）建筑项目税务管理。主要包括工程税制管理、工程项目税务规划、税务成本管理、税务风险管理和纳税关系管理等。

（4）国际工程项目税务管理。主要包括他国工程税制管理、国际工程税制管理、国际工程项目税务规划、国际税务成本管理、国际工程税务风险管理和国际纳税关系管理等。

（三）政府投资工程税务管理

1. 税务管理内含及特点

政府投资工程税务管理是指政府投资人在工程投资、建设活动和运营全过程形成的纳税的各种税务关系，从工程建设活动形成的税务关系划分，主要包括政府参与方代表工程纳税人与政府税务部门的关系，工程合作者（PPP）工程纳税主体之间的税务关系，工程纳税人与工程建设活动中供应商之间的税务关系等。

主要包括：

（1）税务关系。政府项目与政府税务部门的关系，如财政部门、税务部门和审计部门等。因而，在政府项目中预算税收和税费均属于税务关系。

（2）政府与社会投资人的税务关系。在PPP项目中，政府部门的纳税主体和企业投资人纳税主体，以及社会投资人与其他合作企业之间的税务关系。

（3）政府项目与征税部门的税务关系。政府项目在遵循政府征税部门的纳税程序，及时开展税务登记、取得税务凭证、按时纳税申报、准确税款缴纳和主动接受税务检查。

（4）政府项目与经营管理主体税务关系。

2. 税务规划

政府项目税务规划（Tax Planning），亦称为工程项目税务筹划，即依法律法规及相关投融资项目模式为基础，对工程投资、融资和建设经营全寿命周期活动过程中，因工程项目必然发生的税务活动及形成的税务关系等内容，依据科学理论和方法展开科学预测、计划和决策的过程。

（1）税制政策及信息收集；

（2）税务成本测算；

（3）税务规划方案比对；

（4）税务方案决策；

（5）税务方案执行。

3. 税务成本管理

（1）项目投资税务成本；

（2）项目融资税务成本；

（3）项目建设税务成本；

（4）项目运营税务成本；

(5) 项目采购税务成本。

4. 项目纳税管理

(四) 房地产开发项目税务管理

1. 房地产开发项目税务管理特征

房地产开发项目的工程税务管理是指房地产开发企业,在房地产商业开发项目活动中依法纳税与政府征收税收形成的税务关系。其特征包括:

(1) 开发产品全寿命周期;

(2) 产品类型多样性;

(3) 利益相关者复杂;

(4) 开发企业财务目标;

(5) 税制种类复杂。

2. 房地产项目税制管理

(1) 开发项目税制。房地产项目涉及的税务制度是复杂的、多样的和阶段性的特点,列示的所涉税制,见表 12-1、表 12-2 和表 12-3。

房地产项目涉税税制表   表 12-1

阶段	经营环节	涉及税种	计税依据	税率
开发与管理阶段	取得土地使用权	契税	契约价格	3%~5%
		耕地占用税	实际占用的耕地面积	1~10 元/m² (一次性征收,最高不得超 15 元)
	委托施工	印花税	合同金额	0.03%
	自营工程	个人所得税	应纳税所得额	
	销售期房(现房)	增值税	按增值额,实行进项税额和销项金额	16% 10% 6% 征收率 3%
		城市建设税	缴纳的增值税税额	市区 7%,县城、镇 5%,其他 1%
		教育附加费	缴纳的增值税税额	3%
		企业所得税	土地或房地产的所得(净收益)	25%
		土地增值税	增值额与扣除项目金额的比例: 未超过 50% 超过 50%~100% 超过 100%~200% 超过 200%	30% 40% 50% 60%
		个人所得税	应纳税所得额	按七级超额累进制
		印花税	房地产交易价格	0.05

房地产项目销售环节税制　　　　　　　　　　　　　　　　　　表 12-2

阶段	经营环节	涉及税种	计算依据	税率
租售管理阶段	销售房屋 转让土地使用权	增值税、城市建设税、教育费附加、企业所得税、土地增值税、个人所得税、印花税	同表12-1中"销售期房（现房）"	按10% 按七级累进超额税制 按25%
	出租房屋或土地	增值税、城市建设税、教育费附加、企业所得税土地使用税、个人所得税房产税、印花税	增值税按"服务业—租赁业"税目	按10% 按七级累进超额税制 按25%
	自用房屋或土地	房产税		见表12-4
	赠与房屋或土地		视同"销售不动产"	见表12-4
	代收费款	增值税、城市建设税、教育费附加	代收费用、手续费用合并营业收入计税	见表12-4
	房屋抵押贷款（抵债）		按销售不动产纳税	见表12-4
	股利分配	个人所得税	个人股东所得税按股息红利所得计税	见表12-4
	对所建房屋的物业管理以及餐饮、娱乐等服务	增值税、城市建设税、教育费附加、企业所得税、个人所得税	增值税按"服务业"税目，适用相应的税率	见表12-4

房地产项目保有阶段涉及税制　　　　　　　　　　　　　　　　　　表 12-3

阶段	经营环节	涉及税种	计算依据	税率
保有管理阶段	以自用或出租的形式持有	房产税	房产余值（自用）	1.2%（自用）
			租金收入（出租）	12%租金收入

房地产项目税制特点：
①房地产项目开发与流通环节涉及税种多；
②房地产项目具有固定性、单件性和全流程特点；
③税制结构不同、税种设置差异大。

（2）房地产项目所涉及税务关系。包括项目与政府征税关系、项目与利益相关方税负关系、项目与员工税务关系、项目与消费者税务关系和项目内部独立核算部门的纳税关系等。建立税务关系档案，有利于房地产项目降低纳税成本，防范纳税风险和促进房地产项目可持续开发及管理。

2. 税务规划

(1) 概念。房地产开发项目税务规划是指房地产项目纳税人依据税法及政策，遵循房地产项目开发全寿命周期规律，运用科学理论及方法，为基于市场经济法则，维护项目的权益，通过自己或第三方的拟定税务方案，基于企业经营决策、计划、控制和组织结构等经济行为，预测和决策地选择适用税种、纳税义务、纳税地位，最终达到项目税务关系和谐，实现企业价值最大化。

(2) 税务管理特点。

①税务规划的主体是纳税人；

②税务规划的实质是对房地产纳税人实现项目最佳经济利益的实现；

③税务规划的目标是企业价值最大化；

④把税务管理理念融入经营管理。

(3) 税务规划的原则。①系统性；②成本性；③目标性；④风险性；⑤预测性。

(4) 税务规划内容。主要有：①税种规划；②项目全流程规划：全流程规划是指以房地产项目营运全流程规律为内容实施开发项目立项、方案设计、建造施工、营销策略等，按流程的各个阶段重点内容如投资活动、融资活动、采购活动、建造活动、销售活动和经营成果分配等。③税务关系规划。

(5) 税务成本管理。税务成本可分为征税成本和纳税成本。

(6) 税务风险分类。

开发项目税务风险主要是分为外部税务风险和企业内部税务风险。外部税收风险体现在税法风险、税务政策风险、税务执法风险、交易对象税务风险和经济环境风险等；企业内部税收风险分为纳税人遵从度风险、税务规划风险、会计计量风险和专业人员风险等。项目业务活动税务风险包括：投资风险、融资风险、建造风险、采购风险和销售风险等。

(五) 建筑工程项目税务管理

概念。建筑施工项目的工程税务管理是指建筑类企业在工程承包全寿命周期中，以施工项目活动为载体，形成的依法纳税与政府征收税收形成的税务关系管理活动。主要内容有税制管理、税务规划、税务成本、税务收益、税务风险和税收合同等，正确处理好税务利益关系。

(1) 税制管理。

施工项目所涉及税制包括：税种、税率、税基和税务公共关系等。

根据以上流程工程成本所涉税费见表12-4。

(2) 工程项目税务管理特点：

①依法纳税

施工项目主要是基于采购、投融资、建造活动和工程结算等环节涉及税种多、税负重及税务关系复杂。

②施工项目具有固定性、单件性。

③项目建设周期长，重点在工程概算、预算、投融资、采购等环节作好税务方案规划。

④施工项目税种相对单一。

⑤利益关系复杂。

⑥价值最优。

建筑工程项目所涉税种表 表 12-4

阶段	税费项目	内容	计税依据	税率
采购阶段	一、增值税 1. 期初未交数 2. 销项税额 3. 出口退税 4. 进项税额转出 5. 进项税额 6. 已交税金		按增值额，实行进项税额金额	16% 10% 6% 征收率3%
	二、消费税	消费品的流转额作为征税对象的各种税收的统称	从价和从量两种计税方法	《中华人民共和国消费税暂行条例》《消费税税目税率表》
建筑施工结算阶段	三、城乡建设维护税		缴纳的增值税税额	市区7%，县城、镇5%，其他1%
	四、增值税	按增值额，实行进项税额和销项金额	按增值额，实行进项税额和销项金额	16% 10% 6% 征收率3%
	五、教育费附加		缴纳的增值税税额	市区、县城、镇3%
	六、土地增值税			
分配阶段	七、项目（企业）所得税			
	八、印花税		合同金额	0.03%
	九、个人所得税			

（3）税务规划。税务规划，即是税务策划是指建筑施工项目纳税人依据税法及政策，遵循建筑工程项目的全寿命周期建造流程，对工程项目税收进行系统的、全面的和动态的预测、计量、方案比选，作出项目经营决策、计划、控制和组织结构等经济行为。

税务规划内容。第一，按建筑工程项目的建筑管理组织模式，依据承包合同，实现工程项目全寿命周期的系统税务方案规划；第二，按照建筑工程项目施工组织模式，重点税种与建筑施工周期结合规划；第三，按照建筑工程"五大管理目标"与分包企业税务关系规划；第四，依据建筑工程项目承包企业与政府征税部门税务关系规划等。

（4）税务风险管理。

①政策风险；②合同风险；③财务风险；④市场风险；⑤管理风险等。

（六）工程主要活动税务管理

1. 筹资税务管理

（1）债务筹资税务管理的主要内容。工程项目债务筹资方式多种多样，主要有银行贷款、企业借款、发行债券、租赁等多种形式。

（2）权益筹资税务管理的主要内容。主要有发行股票的税务管理、留存收益筹资的税务管理和吸收直接投资的税务管理。

2. 项目投资税务管理

(1) 研发税务管理的主要内容。我国企业所得税法规定，开发新技术、新产品、新工艺发生的研究开发费用，可以在计算应纳税所得额时加以扣除。

(2) 直接投资税务管理的主要内容。直接投资可以分为对内直接投资和对外直接投资。对内直接投资是企业将资金投向生产经营性资产以期获得收益的行为，如投资固定资产、垫付营运资金等。对外直接投资如企业间的合作、联营。

3. 工程购销税务管理。企业在工程项目建造活动，发生产购销活动，采用不同的结算方式、购销方式、计价核算方式等，会导致企业在税收待遇和税收负担上存在差异。所以，为了降低税收负担、实现企业价值最大化目标，企业在产购销过程中，要充分考虑税收因素。主要包括：采购过程税务管理和销售过程税务管理等。

4. 生产的税务管理。

企业生产过程实际上是各种原材料、人工工资和相关费用转移到产品的全过程。生产过程中企业需要注意以下税收问题：

(1) 存货的税务管理；
(2) 固定资产的税务管理；
(3) 人工工资的税务管理；
(4) 建造成本税务管理等。

5. 项目盈余分配税务管理。

主要包括项目所得税规划与管理，股利分配税务管理，亏损弥补税务管理等。

四、习题和案例解析

(一) 单项选择题

1. 不属于我国征税主体的是( )。
   A. 税务机关　　　　　　　　　B. 海关
   C. 财政机关　　　　　　　　　D. 司法机关

2. 仅对本国境内的所得征税是( )。
   A. 地域管辖权　　　　　　　　B. 公民管辖权
   C. 居民和地域管辖权　　　　　D. 居民管辖权

3. 建筑企业的一般纳税人适用的征收率是( )
   A. 16%　　　　　　　　　　　B. 6%
   C. 10%　　　　　　　　　　　D. 3%

4. 房地产企业适用的税率是( )。
   A. 比例税率　　　　　　　　　B. 定额税率
   C. 比例税率和定额税率　　　　D. 累进税率

5. 由国家税务总局制定的《税务行政处罚听证程序实施办法》属于( )。
   A. 税收法律　　　　　　　　　B. 税收行政法规
   C. 税收行政规章　　　　　　　D. 税务行政命令

6. 比例税率是指( )。

A. 对不同征税对象或不同税目，不论数额大小只规定一个比例的税率，税额与课税对象成正比关系

B. 对同一征税对象或同一税目，不论数量大小只规定一个比例的税率，税额与课税对象成反比关系

C. 对同一征税对象或同一税目，不论数额大小只规定一个比例的税率，税额与课税对象成正比关系

D. 对同一征税对象或同一税目，不论数额大小只规定一个比例的税率，税额与课税对象成反比关系

7. 税种间相互区别的重要标志是（　　）。

　A. 纳税人　　　　　　　　　　B. 课税对象

　C. 税率　　　　　　　　　　　D. 纳税环节

8. 税法的核心构成要素是（　　）。

　A. 税收优惠　　　　　　　　　B. 课税对象

　C. 纳税人　　　　　　　　　　D. 税率

9. 税法的本质是（　　）。

　A. 正确处理国家与纳税人之间因税收而产生的税收法律关系和社会关系

　B. 保证征税机关的权利

　C. 一种分配关系

　D. 为纳税人和征税单位履行义务给出规范

10. 下列关于征税对象、税目、税基的说法中，不正确的是（　　）。

　A. 征税对象又叫课税对象，决定着某一种税的基本征税范围，也决定了各个不同税种的名称

　B. 税基又叫计税依据，是据以计算征税对象应纳税款的直接数量依据，它解决对征税对象课税的计算问题，是对课税对象的量的规定

　C. 税目是在税法中对征税对象分类规定的具体的征税项目，反映具体的征税范围，是对课税对象质的界定

　D. 我国对所有的税种都设置了税目

11. 税法在实施过程中，禁止在没有正当理由的情况下对特定纳税人给予特别优惠，这体现了税法基本原则中的（　　）原则。

　A. 税收法定　　　　　　　　　B. 税收公平

　C. 税收效率　　　　　　　　　D. 实质课税

12. 下列关于纳税年度与会计分期的表述中，错误的是（　　）。

　A. 纳税年度是指企业所得税的计算起止日期

　B. 会计分期是指一个企业持续经营的生产经营活动划分为一个个连续的、长短相同的期间

　C. 对于一个企业而言，纳税年度和会计分期是一致的

　D. 纳税年度和会计分期既有区别也有联系

13. 王某个人承揽一项房屋装修工程，计划三个月完工，按照进度房主第一个月支付10000元，第二个月支付20000元，第三个月支付30000元。营业税税率3%，城市维护

建设税税率 7%，不考虑教育费附加，王某取得的装修收入应缴纳的个人所得税（　　）元。

A. 7674　　　　　　　　　　　　　B. 8074.76
C. 12400　　　　　　　　　　　　　D. 11937.76

【解析】王某承揽的装修工程，虽然分三次收款，但仍然属于一次性劳务报酬所得。
应缴纳的个人所得税额=[60000−60000×3‰×(1+7%)]×(1−20%)×30%−2000
=11937.76

14. 新修订的企业所得税法将企业所得税的税率统一为（　　）。

A. 15%　　　　　　　　　　　　　B. 25%
C. 20%　　　　　　　　　　　　　D. 33%

15. 非居民企业在中国境内未设立机构、场所的，或者虽设立机构、场所但取得的所得与其所设机构、场所没有实际联系的，应当就其来源于中国境内的所得缴纳企业所得税。非居民企业的该项所得，适用税率为（　　）。

A. 15%　　　　　　　　　　　　　B. 25%
C. 20%　　　　　　　　　　　　　D. 33%

16. 企业发生的公益性捐赠支出，在年度利润总额一定比例以内的部分，准予在计算应纳税所得额时扣除。该比例为（　　）。

A. 12%　　　　　　　　　　　　　B. 15%
C. 20%　　　　　　　　　　　　　D. 25%

17. 下列各类主体，不属于增值税小规模纳税人的是（　　）。

A. 年应税销售额为 100 万元的零售企业
B. 年应税销售额为 200 万元的非企业性单位
C. 年应税销售额为 200 万元的生产企业
D. 年应税销售额为 100 万元的非企业性单位

18. 甲、乙两企业为增值税一般纳税人。甲企业向乙企业销售其生产的洗衣机 50 台，不含税单价为每台 1160 元。甲企业用自己的运输工具送货，共收取运输费 500 元。甲企业已根据 17% 的增值税率开出增值税专用发票。甲企业该项销售业务的销项税额是（　　）。

A. 9860 元　　　　　　　　　　　B. 9945 元
C. 8500 元　　　　　　　　　　　D. 9445 元

19. 某商场为一般纳税人，某月初从某皮件厂购进高级女式坤包 1000 个，单价 380 元。当月批发给几个个体商店 600 个，价税合并单价是 550 元，商场另外零售 250 个，价税合并是 620 元。该商场当月应纳增值税额为（　　）。

A. 5870.08 元　　　　　　　　　　B. 17850 元
C. 9698.72 元　　　　　　　　　　D. 14021.36 元

20. 根据我国有关增值税的法律规定，下列项目中，其进项税额不得从销项税额中抵扣的有（　　）。

A. 因自然灾害毁损的库存商品
B. 企业被盗窃的产成品所耗用的原材料
C. 在建工程耗用的原材料

D. 生产免税产品接受的劳务

21. 甲工厂向乙工厂购买了一批原材料生产塑料制品，然后将其生产的产品按出厂价销售给批发商丙，丙以批发价销售给零售商丁，丁又以零售价销售给消费者。按照我国增值税暂行条例的有关规定，在上述交易过程中需缴纳增值税的环节有（   ）。

   A. 甲乙之间的交易环节
   B. 甲丙之间的交易环节
   C. 丙丁之间的交易环节
   D. 丁向消费者销售的环节

22. 税法中确定属于增值税应税范围的特殊项目主要有（   ）。

   A. 邮政部门销售的集邮商品
   B. 银行销售金银的业务
   C. 典当业的死当销售业务
   D. 寄售业代委托人销售物品的业务

23. 以下适用6%税率的有（   ）。

   A. 基础电信服务
   B. 不动产租赁服务
   C. 转让土地使用权
   D. 转让无形资产

24. 工程项目核算员工因公出差、调动工作所发生的住宿费可按进项抵扣税率（   ）。

   A. 3%
   B. 6%
   C. 10%
   D. 16%

25. 建筑增值税发票的要求是"三流"一致（   ）。

   A. 信息流、资金流、劳务流
   B. 资金流、劳务流、发票流
   C. 信息流、资金流、发票流
   D. 信息流、劳务流、发票流

26. 增值税发票在取得后，要求（   ）天以内，向财务人员提供报销。

   A. 10
   B. 15
   C. 20
   D. 30

27. 建筑企业施工费用中发生劳动保护费，其购买的为职工配备的工作服、手套、消毒剂、清凉解暑降温用品、防尘口罩、防噪声耳塞等，其抵扣增值税税率为（   ）。

   A. 16%
   B. 10%
   C. 6%
   D. 3%

28. 建筑工程发生的人员参加的岗位培训、任职培训、专门业务培训、初任培训发生的费用，这些费用如获取到增值税专用发票，则可以抵扣增值税税率为（   ）。

   A. 16%
   B. 10%
   C. 6%
   D. 3%

29. 下列项目中，征收土地增值税，确定取得土地使用权所付金额的方法，正确的是（   ）。

   A. 以出让方式取得土地使用权的，为支付的土地价款
   B. 以行政划拨方式取得土地使用权的，为补缴的出让金
   C. 以转让方式取得土地使用权的为补缴的出让金和费用
   D. 以其他方式取得土地使用权的，为建房的费用与成本

30. 房地产开发企业中的小规模纳税人，采取预收款方式销售自行开发的房地产项目，应在收到预收款时，应预缴税款按照以下公式计算：（   ）。

A. 应预缴税款＝预收款÷(1＋5％)×5％
B. 应预缴税款＝预收款÷(1＋3％)×3％
C. 应预缴税款＝预收款÷(1＋5％)×3％
D. 应预缴税款＝预收款×3％

31. 以下应税行为，适用10％税率的有（　　）。
A. 邮政
B. 增值电信服务
C. 不动产租赁服务
D. 转让土地使用权

（二）多项选择题

1. 税收的基本特征是（　　）。
A. 无偿性
B. 强制性
C. 灵活性
D. 固定性
E. 稳定性

2. 税收制度的基本构成要素是（　　）。
A. 纳税人
B. 纳税期限
C. 征税对象
D. 税率
E. 汇率

3. 税率的基本形式（　　）。
A. 比例税率
B. 累进税率
C. 边际税率
D. 定额税率
E. 固定税率

4. 下列关于征税对象、税目、税基的说法中，正确的有（　　）。
A. 征税对象又叫课税对象，决定着某一种税的基本征税范围，也决定了各个不同税种的名称
B. 税基又叫计税依据，是据以计算征税对象应纳税款的直接数量依据，它解决对征税对象课税的计算问题，是对课税对象的量的规定
C. 税目是在税法中对征税对象分类规定的具体的征税项目，反映具体的征税范围，是对课税对象质的界定
D. 我国对所有的税种都设置了税目
E. 计税方法就是我国制定的税基

5. 根据我国有关增值税的法律规定，下列项目中，其进项税额不得从销项税额中抵扣的有（　　）。
A. 因自然灾害毁损的库存商品
B. 企业被盗窃的产成品所耗用的原材料
C. 在建工程耗用的原材料
D. 生产免税产品接受的劳务

6. 甲工厂向乙工厂购买了一批原材料生产塑料制品，然后将其生产的产品按出厂价销售给批发商丙，丙以批发价销售给零售商丁，丁又以零售价销售给消费者。按照我国增值税暂行条例的有关规定，在上述交易过程中需缴纳增值税的环节有（　　）。
A. 甲乙之间的交易环节
B. 甲丙之间的交易环节

C. 丙丁之间的交易环节 D. 丁向消费者销售的环节

7. 对财务运作风险进行管理的步骤一般有(　　)。

A. 风险识别 B. 风险评估
C. 风险决策 D. 风险控制

8. 根据国务院有关规定，个人独资企业、合伙企业不再缴纳个人所得税，只对其投资者征收个人所得税。这些企业包括(　　)。

A. 依照《中华人民共和国个人独资企业法》登记成立的个人独资企业
B. 依照《中华人民共和国合伙企业法》登记成立合伙企业
C. 依照《中华人民共和国私营企业暂行条例》登记成立的私营企业
D. 依照《中华人民共和国律师法》登记成立的合伙制律师事务所
E. 经政府有关部门依照法律法规批准成立的负无限责任和无限连带责任的其他个人独资、个人合伙性质的机构或组织

9. 企业收入总额中的下列收入为不征税收入，不征收企业所得税(　　)。

A. 财政拨款
B. 依法收取并纳入财政管理的行政事业性收费
C. 依法收取并纳入财政管理的政府性基金
D. 存款利息收入
E. 受赠收入

10. 在计算应纳税所得额时，下列支出不得扣除(　　)。

A. 向投资者支付的股息、红利等权益性投资收益款项
B. 企业所得税税款
C. 税收滞纳金
D. 罚金、罚款和被没收财物的损失
E. 赞助支出

11. 在计算应纳税所得额时，企业按照规定计算的无形资产摊销费用，准予扣除。下列无形资产不得计算摊销费用扣除(　　)。

A. 自行开发的支出已在计算应纳税所得额时扣除的无形资产
B. 自创商誉
C. 与经营活动无关的无形资产
D. 其他不得计算摊销费用扣除的无形资产
E. 与经营活动相关的无形资产

12. 企业的下列收入为免税收入(　　)。

A. 国债利息收入
B. 存款利息收入
C. 符合条件的居民企业之间的股息、红利等权益性投资收益
D. 在中国境内设立机构、场所的非居民企业从居民企业取得与该机构、场所有实际联系的股息、红利等权益性投资收益
E. 符合条件的非营利组织的收入

13. 企业的下列所得，可以免征、减征企业所得税：(　　)。

A. 从事农、林、牧、渔业项目的所得
B. 从事国家重点扶持的公共基础设施项目投资经营的所得
C. 从事符合条件的环境保护、节能节水项目的所得
D. 从事第三产业项目的所得
E. 符合条件的技术转让所得

14. 按照土地增值税的有关规定，下列房地产的各项行为中，应该缴纳土地增值税的有（   ）。
A. 以房地产作价入股进行投资或作为联营
B. 双方合作建房，建成后转让的
C. 对被兼并企业将房地产转让到兼并企业中的
D. 对于以房地产抵债而发生房地产产权转让的
E. 房地产出租，出租人取得了收入

15. 下列项目中，应征收土地增值税的有（   ）。
A. 以房地产抵债而发生房地产产权转移的
B. 被兼并企业将房地产转让到兼并企业中的
C. 以土地（房地产）作价入股进行投资或作为联营
D. 国家收回国有土地使用权、征用地上建筑物及附着物
E. 建造普通标准住宅增值额超过扣除项目金额20%的

16. 下列项目中，计征土地增值税时需要用评估价格来确定转让房地产收入、扣除项目金额的包括（   ）。
A. 出售新房屋及建筑物的
B. 出售旧房屋及建筑物的
C. 虚报房地产成交价格的
D. 以房地产进行投资联营的
E. 提供扣除项目金额不实的

17. 根据土地增值税法律制度的规定，下列项目中，在计算增值额时准予从转让房地产取得的收入中扣除的有（   ）。
A. 拆迁补偿费
B. 前期工程费
C. 开发间接费用
D. 公共配套设施费

18. 下列项目中，计征土地增值税时需要用评估价格来确定转让房地产收入、扣除项目金额的包括（   ）。
A. 出售新房屋及建筑物的
B. 出售旧房屋及建筑物的
C. 虚报房地产成交价格的
D. 以房地产进行投资联营的
E. 提供扣除项目金额不实的

19. 根据土地增值税法律制度的规定，下列项目中，在计算增值额时准予从转让房地产取得的收入中扣除的有（   ）。
A. 拆迁补偿费
B. 前期工程费
C. 开发间接费用
D. 公共配套设施费
E. 管理费用

20. 北京某高速公路PPP项目，总投资约1430000万元，注册资本金为735000万元，其中北京某投发集团（政府平台公司）出资360000万元，所占股比49%，联合体出资

375000万元，所占股比为51%。联合体中，A国有企业持股比例为10%，B国有企业持股比例为41%。下列关于控制的说法正确的是( )。

A. 政府平台公司持股比例为49%，持股比例最高，应当将项目公司纳入合并报表

B. 联合体中B国有企业持股比例仅为41%，未超过50%，不能将项目公司并入合并会计报表

C. 控制的判断应当遵循实质重于形式的原则，不仅应当考虑持股比例，更应该考虑对项目公司董事会的影响和生产经营活动的影响

D. 联合体中B国有企业虽然仅持有41%的股权，但若项目公司的PPP项目建设由B国有企业的子公司完成，则B公司应当将PPP项目公司纳入合并报表。

21. 某PPP项目公司2016年属于筹建期，向主管税务机关申请一般纳税人资格，下列关于筹建期间增值税处理正确的是( )。

A. 筹建期间购买应交消费税的小汽车不得抵扣进项税额

B. 筹建期间取得办公费增值税专用发票可以抵扣进项税额

C. 筹建期间进行税务登记后应当按月进行增值税申报

D. 筹建支付的人员工资不得抵扣进项税额

22. 下列哪些跨境应税行为免征增值税( )。

A. 工程项目在境外的建筑服务

B. 工程项目在境外的工程监理服务

C. 工程、矿产资源在境外的工程勘察勘探服务

D. 会议展览地点在境外的会议展览服务

23. 提供建筑劳务纳税人，从分包方取得的2016年5月1号以后开具的增值税发票，备注栏需注明( )，否则不允许扣除。

A. 建筑服务发生地所在县（市、区）   B. 劳务类别

C. 项目名称   D. 合同名称

24. 下列哪些服务属于建筑业征税范围？( )

A. 园林绿化

B. 拆除建筑物

C. 构筑物、爆破、穿孔

D. 构筑物的修补、加固、养护、改善

E. 有线安装

25. 建筑业下列哪些项目可以扣除( )。

A. 人工劳务费   B. 餐饮费

C. 住宿费   D. 房屋租赁费

E. 机票费、车船费

26. 建筑业临时设施可抵扣的增值税率是( )。

A. 劳务合同11%   B. 原材料17%

C. 广告费6%   D. 人工费17%

E. 劳务分包11%

27. 税务规划亦称为税务筹划是指企业集团基于法制规范，通过对融、投资以及收益

实现进度、结构等的合理安排,达到( )目的的活动。
A. 减少纳税 B. 增加纳税
C. 税后利润最大化 D. 税负相对最小化
E. 增加收入

(三) 判断题
1. 销售商品混凝土均适用"依照3%征收率"简易征收。( )
2. PPP项目公司在取得银行借款时,支付的借款手续费可以抵扣进项税额。( )
3. 在确认增值税纳税义务时,若没有收到业主的工程结算价款,则不需要按照现行税收法规确定计算销项税额。( )
4. 企业只要将商品所有权上的主要风险和报酬转移给了购货方,企业就可以确认收入。( )
5. 资产负债表日是指年度资产负债表日,即每年的12月31日。( )
6. 自然灾害或意外事故以外的原因造成的存货毁损所发生的净损失,均应计入管理费用。( )
7. 偶然所得在计算个人所得税时实行定额的费用扣除方法。( )
8. 提供劳务收入,属于提供设备和其他有形资产的特许权使用费,在交付资产或转移资产所有权时确认收入。( )
9. 企业转让股权收入,应于转让协议生效时确认收入的实现,不必在意完成股权变更手续时间。( )
10. 销售货物收入,采用托收承付方式销售时,该收入在发出商品时确认。( )
11. 税收规划是企业基于法制规范,通过对融、投资以及收益实现进度、结构等的合理安排,达到税后利润最大化或税负相对最小化目的的活动。( )
12. 税收规划的宗旨不是为了追求纳税的减少,而是为了取得更大的税后利润。( )
13. 税收规划应当立足于收益实现基础、实现过程与结果等三个基本阶段。( )
14. 税收规划不能以偷逃税款为手段,但可以利用法律的纰漏为着眼点,将税收杠杆导向功能引入企业集团的管理理念和经营机制。( )
15. 纳税现金流量预算区别于企业整体的现金流量预算,因此应当单独安排。( )
16. 母公司制定集团股利政策的宗旨是为了协调处理好集团内部以及与外部各方面的利益关系。( )
17. 按照企业会计准则规定,交易性金融资产期末应以公允价值计量,公允价值的变动计入当期损益,但按税法规定交易性金融资产在持有期间公允价值变动不计入应纳税所得额,则产生了交易性金融资产的账面价值与计税基础之间的差异,该差异是可抵扣暂时性差异。( )
18. 资产账面价值大于其计税基础,产生可抵扣暂时性差异;负债账面价值小于其计税基础,产生应纳税暂时性差异。( )
19. 企业对于产生的可抵扣暂时性差异均应确认相关的递延所得税资产。( )
20. 企业的所得税计算和企业的会计核算,都是以货币为基本计量单位。( )
21. 《企业会计准则》规定,企业会计的确认、计量和报告应当以持续经营假设为前

提:《企业所得税法》没有持续经营假设的规定。（   ）

22. 纳税主体就是会计主体。（   ）

23. 一般纳税人销售自行开发的房地产老项目适用简易计税方法计税的,以取得的全部价款和价外费用扣除对应的土地价款为销售额。（   ）

24. 房地产开发公司,采取预收款方式销售自行开发的房地产项目,应在取得预收款的当月向主管国税机关预缴税款。（   ）

25. 建筑业临时设施签订的劳务分包合同可按可抵扣的增值税率17%。（   ）

【参考答案】

单项选择题:

1. D；2. A；3. C；4. A；5. C；6. C；7. B；8. D；9. A；10. C；11. A；12. C；13. D；14. B；15. C；16. A；17. C；18. B；19. A；20. C；21. D；22. C；23. D；24. B；25. B；26. B；27. A；28. C；29. B；30. C；31. D

多项选择题:

1. ABD；2. ACD；3. ABD；4. ABC；5. ABCD；6. ABCD；7. ABCD；8. ABDE；9. ABC；10. ABCDE；11. ABCD；12. ACDE；13. ABCE；14. BD；15. AE；16. BCE；17. ABCD；18. BCD；19. ABCD；20. BD；21. ABCD；22. ABCD；23. AC；24. ABCDE；25. ABC；26. ABE；27. CD。

判断题：1. ×；2. √；3. ×；4. ×；5. √；6. √；7. ×；8. √；9. ×；10. ×；11. √；12. ×；13. ×；14. ×；15. ×；16. ×；17. ×；18. ×；19. ×；20. √；21. √；22. ×；23. ×；24. ×；25. ×

(四) 思考题

【参考答案】

1. 什么是工程税务及其特征?

工程税务（Project Taxtion）是在工程项目全寿命活动中产生的涉税相关的各项活动及形成的税务关系。工程税务的范畴包括：工程项目全寿命周期活动包括工程投资活动、融资活动、建造活动和经营管理活动等,它们都存在着纳税人行使各自税权力的过程中所发生的税收分配关系。工程税务根本性问题就是科学行使纳税人税务管理权,解决依法纳税和科学纳税的目的。

工程税务的基本特征是：

工程税务的主体是从事工程项目投资、融资和经营活动的企业及企业集团,也可以是工程项目管理公司或个人。

工程税务的客体是工程项目建设活动以及由此产生的各类税务关系。

工程税务的内容主要包括建立纳税人税务制度（Tax System）、工程税务规划（Tax Planning）、工程纳税管理（Pay Taxes）和工程税务风险防范（Tax Risk）等。

2. 什么是工程税务管理及其特点?

工程税务管理（Construction Project Tax Management）是工程纳税主体在依据税法及相关法规和政府政策的前提下,以工程项目及其发生的经营活动为客体,运用科学的管理原则,对工程项目建设全寿命周期的投资、融资、建造和经营管理产生的涉税活动及形成的税务关系,实施预测、规划、计量、决策、考核评价、税赋缴纳等的管理过程。工程税务管理根本性工作就是解决工程项目依法纳税、科学纳税和平等税收负担。

工程税务管理是以市场经济条件下的企业为主体,以从事建设工程项目为客体,依据国家法律及规章制度,对工程项目全寿命周期投资活动、融资活动和经营管理活动实施税务预测、税务规划、防范税务风险和完成纳税结算等事务,实现企业价值最大财务目标而实施的管理行为。它既可以归属于狭义的企业理财活动,也可独立的成为企业税务事项管理的专业活动。

3. 工程税务管理特点

(1) 系统性(Systemics)。工程税务是遵从工程项目全寿命周期管理活动的价值衡量与表现,对工程活动中的投资、融资和经营管理发生的税负活动进行系统的、全面的和准确的计量、计算、规划和缴纳,处理好涉税活动中政府、业主、客户和消费者的税务关系,降低税务成本和税务风险,实现工程项目建造活动中最佳的经济利益。

(2) 复杂性(Complexity)。工程财务管理不仅是工程项目管理客体的全面管理,而且需要对参与工程项目的各方主体的经济利益及形成的财务关系、契约关系、税务关系以及所处的法律、政治、经济和生态环境等进行评估、规划、协调和可持续。

(3) 风险性(Risk)。工程税务不仅关注参与各方税务活动及税务关系可能出现的税务成本风险,更重要的是根据工程项目的政治风险、经济风险、市场风险、汇率及利率风险、资金成本风险和工程技术风险等进行全面衡量,基于工程项目财务目标,通过专门的税务规划,预防税务规划过程中的税务风险。

(4) 特殊性(Particularity)。工程税务管理的客体是工程项目载体,本质是对特定的工程项目内在的有建筑工程项目、房地产项目、政府投资项目和国际工程项目等。

4. 什么是工程税务关系管理?

工程税务关系管理的内容是指工程建设活动及形成的纳税的各种税务关系,从工程建设活动划分主要包括政府主体税务管理、建筑施工企业承包工程项目和房地产投资与开发主体税务管理。从工程建设活动形成的税务关系划分,主要包括工程纳税人与政府的关系,工程纳税主体之间的税务关系,工程纳税人与工程建设活动中供应商之间的税务关系等。

(1) 政府投资项目的工程税务关系是指政府项目中符合税法应纳税形成的纳税与政府征收形成的税务关系,如图 12-1 所示。

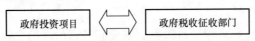

图 12-1　政府投资项目与国家征收关系

(2) 房地产开发项目的工程税务关系是指商业开发项目活动中依法纳税与政府征收税收形成的税务关系,如图 12-2 所示。

图 12-2　房地产开发项目与国家征收关系

(3) 建筑施工项目的工程税务关系是指施工项目活动中依法纳税与政府征收税收形成的税务关系,如图 12-3 所示。

图 12-3 施工项目与国家征收关系

5. 什么是工程税务工作管理？

工程税务工作管理内容主要包括：

（1）税务信息管理。主要包括对企业外部和内部的税务信息（税收法规、历年纳税情况等）的收集、整理、传输、保管，以及分析、研究、教育与培训等。

（2）税务规划管理。包括企业税收筹划、企业重要经营活动、重大项目的税负测算、企业纳税方案的选择和优化、企业年度纳税计划的制定、企业税负成本的分析与控制等。

（3）涉税业务的税务管理。包括企业经营税务管理、企业投资税务管理、企业营销税务管理、企业筹资税务管理、企业技术开发税务管理、商务合同税务管理、企业税务会计管理、企业薪酬福利税务管理等。

（4）纳税实务管理。包括企业税务登记、纳税申报、税款缴纳、发票管理、税收减免申报、出口退税、税收抵免、延期纳税申报等。

（5）税务行政管理。主要包括企业税务证照保管、税务稽查应对、税务行政复议申请与跟踪、税务行政诉讼、税务行政赔偿申请和办理等。

6. 工程税务管理原则包括哪些？

工程税务管理原则主要有：

（1）依法管理原则

依法管理原则是指依据法律法规及相关政策，遵循市场经济规则，从时间维度、主体维度和方法维度科学地对工程税务进行预测、规划、计划和决策，主动的履行工程税务管理职能。从而廓清税务管理定位、边界和范围，明晰工程税务管理目标、原则和内容，划清工程税务管理与避税、偷税和逃税等概念界线。

（2）公平效率原则

公平与效率原则是指工程税务管理活动从客观上能正确反映对各方利益主体的税务活动及形成的税务关系，纳税主体依法管理既是符合税法的立法、税收征管的必然要求，同时又是实现工程项目经济行为有效率的选择，降低了纳税成本与税务风险，优化纳税义务，提升工程总体经济效益，提高企业的竞争能力。因此，工程税务管理符合国家、企业和社会的各方利益需求。

工程项目公平原则强调量能负担，而工程项目效率原则强调税负应尽量避免对工程效益产生影响，公平纳税是前提，科学的税负效率原则为公平实现提供了条件。实现工程资源的有效配置和利润的稳定与增长，才能优化工程税务管理。

（3）成本效益原则

成本效益原则是指所有实施管理行为的基本原则。工程税务管理要实现企业的战略目标或财务目标，开展税务管理必须消耗资源即人、财、物和时间效应成本等。遵循成本效益是指在开展税务管理活动和实施税务管理行为时，确保其取得的税务管理效益大于其管理成本。税务效益划分为当前利益与未来利益两类。重点分析税务管理中的非税成本，即指企业因实施工程税务管理所产生的经济行为的经济后果。非税成本是包括代理成本、交易成本、机会成本和组织协调成本等。

（4）全寿命周期原则

全寿命周期原则是指工程税务管理必须以工程生产经营的客观规律为前提，遵循不同属性工程项目的契约约定，基于建筑工程决策—建设—运营的时间维度，实施税务管理行为。工程税务管理是在一定法律环境下，在既定经营范围、经营方式下进行的，有着明显的针对性、特定性和时间性。随着时间的推移，社会经济环境、税收法律环境等各方面情况不断发生变化，企业必须把握时机，灵活应对，以适应税收的法规和政策导向，不断制定或调整税务管理对象、种类和方案，以确保企业持久地获得税务管理带来的收益。全寿命周期原则也体现在充分利用资金的时间价值上，同时，程序性税法与实体性税法如有变动，应遵循"程序从新、实体从旧"的原则，就是时效性原则。例如政府独立投资工程项目，从时间维度来讲主要是投融资、建设和移交；而房地产项目则是经历了决策—规划—投融资—采购—建设—销售或经营环节；而建筑工程项目则是签订合同—建造—竣工验收和决算。这就是不同时间维度不同，则税务管理的内容与周期不同。

（5）系统性原则

系统性原则是指工程税务管理从工程建造经营活动及形成的税务关系看作为一个总体，将其涉及的利益主体、工程客体、税务法规及政策、税务环境和税务管理等划分为不同的子系统，通过树立系统观，进行的工程税务管理行为。例如工程项目实体就包括工程规模和结构、工程投资与融资效益、工程组织与管理和工程时间维度等，可看作为一个有机的系统。在开展工程税务管理时候，既要考虑工程直接相关的税种的税负效应，还要科学规划间接相关的税负效应，既要分析税务管理环境影响，又要考虑与征税税种的税负效应，进行体系管理、综合预测，以求工程建设经营整体税负合理有效、工程税后利润（价值）最大，防止顾此失彼、前轻后重，也不能只考虑某个税种或税负高低上，而导致工程总收益降低或发生损失，因而要着眼于工程项目客观生产经营的整体税负。

（6）风险收益均衡原则

风险收益均衡原则是指实施工程税务管理行为认为税务管理既产生收益的同时也面临着税务风险，它是指导税务管理的综合反映。所谓风险是指在一定时期、一定条件、一定环境下，通过税务管理可能发生的各种结果的变动程度、某一事项的实际结果与预期结果的偏差。在工程税务管理中，可能存在经济波动风险、市场风险、政策风险与企业经营风险，既有外部风险，也有内部风险。因此，建筑工程企业实施税务管理时应当遵循风险与收益适当均衡的原则，采取法律的、政策的和管理的手段和措施，明确税务风险的必然性，从而分散与化解工程税务风险的实际情况发生。

7. 什么是工程项目税务规划？有什么特点？

税务规划，西方国家和国内有关书刊所给的解释都不尽一致。一般认为，税收规划亦称为税收策划或税务策划，主要是指企业纳税主体或企业依据国家税法及相关法律法规，对本企业生产经营活动所发生的税务关系和纳税行为，运用科学的方法及市场关系，对纳税主体（法人或自然人）的经营活动或投资行为等涉税事项做出预测、计划和方案比选，促进纳税遵从原则的实现，通过纳税行为以达到少缴税和递延缴纳目标的一系列谋划活动。

工程项目税务规划亦称为"税务筹划"，也称"税收策划"等，是指从事工程建设经营活动的纳税主体依据税法及相关政策，遵循工程项目开发全寿命周期规律，运用科学理论及方法，基于市场经济法则，维护工程项目的权益，通过自行或第三方的拟定税务方案，基于企业经营决策、计划、控制和组织结构等经济行为，预测和决策地选择适用税种、纳税义务、纳税地位，最终达到项目税务关系和谐，减轻税务负担，降低税务风险，维护项目合法权益的目的，最大限度地实现工程项目价值最大化。

其主要特点：

（1）合法性。是指税收规划的基本前提是依法进行，只能在税法允许甚至鼓励的范围内进行。

（2）预期性。税收规划是对企业全过程发生的经营生产活动所发生的税务关系，纳税义务的基础上进行的事先规划。

（3）风险性。由于税收筹划是一种事前行为，具有长期性和预见性的特点，所以，进行税收筹划是有风险的。

（4）普遍性。各国的税收制度都强调遵从性原则，但它在不同纳税人、征税对象、纳税地点、期限、税率等方面都存在着差异，尤其是各国税法、会计核算制度、投资优惠政策等方面的差异，因此，税收规划在全球范围内的普遍存在。

（5）综合性。是指税收规划属于纳税人资本总收益的长期稳定的增长，而不是着眼于个别税种税负的高低。此外，进行投资、经营决策时，除了考虑税收因素外，还应该考虑其他多种因素，综合决策，以达到企业建造工程项目价值或总体收益最大化的目的。

（6）专业性。专业性不是指纳税人的税收筹划需要由企业财务与税务专业人员或第三方咨询税务完成。

8. 什么是工程项目税务与工程项目税收的关系？

税收是一个古老的范畴。它是一个国家的政府或公共部门通过政治权力，采取强制手段，税收的概念是指国家为实现其职能，依照法律规定凭借政治权利参与国民收入分配和再分配取得财产收入的一种形式。税收是国家取得财政收入的主要形式；税收课征的权力依据是国家政治权力。社会产品的分配必须依据于一定的权力；税收体现以国家为主体的集中性分配关系；税收的最终来源是社会剩余产品；税收的最终用途是满足社会共同的需要。税收是向政治权力所及范围的公民、企业、机构等经济主体征收国家所需的人、财、物的一种社会分配方式。

（1）税收是国家财政收入的基本形式。
（2）税收目的是国家为向社会提供公共产品及服务。
（3）税收的主体是国家。
（4）税收征管依法进行。

税务管理是企业对生产经营活动中形成的各方利益相关者形成的税务关系及其税务成本分配方式，其主要目的是实现依法纳税前提下的企业税负公平分担，企业经济利益最大。企业工程税务管理的主要内容包括：企业内部税务制度建立、企业税务的科学规划（筹划）、企业税负的规范流程和建立和谐的企业公共税务关系。企业税务管理的原则是依法管理、系统管理、成本与效益、风险预测和目标管理等。

工程项目税务是基于国家税法法规、政策，依法对工程项目全寿命周期生产经营过程中涉及的税务关系及分配，在企业税务制度规范下，通过对工程活动涉税环境、市场和财务要素，包括工程筹资、投资、建设和经营等方面活动，乃至工程收益、权益和利润分配等环节的业务进行事先预测、计划、决策和风险控制，制定一整套最优纳税操作方案，税务管理制度和工作流程的过程，尽可能为企业或工程减轻税负，实现工程建造与经营的利润最优化和工程价值最大化。

工程税务特点：
(1) 企业或工程项目为纳税主体；
(2) 工程生产与经营中融资、投资、采购、建造和经营各环节计税客体；
(3) 工程时间价值核心；
(4) 工程价值最大化。

税务与税收的联系是以国家制定的税收法律法规、税制规则为依据；形成税务分配关系；遵从税法法规；协调税务工作。

区别是：
(1) 主体不同。税收与国家相伴，税务则是与企业或个人相连。
(2) 特征不同。在市场经济条件下，税收是实现市场经济分配关系，工程税务则是按工程项目投资、融资、建造和经营管理的纳税主体在工程建造活动中均与税负分配承担着权利与义务的关系。
(3) 计税关系不同。税收是国家及政府税务部门制定税法、税收制度和纳税流程活动，税务是企业及工程建设活动中形成的依法纳税、税务规划、税务风险、税务管理等权利与义务及税负分配的必然联系。
(4) 工作管理目的不同。税收是国家强制收税，制定税收工作制度，工程税务是依税收工作流程依法纳税，是从属关系。
(5) 职能不同。税收是国家财政收入来源，是调控经济手段，是调节收入分配手段，是监督市场经济作用；工程税务是依法纳税的目的，是实现各利益相关者税务关系手段，是实现最佳纳税方案手段，是监督企业纳税的作用。

9. 如何理解税收法定主义？如何完善中国的税收立法体制？

税收法定原则，也称之为税收法定主义、租税法律主义、合法性原则，是税法的最高法律原则，其是民主原则和法治原则等现代宪法原则在税法上的体现。其基本精神在各国立法上均有体现。

税收法定原则始于英国。1215年英国大宪章规定"一切盾金或援助金，如不基于联合王国的一般评议会的决定，则在朕之王国内不允许课征"。这一规定明确国王征税必须得到评议会的赞同，是税收法定原则的萌芽。

此后，世界各国纷纷将税收法定原则作为宪法原则加以确认。美国宪法第1条第7项规定：征税案应由众议院提出，但参议院对之有提议权及修改权。与其他议案同。税收法定主义，是指税法主体的权利义务必须用法律加以规定，税法的各类构成必须且只能由法律予以明确规定；征纳主体的权利义务只以法律规定为依据，没有法律依据，任何主体不得征税或减免税收。基本点：法律规定为应税行为和应税标的的，则征纳双方必须严格履行法律规定的权利和义务；而对于法律没有规定为应税行为和应税标的的，则不能征税。

(1) 课税要素法定原则：该原则要求课税要素必须而且只能由议会在法律中加以规定，并依此确定主体纳税义务的有无及大小。

(2) 课税要素明确原则：依据税收法定主义的要求，课税要素及与之密切相关的征税程序不仅要由法律作出专门规定，而且还必须尽量明确，以避免出现歧义。

(3) 合法性原则（依法稽征原则）：税法是强制法、纳税人一旦满足了法定的课税构成要素，税收行政机关必须严格依据法律的规定稽核征收，而无权变动法定课税要素和法定征收程序。

(4) 程序合法原则：即征税机关依法定程序征税，纳税人依法定程序纳税并有获得行政和司法救济的权利，这就是程序合法原则。

10. 简述税收公平原则。

现代西方税收学界界定为：税收公平原则就是指国家征税要使各个纳税人承受的负担与其经济状况相适应，并使各个纳税人之间的负担水平保持均衡。中国税收学者：税收公平是指不同纳税人之间税收负担程度的比较，纳税人条件相同的纳同样的税，条件不同的纳不同的税。因此，公平是相对于纳税人的课税条件而言，不单是税收本身的绝对负担问题。

(1) 税收负担的横向公平——经济条件或纳税能力相同的纳税人应负担相同数额的税收。即税收是以课税对象自身的标准为依据，而不以纳税人的地位等种族等差异实行歧视性待遇。强调的是情况相同，则税收相同。

(2) 税收负担的纵向公平——经济条件或纳税能力不同的人，应当缴纳数额不同的税收。纵向公平比横向公平要复杂。其原因是其应以不同的方式对待条件不同的人，必须有尺度来衡量不同纳税人的经济能力或纳税能力。

衡量公平的标准

(1) 受益标准：强调根据纳税人从政府提供公共服务中享受利益的多寡来判定其应负担的税收额。享受利益多者多纳税，反之享受利益少者少纳税。

(2) 能力标准：强调根据纳税人的纳税能力来判定应负担的税收额。如何确定纳税人的负担能力，存在两种学说：

客观说：持该学说的学者认为，纳税人的负担能力应依据纳税人的财富来确定，而对于财富的多寡人们提出了三个标准，即收入、消费和财产。

主观说：持该说的学者认为，纳税人的负担能力应依据纳税人纳税后感到的牺牲程度而定。牺牲程度的测定是以纳税人纳税前后从其财富得到的满足的程度为准。然而事实上这标准是不可行的，因为事实上纳税人的忍耐和承担能力是无法衡量的，且会因个人而各不相同。因此这一标准也未被国家在现实中采纳。

税收公平原则是指导税收活动的一项十分重要的原则。自该原则问世以来，经过不断

11. 增值税计税原理有哪些？我国采用哪种方法？

增值税是以生产经营者销售货物、提供应税劳务和进口货物的增值额为对象所征收的一种商品税。

增值税的计税方法，国际上通常有税基列举法、税基相减法和税额扣除法。

(1) 税基列举法：简称加法，是指将构成工商企业增值额的各个项目，如工资薪金、租金、利息、利润等直接相加作为增值额与税率的乘积，作为应纳增值税税额。计算公式为：应纳增值税税额＝（本期发生的工资与薪金＋利息＋租金＋其他增值项目＋利润）×税率。

(2) 税基相减法：简称减法，是指将工商企业一定时期的商品和劳务销售收入减去应扣除项目的余额作为增值额与税率的乘积，即为增值税的应纳税额。计算公式为：应纳增值税税额＝（本期应税销售额－法定扣除非增值额）×税率。

(3) 税额扣除法：简称扣除法。是指以工商企业一定时期内商品和劳务的销售额乘以适用税率计算出本环节全部销项税额，销项税额减去同期外购项目所负担的增值税额（增值税进项税额）后的余额即为应纳增值税额。计算公式为：应纳增值税额＝增值税销项税额－增值税进项税额。

中国增值税采用税额扣除法，即凭增值税专用发票注明的税款进行抵扣的增值税法律制度。

12. 增值税小规模纳税人与一般纳税人区分标准是什么？在计税方法上有何异同？

我国现行增值税将纳税人按定性与定量相结合的标准划分为一般纳税人和小规模纳税人。定性标准是由税务机关根据纳税人的会计核算水平审定，将会计核算健全的按一般纳税人对待，而将会计核算不健全的作为小规模纳税人对待；定量标准则是税法按照生产企业和商业企业的年应税销售额分别规定在100万元和180万元以下的为小规模纳税人。小规模纳税人与一般纳税人在计税方法上的相同之处主要有：

(1) 计税依据相同：两者都是以不含税的销售额作为计税依据。如果销售额中包含了增值税，则应换算成不含税的销售额。换算公式为：不含税销售额＝含税销售额/（1＋增值税税率或征收率）。

(2) 进口货物应纳税额计算与（1）相一致。两者都是按规定的组成计税价格和规定的税率或征收率计税。

两者在计税方法上的不同之处主要有：

(1) 增值税专用发票的使用权不同：一般纳税人销售货物或提供应税劳务时可使用增值税专用发票，而小规模纳税人则不得使用增值税专用发票；

(2) 增值税进项税额的抵扣权不同。一般纳税人享有税额抵扣权，而小规模纳税人则不能销售税额抵扣权；

(3) 计税方法不同：一般纳税按规定税率计算税额，用销项税额减去进项税额的余额作为应纳税额，而小规模纳税人则实行简易征收方法按征收率计算应纳税额。

(五) 计算题

1. 某A省建筑公司在B省分别提供了两项建筑服务（适用简易计税方法），2016年5月，项目1当月取得建筑服务收入555万元，支付分包款1555万元（取得符合法律、行政法规和国家税务总局规定的合法有效凭证），项目2当月取得建筑服务收入1665万元，支付分包款555万元（取得符合法律、行政法规和国家税务总局规定的合法有效凭证）。

则该建筑公司应当在B省就两项建筑服务计算增值税金额并预缴税款。

【解】项目1由于当月收入555万元扣除当月分包款支出1555万元后为负数（－1000万元），因此，项目1当月计算的预缴税款为0，且剩余的1000万元可结转下次预缴税款时继续扣除。

项目2当月收入1665万元扣除分包款支出555万元后剩余1110万元，因此，应以1110万元为计算依据计算预缴税款。

应预交增值税＝(1665－555)/1.03×3％＝32.33万元

2. A省建筑公司在B省分别提供了两项建筑服务（适用一般计税方法），2016年5月，项目1当月取得建筑服务收入5550万元，支付分包款666万元（取得了增值税专用发票），项目2当月取得建筑服务收入1665万元，支付分包款555万元（取得了增值税专用发票）。要求分别计算该建筑公司应当在B省就两项建筑服务并预缴税款是多少。

【解】项目1由于当月收入555万元扣除当月分包款支出666万元后为负数（－111万元），因此，项目1当月计算的预缴税款为0，且剩余的111万元可结转下次预缴税款时继续扣除。

项目2当月收入1665万元扣除分包款支出555万元后剩余1110万元，因此，应以1110万元为计算依据计算预缴税款。

预交增值税＝(1665－555)/1.11×2％＝20万元

向机构申报时，计税方法：

应缴税金＝销项税额－进项税额＝(555/1.11＋1665/1.11)－(666/1.11＋555/1.11)＝99万元

应补缴增值税＝应交税金－预交税金＝99－20＝79万元

3. A房地产企业（一般纳税人）自行开发了B房地产项目，施工许可证注明的开工日期是2015年3月15日，2016年1月15日开始预售房地产，至2016年4月30日共取得预收款5250万元，已按照营业税规定申报缴纳营业税。A房地产企业对上述预收款开具收据，未开具营业税发票。该企业2016年5月又收到预收款5250万元。2016年6月共开具了增值税普通发票10500万元（含2016年4月30日前取得的未开票预收款5250万元，和2016年5月收到的5250万元），同时办理房产产权转移手续。

2016年6月还取得了建筑服务增值税专用发票价税合计1110万元（其中：注明的增值税税额为110万元），纳税人选择放弃选择简易计税方法，按照适用税率计算缴纳增值税。

要求：纳税人在7月申报期应申报多少增值税税款？

【解】（1）纳税人按照国家税务总局公告2016年第18号第十一条、第十二条规定，应在6月申报期就取得的预收款计算应预缴税款。

应预缴税款＝5250÷(1＋11％)×3％＝141.9万元

（2）纳税人6月开具增值税普通发票10500万元，其中包括5250万元属于国家税务总局公告2016年第18号第十七条规定的可以开具增值税普通发票的情形。

（3）纳税人应在7月申报期按国家税务总局公告2016年第18号第十四条规定确定应纳税额

销项税额＝5250÷(1＋11％)×11％＝520.3万元

进项税额＝110万元

应纳税额＝520.3－110－141.9＝268.4万元。

纳税人应在7月申报期申报增值税268.4万元。

4. 丽都房地产开发公司是一般纳税人，2016年5月5日通过"招拍挂"方式取得150亩净地用于房地产开发，支付土地价款49999.5万元。总规划建筑面积210000m^2（假设全部可售），分三期进行开发。第一期规划建筑面积80000m^2，占地36000m^2。

2016年6月6日,第一期项目的1～5号五栋楼开始施工,规划建筑面积60000m²。第一期项目的5栋楼实行部分材料"甲供"方式。

要求:计算仅以第一期项目1～5号五栋楼应缴增值税。

【解析】

(1) 支付土地价款时,账务处理(单位万元)

借:开发成本——土地成本　　　　　　　　　　　　　　49999.50
　　贷:银行存款　　　　　　　　　　　　　　　　　　49999.50

(2) 2016年6月6日,第一期项目的1～5号五栋楼开始施工,将1～5号五栋楼所占土地转入1～5号五栋楼成本为:

150亩＝99999.00平方米

计算每平方米土地成本＝49999.5万元÷99999.00m²＝0.5万元/m²

1～5号五栋楼分摊土地成本＝36000÷80000×0.5×60000＝13500万元

借:开发成本——土地成本——1～5号楼　　　　　　　　13500
　　贷:开发成本——土地成本　　　　　　　　　　　　13500

(3) 接案例2,2016年7月5日,购买"甲供材"材料4000万元直接全部用于1～5号楼开发项目,取得增值税专用发票,税额680万元。

借:开发成本——建安成本(甲供材)　　　　　　　　　4000
　　应交税费——应交增值税(进项税额)　　　　　　　680
　　贷:银行存款或应付账款等　　　　　　　　　　　　4680

(4) 接案例3,2017年11月15日取得预售证,当月取得预售房款22200万元。

【解】计算应预缴的增值税:

应预缴增值税款＝22200÷(1＋11%)×3%＝600万元

借:银行存款或现金　　　　　　　　　　　　　　　　　22200
　　贷:预收账款——1～5号楼　　　　　　　　　　　　22200

预缴税款时账务处理:

借:应交税费——预交增值税　　　　　　　　　　　　　600
　　贷:银行存款　　　　　　　　　　　　　　　　　　600

(5) 接案例4,截至2018年2月,又收到预售房款33300万元。

应预缴增值税款＝33300÷(1＋11%)×3%＝900万元

账务处理同例3。

(6) 接案例5,2018年3月17日,1～5号楼竣工。期间共收到建筑安装工程款增值税专用发票金额14000万元,增值税额820万元,其中:适用法定税率的专用发票金额5000万元,增值税额550万元,适用征收率3%的专用发票金额9000万元,增值税额270万元;其他成本增值税专用发票金额500万元,税额30万元,其他支出项目不考虑。

借:开发成本——建安成本　　　　　　　　　　　　　　14000
　　开发成本——其他　　　　　　　　　　　　　　　　500
　　应交税费——应交增值税(进项税额)　　　　　　　850
　　贷:银行存款等　　　　　　　　　　　　　　　　　15350

(7) 接案例 6，2018 年 4 月 30 日上述预售房产交付使用并办妥确权手续，共计销售房屋建筑面积 50000m²，将上述预收房款结转收入。2018 年 5 月 15 日申报缴纳增值税。

【解析】

1) 首先计算可以扣除的当期销售房地产项目对应的土地价款及其抵减的销项税额

当期允许扣除的土地价款＝（当期销售房地产项目建筑面积÷房地产项目可供销售建筑面积）×支付的土地价款

当期允许扣除的土地价款＝50000÷210000×499995000
　　　　　　　　　　＝119046428.57 元

抵减的销项税额＝119046428.57÷（1＋11％）×11％＝11797393.82 元

注意：按本公式计算的当期允许扣除的土地价款和按本案例假设的一期占地 36000m² 计算结果有差异，是否可按一期占地 36000m² 来分摊呢？怎么才能实现按 36000m² 来分摊？本人有意设此差异只是在这里将问题提出来，供大家思考。

账务处理：

借：应交税费——应交增值税（销项税额抵减）　　　11797393.82
　　贷：主营业务成本　　　　　　　　　　　　　　　11797393.82

2) 计算计税销售额及税收口径销项税额

依据计税销售额、会计上的销售收入分别和税率的乘积得到的两个不同的税额，我们不妨分别称为税收口径销项税额、会计口径销项税额。

销售额＝（全部价款和价外费用－当期允许扣除的土地价款）÷（1＋11％）

计税销售额＝（222000000＋333000000－119046428.57）÷（1＋11％）
　　　　　＝392750965.25 万元

税收口径销项税额＝392750965.25×11％＝43202606.18 元，此数据直接填入增值税纳税申报表及附表一。

3) 将预收房款进行价税分离，结转收入

销售收入＝（222000000＋333000000）÷（1＋11％）＝5000 万元

会计口径销项税额＝500000000×11％＝5500 万元

账务处理：

借：预收账款——1～5 号楼　　　　　　　　　　　　555000000.00
　　贷：主营业务收入——1～5 号楼　　　　　　　　500000000.00
　　　　应交税费——应交增值税（销项税额）　　　　55000000

差额征税纳税人按照销售收入 50000 万元和销项税额 5500 万元全额开具增值税专用发票，购买方若为一般纳税人取得该增值税专用发票后，可以分两年抵扣进项税额 5500 万元。

4) 计算应纳增值税额

截至 2018 年 4 月底留抵税额＝680＋850＝1530 万元

应纳增值税额＝55000000－11797393.82－15300000.00
　　　　　　＝27902606.18 元

账务处理：

借：应交税费——应交增值税（转出未交增值税）　　27902606.18

贷：应交税费——未交增值税　　　　　　　　　　　　　　　　27902606.18

　　5）计算应补缴增值税额，结转预缴增值税

已预缴增值税＝600＋900＝1500万元

应补缴增值税＝27902606.18－15000000.00＝12902606.18元

账务处理：

　　借：应交税费——未交增值税　　　　　　　　　　　　　　　　15000000.00
　　　贷：应交税费——预交增值税　　　　　　　　　　　　　　　　15000000.00

　　6）补缴税款的账务处理

　　借：应交税费——未交增值税　　　　　　　　　　　　　　　　12902606.18
　　　贷：银行存款　　　　　　　　　　　　　　　　　　　　　　12902606.18

5. 某电视机厂生产销售彩色电视机。出厂不含税单价为1860元/台。1999年5月发生以下经济业务：

（1）5月1日庆祝五一劳动节，发给每个职工一台电视机850台；

（2）5月9日组织一次还本销售，以每台彩电1560元（不含税）销售给消费者300台。合同规定2000年5月1日消费者的购货款电视机厂全部还本。另外购进货物的进项税额为6.5万元的货物已经入库；

（3）5月18日，没收逾期的包装物押金14040元；

（4）从小规模纳税人处购进电视机的配件7.6万元，未取得增值税专用发票；

（5）5月20日，销售本厂自用三年的微型面包车一辆，售价67600元；

（6）本厂直接组织收购废旧电视机，支出收购金额3万元；

（7）5月22日，本厂销往外地商场50台电视机，每台不含税单价2020元/台，支付销售电视机运费，取得的货运发票上注明的金额总计为6000元，其中建设基金600元，保险费等杂费1000元。

要求：根据增值税暂行条例的规定，计算该电视厂应缴纳增值税。

【解】

（1）以电视机为职工谋福利，应视同销售，应计算销售额；

（2）采取还本销售方式销售电视机，本期应以实际收到的货款为销售额；并且2000年5月还本时也不得从当期销售额中减除还本支出；

（3）没收逾期的包装物押金，应按照所包装的货物适用的税率征收增值税；包装物押金应换算为不含税销售额；

（4）从小规模纳税人处购进电视机配件，且又未取得税务所代开的增值税专用发票，不得抵扣进项税额；

（5）销售自己使用过的应征消费税的汽车，应换算为不含税销售额，按照4%的征收率计算征收增值税；

（6）本厂直接组织收购废旧电视机不得计算进项税额进行抵扣；

（7）本厂销售电视机所支付的运费按照7%的扣除率计算进项税额进行抵扣。当月销项税额

　　（1860×850＋1560×300＋2020×50）×17%＋14040/(1＋17%)×17%＋67600/1＋4%×4%＝370140元　当期进项税额 65000＋(6000－1000)×7%＝65350元

6. 某机器厂为增值税一般纳税人。1999年6月发生以下经济业务：
（1）外购钢材120万元，取得增值税专用发票注明的进项税额为20.4万元；
（2）委托外单位加工零配件，收到的专用发票上注明的加工费为12万元，增值税为2.04万元；
（3）外购生产用煤支付价款56万元，取得增值税专用发票，煤已入库；
（4）因管理不严，仓库被盗，损失钢材，价值6万元；
（5）本厂基建领用钢材，价值4万元；
（6）外购的生产用煤供应职工食堂，价款为5万元；
（7）本厂设一非独立核算的车队，本月为购货方运输机器取得运输收入4.68万元。
（8）销售机器设备150万元，并从购货方处取得优质费9.36万元；要求：根据增值税暂行条例的规定，计算该厂应缴纳的增值税。

【解】
（1）因管理不严所损失的钢材；外购钢材、外购的生产用煤事后改变用途，按照规定应按实际成本计算进项税额从当期发生的进项税额中扣减；
（2）本厂所设非独立核算的车队所取得的运输收入，应换算为不含税销售额，计算缴纳增值税。
（3）从购货方处取得的优质费应换算为不含税销售额计算缴纳增值税。

当期销项税额＝[150＋4.68/(1＋17％)＋9.36/(1＋17％)]×17％＝27.54万元
当期进项税额＝20.4＋2.04＋56×13％－(6＋4)×17％－5×13％＝27.37万元
当期应纳增值税额＝27.54－27.37＝0.17万元

7. 某企业为增值税一般纳税人。1999年8月外购货物支付进项税额18万元，但购进的货物当月因管理不善发生霉烂变质损失1/3，当月销售货物取得含税销售额234万元，销售的货物适用17％的增值税税率。计算该企业8月份增值税应纳税额。

【解】
当期进项税额＝18－18/3＝12万元
当期销项税额＝234/1＋17％×17％＝34万元
应纳税额＝34－12＝22万元

8. 某企业为增值税一般纳税人，既生产应税货物，又生产免税货物。1999年9月购进货物支付进项税额30万元，购进的货物无法准确划分哪些用于应税货物，哪些用于免税货物。该企业当月销售应税货物取得不含税销售额400万元，销售免税货物取得销售额200万元，销售的货物适用17％的增值税税率。计算该企业9月份增值税应纳税额。

【解】
当期销项税额＝400×17％＝68万元
不得抵扣的进项税额＝当期全部进项税额×当月免税项目销售额/当月全部销售额合计
　　　　　　　　　＝30×200/（400＋600）＝10万元
可抵扣的进项税额＝30－10＝20万元
应纳税额＝68－20＝48万元

9. 某有出口经营权的生产企业（一般纳税人），2003年8月从国内购进生产用的钢材，取得增值税专用发票上注明的价款为368000元，已支付运费5800元，并取得符合规定的运输发票，进料加工贸易进口免税料件的组成计税价格为13200元人民币，材料均已验收入库；本月内销货物的销售额为150000元，出口货物的离岸价格为42000美元，下列表述正确的是（　）。（题目中的价格均为不含税价格，增值税税率为17%，出口退税率为13%，汇率为1∶8.3）应退增值税额多少，免抵增值税额是多少？

【解】计算过程如下：

免抵退税不得免征和抵扣税额＝当期出口货物离岸价×外汇人民币牌价×（出口货物征税税率－出口货物退税率）－免抵退税不得免征和抵扣税额抵减额

免抵退税不得免征和抵扣税额抵减额＝免税进口料件的组成计税价格×（出口货物征税税率－出口货物退税率）＝13200×（17%－13%）

免抵退税不得免征和抵扣税额＝8.3×42000×（17%－13%）－13200×（17%－13%）＝13416元

当期应纳税额＝当期内销货物的销项税额－（当期进项税额－当期免抵退税不得免征和抵扣税额）

当期应纳税额＝150000×17%－（368000×17%＋5800×7%－13416）＝－24050元

当期免抵退税额＝出口货物离岸价×外汇人民币牌价×出口货物退税率－免抵退税额抵减额

免抵退税额抵减额＝免税购进原材料价格×出口货物退税率＝13200×13%

当期免抵退税额＝8.3×42000×13%－13200×13%＝43602元

如果当期期末留抵税额（当期免抵退税额24050）43602 当期应退税额＝当期期末留抵税额－当期应退税额＝24050元

当期免抵税额＝43602－24050＝19552元

（六）案例分析题

【案例12-1】某房地产开发企业，在一海边城市开发一幢五星级酒楼，出售给一外国投资者。开发成本20亿元（取得土地使用权的成本为8亿元，城市维护建设税7%，教育费附加3%），售价28亿元。按规定，此项业务应纳营业税、城市维护建设税、教育费附加、印花税、土地增值税等合计约1.77亿元（计算过程如下）。

请问该公司是否有税收筹划的空间？

该房地产开发企业按规定应缴纳如下税费：

应缴纳营业税＝（280000－80000）×5%＝10000万元

应缴纳城市维护建设税、教育费附加合计＝10000×（7%＋3%）＝1000万元

应缴印花税＝280000×0.05%＝140万元

应缴土地增值税＝（280000－200000－10000－1000－140）×30%＝20658万元

应缴企业所得税＝（280000－200000－10000－1000－140－20658）×25%＝12050.5万元

［规划分析］

财政部、国家税务总局《关于营业税若干政策问题的通知》（财税〔2003〕16号）就营业税问题做出了新的规定：自2003年1月1日起，单位和个人销售或转让其购置的不动产或受让原价后的余额为营业额。单位和个人销售或转让抵债所得的不动产、土地使用权的，以全部收入减去抵债时，该项不动产或土地使用权作价后的余额为营业额。

财政部、国家税务总局关于土地增值税的一些具体问题规定的通知（财税［1995］48号）规定：对于以房地产进行投资、联营的，投资、联营的一方以土地（房地产）作价入股进行投资或作为联营条件，将房地产转让到所投资、联营的企业中时，暂免征收土地增值税。对投资、联营企业将上述房地产再转让的，应征收土地增值税。在企业兼并中，对被兼并企业将房地产转让到兼并企业中的，暂免征收土地增值税。

财税［2006］21号文件规定，对于以土地（房地产）作价入股进行投资或联营的，凡所投资、联营的企业从事房地产开发的，或者房地产开发企业以其建造的商品房进行投资和联营的，均不适用《财政部、国家税务总局关于土地增值税一些具体问题规定的通知》（财税字［1995］48号）第一条暂免征收土地增值税的规定。

该房地产开发公司可以先投资成立一子公司"某某大酒店"，酒店固定资产建成后，将大酒店股权全部转让给外国投资者，则可免除上述税款。具体操作过程如下：

第1步，联合其他股东共同出资（公司法规定，有限责任公司股东人数不得少于两个），设立一控股子公司"某某大酒店"。某某大酒店拥有法人资格，独立核算。

第2步，某某大酒店进行固定资产建设，相关建设资金由房产开发公司提供，并作应付款项处理。

第3步，固定资产建成后，外国投资者以兼并的方式拥有大酒店的股权。房产公司收回股权转让价款及大酒店所有债权。

［规划点评］

经过上述一番筹划，虽然股权转让收益需要缴纳企业所得税20000万元［（280000－200000）×25％］，但这部分所得税是房产开发收益本来就需要缴纳的，而股权转让业务不缴纳营业税、城建税、教育费附加和土地增值税，从而少纳了不动产转让过程的巨额税款。

【案例12-2】 某房地产开发企业为增强市场竞争力，准备投资5000万元扩大生产规模，现有两个投资项目可供选择。经过调查了解，两个投资项目的投资时间安排和收益情况（已扣除折旧额）见表12-5。

投资时间安排和收益情况表　　　　　单位：万元　　表12-5

时间	项目1	项目2
第1年初	投资5000	投资3000
第1年末	投资收益500	投资2000
第2年末	投资收益1000	投资收益3000
第3年末	投资收益2500	投资收益2500
第4年末	投资收益3000	投资收益1000
第5年末		投资收益500

两个项目的年折旧额均为500万元；项目1适用的所得税税率为15％，项目2适用的所得税税率为25％；预期报酬率为10％。要求对1、2两个投资项目的投资效益进行比较，并做出投资决策。

［规划分析］

（1）静态指标计算与分析：

1) 投资利润率

项目1：

投资总额＝5000万元

年平均利润＝(500＋1000＋2500＋3000)/4＝1750万元

投资利润率＝1750/5000×100％＝35％

项目2：

投资总额＝3000＋2000＝5000万元

年平均利润＝(3000＋2500＋1000＋500)/4＝1750万元

投资利润率＝1750/5000×100％＝35％

2) 投资回收期

项目1：

投资回收期＝3＋(5000－4000)/3000＝3.33年

项目2：

投资回收期＝1＋(5000－3000)/2500＝1.8年

3) 投资净利润率

项目1：

应纳企业所得税＝(500＋1000＋2500＋3000)×15％＝1050万元

税后净利润＝7000－1050＝5950万元

年平均税后净利润率＝5950/4＝1487.5万元

投资净利润率＝1487.5/5000×100％＝29.75％

项目2：

应纳企业所得税＝(3000＋2500＋1000＋500)×25％＝1750万元

税后净利润＝7000－1750＝5250万元

年平均税后净利润率＝5250/4＝1312.5万元

投资净利润率＝1312.5/5000×100％＝26.25％

从以上静态指标的计算中可以看出，项目1和项目2的投资利润率相同，均为35％，考虑税收因素的影响后，项目1的投资净利润率（29.75％）大于项目2的投资净利润率（26.25％），应选择项目1；但如果从投资回收期的长短看，项目2的投资回收期（1.8年）短于项目1的投资回收期（3.33年），则应选择项目2。因此，要进一步计算两个项目的动态指标。

(2) 动态指标计算与分析

动态指标的计算与分析可通过编制现金流量表进行。见表12-6、表12-7。

项目1现金流量表　　　　　　　　单位：万元　　表12-6

年份	第1年初	第1年末	第2年末	第3年末	第4年末
税前利润		500	1000	2500	3000
折旧额		500	500	500	500
税前现金流量	－5000	1000	1500	3000	3500
税前现金流量现值	－5000	909	1239	2253	2390.5

续表

年份	第1年初	第1年末	第2年末	第3年末	第4年末
所得税		75	150	375	450
税后利润		425	850	2125	2550
税后现金流量	−5000	925	1350	2625	3050
税后现金流量现值	−5000	841	1116	1972	2083

项目2现金流量表　　　　　　　　　单位：万元　　表12-7

年份	第1年初	第1年末	第2年末	第3年末	第4年末	第5年末
税前利润			3000	2500	1000	500
折旧额			500	500	500	500
税前现金流量	−3000	−2000	3500	3000	1500	1000
税前现金流量现值	−3000	−1818	2891	2253	1024.5	621
所得税			750	625	250	125
税后利润			2250	1875	750	375
税后现金流量	−3000	−2000	2750	2375	1250	875
税后现金流量现值	−3000	−1818	2273	1784	854	543

根据表12-2所示，计算项目1的动态指标如下：

税前净现值＝1791.5万元　　　　　税后净现值＝1012万元
税前现值指数＝1.3583　　　　　　税后现值指数＝1.2024
税前内部收益率＝21.72％　　　　　税后内部收益率＝14.13％
税前投资回收期＝3.25年　　　　　税后投资回收期＝3.41年

根据表12-3，计算项目2的动态指标如下：

税前净现值＝1971.5万元　　　　　税后净现值＝636万元
税前现值指数＝1.4092　　　　　　税后现值指数＝1.132
税前内部收益率＝28.6％　　　　　税后内部收益率＝12.7％
税前投资回收期＝2.3年　　　　　　税后投资回收期＝3.24年

从以上动态指标的计算中可以看出，在未考虑税收影响之前，项目2的净现值、现值指数和内部收益率均大于项目1，投资回收期也短于项目1，应选择项目2。但在考虑项目的税收负担后，由于项目1适用的所得税税率较低，项目1的净现值、现值指数和内部收益率均高于项目2，投资回收期也与项目2相差不多，所以应优先选择项目1进行投资。

［规划点评］

投资决策是对一个投资项目的各种方案的投资支出和投资后的收入进行对比分析，以选择投资效果最佳的方案。对投资决策的税收筹划分析方法主要以下几种：

（1）静态分析方法

静态分析方法，也叫简单分析方法，即不考虑资金的时间价值，利用项目正常生产年份的财务数据对项目的投资效益进行分析。计算简便、直观、容易理解，但结论不够准确、全面。运用静态分析法计算的主要指标有投资利润率、资本金利润率、投资回收期和综合税负水平等。

1) 投资利润率。投资利润率指项目达到生产能力后的一个正常生产年份的年利润总额与项目总投资的比率。对生产期内各年的利润总额变化幅度较大的项目,应计算生产期年平均利润总额与总投资的比率。其计算公式为:

投资利润率=(年利润总额或年平均利润总额/总投资)×100%

式中　年利润总额=营业利润±营业外收入总额

总投资=固定资产投资+无形资产投资+其他长期资产投资+建设期利息+投资在流动资产上的资金

其中:营业利润=营业收入+手续费及佣金收入+利息净收入+投资收益+公允价值变动收益+汇兑收益+其他业务收入-营业支出-营业税金及附加-业务及管理费-资产减值损失-其他业务成本

投资利润率指标反映项目效益与代价的比例关系。一般说来,项目的投资利润率越高,效益越好;反之越差。

2) 资本金利润率。资本金利润率是指项目达到设计生产能力后的一个正常生产年份的年利润总额或项目生产经营期内的年平均利润总额与资本金的比率,它反映拟建项目的资本金盈利能力。其计算公式为:

资本金利润率=(年利润总额或年平均利润总额/资本金)×100%

资本金利润率越高,项目的效益越好。

3) 投资回收期。投资回收期是指项目净现金流量抵偿全部投资所需要的时间。其公式为:

$$\sum_{t=1}^{P_t} CI_t = CO$$

式中　P_t——投资回收期,以年表示;

CI_t——第 t 年项目净现金流量;

CO——初始现金净流量。

投资回收期的计算可采用公式法或列表法。当拟建项目投产后各年的盈利水平相差不大,即各年的收益增减变动不大时,可取其平均收益额进行估算。其公式为:

$$P_t = CO/(R+D)$$

式中　R——正常年份利润总额或年平均利润总额;

D——年新增折旧额和摊销费;

CO——项目总投资。

当拟建项目的盈利水平相差较大时,可采用列表法计算投资回收期。采用列表法计算投资回收期时,可利用现金流量表累计净现金流量计算求得。其计算公式为:

P_t=(累计净现金流量开始出现正值年份-1)+上年累计净现金流量绝对值/当年净现金流量

计算求出的投资回收期与部门 P_t 或行业的基准投资回收期 P_c 比较,当 $P_t \leqslant P_c$ 时,应认为项目具有较强的投资回收能力。投资回收期短,项目的效益越好。投资回收期的计算起点,可以从项目开始建设年份算起,也可以从项目投产时算起。

4) 综合税负水平。综合税负水平指项目正常年份应税总额或年平均应税总额与年平均应税收益总额的比率关系。其计算公式为：

综合税负水平＝年应税总额或年平均应税总额/年应税收益总额或年平均应税收益总额×100%

该指标反映项目获得的收益在企业与国家之间的分配比例关系，综合税负水平越高，企业的税后收益额越小。

(2) 动态分析方法

动态分析方法又称现值法，它考虑资金时间价值和利息因素的影响，计算整个项目寿命期的财务数据，分析项目寿命期内各年的投资效益，并对各年的财务数据进行贴现，计算比较复杂，也比较精确。运用动态分析方法计算的主要指标有净现值、现值指数、内部收益率和动态投资回收期等。

1) 净现值（NPV）。净现值是反映项目在计算期内获利能力的动态指标。它是指按预期报酬率将项目计算期内各年净现金流量折现到建设起初的现值之和。用公式表示为：

$$NPV = \sum_{t=1}^{n} CI_t / (1+K)^t - CO_p$$

式中 CI_t——第 t 年的净现金流量；

K——预期报酬率；

CO_p——初始现金流出量现值。

如果预期报酬率是投资者预期在某投资项目中能赚取的收益率，那么要是公司投资一个净现值大于 0 的项目，公司股票的市场价格就会上升。如果公司投资一个净现值等于 0 的项目，公司股票的市场价格将保持不变。所以，如果某投资项目的净现值为 0 或比 0 大，则该项目是可以接受的；如果净现值比 0 小，则应放弃。

2) 现值指数（NPV_r）。现值指数是项目未来净现金流量的现值与初始现金流出量现值之比，即单位投资现值的净现金流量，它是反映项目单位投资效益的评价指标。其计算公式为：

$$NPV_r = \sum_{t=1}^{n} \frac{CI_t}{(1+K)^t} \times \frac{1}{CO_p}$$

式中 CI_t——第 t 年的净现金流量；

K——预期报酬率；

CO_p——初始现金流出量现值。

用现值指数衡量项目的优劣，应选择现值指数大于或等于 1 的项目。现值指数越大，单位投资创造的效益越大，项目效益越好。

3) 内部收益率（IRR）。内部收益率是项目计算期内各年净现金流量现值累计等于初始现金流出量现值时的折现率。内部收益率不受外生变量的影响，不是可任意选择的一个利率，而是决定于项目本身的经济活动，即项目本身的现金流出与流入的对比关系，完全根据项目自身的参数，试图在项目之内找到一个事先并不知道的利率，用这个利率去贴现未来的净现金流量，恰好使现金流出现值和流入现值相等。其表达公式为：

$$\sum_{t=1}^{n} \frac{CI_t}{(1+IRR)^t} = CO_p$$

式中 CI_t——第 t 年的净现金流量；

IRR——内部收益率;

CO_p——初始现金流出量现值。

实际运用时,内部收益率可根据财务现金流量表中净现金流量现值用插值法计算求得。

内部收益率与预期报酬率比较,当内部收益率大于或等于预期报酬率时,应认为项目的投资效益较好,可以接受;如果内部收益率没有超过预期报酬率,则投资项目不能接受。内部收益率越高,项目的效益越好。

三个指标的具体运用,见表 12-8。

动态分析指标运用表　　　　　表 12-8

指标	净现值（NPV）	内部收益率（IRR）	现值指数（NPV_r）
项目决策	$NPV \geqslant 0$ 可行	$IRR \geqslant K$ 可行	$NPV_r \geqslant 1$ 可行
互斥方案选择	投资额相同时,选择 NPV 较大者;投资额不同时,结合 NPV_r 一起考虑	不能直接用,可计算差额投资内部收益率 ΔIRR,当 $\Delta IRR \geqslant K$ 时,投资额大的方案较好	有资金限制时,NPV_r 大者为优
项目排队（独立方案按优劣排序的最优组合）	不能直接用	不能直接用	按 NPV_r 结合 NPV 大小排序

4）动态投资回收期（P_t）。动态投资回收期是项目计算期内各年净现金流量现值抵偿初始现金流出量现值所经历的时间。其表达公式为:

$$\sum_{t=1}^{P'_t} \frac{CI_t}{(1+K)^t} = CO_p$$

式中　P'_t——投资回收期,以年表示;

　　　CI_t——第 t 年的净现金流量;

　　　K——预期报酬率;

　　　CO_p——初始现金流出量现值。

土地项目转让税收筹划案例

【案例 12-3】某 A 公司注册资本 200 万元,受让取得某地块使用权,为取得该地所支付的全部价款及税费总计 700 万元。现 A 公司欲以 1200 万元的价格将该地块转让给 B 公司。试从房地产市场土地转让的几种形式中,寻求一种最节税的方案,实现各方利益最大化。

[筹划分析]

方案 1：直接转让土地使用权

这种方式快速、便捷,但 A、B 公司需办理土地及相关证书更名过户。

（1）A 公司将土地作价 1200 万元转让给 B 公司。A 公司应缴营业税、土地增值税、企业所得税、印花税 298.26 万元,B 公司应缴契税、印花税 36.6 万元。A、B 公司总纳税 334.86 万元。

（2）土地增值额 500 万元可列入 B 公司开发成本,可抵减土地增值税 180 万元,企业所得税 105.6 万元,抵减税款现值 226.22 万元。（假设资金年利率 6%,计算房产销售增值额时,土地成本加计20%扣除,土地增值税率30%,第五年度土地计入开发成本。)

(3) 土地转让纳税现值支出108.64万元。

方案2:股权直接转让

A公司股东将其所持A公司股权直接转让给B公司,B公司成为A公司的新股东,从而取得了A公司名下的土地使用权。这种方式操作比较方便,而且从税收上看,由于并不存在土地使用权过户问题,所以免征契税,而股权转让可免征营业税及其附加税费。

A公司股东投入公司200万元投资,取得借款500万元,购买一块土地700万元。现在土地增值500万元,增值额500万元只有A公司股东独享。A公司股东的股权就变成700万元。A公司股东只要把A公司100%股权按700万元转让,就达到了按1200万元转让土地的目的(A公司的负债由A公司负责偿还,与股东无关)。

(1) 当A公司股东是法人时,A公司股东股权投资转让所得500万元,所得税为165万元,另有印花税0.35万元。

(2) 当A公司股东是自然人时,应纳个人所得税为:

$$(700-200)\times 20\% = 100 \text{万元}$$

另有印花税0.35万元。

(3) B公司缴纳印花税0.35万元。

(4) 土地增值额500万元不能列入开发成本。

方案3:投资方式

首先,A公司将该土地作价1200万元与B公司合资成立C公司,然后A公司将其在C公司的股权全部转让给B公司。

《国家税务总局关于企业股权投资业务若干所得税问题的通知》(国税发[2000]118号)第三点企业以部分非货币性资产投资的所得税处理,按以下方法:

(1) 企业以经营活动的部分非货币性资产对外投资,包括股份公司的法人股东以其经营活动的部分非货币性资产向股份公司配购股票,应在投资交易发生时,将其分解为按公允价值销售有关非货币性资产和投资两项经济业务进行所得税处理,并按规定计算确认资产转让所得或损失(A公司土地协议价1200万元,成本700万元,资产转让所得500万元)。

(2) 上述资产转让所得如数额较大,在一个纳税年度确认实现缴纳企业所得税确有困难的,报经税务机关批准,可作为递延所得,在投资交易发生当期及随后不超过5个纳税年度内平均摊转到各年度的应纳税所得中(在这里A公司应纳所得税165万元,可以将165万元所得税分5年平均摊转,A公司所得税现值147.35万元)。

1) A公司缴纳企业所得税、印花税165.6万元,现值为147.95万元(企业所得税分5年摊转),B公司印花税0.6万元,C公司契税36万元。A、B、C公司总纳税现值184.55万元。

2) 土地增值额500万元可列入B公司开发成本,可抵减土地增值税180万元,企业所得税105.6万元,抵减税款现值226.22万元(同方案1)。

3) 纳税形成现金净流入41.67万元(主要是缴税时只有企业所得税,而增值额500万元列入计税成本,必然要抵减土地增值税、企业所得税,造成了现金的净流入)。

方案4:合作建房

为了比较纳税差别,假设A、B公司同意合作建房,并且A公司同意出地,由B公司独立开发，项目第 5 年开发完毕，B 公司第 5 年支付总价 1514.97 万元给 A 公司（按 1200 万元年利率 6％计复利）。

（1）A 公司应纳营业税 75.75 万元、土地增值税 256.9 万元、企业所得税 159.17 万元，总税负 491.82 万元，税款现值 389.57 万元。

（2）土地增值 814.97 万元可列入开发成本，抵减土地增值税 293.39 万元，企业所得税 172.12 万元，总抵减税款 465.51 万元，折成现值 368.73 万元。

（3）合作建房纳税现值支出 20.84 万元。

[筹划点评]

方案 3 最节税，纳税形成现金净流入 41.67 万元，主要是缴税时只有企业所得税，而增值额 500 万元列入计税成本，必然要抵减土地增值税、企业所得税，造成现金的净流入。

方案 4 纳税现金流出虽然很低，只有 20.84 万元，但 A、B 公司配合时间太长，并且土地证不办理过户，对 B 公司开发的风险比较大。如果 A 公司将来有债务纠纷，该地块可能影响 B 公司开发及销售。

方案 2 虽然纳税比较高，但是变更非常容易，A、B 公司很快完成所有手续，土地证、计委、规划、建设相关手续不用变更，B 公司马上可以投入开发，A 公司立刻实现收益 500 万元。

方案 1 中并购当时纳税 334.86 万元，税负太高，对 A、B 公司的资金额要求较高，一般房地产企业都是负债经营，不会选择该方案。

【案例 12-4】甲公司承揽一座大厦的建筑工程，工程总造价为 2500 万元，施工单位为乙单位，承包金额为 2000 万元，问甲公司与乙公司如何签订合同才有利于节税？

[筹划分析]

《营业税暂行条例》规定，依据工程承包公司与施工单位是否签订承包合同，将营业税划归两个不同的税目，即建筑业和服务业。而建筑业的适用税率为 3％，服务业的适用税率为 5％，这就为工程承包公司进行纳税筹划提供了契机。

《营业税暂行条例》规定：建筑业的总承包人将工程分包或转包给他人的，以工程的全部承包额减去付给分包人或转包人的价的余额为营业额。工程承包公司承包建筑安装工程业务，如果工程承包公司与施工单位签订建筑安装工程承包合同，无论其是否参与施工，均应按"建筑业"税目征收营业税。如果工程承包公司不与施工单位签订承包建筑安装工程合同，只是负责工程的组织协调业务，对工程承包公司的此项业务则按"服务业"税目征收营业税。

甲公司承揽一座大厦的建筑工程，工程总造价为 2500 万元，施工单位为乙单位，承包金额为 2000 万元，如果甲公司与乙公司签订了分包合同，则甲公司适用 3％的营业税税率，应纳税额为：(2500－2000)×3％＝15 万元。如果双方没有签订分包合同，甲公司只负责组织协调业务，收取中介服务费，则 500 万元的收入应属"服务业"税目，适用 5％的税率，那么应纳税额为：500×5％＝25 万元。分包合同的签订，为甲公司节税 10 万元。

《营业税暂行条例》规定，纳税人从事安装工程作业，凡所安装的设备价值作为安装工程产值的，其营业额应包括设备的价款。如某安装企业承包某单位的安装工程，若由安装企业提供设备并负责安装,其中,安装费150万元,设备费550万元,则应缴营业税:700×3‰=21万元。若改为只负责安装业务,收取安装费150万元,设备由单位内行采购提供,则该安装企业应缴营业税:150×3‰=4.5万元。这一筹划为企业节税16.5万元。

[规划点评]

建筑安装企业在从事安装工程作业时,应尽量不将设备价值作为安装工程产值,可由建设单位提供机器设备,建筑安装企业只负责安装,取得的只是安装费收入,使其营业额中不包括设备的价款,从而达到节税的目的。

【案例12-5】假如某投资者购入一套价值55万元的普通住房,1年后不到2年内以60万元价格销售。问其税收负担情况如何?

按照原来《财政部、国家税务总局关于调整房地产市场若干税收政策的通知》(财税[1999]210号)规定:"对个人购买并居住超过1年的普通住宅,销售时免征营业税;个人购买并居住不足1年的普通住宅,销售时营业税按销售价减去购入原价后的差额计征。"因此,投资者不需要缴纳营业税。而且如果是期房销售,由于没有办理产权证就直接转手,还可以不缴纳契税。不考虑其他费用和所得税,投资者可获利5万元。

[筹划分析]

为贯彻落实国家七部委《关于做好稳定住房价格工作意见的通知》(国办发[2005]26号)的精神,国家税务总局、财政部、建设联合下发《关于加强房地产税收管理的通知》(国税发[2005]89号)等系列抑止炒房、控制住房价格的税收政策。新政策增加了投资炒房者的税收成本。

新的税收政策主要涉及营业税。政策规定如果投资炒房者在2年内转手销售,需要全额缴纳营业税,由此增加投资者的税收成本。

按照新政策规定,购房时,需要缴纳契税:550000×2‰(设税率为4‰,减半)=11000元;需要缴纳营业税及城建税、教育费附加:600000×5.5‰=33000元。两项合计增加税收成本44000元,不考虑其他费用和所得税,投资者获利减为6000元,比原来减少44000元。

显然,转让住房投资者按照原来的方式运作基本是无利可图的,如果转让销售价格增值部分低于增加的税收成本的话,还会出现亏损。那么,住房投资者有什么办法可以不缴纳契税和不按全额缴纳营业税呢?其实,只要投资者转变经营方式,将原来投资炒房行为转变为与房地产开发商协作经营销售住房,即当投资者有意进行房地产投资时,先与房地产开发商注册成立一个公司代理销售房地产,对房地产公司开发的住房采取包销的方式。这样做不但可以大大降低税收成本,还可以缓解房地产公司的资金和销售方面的压力。

如果包销商与房产开发企业签订合同,在规定的合同期间内,房地产公司将房产交给包销商根据市场情况自定价格进行销售,由房产开发企业向客户开具房产销售发票,包销商收取价差或手续费,合同期满未售出的房产由包销商进行收购。包销商可以按照约定的包销数量支付一定的保证金。如此,根据《国家税务总局关于房产开发企业销售不动产征收营业税问题的通知》(国税函发[1996]684号)规定:"在合同期内房产企业将房产交给包销商承销,包销商是代理房产开发企业进行销售,所取得的手续费收入或者价差应按'服务业——代理业'征收营业税。"

仍以前例分析，包销商（住房投资者）以55万元对开发商包销住房一套，实际以60万元销售，获取5万元手续费。房地产开发企业开具60万元销售发票后，凭包销商开具的发票支付5万元手续费给包销商。

包销商只需要缴纳营业税及城建税、教育费附加为：50000×5.5％＝2750元。不考虑其他费用和所得税，投资者获利为47250元。

而对于房地产开发企业来说，由于增加了销售额5万元，但是同时增加了销售手续费5万元，所以没有增加企业所得税。但是增加了5万元销售额的营业税及城建税、教育费附加，增加额为：50000×5.5％＝2750元。同时，如果该项目有增值，5万元销售费用的增加不会增加土地增值税的扣除项目金额。因此，还要增加土地增值税收，如果该项目普通住房增值率不超过20％，则不增加土地增值税。假设增值率超过20％，不超过50％，税率为30％，则增加税收为：50000×30％＝15000元

[筹划点评]

按照这个方案运作，包销方（住房投资者）只增加税收成本2750元，显然非常有利。但是房地产开发商将增加税收成本17750元，处于不利地位。虽然如此，但相比而言仍然有利可图，如果双方愿意相互合作，共同分担税收成本，经过仔细测算后，包销商作些适当让利，还是不失为一个可行的筹划方案。

【案例12-6】房地产公司A拥有一土地使用权，其账面价值5万元，远远低于评估价值50万元。若以该土地使用权进行房地产开发，出售时在土地增值税和企业所得税上均会吃亏。其税收缴纳情况预计如下（数据假设——开发成本20万元，开发费用30万元，该房地产市值150万元，适用的土地增值税平均税率为40％（为计算方便），A公司适用的企业所得税为25％）。

A公司应缴纳的营业税为：(150－5)×5％＝7.25万元

土地增值税为[150－5－20－30－(5＋20)×20％－7.25]×40％＝33.1万元

企业所得税为(150－5－20－30－7.25－33.1)×25％＝13.6625万元

税金合计：7.25＋33.1＋13.6625＝54.0125万元

节税的关键在于提高土地使用权的成本扣除。

方案1：A公司以该笔土地使用权和部分货币资金分立成立B公司，B企业利用该土地使用权进行房地产开发并出售。

[筹划分析]

根据《关于股权转让有关营业税问题的通知》（财税［2002］191号），"以无形资产、不动产投资入股，参与接受投资方利润分配，共同承担投资风险的行为，不征收营业税。"

根据财政部《关于土地增值税一些具体问题规定的通知》，"对于以房地产进行投资、联营的，投资、联营的一方以土地（房地产）作价入股进行投资或作为联营条件，将房地产转让到所投资、联营的企业中时，暂免征收土地增值税。"

根据《关于企业合并、分立业务有关所得税问题的通知》（国税发［2000］119号）"被分立企业应视为按公允价值转让其被分离出去的部分或全部资产，计算被分立资产的财产转让所得，依法缴纳所得税。分立企业接受被分立企业的资产，在计税时可按经评估确认的价值确定成本。"

财政部、国家税务总局《关于营业税若干政策问题的通知》（财税［2003］16号）就

营业税问题的规定：自 2003 年 1 月 1 日起，单位和个人销售或转让其购置的不动产或受让的土地使用权，以全部收入减去不动产或土地使用权的购置或受让原价后的余额为营业额。

A 公司以该笔土地使用权和部分货币资金分立成立 B 公司，分立时，计算应缴纳的企业所得税（50－5）×25％＝11.25 万元。分立后，该土地使用权在 B 公司以 50 万元入账。B 企业利用该土地使用权进行房地产开发并出售，其应缴税金计算如下：

应缴纳的营业税：（150－50）×5％＝5 万元

土地增值税[150－50－20－30－（50＋20）×20％－5]×40％＝12.4 万元

企业所得税(150－50－20－30－5－12.4)×25％＝8.15 万元

税金合计：11.25＋5＋12.4＋8.15＝36.8 万元

节税金额：54.0125－36.8＝17.2125 万元

[筹划点评]

方案 1 的关键在于，被分立企业剥离出的无形资产视作出售进行业务处理后，分立企业对该无形资产可以评估价值入账，这样就提高该笔土地使用权的入账价值。同时，根据税法规定，以无形资产投资免交营业税和土地增值税，因此，这个分立的过程在税收上不会造成额外的负担。另外，采用此方法的一大好处在于，该土地使用权的控制权仍掌握在 A 公司手中。但同时应注意，该方案仍然存在不可避免的成本。

1）对土地进行评估的费用和时间

2）新设公司的各种手续和成本

3）因新设公司带来的管理成本

若以上各项成本之和小于该方案的收益（即节税额），则该方案是可行的，否则，就不可行。当然，该方案也可能带来其他操作上的便利，比如利润在两个公司之间的转移等，这要视具体情况而定。

方案 2：若 A 公司有子公司 B，可以股权投资的方式将该土地使用权投资到 B 公司。

若 A 公司以股权投资的方式将该土地使用权投资到 B 公司。投资时计算应缴纳的企业所得税：（50－5）×25％＝11.25 万元。该土地使用权在 B 公司以 50 万元入账。其他税金的计算同方案 1。

[筹划分析]

根据《关于企业股权投资业务若干所得税问题的通知》（国税发［2000］118 号），"企业以经营活动的部分非货币性资产对外投资，包括股份公司的法人股东以其经营活动的部分非货币性资产向股份公司配购股票，应在投资交易发生时，将其分解为按公允价值销售有关非货币性资产和投资两项经济业务进行所得税处理，并按规定计算确认资产转让所得或损失。被投资企业接受的上述非货币性资产，可按经评估确认后的价值确定有关资产的成本。"

根据《关于股权转让有关营业税问题的通知》（财税［2002］191 号），"以无形资产、不动产投资入股，参与接受投资方利润分配，共同承担投资风险的行为，不征收营业税。"

根据财政部《关于土地增值税一些具体问题规定的通知》，"对于以房地产进行投资、联营的，投资、联营的一方以土地（房地产）作价入股进行投资或作为联营条件，将房地产转让到所投资、联营的企业中时，暂免征收土地增值税。"

[筹划点评]

该方案与方案1的实质是相同的——都是通过企业（集团）内部资产及资本机构的调整来提高土地使用权的入账价值。但由于此方案借助现存的企业，其成本较低。同时，由于B公司仍然受A公司的控制，使得土地使用权的控制权实际上仍然掌握A公司手中。此外，若B公司是A公司的全资子公司，A公司转让其拥有的B公司的全部股权，属于企业的整体出售，另有政策进行规范。但同时应注意，该方案细化还需以下资料：

1) 该房地产公司是否拥有子公司，其股权关系如何，各自的盈利情况；
2) 对土地使用权进行评估所需的费用和时间；
3) 进行计算所需各种实际数据的收集。

房地产企业土地增值税的几种筹划方法

土地增值税是对转让国有土地使用权、地上建筑物及其附着物并取得收入的单位和个人，就其转让房地产所取得的增值额征收的一种税。根据我国《土地增值税暂行条例》及其实施细则的规定，土地增值税的征税范围包括：转让国有土地使用权，地上的建筑物及其附着物连同国有土地使用权一并转让。这里所说的"地上的建筑物"是指建于土地上的一切建筑物，包括地上地下的各种附属设施。所谓"附属物"是指附着于土地上的不能移动或一经移动即遭损坏的物品。

非关联企业之间买卖房地产，房地产销售方涉及营业税及附加、土地增值税、印花税和所得税等税种。而房地产的销售作为投资者回收成本和获取收益的关键环节，其销售状况直接关系到房地产投资回报率的高低。因此，运用合理的纳税筹划方法，正确处理房地产销售活动中的定价以及销售方式的选取等问题，合理合法地降低房地产销售中税收成本，对于房地产销售方而言具有重要意义。

(1) 用好征免税临界点的筹划

《土地增值税暂行条例》规定，纳税人建造普通标准住宅出售，增值率未超过20%的免征土地增值税。因此，降低房地产销售中的土地增值税负担的关键就是控制房地产的增值率，在足额计算扣除项目的基础上，特别注意在制定房地产的销售价格时，对处于土地增值税临界点附近的情况，事先一定要进行必要的筹划。

【案例12-7】 甲房地产开发企业欲销售4000m^2的商品房（符合普通住宅标准），扣除项目金额为672万元，现有两种销售方案，一是按照2000元/m^2的价格出售；二是按照2100元/m^2的价格出售。

方案1：房产的增值税率为19.05%[(2000×4000÷10000－672)÷672×100%]，小于20%的临界点，无需缴纳土地增值税，企业的利润为128万元。

方案2：房产的增值率为25%[(2100×4000÷10000－672)÷672×100%]，需要缴纳土地增值税50.4[168×30%]万元，企业的利润为117.6[168－50.4]万元，销售价格提高之后税收利润却下降了10.4[128－117.6]万元，如果再考虑营业税的因素，两种方案下利润的差别会更大。

(2) 控制房地产增值率的筹划

土地增值税是超率累进税率，即房地产的增值率越高，所适用的税率也越高。因此，如果有可能分解房地产销售的价格，从而降低房地产的增值率，则房地产销售所承担的土地增值税就可以大大降低。由于很多房地产在出售时已经进行了简单装修，因此，可以从简单装修上做文章,将其作为单独的业务独立核算,这样就可以通过两次销售房地产进行税收筹划。

【案例 12-8】某房地产公司出售一栋房屋,房屋总售价为 1000 万元,该房屋进行了简单装修并安装了简单必备设施。根据税法规定,该房地产开发业务允许扣除的费用为 400 万元,增值额为 600 万元。该房地产公司应该缴纳土地增值税、营业税、城市维护建设税、教育费附加以及企业所得税。土地增值率为 $600 \div 400 \times 100\% = 150\%$。根据《土地增值税暂行条例实施细则》规定,增值额超过扣除项目金额 100%,未超过 200% 的,土地增值税税额 = 增值额 × 50% − 扣除项目金额 × 15%。因此,应当缴纳 240[600×50%−400×15%]万元土地增值税。同时,还应该缴纳营业税 50[1000×5%]万元。应当缴纳城市维护建设税和教育费附加 5[50×10%]万元。不考虑企业所得税,该房地产公司的利润为 305[1000−400−240−50−5]万元。

如果进行税收筹划,将该房屋的出售分为两个合同,一份为房屋出售合同,不包括装修费用,房租出售价格为 700 万元,允许扣除成本为 300 万元。另一份为房屋装修合同,装修费用 300 万元,允许扣除的成本为 100 万元。则土地增值率为 $400 \div 300 \times 100\% = 133\%$,应该缴纳土地增值税 155[400×50%−300×15%]万元;营业税 35[700×5%]万元;城市维护建设税和教育费附加 3.5[35×10%]万元。装修收入应当缴纳营业税 9[300×3%]万元;城建税和教育费附加 0.9[9×10%]万元。该公司的利润为 396.6[700 300 155 35−3.5+300−100−9−0.9]万元(不考虑企业所得税)。经过税收筹划,企业可减轻税收负担 91.6[396.6−305]万元。

(3) 变房产销售为投资可节税

根据财税字[2002]191号文件规定,以不动产投资入股,参与接受投资方的利润分配,共同承担投资风险的行为,不征收营业税,而且自 2003 年 1 月 1 日起,对于以不动产投资入股后转让股权的行为,不再征收营业税。这种规定为销售房地产企业开展纳税筹划提供了空间。即如果房地产的购买方是具备一定条件的企业或公司,则可以考虑先以不动产投资入股,再向购买方转让股权的房地产销售方式。

【案例 12-9】甲房地产开发企业欲销售 4000m² 的住房给乙企业,扣除项目金额为 672 万元,如果以 2400 元/m² 的价格直接出售,需要缴纳土地增值税 86.4 万元,缴纳营业税 48(960×5%)万元,城市维护建设税和教育费附加 4.8[48×(7+3)%]万元。而如果甲企业与购买方乙企业达成协议,甲企业先以该房产向乙企业进行股权投资,稍后再以 960 万元的价格向乙企业转让该股权,则虽然需要缴纳土地增值税 86.4 万元(注:财税[2006]21 号文件)规定,对于以土地(房地产)作价入股进行投资或联营的,凡所投资、联营的企业从事房地产开发的,或者房地产开发企业以其建造的商品房进行投资和联营的,均不适用《财政部、国家税务总局关于土地增值税一些具体问题规定的通知》财税字[1995](48 号)第一条暂免征收土地增值税的规定。即房地产开发企业以房地产进行投资或联营要缴纳相应的土地增值税,而其他企业仍享受该项政策,但是可以合法合理地节省了 52.8 万元的营业税及附加。

(4) 利用土地增值税的征税范围进行筹划

准确界定土地增值税的征税范围十分重要。判定属于土地增值税征税范围的标准有三条:一是土地增值税是对转让土地使用权及其地上建筑物和附着物的行为征税;二是土地增值税是对国有土地使用权及其地上建筑物和附着物的转让行为征税；三是土地增值税的征税范围不包括未转让土地使用权、房产产权的行为。根据这三条判定标准，税法对若干具体情况是否属于土地增值税征税范围进行了判定，房地产企业可以根据这些判定标准进行合理的税收筹划。房地产的建筑应缴纳营业税，税率为3%；而房地产的销售应缴纳土地增值税。因此，可以通过建房方式的改变，避开土地增值税，主要有两种方式：

1) 房地产的代建房行为

税法中对房地产的代建房行为是否征税做出了具体规定，房地产的代建行为是指房地产开发公司代客户进行房地产的开发，开发完成后向客户收取代建收入的行为。对于房地产开发公司而言，虽然取得了收入，但没有发生房地产权属的转移，其收入属于劳务收入性质，故不属于土地增值税的征税范围。房地产开发公司可以利用这种建房方式，在开发之初确定最终用户，实行定向开发，以达到减轻税负的目的，避免先开发后销售缴纳土地增值税。这种方式可以使房地产开发公司以用户名义取得土地使用权和购买各种材料设备，也可以协商由客户自己取得和购买，只要从最终形式上看，房地产权属没有发生转移就可以。

2) 合作建房

税法规定，对于一方出地，一方出资金，双方合作建房，建成后按比例分房自用的，暂免征收土地增值税；建成后转让的，应征收土地增值税。房地产开发公司可以充分利用此项政策进行税收筹划。假如某房地产开发公司拥有一块土地，拟与A公司合作建造写字楼，资金由A公司提供，建成后按比例分房。对房地产开发公司而言，作为办公用房自用，不用缴纳土地增值税，从而降低了房地产成本，增强了市场竞争力。将来再做处置时，可以只就属于自己的部分缴纳土地增值税。

(5) 利用增加扣除项目金额进行筹划

计算土地增值税是以增值额与扣除项目金额的比率，即增值率的大小按照相适用的税率累进计算征收的，增值率越大，适用的税率越高，缴纳的税款就越多。合理的增加扣除项目金额可以降低增值率，使其适用较低的税率，从而达到降低税收负担的目的。

税法准予纳税人从转让收入额减除的扣除项目包括五个部分：取得土地使用权所支付的金额；房地产开发成本；房地产开发费用；与转让房地产有关的税金；财政部规定的其他扣除项目，主要是指从事房地产开发的纳税人允许扣除取得土地使用权所支付金额和开发成本之和的20%。其中房地产开发费用中的利息费用如何计算，《土地增值税暂行条例实施细则》中做了明确规定，房地产企业可以选择适当的利息扣除标准进行税收筹划。税法规定利息支出凡能够按转让房地产项目计算分摊并提供金融机构证明的，允许据实扣除，但最高不得超过按商业银行同类同期贷款利率计算的金额。其他房地产开发费用，按取得土地使用权所支付的金额和房地产开发成本之和的5%以内计算扣除，用公式表示：

房地产开发费用＝利息＋（取得土地使用权所支付的金额＋房地产开发成本）×5%

凡不能按转让房地产开发项目计算分摊利息支出或不能提供金融机构证明的，房地产开发费用按取得土地使用权所支付的金额与房地产开发成本之和的10%以内计算扣除。用公式表示：

房地产开发费用＝（取得土地使用权所支付的金额＋房地产开发成本）×10%

究竟采取哪种方式扣除利息费用，房地产企业据此可以选择：如果企业预计利息费用较高,开发房地产项目主要依靠负债筹资,则可计算分摊利息并提供金融机构证明,据实扣除;反之,主要依靠权益资本筹资,预计利息费用较少,则不计算应分摊的利息,这样可以多扣除房地产开发费用,对实现企业价值最大化有利。

【案例12-10】假设某房地产开发企业进行一个房地产项目开发,取得土地使用权并支付金额200万元,房地产开发成本为400万元。如果该企业利息费用能够按转让房地产项目计算分摊并提供了金融机构证明,则房地产开发费用为:利息费用+(200+400)×5%=利息费用+30万元。

如果该企业利息费用无法按转让房地产项目计算分摊,或无法提供金融机构证明,则:房地产开发费用:(200+400)×10%=60万元。

对于该企业来说,如果预计利息费用高于30万元,企业应力争按转让房地产项目计算分摊利息支出,并取得有关金融机构证明,以便据实扣除有关利息费用;反之,如果企业预计利息费用低于30万元的话,就不必按转让房地产项目计算分摊利息支出,也不必提供有关金融机构证明,以便多扣除房地产开发费用,达到增加扣除项目金额的目的。

(6)利用税收优惠政策进行筹划

《土地增值税暂行条例》规定,纳税人建造普通标准住宅出售,增值额未超过扣除项目金额20%的,免征土地增值税。如果增值额超过扣除项目金额20%的,应就其全部增值额按规定计税。同时税法还规定对于纳税人既建造普通标准住宅又搞其他房地产开发的,应分别核算增值额。不分别核算或不能准确核算其增值额的,其建造的普通标准住宅不能适用这一免税规定。

房地产开发企业如果既建造普通标准住宅,又搞其他房地产开发的话,在分开核算的情况下,筹划的关键就是将普通标准住宅的增值率控制在20%以内,以获得免税待遇。要降低增值率,关键是降低增值额。下面通过举例说明。

【案例12-11】假设某市房地产企业出售商品房取得销售收入5500万元,其中普通标准住宅销售额为3200万元,豪华住宅的销售额为2300万元。扣除项目金额为3400万元,其中普通标准住宅的扣除项目金额为2300万元,豪华住宅的扣除项目金额为1100万元。

销售普通标准住宅:

销售税金及附加:3200×5%×(1+7%+3%)=176万元

扣除项目金额合计:2300+176=2476万元

增值额:3200-2476=724万元

增值率:724÷2476×100%=29.24%,适用30%的税率,因此缴纳的土地增值税为724×30%=217.2万元

销售豪华住宅:

销售税金及附加:2300×5%×(1+7%+3%)=126.5万元

扣除项目金额合计:1100+126.5=1226.5万元

增值额:2300-1226.5=1073.5万元

增值率:1073.5÷1226.5×100%=87.53%适用40%的税率,因此缴纳的土地增值税为:1073.5×40%-1226.5×5%=368.075万元

共缴纳土地增值税:217.2+368.075=585.275万元

通过上述计算可知,普通标准住宅的增值率为29.24%,超过了20%,缴纳土地增值

税。要使普通标准住宅获得免税待遇，可将其增值率控制在 20% 以内，筹划的方法有两种：一是增加普通标准住宅的扣除项目金额；二是降低普通标准住宅的销售价格。

(1) 增加扣除项目金额

假定上例中其他条件不变，只是普通标准住宅的扣除项目发生变化，假设其为 x，那么应纳土地增值税为：

扣除项目金额合计 $= X+176$ 增值额 $=3200-(X+176)=3024-X$ 增值率 $=(3024-X)\div(X+176)\times 100\%$ 由等式 $(3024-X)\div(X+176)\times 100\%=20\%$，解得 $X=2490.6667$ 万元

此时普通标准住宅可以免税，缴纳的土地增值税仅为销售豪华住宅的部分，应纳税额为：368.075 万元。增加扣除项目金额的途径很多，例如可以增加房地产开发成本、房地产开发费用等。

(2) 降低销售价格

降低销售价格虽然会使增值率降低，但也会导致销售收入的减少，影响企业的利润，这种方法是否合理要通过比较减少的收入和少缴纳的税金做出决定。仍假定其他条件不变，改变普通标准住宅的销售价格，假设其为 Y。那么应纳土地增值税为：

销售税金及附加：$Y\times 5\%\times(1+7\%+3\%)=5.5\%Y$

扣除项目金额合计：$2300+5.5\%Y$

增值额：$Y-(2300+55\%Y)=Y-5.5\%Y-2300$

增值率：$(Y-5.5\%Y-2300)\div(2300+5.5\%Y)\times 100\%$ 由等式 $(Y-5.5\%Y-2300)\div(2300+5.5\%Y)\times 100\%=20\%$，解得 $Y=2955.0321$ 万元

同上，普通标准住宅免税，此时缴纳的土地增值税仍为销售豪华住宅的部分 368.075 万元。销售收入比原来的 3200 万元减少了 244.9679 万元，少纳税 217.2 万元，与减少的税相比多支出了 27.7679 万元，所以采取增加扣除项目金额方法较好。

【案例 12-12】 例如，某房地产开发企业建成一批商品房代售，除营业税金及附加外的全部允许扣除项目的金额为 100，当其销售这批商品房的价格为 Y 时，相应的营业税金及附加为 $5\%\times(1+7\%+3\%)Y=5.5\%Y$

这时，其全部允许扣除金额为：$100+5.5\%Y$

该企业享受起征点最高售价为：$Y=1.2\times(100+5.5\%Y)$

解以上方程可知，此时的最高售价为 128.48。

(7) 纳税人不享受起征点的照顾

【案例 12-13】 接上例，假设此时的售价为 $(128.48+Y)$，由于售价提高，相应的营业税金及附加和允许扣除项目金额都应提高 $5.5\%Y$。这时

允许扣除的项目金额：$107.07+5.5\%Y$

增值额：$128.48+Y-(107.07+5.5\%Y)$

化简后，增值额的计算公式为：$94.5\%Y+21.41$

应纳土地增值税为：$30\%\times(94.5\%Y+21.41)$

若企业要使提价带来的效益超过起征点增加的税收，就必须使 $Y>30\%\times(94.5\%Y+21.4)$

即 $Y>8.96$

这就是说，如果想通过提高售价获得更大的收益，就必须使价格高于137.44。

通过以上两方面的分析可知，转让房地产的企业，当除去销售税金及附加后的全部允许扣除项目金额为100时，销售定价为128.48是该纳税人可以享受起征点的最高价位。

（8）收入分散筹划法

在确定土地增值税时，很重要的一点是确定售出房地产的增值额。增值额必须从收入和成本两方面确定，如果房地产企业能够在成本不变的条件下减少收入，则能够减少税收。对于土地增值税来说，这一点显得尤为重要，因为土地增值税是超率累进制，收入的增长，意味着相同条件下增值额的增长，从而产生税率爬升效应，使得税负增长很快。因此，收入分散筹划法有很强的现实意义。

收入分散筹划的一般方法是将可以分开单独处理的部分从整个房地产中分离，比如房屋里面的设施，具体筹划如下：

【案例12-14】假如某企业准备出售其拥有的一幢房屋以及土地使用权，因为房屋已经使用一段时间，里面的设施已安装齐全，估计市场价格为1000万元，里面的设备价格为100万元。

如果该企业和购买者签订合同时，不注意区分，而是将全部金额以房地产转让价格的形式在合同上体现，则增值额无疑会增加100万元。如果该企业和购买者签订房地产转让合同时，采取以下变通方法，将收入分散，便可以节省不少税款。具体做法是在合同上仅注明800万元的房地产转让价格，同时签订一份附属办公设备购销合同，则可以很好地解决问题。而且这种方式也可以节省印花税，因为购销合同的印花税税率为0.03%，比产权转移书适用0.05%税率要低。

房地产开发企业同样适用这种办法。如果房地产开发企业进行房屋建造出售时，将合同分两次签订，同样可以节省不少土地增值税税款。具体做法是，当住房初步完工但没有安装设备以及装潢、装饰时，便和购买者签订房地产转移合同，接着和购买者签订设备安装即装潢、安装合同，则纳税人只需就第一份合同上注明金额缴纳土地增值税。

（1）成本费用筹划法

房地产开发企业的成本费用开支有多项内容，不仅包括土地的征用及拆迁补偿费、前期工程费、建筑安装工程费、基础设施费、公共配套设施费、开发间接费等，而且还包括与房地产开发项目有关的销售费用、管理费用和财务费用。前者是房地产开发成本，后者是房地产开发费用。房地产开发成本作为销售收入的扣除项目，必定影响房地产企业增值额的大小，即房地产开发成本越高，应纳税额越小，房地产开发成本越低，则增值额越大。

成本费用的筹划法主要是针对房地产开发企业，因为这类企业同时进行几处房地产开发业务，不同地方开发成本比例因为物价或其他的原因可能不同，这就会导致有的房地产增值额较高，有的房地产增值额较低。这时，企业可以利用自己的优势，合理分配各个企业之间的开发成本，从总体上，达到减少税负的目的。

（2）设立独立核算的销售公司

如果房地产开发商将企业的销售部门分离出来，设立为独立核算的房地产销售子公司，则既能够使房地产企业以较高的价格实现房地产的销售，同时又能够合理地降低企业的土地增值税负担。

【案例 12-15】乙房地产开发企业原计划以 2400 元/m^2 的价格出售 5000 平方米的房产，扣除项目金额为 840 万元，增值率为 42.86%，企业需缴纳土地增值税 108 万元，还需要缴纳销售不动产的营业税 60 万元[2400×5000×5%]，城市维护建设税和教育费附加 6 万元[160×(7%+3%)]，印花税忽略不计，合计缴纳税款 174 万元，企业的税后净利润为 186 万元。而如果乙企业设立独立核算的销售子公司，首先将该商品房以 1800 元/m^2 的价格销售给销售公司，销售公司再以 2400 元/m^2 的价格对外销售，则对于乙企业而言，仍然无需缴纳土地增值税，利润为 60 万元，但是需要缴纳营业税 45 万元，城建税及教育附加 4.5 万元，税后利润为 10.5 万元；其销售子公司实现销售利润 300 万元，同时需缴纳营业税 60 万元[2400×5000×5%]，城建税及教育附加 6 万元，其税后净利润为 234 万元，甲公司和销售子公司共计实现净利润 244.5 万元，通过设立销售公司比原销售计划多实现净利润 58.5 万元。

需要说明的是，在房地产销售时，不仅可以通过设立销售子公司来实现纳税筹划，也可以通过与其他房地产销售公司事先达成一定的协议来进行，通过转移定价，同样可以达到比较好的筹划效果。当然，在运用此方法时还应该考虑纳税筹划的成本，如设立销售公司的成本以及和其他房地产公司订立协议的成本，要结合企业的具体情况合理运用。

[特别提示]

以上介绍了土地增值税税收筹划的几种方法，房地产企业可根据实际情况灵活运用。其前提应是在合理和不违法的情况下，合理节税，减轻税收负担，增加税后利润，实现企业价值的最大化。企业在进行房屋销售的纳税筹划时，事先要进行必要的成本收益分析，并注意风险的防范与控制，进行综合性的考虑，只有这样才能够充分发挥纳税筹划的作用。

【案例 12-16】A 公司 2005 年 3 月在该市繁华地段投资 4500 万元兴建商住楼，当进入内部装修时，企业资金供应出现了问题，如果要将工程全部完工，需追加投资 1000 万元，由于资金无法落实到位，造成工程停工两年多。A 公司投资款中有 2500 万元是从银行借入，于是公司决定对"烂尾楼"进行处理。截止到 2008 年末，账面已发生的土地开发和建安成本等共计 2600 万元。当时，B 公司愿与 A 公司按 49∶51 的比例共同投资一个大型零售商场，A 公司以"烂尾楼"出资，房产作价 3000 万元；同时，当地部分富商由于看好该楼所处地段，也愿意以 3000 万元购买该楼盘。问 A 公司对"烂尾楼"应如何处理？A 公司负责人请来了专家，专家组综合各方面的情况提出了四个实施方案。（该企业适用税率为企业所得税 25%，城建税 7%，教育费附加 3%）

方案 1：将"烂尾楼"转让给银行以抵债，银行愿以 2600 万元接受；

方案 2：将"烂尾楼"按市场价 3000 万元直接出售给当地富商；

方案 3：将"烂尾楼"以 3000 万元的作价入股，与 B 公司共同投资一个大型零售商场；

方案 4：以"烂尾楼"的资产注册一家公司，然后将该公司以 3000 万元的价格整体出售。

究竟选择哪一种方案呢？

[筹划分析]

《财政部、国家税务总局关于股权转让有关营业税问题的通知》（财税[2002]191

号）规定以无形资产、不动产投资入股，参与接受投资方利润分配，共同承担投资风险的行为，不征收营业税。

《财政部、国家税务总局关于土地增值税一些具体问题规定的通知》（财税［1995］48号）明确：对于以房地产进行投资、联营的，投资、联营的一方以土地（房地产）作价入股进行投资或作为联营条件，将房地产转让到所投资、联营的企业中时，暂免征土地增值税。

按照《中华人民共和国企业所得税条例》及《国家税务总局关于企业股权投资业务若干所得税问题的通知》［2000］118号规定，企业以经营活动的部分非货币性资产对外投资，应在投资交易发生时，将其分解为按公允价值销售有关货币性资产和投资两项经济业务进行所得税处理，并按规定计算确认资产转让所得或损失。

《国家税务总局关于转让企业产权不征收营业税问题的批复》（国税函［2002］165号）明确：转让企业产权是整体转让企业资产、债券、债务及劳动力的行为，其转让价格不仅仅是有资产价值决定的，与企业销售不动产，转让无形资产的行为完全不同。因此，转让企业产权的行为不属于营业税征收范围，不征营业税。

方案1：A公司以2600万元将"烂尾楼"转让给银行以抵债，实际上就是将该"烂尾楼"以2600万元的价格出售给银行，则A公司应缴纳的各项税收如下：

营业税＝2600×5％＝130万元

城建税、教育费附加＝130×(7％＋3％)＝13万元

A公司土地开发成本为2600万元，转让价格也是2600万元，因此，不存在缴纳土地增值税问题。

企业转让不动产也没有取得转让收益（2600－2600－130－13＝－143万元），因此，也不用缴纳企业所得税。

方案2：将"烂尾楼"按市场价3000万元直接出售给当地富商，A公司应缴纳的各项税收如下：

营业税＝3000×5％＝150万元

城建税、教育费附加＝150×(7％＋3％)＝15万元

由于A公司所从事的房地产开发项目不属于《土地增值税暂行条例》规定的纳税人建造普通标准住宅出售，增值额未超过扣除项目金额20％的，免征土地增值税范畴。因此，应纳土地增值税。

土地增值税＝(3000－2600－150－15)×30％＝70.5万元

A公司转让"烂尾楼"取得的转让收益，应缴纳企业所得税。

企业所得税＝(3000－2600－150－15－70.5)×25％＝41.13万元

方案3：A公司将"烂尾楼"按市场价格3000万元折合成51％的股权，与B公司共同投资开办一个大型零售商场；按上述税法规定，A公司不用缴纳变更环节的营业税、土地增值税、城建税及教育费附加，但要缴纳企业所得税。

企业所得税＝(3000－2600)×25％＝100万元

方案4：A公司将"烂尾楼"作为认缴注册资本的出资资产，注册一家公司，然后将该公司以3000万元的价格整体出售。按上述税法规定，A公司不用缴纳变更环节的营业税、土地增值税、城建税及教育费附加，但要缴纳企业所得税。

企业所得税＝(3000－2600)×25％＝100万元

[筹划点评]

方案1条件下，A公司处理"烂尾楼"合计需缴纳各项税金143万元，实际亏损143万元；方案2条件下，A公司处理"烂尾楼"合计需缴纳各项税金276.63万元，取得转让净收益123.37万元；方案3条件下，A公司处理"烂尾楼"只需缴纳企业所得税100万元，取得转让净收益300万元；方案4条件下，A公司处理"烂尾楼"只需缴纳企业所得税100万元，取得转让净收益300万元。以上方案其他费用相差无几而税负不同，其中方案3和方案4企业获得的税后利润相同。但是方案3相对而言操作环节少，相关费用低，而最终被选择。

[特别提示]

财税［2006］21号文件规定，对于以土地（房地产）作价入股进行投资或联营的，凡所投资、联营的企业从事房地产开发的，或者房地产开发企业以其建造的商品房进行投资和联营的，均不适用《财政部、国家税务总局关于土地增值税一些具体问题规定的通知》（财税字［1995］（48号））第一条暂免征收土地增值税的规定。即房地产开发企业以房地产进行投资或联营要缴纳相应的土地增值税，而其他企业仍享受该项政策。因此，房地产企业要把握好政策规定。

【案例12-17】某市房地产企业出售商品房取得销售收入5000万元，其中普通准住宅销售额为3000万元，豪华住宅的销售额为2000万元，扣除项目金额为3200万元，其中普通标准住宅的扣除项目金额为2200万元，豪华住宅的扣除项目金额为1000万元。则

(1) 销售普通标准住宅该企业应纳土地增值税计算如下：

销售营业税及附加＝3000×5％×(1+7％+3％)＝165万元

扣除项目金额合计＝2200+165＝2365万元

增值额＝3000－2365＝635万元

增值率＝635÷2365×100％＝27％

适用30％的税率，因此缴纳的土地增值税为：635×30％＝190.5万元

(2) 销售豪华住宅该企业应纳土地增值税计算如下：

销售营业税金及附加＝2000×5％×(1+7％+3％)＝110万元

扣除项目金额合计＝1000+110＝1110万元

增值额＝2000－1110＝890万元

增值率＝890÷1110×100％＝80％

适用40％的税率，因此缴纳的土地增值税为：890×40％－1110×5％＝300.5万元

(3) 该企业共缴纳土地增值税为：190.5+300.5＝491万元

问：该房地产企业应如何进行纳税筹划？

[筹划分析]

根据我国《土地增值税暂行条例》规定，纳税人建造普通标准住宅出售，增值额未超过扣除项目金额20％的，免征土地增值税。如果增值额超过扣除项目金额20％的，应就其全部增值额按规定计税。同时税法还规定对于纳税人既建造普通标准住宅又搞其他房地产开发的，应分别核算增值额，不分别核算增值额或不能准确核算增值额的，其建造的普通标准住宅不能适用这一免税规定。房地产开发企业如果既建造普通标准住宅，又搞其他

房地产开发,在分开核算的情况下,筹划的关键就是将普通标准住宅的增值率控制在20%以内,以获得免税待遇。要降低增值率,关键是降低增值额。

从基本情况中提供的结果可以看出,普通标准住宅的增值率为27%。超过了20%,要缴纳土地增值税。要使普通标准住宅获得免税待遇,可将其增值率控制在20%以内,筹划的方法有两种:一是增加普通标准住宅的扣除项目金额;二是降低普通标准住宅的销售价格。

方案1:增加扣除项目金额

假定上例中其他条件不变,只是普通标准住宅的扣除项目发生变化,假设其为X,那么应纳土地增值税为:

扣除项目金额合计$=X+165$

增值额$=3000-(X+165)=2835-X$

增值率$=(2835-X)\div(X+165)\times 100\%$

由等式$(2835-X)\div(X+165)\times 100\%=20\%$,解得$X=2335$万元

方案2:降低销售价格

降低销售价格虽然会使增值率降低,但也会导致销售收入的减少,影响企业的利润,这种方法是否合理要通过比较减少的收入和少缴纳的税金做出决定。仍假定其他条件不变,改变普通标准住宅的销售价格,假设其为Y。那么应纳土地增值税为:

营业税金及附加$=Y\times 5\%\times(1+7\%+3\%)=5.5\%Y$

扣除项目金额合计$=2200+5.5\%Y$

增值额$=Y-(2200+5.5\%Y)=Y-5.5\%Y-2200$

增值率$=(Y-5.5\%Y-2200)\div(2200+5.5\%Y)\times 100\%$

由等式$(Y-5.5\%Y-2200)\div(2200+5.5\%Y)\times 100\%=20\%$,

解得$Y=2827$万元

[筹划点评]

为通过增加房地产开发成本,房地产开发费用等方法使普通标准宅的扣除项目增加到2335万元,此时的普通标准住宅可以免税,缴纳的土地增值税仅为销售豪华住宅的部分,即300.5万元。通过降低标准住宅销售价格,使其销售收入降为2827万元时,此时的普通准住宅仍可以免税,此时缴纳的土地增值税仍为销售豪华住宅的部分300.5万元。销售收入比原来的3000万元减少了173万元,少纳土地增值税190.5万元,同时减少营业税金及附加9.52万元与减少的收入相比节省了27.02万元。

【案例12-18】某开发商有可供销售的普通住房1万平方米,在允许扣除项目金额大体不变的条件下,每平方米可有A、B两种价格。(1)每平方米售价为1400元时,增值率为19.97%,增值率未超过扣除项目金额20%,免征土地增值税,可获得233万元的利润;(2)每平方米售价为1500元时,增值率为28.48%,增值率超过允许扣除项目金额20%,但不超过50%,应缴土地增值税99.75万元,可获得232.75万元的利润。

问,该开发商是否有纳税筹划的空间?

[筹划分析]

该开发商将其销售部门独立出来,设立一个房屋销售公司,房屋开发公司将住房以每平方米1400元的售价卖给销售公司,而后由销售公司再以每平方米1500元的售价卖出,

那么销售公司则要缴纳营业税：

1500×10000×5‰=750000 元

应缴纳城市维护建设税=750000×7%=52500 元

应缴印花税=1500×10000×0.0003×2=9000 元

销售公司应纳税额=75+5.25+0.9=81.15 万元

[筹划点评]

通过将销售部门独立出来，成立销售公司，该开发商减少了税收负担 18.6 万元（99.75－81.15），这都成为开发商的利润，从而使利润增加到 251.35 万元，比筹划前增加了 18.6 万元（不考虑教育费附加）。

[特别提示]

以上分析仅是将问题简单化了，在具体的筹划过程中还应考虑其他诸多方面的因素，比如公司设立成本、费用转换成本以及其他税收筹划成本，否则就不会获得好的筹划效果。

【案例 12-19】某房地产开发企业为一则产品促销广告犯起了愁。该房地产公司经过近一年的紧张工作，精心打造开发的房屋产品即将隆重推出销售。为了取得较好的销售业绩，公司在全市各家大媒体做了广告宣传，承诺在开盘当日对前 20 名购买小洋楼别墅的购房者给予赠送契税的优惠，预计该项支出为 160 万元。公司打算在为购房者代理办证时，由公司自行支付契税款项，并作为销售费用在所得税税前列支。公司认为，这样可以抵缴企业实现的应纳税所得额 160 万元，少缴所得税 40 万元（160×25%），实际上公司赠送支付的资金流出为 120 万元（160－40）。但是，财务人员到税务部门了解后，被告知因公司赠送契税不属于税法规定的可以税前扣除的公益救济性捐赠，不能税前列支扣除。看来，公司不能抵扣所得税了，将超预算支出 40 万元。情急之下，公司想到了税收筹划。

[筹划分析]

由于楼市产品尚未开盘，购销双方没有签订合同与协议，按照消费者的实际利益和公司利益都不受损失的原则，公司采取变通方式，由赠送契税改为打折销售。当地契税税率为房屋价值的 3%，公司可降低销售房价 3 个百分点，按九七折销售楼房。如此，购房者提前获得赠送，实际利益不受任何影响；房地产公司虽然提前时间支付 160 万元赠送金，但资金时间价值与获得的抵缴所得税相比可以不予考虑，而且还获得了少缴 160 万元部分的营业税、印花税和土地增值税的利益，双方完全可以接受。更重要的是，公司仍然没有违背营销广告承诺，信誉不会受到任何影响且符合税法规定。

《国家税务总局关于企业销售折扣在计征所得税时如何处理问题的批复》（国税函发[1997] 472 号）规定，纳税人销售货物给购货方的销售折扣，如果销售额和折扣额在同一张销售发票上注明的，可按折扣后的销售额计算征收所得税；如果将折扣额另开发票，则不得从销售额中减除折扣额。纳税人销售货物给购货方的回扣，其支出不得在所得税前列支。《财政部、国家税务总局关于营业税若干政策问题的通知》（财税[2003] 16 号）规定，单位和个人在提供营业税应税劳务、转让无形资产、销售不动产时，如果将价款与折扣额在同一张发票上注明的，以折扣后的价款为营业额；如果将折扣额另开发票的，不论其在财务上如何处理，均不得从营业税中减除。

[筹划点评]

折扣销售使销售额降低后，该房地产公司除了可以顺利实现抵扣 160 万元的应纳税所得额外，其他税收少缴计算结果如下，营业税、城市维护建设税和教育费附加为 160×5.5%（综合税率比例）＝8.8 万元；印花税 160×0.05%＝0.08 万元；土地增值税 160×1%（预征率）＝1.6 万元。除所得税外，以上合计 10.48 万元。由于节约 10.48 万元税金将多缴纳企业所得税 2.62 万元（10.48×25%），如果忽略资金时间价值，此赠送契税变通折扣销售方案实现现金净流入为：160×25%＋10.48－10.48×25%＝53.10 万元。公司实际付出 106.9 万元（160－53.10），不仅符合赠送契税的预算支出 120 万元，还低于预算支出 13 万多元。

【案例 12-20】 甲企业是非银行类金融企业集团，下有全资子公司——乙房地产公司。甲企业以以物抵债方式收回一块价值 3500 万元的土地并拟交给乙企业开发。为了节约契税和过户等费用，甲与乙约定，由乙企业向甲企业支付 3500 万元，土地直接转到乙企业名下，并决定将其中 40% 的土地开发成职工家属楼，按成本价销售给职工。乙企业完成开发后，以每平方米 2300 元（不含应承担的营业税金及附加）的价格以集资房的名义销售给职工，契税依当地政府的规定按 1.5% 缴纳，共销售 24000 平方米，总价款 5520 万元。乙企业的行为构成了事实上的商品房销售，而售价又明显低于公允价格，按《国家税务总局房地产开发有关企业所得税问题的通知》（国税发〔2003〕83 号）规定，房地产企业视同销售或销售价格明显低于市场价的，税务部门应按相应顺序确认企业的销售收入，并按确认的销售收入征收相应的税款：

（1）按本企业近期或本年度最近月份同类开发产品市场销售价格确定；

（2）由主管税务机关参照同类开发产品市场公允价值确定；

（3）按成本利润率确定。其中，开发产品的成本利润率不得低于 15%（含 15%），具体由税务机关确定。

如果开发产品的成本利润率按最低的 15% 确认 B 企业的销售收入，则组成计税价格＝计税营业成本或工程成本×（1＋成本利润率）÷（1－营业税税率）＝2300×（1＋15%）÷（1－5%）＝2784.21 元。

也就是说上述房产每平方米应承担的税负为营业税 2784.21×5%＝139.21 元，城建税及教育费附加 139.21×10%＝13.92 元，契税 2784.21×1.5%＝41.76 元，印花税 2784.21×0.5‰×2＝2.78 元，所得税（2784.21－2300－139.21－13.92－41.76－2.78）×25%＝71.66 元（假定所有成本均可税前扣除），每平方米需承担的总税负最低为 269.33 元，合计承担的税负为 24000×269.33＝646.39 万元。

[筹划分析]

其实通过合理的税收筹划，该企业的职工家属楼完全可以不承担除印花税以外部分的税负。首先在土地过户的时候，将土地进行分割，即将职工住房用地部分的 40% 过户到甲企业名下，60% 过户到乙企业名下。然后甲企业向有关部门申请取得房改指标。成立集资建房管理办公室等类似机构，负责管理职工住房建设，建设资金由职工缴纳，不足部分由甲企业给职工贷款，并按规定收取利息，房屋建成后再将土地价款 3500 万元×40%＝1400 万元摊入房价。而且按财政部、国家税务总局《关于公有制单位职工首次购买住房免征契税的通知》（财税〔2000〕130 号）规定，采取集资建房方式建成的普通住房或由单位购买的普通商品住房经当地县以上房改部门批准，按照国家房改政策出售给职工的，如属职工首次购买住房，均免征契税。该单位职工全部为首次购买住房，因此可申请免缴契税，每平方米只应缴纳印花税 $2300\times0.5‰\times2=2.30$ 元，每平方米房产的总税负为 2.30 元，合计 5.52 万元。甲企业由于只是按原价出售了土地，按《关于营业税若干政策问题的通知》财税[2003]16 号的关于纳税人出售不动产或土地使用权的以全部收入减去不动产或土地使用权的购置或受让原价后的余额为营业额的规定，由于该出售行为没有应纳税营业额，因此不需缴纳营业税，只就其收取的利息缴纳相应的营业税，因甲企业收取的贷款利息都应缴纳营业税，因此此举并不增加甲企业的税负。

二者相比较可以知道，通过上述税收筹划可为甲企业职工每平方米房产节税 267.03（269.33－2.30）元，合计节税 640.77 万元，而这不会增加甲企业或乙企业的任何负担。

[特别提示]

企业集团内部不同企业间由于法定经营范围和企业资质的不同，同一业务在不同企业间适用的税收政策存在较大的差异。因此某一业务在开始前对其进行全面分析和统筹规划，然后选择能够最大限度地享受税收优惠政策并同时能带来最大收益的企业来经营，从而实现企业集团利润的最大化不仅十分必要，而且也是完全可能的。

【案例 12-21】营业税是我国现行税制的主体税种之一，其收入规模仅次于增值税，为我国第二大税种。以销售不动产为例，《营业税暂行条例》及其实施细则规定，销售不动产时出让方应按销售收入的 5% 缴纳营业税，按应缴营业税的 7% 缴纳城市维护建设税，按应缴营业税的 4% 缴纳教育费附加，按转让收入的 0.5‰ 缴纳印花税（产权转移书据），按增值额缴纳土地增值税，转让所得并入当期应税所得缴纳企业所得税。

甲公司欲将一幢房产出售给乙公司，双方约定的售价 1600 万元，房屋原价 1300 万元，已提折旧 500 万元，房地产评估机构评定的重置成本价格 1800 万元，该房屋成新率 7 成。企业转让该房产时发生评估费用 4 万元。应纳各种税额计算如下：

应纳营业税：$1600\times5\%=80$ 万元

应纳城市维护建设税及教育费附加：$80\times(7\%+3\%)=8$ 万元

应纳印花税（产权转移书据）：$1600\times0.5‰=0.8$ 万元

应纳土地增值税为，房产评估价格：$1800\times70\%=1260$ 万元，扣除项目金额合计＝$1260+80+8+0.8+4=1352.8$ 万元，增值额：$1600-1352.8=247.2$ 万元，增值率＝$247.2\div1352.8\times100\%=18.27\%$，应纳土地增值税＝$247.2\times30\%=74.16$ 万元；

应纳企业所得税：$(1600-800-80-8-0.8-74.16-4)\times25\%=158.26$ 万元；

该笔业务应纳税额合计＝$80+8+0.8+74.16+158.26=321.22$ 万元。

[筹划分析]

销售不动产税负还是比较重的。但如果采用甲公司先以该房产对乙企业投资，然后再将其股份按比例全部转让给乙企业股东的方法，则只需要缴纳企业所得税和印花税。

《财政部、国家税务总局关于股权转让有关营业税问题的通知》（财税[2002]191 号）第一条、第二条分别规定：以无形资产、不动产投资入股，参与接受投资方利润分配、共同承担投资风险的行为，不征收营业税，并且对股权转让不征收营业税。因为不缴纳营业税，所以无需缴纳城市维护建设税及教育费附加。

《财政部、国家税务总局关于土地增值税一些具体问题规定的通知》（财税字[1995］

48号)规定:对于以房地产进行投资、联营的,投资联营的一方经土地(房地产)作价入股进行投资或作为联营条件,将房地产转让到所投资、联营的企业中时,暂免征土地增值税。所以,甲公司以房产对乙企业投资,并参与接受投资方的利润分配、共同承担投资风险,不需缴纳土地增值税。

《关于企业股权投资业务若干所得税问题的通知》(国税发〔2000〕第118号)规定:企业以经营活动的部分非货币性资产对外投资,包括股份公司的法人股东以其经营活动的部分非货币性资产向股份公司配购股票,应在投资交易发生时,将其分解为按公允价值销售有关非货币性资产和投资两项经济业务进行所得税处理,并按规定计算确认资产转让所得或损失。上述资产转让所得如数额较大,在一个纳税年度确认实现缴纳企业所得税确有困难的,报经税务机关批准,可作为递延所得,在投资交易发生当期及随后不超过5个纳税年度内平均摊转到各年度的应纳税所得中。

【案例12-22】2004年3月20日,甲公司和乙公司达成协议,将甲公司在某省会城市的一处房地产转让给乙公司,房地产的账面价值为5500万元(假设土地增值税的扣除项目金额为6500万元),转让价为10500万元,根据现行税法规定甲公司应缴纳的各税如下(不考虑企业所得税):

应缴纳营业税及附加:(10500−5500)×5.5%=275万元

应缴纳印花税(税目为产权转移书据):10500×0.5‰=5.25万元

应缴纳土地增值税为:

增值额超出扣除项目金额的比率:(10500−6500)/6500=61.54%

应缴纳的土地增值税:4000×40%−6500×5%=1275万元

甲公司共应缴纳税款为1555.25万元。

乙公司应缴纳契税(税率按3%计算):10500×3%=315万元

[筹划分析]

根据税法规定进行筹划,甲公司将该处房产作为投资和自己的股东公司丙合资成立丁公司,丙公司以较少的资金入股,甲公司绝对控股。然后甲公司将自己在丙公司的全部股权转让,这次房地产交易的纳税结果却大相径庭,甲公司、丙公司和丁公司应缴纳的税金为:

(1) 营业税及附加

根据财政部、国家税务总局《关于股权转让有关营业税问题的通知》(财税〔2002〕191号),以无形资产、不动产投资入股,参与接受投资方利润分配,共同承担投资风险的行为,不征收营业税。对股权转让也不征收营业税。所以,甲公司、丙公司和丁公司应缴纳的营业税及附加为0。

(2) 印花税

根据财政部、国家税务总局《关于企业改制过程中有关印花税政策的通知》(财税〔2003〕183号),实行公司制改造的企业在改制过程中成立的新企业(重新办理法人登记的),其新启用的资金账簿记载的资金或因企业建立资本纽带关系而增加的资金,凡原已贴花的部分可不再贴花,未贴花的部分和以后新增加的资金按规定贴花。企业因改制签订的产权转移书据免予贴花。

公司制改造包括国有企业依《公司法》整体改造成国有独资有限责任公司;企业通过

增资扩股或者转让部分产权,实现他人对企业的参股,将企业改造成有限责任公司或股份有限公司;企业以其部分财产和相应债务与他人组建新公司;企业将债务留在原企业,而以其优质财产与他人组建的新公司。因此,丁公司的组建符合公司制改造的规定。所以,甲公司、丙公司和丁公司应缴纳的印花税也为0。

(3) 土地增值税

根据财政部、国家税务总局《关于土地增值税一些具体问题规定的通知》(财税[1995] 48号),对于以房地产进行投资、联营的,投资、联营的一方以土地(房地产)作价入股进行投资或作为联营条件,将房地产转让到所投资、联营的企业中时,暂免征收土地增值税。对投资、联营企业将上述房地产再转让的,应征收土地增值税,由于再次转让并未发生增值,故丁公司不需要缴纳土地增值税。所以,甲公司、丙公司和丁公司应缴纳的土地增值税仍然为0。另外,根据财政部、国家税务总局《关于企业改制重组若干契税政策的通知》(财税[2003] 184号),企业依照法律规定、合同约定分设为两个或两个以上投资主体相同的企业,对派生方、新设方承受原企业土地、房屋权属,不征收契税。

在股权转让中,单位、个人承受企业股权,企业土地、房屋权属不发生转移,不征收契税。因此,乙公司、丁公司也不需要缴纳契税。

可见,通过以上的筹划,整个房地产交易可以节省税金1870.25万元。

[特别提示]

以上税收筹划应注意的问题是,如果节省的税金小于设立丁公司所发生的费用,则不能采用这样的筹划方式。

【案例12-23】甲公司是一家内资房地产开发企业,2004年6月30日,将一栋刚刚开发完工的房产出租给乙公司,租期为两年半,年租金额为60万元。该房产的账面价值为500万元,市场价格为600万元。一般而言,房地产企业的开发产品最终目的都是用于销售,我们假定租赁到期后(2006年12月31日),甲公司将该房产出售给丙公司,售价680万元。为简化分析,房屋的折旧年限为20年,没有残值。不考虑城建税、教育费附加、印花税、房产占地应纳土地使用税以及土地增值税,企业适用33%的所得税率。

(1) 经营性租赁方式

甲公司2004年度取得的租赁收入为30万元,应纳营业税$30\times5\%=1.5$万元,应纳房产税$30\times12\%=3.6$万元。按照83号文的相关规定,将待售开发产品转为经营性资产时,应视同销售确认600万元的收入(注:此处的"视同销售"只是针对企业所得税而言,无须缴纳营业税)来计算缴纳所得税。此时,经营性资产计提的折旧额允许税前扣除,故可以列支的折旧额为$600\div20\div2=15$万元(注:折旧基数不再是账面价值500万元,而是计税价值600万元)。

综合上述因素,甲公司2004年度的应纳税所得额为$600-500+30-1.5-3.6-15=109.9$万元,应纳企业所得税$109.9\times33\%=36.267$万元。

甲公司2005年度获得的租金收入应纳营业税$60\times5\%=3$万元,应纳房产税$60\times12\%=7.2$万元。则企业本年度的应纳税所得额为$60-3-7.2-30$(允许税前扣除的折旧额)$=19.8$万元,应纳所得税6.534万元。

甲公司2006年末出售房屋应纳营业税$680\times5\%=34$万元。根据83号文规定,经营性租出的房产出售时按销售资产确认收入的实现。该项资产的计税成本为600万元,减去已进入费用的折旧额 75 万元（两年半累计计提的折旧），故净值为 525 万元。则纳税人本年度应纳税所得额为 680－525－34＋60－3－7.2－30＝140.8 万元，应纳所得税 46.464 万元。

（2）以临时性租赁方式

假设上述条件不变，甲公司将房产以临时租赁方式对外出租。由于待售开发产品用于临时租赁时并没有视同销售纳税的规定，并且临时出租的开发产品计提的折旧额无法税前扣除，公司 2004 年的应纳税所得额为 30－1.5－3.6＝24.9 万元，应纳所得税 8.217 万元。

甲公司 2005 年度的应纳税所得额为 60－3－7.2＝49.8 万元，应纳所得税 16.434 万元。

甲公司 2006 年度的应纳税所得额为 680－500－34＋60－3－7.2＝195.8 万元，应纳所得税 64.614 万元。

[筹划分析]

房地产开发企业将自行开发完工的房产对外出租是一种常见的行为。在实际操作中，一般可分为临时性租赁和经营性租赁两种。根据会计制度规定，房地产开发企业自行开发的房地产用于对外出租的，统一设置"出租开发产品"科目进行核算。期末，对于意图出售而暂时出租的开发产品的账面价值，应在资产负债表的"存货"项目内列示，对于以出租为目的的出租开发产品的账面价值，在资产负债表的"其他长期资产"项目中列示。可见，这两种租赁方式在会计处理上基本一致。但是，根据《国家税务总局关于房地产开发有关企业所得税问题的通知》（国税发［2003］83 号）规定，这两者的所得税处理方法却不尽相同。其主要区别如下：

（1）关于收入的确认

国税发［2003］83 号文件第五条规定：房地产开发企业将开发产品先出租再出售的，应按以下原则确认收入的实现：①将待售开发产品转作经营性资产，先以经营性租赁方式租出或以融资租赁方式租出以后再出售的，租赁期间取得的价款应按租金确认收入的实现，出售时再按销售资产确认收入的实现。②将待售开发产品以临时租赁方式租出的，租赁期间取得的价款应按租金确认收入的实现，出售时再按销售开发产品确认收入的实现。

（2）关于视同销售收入的确认

国税发［2003］83 号文件第二条（一）项 2 款明确规定，房地产开发企业将开发产品转作经营性资产的行为应视同销售确认收入。

（3）关于折旧的扣除

国税发［2003］83 号文件第五条（八）项规定，房地产开发企业将待售开发产品按规定转作经营性资产，可以按规定提取折旧并准予在税前扣除；未按规定转作本企业经营性资产和临时出租的待售开发产品，不得在税前扣除折旧费用。

经以比较可知，尽管两种租赁方式下累计的所得税支出完全相同（均为 89.265 万元），但由于每年的税基不一样，不同年度缴纳的所得税却不尽相同（如 2004 年经营性租赁多支出了 28.05 万元的所得税，2005 年和 2006 年分别少支出了所得税 9.9 万元和 18.15 万元）。从而给纳税人提供了新的筹划思路。

在同等条件下，甲公司应选择将房屋临时出租。原因在于：首先，可将部分应纳税所得额递延到后期确认,由于前期少纳所得税,纳税人可以充分获得资金时间价值的收益,显然更为划算。其次,众所周知,我国的内、外资企业所得税法已经合并,税率统一至25%。那么,临时性租赁下的累计所得税支出为 $8.217+16.434+195.8\times25\%=73.601$ 万元,经营性租赁下的累计所得税支出为 $36.267+6.534+140.8\times25\%=78.001$ 万元,选择前者将少支出 4.4 万元的税款。以上推论并非绝对。如果截至 2003 年,甲公司账面上尚有一笔未弥补亏损,2004 年是税法规定的补亏期限最后一年,公司 2004 年度的应纳税所得额小于该笔亏损额,则无论哪种租赁方式均无须缴纳所得税。此时,选择经营性租赁可使公司在 2005 年和 2006 年度累计获得节税收益 28.05 万元。

[特别提示]

国税发〔2003〕83 号文件是我国税法上首次提出"临时租赁"的概念,但是文件本身并未作进一步说明。在实际执行过程中,有一些省级税务机关已经对"临时租赁"进行了界定。假定甲公司在吉林省,由于租赁期未满 3 年,属于临时性租赁,公司就要结合实际情况来决定是否延长租赁期限。但是,也有一些省市没有做出详细规定,纳税人在操作时,必须做好与当地税务机关的事前沟通工作,达成统一意见。否则,此类筹划的涉税风险极大。

【案例 12-24】天元公司以 24000 万元购入十栋库房,全部用于对外出租,仅 2003 年就取得租金收入 4500 万。由于库房地理位置优越,2004 年 1 月被某大型跨国零售企业看中,经多次协商,该跨国公司决定承租天元公司的库房,租期十年,假设租金收入为每年 4500 万元。

[筹划分析]

《营业税条例》:租赁业、仓储业均应缴纳营业税,税率 5%;当地的城市维护建设税税率为 7%,教育费附加征收率为 3%。

《房产税暂行条例》规定:租赁业与仓储业的计税方法不同,房产自用的,其房产税按房产原值一次减除 10%~30% 后的余值,按 1.2% 计算缴纳,即:应纳税额=房产原值×(1-30%)×1.2%;房产用于租赁的,其房产税依照租金收入的 12% 计算缴纳,即:应纳税额=租金收入总额×12%,2003 年的租金收入 4500 万元,需缴纳营业税、城建税及教育费附加、房产税:

缴纳营业税=$4500\times5\%=225$ 万元

缴纳城建税、教育费附加=$225\times(7\%+3\%)=22.5$ 万元

缴纳房产税=$4500\times12\%=540$ 万元

整个租赁业务的税收负担明显过重,合计应纳各种税费金额 787.5 万元。如何降低天元公司的税收成本呢?

[筹划点评]

假设天元公司提供仓储服务,年收入约为 4500 万元不变,其税收负担变化情况如下:

应纳营业税=$4500\times5\%=225$ 万元

应纳城建税、教育费附加=$225\times(7\%+3\%)=22.5$ 万元

应纳房产税=$24000\times(1-30\%)\times1.2\%=201.6$ 万元

合计应纳各种税费金额 449.1 万元。两项比较可以看出,库房仓储比房屋租赁每年节税 338.4 万元,10 年就可以节约税收合计 3384 万元。

继续利用库房为客户存放商品,但将租赁合同改为仓储保管合同,增加服务内容,配备保管人员,为客户提供 24 小时服务,但会增加经营成本,公司可采取招聘下岗工人,又可享受税收优惠。

【案例 12-25】 某创业投资公司是中外合资企业,持股比例为 55%:45%,其中,中方 45%的股份为市国有资产管理公司拥有。2000 年该公司在该市的城郊斥资 20 亿元建成一大型综合性体育馆,经营期限为 40 年,并于 2002 年 1 月投入营运,取得较好的投资回报,可天有不测风云,当地政府决定体育馆拆迁,并对公司的投资损失进行补偿,该体育馆的公允价值为 23 亿(土地使用权购进价格 5 亿,设备原价 1.5 亿,评估值 1 亿),但政府资金紧张,仅同意一次支付全部补偿金额的 65%(15 亿),剩下的 8 亿在今后 3 年分三期等额支付。此时税务机关要求纳税,如何才能免除营业税,同时又能规避 8 亿的应收账款风险呢?

[筹划分析]

国家税务总局国税法(93)149 号通知规定,以无形资产、不动产投资入股,参与接受投资方利润分配,共同承担投资风险的行为,不征营业税,但转让该股权,应纳营业税;但《财政部、国家税务总局关于股权转让有关营业税问题的通知》(财税[2002]191 号)规定从 2003 年 1 月 1 日起,对股权转让不征营业税。因为股权转让不纳营业税,而且外方股东只占该公司 55%的股权,政府支付的 15 亿元人民币已足够支付外方股权转让款,外方股东的利益得到完整的保护。

《土地增值税暂行条例》规定,有下列情形之一的,免征土地增值税:(1)纳税人建造普通标准住宅出售,增值额未超过扣除项目金额 20%的;(2)因国家建设需要依法征用、收回的房地产;投资公司的体育馆是属于因国家建设需要依法征用、收回的房地产,根据土地增值税条例规定,免征土地增值税。

在补偿的具体环节涉及的税收问题主要有:

本次转让包括土地使用权和不动产两部分,合计价值 22 亿,其中的土地使用权价值为 15 亿元,该项转让所得的价款,应当缴纳 5%的营业税。220000×5%=1.1 亿元

应当缴纳城建税(适用税率为 7%)及教育费附加(征收率为 3%)合计为:11000×(7%+3%)=1100 万元

在转让过程中,该土地发生的增值率为:

$$(150000-120000)/120000\times 100\%=25\%$$

应当缴纳土地增值税额为:

$$(150000-120000)\times 30\%=9000 \text{ 万元}$$

除了以上税收外,在补偿金支付方式上,外方股东也难以接受,如何才能免除这 2 亿多元人民币的税款,同时又能规避 8 亿元的应收账款风险呢?就在公司进退两难之地,当地的税务咨询专家给该公司提供了一个最佳纳税方案,转变出让方式,即外方股东只需将体育馆 55%的股权全部转让给市国有资产管理公司即可。

[筹划点评]

通过筹划,投资公司在清算过程中只需要缴纳投资资本增值而产生的企业所得税。

【案例 12-26】 甲企业是一家国有独资有限责任公司,其产品主要是电视机显像管。现有资产评估值 7000 万元,其中土地及房屋等不动产账面原值 2900 万,评估值 3400 万;

设备账面原值1500万，评估值2000万；其他资产1600万，负债总额7000万。甲企业资产负债基本相等，且资产变现能力差，流动资金短缺，政府决定对其进行改制重组。经广泛宣传，现已确定乙公司为合作对象。乙企业是一家电视机生产厂家。双方可选择的重组方案如下：

方案1：乙企业以现金5400万直接购买甲企业的设备和土地及房屋等不动产，甲企业宣告破产；

方案2：注册一家新企业丙，有甲企业和乙企业共同出资，丙企业注册资本13500万，其中甲企业以土地及房屋建筑物等不动产（评估值3400万）和设备（评估值2000万）出资，占注册资本的40%；乙企业以现金8100万出资，占注册资本的60%；

方案3：乙企业以承担全部债务方式整体购并甲企业。

试通过计算分析选择可行的方案。

[筹划分析]

三种方案下企业的税负分析如下：

方案1属资产买卖行为，应承担相关税负如下：

（1）流转税

按照营业税和增值税有关政策规定，销售不动产要缴纳5%的营业税。销售土地及房屋建筑物等不动产，应缴纳170万元（3400×5%）的营业税。转让固定资产如果同时符合以下条件不缴纳增值税：第一，转让前甲企业将其作为固定资产管理；第二，转让前甲企业确已使用过；第三，转让固定资产不发生增值。如果不同时满足上述条件，要按4%的征收率减半缴纳增值税。本例中，设备由原值1500万元增值到2000万元。因此，增值税为38.46万元[2000÷(1+4%)×2%]。

（2）企业所得税

按照企业所得税有关政策规定，企业销售非货币性资产，要确认资产转让所得，依法缴纳企业所得税。设备原值为1500万元，评估值为2000万元；土地及房屋等不动产原值2900万，评估值3400万，并且售价等于评估值，因此，要按照差额1000万元缴纳企业所得税，税额为250万元（1000×25%）。

（3）契税

乙企业在办理土地及房屋建筑物过户手续时，应以3400万元按3%税率（假定当地城市适用的契税税率为3%）缴纳契税102万元。

因此，甲企业共承担458.46万元税金，乙企业承担102万元契税。

方案2协议内容为：丙企业注册资本为13500万元，其中甲企业以土地及房屋建筑物等不动产（评估值3400万元）和设备（评估值2000万元）出资，占注册资本的40%；乙企业以现金8100万元出资，占注册资本的60%。应承担相关税负如下：

（1）流转税

按现行税法规定，企业产权交易行为不缴纳营业税，转让设备应纳增值税为38.46万元（计算同上）。

（2）企业所得税

依据所得税法规定，企业以经营活动的部分非货币性资产对外投资，应在投资交易发生时，将其分解为按公允价值销售有关非货币性资产和投资两项经济业务进行所得税处理，并按规定计算确认资产转让所得或损失。在本例中，甲企业要确认资产转让所得1000万元，依法缴纳企业所得税250万元（1000×25%）。

（3）契税

丙企业在办理土地及房屋建筑物过户手续时，应以3400万元按3%税率（假定丙企业所在城市适用的契税税率为3%）缴纳契税102万元。

因此，甲企业共承担288.46万元税金，乙企业承担102万元契税。

关于企业改制重组若干契税政策的通知：非公司制企业，《公司法》规定，整体改建为有限责任公司（含国有独资公司）或股份有限公司，或有限责任公司整体改建为股份有限公司，对改建后的公司承受原企业土地、房屋权属，免契税。上述所称整体改建是指不改变原企业的投资主体，并承继原企业权利、义务的行为。非公司制国有独资企业或国有独资有限责任公司，以其部分资产与他人组建新公司，且该国有独资企业（公司）在新设公司中所占股份超过50%的，对新设公司承受该国有独资企业（公司）的土地、房屋权属，免征契税。国有控股公司以部分资产投资组建新公司，且该国有控股公司占新公司股份85%以上的，对新公司承受该国有控股公司土地、房屋权属免征契税。上述所称国有控股公司，是指国家出资额占有限责任公司资本总额50%以上，或国有股份占股份有限公司股本总额50%以上的国有控股公司。

因此，可将方案2进一步调整，达到免交契税的目的。

方案3属产权交易行为，相关税负如下：

（1）流转税

同方案2，企业产权交易行为不缴纳营业税，转让设备应纳增值税为38.46万元。

（2）企业所得税

依据所得税法规定，如果目标企业的资产与负债基本相等，即净资产为零，购并企业以承担目标企业全部债务的方式实现购并，不视为目标企业按公允价值转让、处置全部资产，不计算资产的转让所得。甲企业资产总额7000万元，负债总额8000万元，根据上述规定，在企业购并时，甲企业不视为按公允价值转让、处置全部资产，不缴纳企业所得税。

（3）契税

乙企业在办理土地及房屋建筑物过户手续时，应以3400万元按3%税率（假定乙企业所在城市适用的契税税率为3%）缴纳契税102万元。

从企业所承担的税负角度考虑，方案3税负最轻，甲企业承担38.46万元增值税，乙企业承担102万元契税；其次是方案2；再次是方案3。

但是，分析购并方乙企业的经济负担能力，三种方案比较如下：

方案1：虽然乙企业只需购买甲企业的土地及房屋等，而不需购买其他没利用价值的资产，不需承担债务，但乙企业要支付高额的现金，经济压力较大；

方案2：乙企业在付出有限代价的情况下，购买了甲企业有利可图的生产线，其他资产不必购买，增加了经济上的可行性；

方案3：乙企业需要全部购买甲企业资产，对乙企业来说没有必要，其次，乙企业还需承担大量的债务；最后，由于我国养老、医疗和失业等基本保障制度尚不健全，整体购并巨额亏损的甲企业，可能同时背上安置大量甲企业员工的负担。因此，在经济上并不一定可行。

因此，企业应结合自身的实际情况慎重选择。

【案例 12-27】 某公司决策忽略税务管理导致 2500 万税款损失

(1) 案情介绍

2012 年 4 月，江西省国资委对某国有企业进行改制，为了解决企业职工的安置问题，当地国资委与该企业达成以下两项协议：一是，政府无偿划拨一块市场公允价值 10000 万元的土地给改制后的企业，由改制后的企业负责给该国有企业下岗职工办理手续，并承担这些下岗职工今后应继续缴纳的养老保险、医疗保险。二是，政府把一块市场公允价值 10000 万元的土地赊销卖给改制后的企业，并在协议中明确规定：由改制后的企业用于解决该国有企业下岗职工的安置费用支出抵偿政府卖给改制后企业的 10000 万元土地款。当地国资委让该国有企业的决策层进行决策，在以上两种方案中任选一种方案，结果该国有企业选择第一种方案（假设不考虑土地办理过户中的契税成本）。

(2) 税务成本分析

第一种方案的涉税成本分析：

由于政府无偿划拨一块市场公允价值 10000 万元的土地给改制后的企业，改制后企业的账务处理是借：无形资产——土地，贷：资本公积/营业外收入。改制后企业支付下岗职工保险金时的账务处理是借：管理费用——支付职工下岗保险费用，贷：银行存款。根据《中华人民共和国企业所得税法》（中华人民共和国主席令第 63 号）第六条第（八）项的规定："企业接受捐赠收入，为收入总额。"基于此规定，政府无偿划拨给企业的资产要视同捐赠处理，即企业无偿接受政府的土地捐赠，要依法缴纳企业所得税。即改制后的企业要申报缴纳企业所得税 10000 万元×25％＝2500 万元。

第二种方案的税务成本分析：

政府把一块市场公允价值 10000 万元的土地赊销卖给改制后的企业，则改制后的企业的账务处理是借：无形资产——土地，贷：其他应付款。由改制后的企业用于解决该国有企业下岗职工的安置费用支出抵偿政府卖给改制后企业的 10000 万元土地款。则改制后企业的账务处理是借：其他应付款——职工安置支出，贷：银行存款。按照第二种方案就不用缴纳 2500 万元企业所得税了。

(3) 案例分析结论

通过以上涉税分析，可以发现，该国有企业的决策层如果选择第二种方案，则会给企业节省 2500 万元的税款。因此，税收主要取决于老板的决策，在做决策时，一定要考虑税收成本问题，本案例就是公司决策忽略税务管理导致沉重税款负担的教训。

【案例 12-28】

2013 年 7 月，某市税务机关拟对辖区内某房地产开发公司开发的房产项目进行土地增值税清算。该房地产开发公司提供该房产开发项目的资料如下：

(1) 2011 年 3 月以 8000 万元拍得用于该房地产开发项目的一宗土地，并缴纳契税；因闲置 1 年，支付土地闲置费 400 万元。

(2) 2012 年 5 月开始动工建设，发生开发成本 5000 万元；银行贷款凭证显示利息支出 1000 万元。

(3)) 2013 年 6 月项目已销售可售建筑面积的 80％，共计取得收入 20000 万元；可售建筑面积的 20% 投资入股某酒店，约定共担风险、共享收益。

(4) 公司已按照 3% 的预征率预缴了土地增值税 600 万元，并聘请税务中介机构对该项目土地增值税进行审核鉴证。税务中介机构提供了鉴证报告。

(其他相关资料：当地适用的契税税率为 5%，省级政府规定其他开发费用的扣除比例为 5%。)

要求：

根据上述资料，按照要求(1)至要求(6)计算回答问题，如有计算，需计算出合计数。

(1) 简要说明税务机关要求该公司进行土地增值税清算的理由。

(2) 计算该公司清算土地增值税时允许扣除的土地使用权支付金额。

(3) 计算该公司清算土地增值税时允许扣除的营业税、城市维护建设税、教育费附加和地方教育附加。

(4) 计算该公司清算土地增值税时补缴的土地增值税。

(5) 回答税务机关能否对清算补缴的土地增值税征收滞纳金，简要说明理由。

(6) 回答税务机关对税务中介机构出具的鉴证报告，在什么条件下可以采信。

解答：

(1) 房地产开发企业将开发产品用于对外投资的，应视同销售房地产。本题中房地产开发项目全部竣工、完成销售(80%已对外销售，20%发生视同销售)，符合土地增值税清算条件，房地产公司应进行土地增值税清算。

(2) 该公司清算土地增值税时允许扣除的土地使用权支付金额
=8000+8000×5%=8400 万元。

(3) 该公司清算土地增值税时允许扣除的营业税、城市维护建设税、教育费附加和地方教育附加
=20000×5%×(1+7%+3%+2%)
=1120 万元。

(4) 扣除项目金额
=8400+5000+[1000+(8400+4000)×5%]+1120+(8400+5000)×20%
=18870 万元，

增值额=20000÷80%−18870=6130 万元，

增值率=7380÷17620×100%=32.49%，

适用税率 30%。

应纳土地增值税=6130×30%=1839 万元

补缴土地增值税=1839−600=1239 万元。

(5) 税务机关不能对清算补缴的土地增值税征收滞纳金。根据规定，纳税人按规定预缴土地增值税后，清算补缴的土地增值税，在主管税务机关规定的期限内补缴的，不加收滞纳金。

(6) 税务中介机构受托对清算项目审核鉴证时，应按税务机关规定的格式对审核鉴证情况出具鉴证报告。对符合要求的鉴证报告，税务机关可以采信。

第十三章 企业财务预警管理

一、学习目标与要求

本章主要介绍了财务预警管理的产生与发展,财务预警管理的基础理论,企业财务预警系统的设计思路,并对企业建立财务预警系统的主要程序、技术方法和数理模型进行剖析。

本章要求理解企业财务预警的产生与发展;掌握企业财务预警方案的基本原理、预警指标的创立、选择和运用;理解财务预警指标结构及其指标的预警意义;学会运用财务预警评价模型,为企业或工程项目财务状况提供决策依据。

二、预习概览

(一) 重要概念
企业危机;财务预警;财务危机;预警系统;预警模型。

(二) 关键问题
1. 企业财务预警的基本概念是什么?
2. 企业财务预警系统要素的基本组成?
3. 企业财务危机的影响要素是什么?
4. 企业财务预警管理的基本构成?
5. 财务预警系统设计的主要方法如何选择?
6. 简述企业财务预警系统设计的主要程序。
7. 如何为你所在的建筑与房地产企业构建一个财务预警体系?

三、本章重点与难点

1. 工程财务危机管理内涵及特征。
2. 工程财务预警原则。
3. 工程财务风险与预警的关系。
4. 财务预警环境。
5. 财务预警系统。
6. 财务预警模型。

四、习题和案例解析

(一)单项选择题

1. 财务预警分析的作用不包括(   )。
   A. 帮助债权人进行风险控制,避免损失
   B. 使企业管理者能够在财务危机出现的萌芽阶段采取有效措施改善企业经营
   C. 使股东在发现企业的财务危机萌芽后及时转移投资,减少更大损失
   D. 使报表分析者了解企业的内在价值

2. 下列有关财务预警分析方法叙述正确的是(   )。
   A. 单变模型注重企业盈利能力对企业财务危机的影响
   B. 多变模型强调流动资产项目对企业财务危机的影响
   C. 多变模型以五种财务比率的分析考察为基础,并对五种财务比率均进行了加权
   D. 单变模型只适用于上市公司

3. 多变模型所预测的财务危机是(   )。
   A. 企业的破产危机   B. 拖欠偿还账款
   C. 透支银行账户   D. 无力支付优先股股利

4. "财务绩效定量评价指标用于综合评价企业财务会计报表所反映的经营绩效状况。"此处的经营绩效状况不包括(   )。
   A. 企业盈利能力状况   B. 企业资产质量状况
   C. 企业偿债能力状况   D. 企业经营增长状况

5. 下列指标中,反映企业财务安全运营状态的指标有(   )。
   A. 营业现金流量比率   B. 核心业务资产销售率
   C. 经营性资产收益率   D. 产权比率

6. 下列指标,属于财务风险变异性监测指标的有(   )。
   A. 资产负债率   B. 产权比率
   C. 净利润比率   D. 实性流动比率

7. 财务危机预警指标必须具备的基本特征是(   )。
   A. 重要性   B. 高度的敏感性
   C. 状态性   D. 客观性

8. 从危机预警指标必须具备的基本特征出发,下列指标中适用于财务危机预警的是(   )。
   A. 产权比率   B. 财务杠杆系数
   C. 经营性资产收益率   D. 营业现金流量比率

9. 下列指标中,反映了企业营运效率高低的有(   )。
   A. 实性流动比率   B. 产权比率
   C. 核心业务资产销售率   D. 商品销售率

10. 融资风险缘于资本结构中负债因素的存在,具体分为(   )。
    A. 资本性风险   B. 现金性风险

C. 资产性风险　　　　　　　　　　D. 收支性风险

11. 下列表达式中，错误的说法是（　　）。
   A. 利润＝边际贡献－固定成本
   B. 利润＝销售量×单位边际贡献－固定成本
   C. 利润＝销售收入－变动成本－固定成本
   D. 利润＝边际贡献－变动成本－固定成本

12. 经常性风险经常面对的压力是（　　）。
   A. 长期偿债压力　　　　　　　　　B. 短期偿债压力
   C. 付现压力　　　　　　　　　　　D. 或有负债压力

13. 在下列分析指标中，属于企业长期偿债能力分析指标的是（　　）。
   A. 销售利润率　　　　　　　　　　B. 资产利润率
   C. 产权比率　　　　　　　　　　　D. 速动比率

14. 财务风险主要是融资风险，其不能反映的主要指标是（　　）。
   A. 已获利息倍数　　　　　　　　　B. 资产利润率
   C. 速动比率　　　　　　　　　　　D. 资产负债比率

15. 财务预警的基础信息主要是（　　）。
   A. 会计报表　　　　　　　　　　　B. 经营报表
   C. 销售报表　　　　　　　　　　　D. 采购报表

（二）多项选择题

1. 一个有效的财务预警系统必须具备以下特征：（　　）。
   A. 预知财务危机的征兆
   B. 预防和回避财务危机
   C. 控制财务危机以防扩大
   D. 避免财务危机再发生的措施
   E. 有效评价经营者业绩

2. 单变模型预测财务危机的比率不包括（　　）。
   A. 产权比率　　　　　　　　　　　B. 债务保障率
   C. 资产收益率　　　　　　　　　　D. 资产负债率
   E. 总资产周转率

3. 单变模型是威廉·比弗研究提出的，他的研究表明，在预测企业财务危机时，应更多关注的流动资产项目是（　　）。
   A. 现金　　　　　　　　　　　　　B. 应收账款
   C. 其他应收款　　　　　　　　　　D. 预付账款
   E. 存货

4. 单纯使用量化的方法进行财务危机预测存在很多局限，这些局限包括（　　）。
   A. 企业的自身经营发展情况不同，其财务危机发生的表现往往也有区别，而财务预警模型不能因企业而异
   B. 财务危机预警模型往往需要涉及多个财务变量，而数据的收集难度随着变量数增多而增大

C. 企业的财务危机问题十分复杂，对指标的简单数量分析会因出发点不同或相关参照因素的不同而得出大不相同的结论

D. 不同计算口径，也限制了直接应用财务危机预警模型的企业范围

E. 财务预警模型只能提供关于财务危机发生可能性的线索，而不能确切告知是否会发生

5. 在财务预警分析时，从定性分析角度出发，可以通过企业的某些外在情况和财务特征看出危机的端倪。这些外在情况和财务特征包括（　　）。

A. 财务预测在较长时期内不准确　　B. 过度大规模扩张

C. 过度依赖贷款　　D. 企业上市

E. 财务报表不能及时公开

6. 在现代企业制度下，科学地评价经营者业绩的意义在于（　　）。

A. 可以为出资人行使经营者的选择权提供重要依据

B. 可以有效地加强企业经营者的监管与约束

C. 可以为有效激励企业经营者提供可靠依据

D. 可以为政府有关部门、债权人、企业职工等利益相关方提供有效的信息支持

E. 可以为委托人对其代理人受托责任的评价提供了载体和方法

7. 发展期的企业集团在财务上面临的难题是（　　）。

A. 财务风险较小

B. 经营风险依然较大

C. 投资欲望高涨可能导致盲目性增加

D. 获利水平较低，负债节税杠杆效应难以充分发挥

E. 新增投资项目对资金的大量需求与现金缺口严重

8. （　　）属于反映企业财务是否处于安全运营状态的指标。

A. 营业现金流量比率　　B. 经营性资产销售率

C. 净资产收益率　　D. 产权比率

E. 营业现金流量适合率

9. 诱发财务危机的直接原因主要包括（　　）。

A. 资源配置缺乏效率

B. 财务风险的客观存在

C. 投资规模不断扩大

D. 因过度经营而导致现金流入能力低下

E. 对市场竞争应对措施不当或功能乏力

10. 财务危机预警指标必须同时具备的基本特征是（　　）。

A. 重要性　　B. 敏感性

C. 同一性　　D. 先兆性

E. 诱源性

11. 财务管理体制是企业管理体制的重要组成部分，包括（　　）。

A. 财务行为规范　　B. 财务决策制度

C. 财务组织制度　　D. 财务控制制度

E. 财务评价制度

12. 财务危机预警指标必须同时具备的基本特征是（　　）。
A. 重要性
B. 高度的敏感性
C. 状态性
D. 先兆性
E. 危机诱源性

13. 下列指标中，反映企业财务安全运营状态的指标有（　　）。
A. 营业现金流量比率
B. 核心业务资产销售率
C. 经营性资产收益率
D. 产权比率
E. 营业现金流量纳税保障率

14. 下列指标，属于财务风险变异性监测指标的有（　　）。
A. 资产负债率
B. 产权比率
C. 债务期限结构比率
D. 财务杠杆系数
E. 实性流动比率

15. 财务危机预警指标外部影响因素是（　　）。
A. 或有事项
B. 会计政策
C. 供销模式
D. 行业特征
E. 法律法规

16. 相对于企业其他各项支出，纳税成本具有的显著特征是（　　）。
A. 广泛性
B. 完全的现金支付性
C. 可预测性
D. 全面的风险性
E. 与收益变现程度的非对称性

17. 税收筹划是指企业集团基于法制规范，通过对融、投资以及收益实现进度、结构等的合理安排，达到（　　）目的的活动。
A. 减少纳税
B. 增加纳税
C. 税后利润最大化
D. 税负相对最小化
E. 增加收入

18. 企业存货财务危机预警指标周转率偏低的可能原因是（　　）。

A. 应收账款增加

B. 降价销售

C. 产品滞销

D. 销售政策变化

E. 大量赊销

19. 企业集团财务管理主体的特征是（　　）。

A. 财务管理主体的多元性

B. 只能有一个财务管理主体，即母公司

C. 有一个发挥中心作用的核心主体

D. 体现为一种一元中心下的多层级复合结构

E. 只要是财务管理主体就要发挥核心作用

20. 企业集团成败的关键因素在于能否建立（　　）。

A. 强大的核心竞争力

B. 严格的质量管理体制

C. 强有力的集权管理线

D. 灵活高效的分权管理线

E. 高效率的核心控制力

21. 下列财务预警指标中，反映了企业营运效率高低的有（　　）。

A. 流动比率

B. 产权比率

C. 核心业务资产销售率

D. 经营性资产销售率

E. 核心业务资产营业现金流入率

22. 下列能够直接体现知识资本权益特征的支付方式有（　　）。

A. 现金支付方式

B. 股票支付方式

C. 股票期权支付方式

D. 实物支付方式

E. 债权支付方式

23. 按照投资者行使权力的情况，可将公司治理结构分为（　　）等基本模式。

A. 绝对管理模式

B. 相对管理模式

C. 外部人模式

D. 内部人模式

E. 家族或政府模式

24. 影响财务预警指标的应收账款周转率的因素有（　　）

A. 企业信用政策

B. 应收账款管理水平和应收账款质量

C. 企业总资产规模的变动

D. 企业会计政策变更

E. 企业营业收入的变动

25. 财务预警指标中有存货周转率，评价时应注意的问题有（   ）

A. 季节性生产的公司，其存货波动起伏较大，可按季或月计算存货平均余额

B. 结合企业的竞争战略分析存货周转率

C. 分析了解企业目前所处的产品生命周期

D. 存货周转率分析并不能找出企业存货管理中存在的问题

E. 不同企业的存货周转率是不能简单相比的

（三）判断题

1. 实施预算控制有利于实现资源整合配置的高效率，为风险抗御机能的提高奠定了强大的基础。（   ）

2. 现金流量折现模型是一种全面而简明的方式，囊括了所有影响企业价值的因素。（   ）

3. 为实现财务预警分析系统，健全及时的会计信息系统是指健全及时的企业会计核算报告系统。（   ）

4. 爱德华·阿尔曼在对多变模型进一步研究后得出结论：当 Z 值大于 2.675 时，表明企业的财务状况良好，发生破产的可能性就小；当 Z 值小于 2.675 时，表明企业潜伏着破产危机。（   ）

5. 无论单变模型或者多变模型，对企业的财务危机预警分析都主要是站在债权人和企业管理者角度进行的分析考察。（   ）

6. 企业综合绩效评价指标权重实行百分制，指标权重依据评价指标的重要性和各指标的引导功能而定，与企业自身情况无关。（   ）

7. 财务危机预警系统就是通过设置并观察一些敏感性财务指标的变化，而对企业集团可能或将要面临的财务危机事先进行监测预报的财务分析系统。（   ）

8. 从风险的承担角度来看，财务资本面临的风险要比知识资本大得多。（   ）

9. 判断企业财务是否处于安全运营状态，分析研究的着眼点是考察企业现金流入与现金流出彼此间在时间、数量及其结构上的协调对称程度。（   ）

10. 同样的产权比率，如果其中长期债务所占比重较大，企业实际的财务风险将会相对减少。（   ）

11. 下列财务指标中，投资人最关注的是流动比率、现金比率、存货周转率和净资产收益率。（   ）

12. 下列说法中，对一个企业而言产权比率高，则风险大，所以产权比率越低越好。（   ）

13. 当公司流动比率小于1时，增加流动资金借款会使当期流动比率提高。（   ）

14. 财务预警是以企业的财务会计报表为基础，通过设置和观察敏感性经营指标的变化，面对企业将面临的财务危机进行预报的结果。（   ）

15. 财务预警功能主要是监测功能、预测功能、计划功能、控制功能和对策功能。（   ）

16. 美国纽约大学爱德华·阿尔曼还提出了判断企业破产的临界值：若 $Z \geqslant 2.675$,

则表明企业的财务状况良好,发生破产的可能性较小;若 $Z \leqslant 1.81$,则企业存在很大的破产危险,所以可以应用于中国企业财务预警。( )

17. Z 计分法模式。该模型是通过五个变量(五种财务比率)将反映企业偿债能力的指标、获利能力指标和营运能力指标有机联系起来,综合分析预测企业财务失败或破产的可能性。( )

18. 单变量模型是指使用单一财务变量对企业财务失败风险进行预测的模型,主要是资产负债率指标最能反映企业财务危机的信号。( )

【参考答案】

单项选择题:1. D;2. D;3. A;4. C;5. A;6. B;7. B;8. C;9. C;10. A;11. D;12. B;13. C;14. B;15. A

多项选择题:

1. ABCD;2. AE;3. ABE;4. ABCDE;5. ABCE;6. ABCD;7. BCD;8. BCDE;9. BDE;10. BDE;11. BCD;12. BDE;13. AE;14. BCD;15. BE;16. BE;17. CD;18. CD;19. ACD;20. AE;21. CDE;22. BC;23. CD;24. ABCDE;25. ABCD

判断题:1. √;2. √;3. ×;4. √;5. ×;6. ×;7. √;8. ×;9. √;10. √;11. ×;12. ×;13. √;14. ×;15. ×;16. ×;17. √;18. ×

(四) 思考题

1. 企业财务预警的基本概念是什么?

企业财务预警是指借助企业提供的财务报表、经营计划及其他相关会计资料,利用财会、统计、金融、企业管理以及市场营销等理论,采用比率分析、比较分析、因素分析及多种分析方法,对企业的经营活动、财务活动等进行分析预测,以发现企业在经营管理活动中潜在的经营风险和财务风险,并在危机发生之前向企业经营者发出警告,督促企业管理当局采取有效措施,避免潜在的风险演变成损失,起到未雨绸缪的作用,同时为企业纠正经营方向、改进经营决策和有效配置资源提供可靠依据。

2. 企业财务预警系统要素的基本组成?

企业财务预警系统要素的基本组成包括警义、警源、警兆、警度、预警模型和排警对策等 6 个部分。其中警义指财务监测和预警的对象;警源指警情产生的根源;警兆指警素发生异常变化时的先兆;警度指警情的级别程度;预警模型是指预报警度的方法,包括定性分析和定量分析两种方法;排警对策指应对财务风险和危机的方法。

3. 企业财务危机的影响要素是什么?

(1) 筹资风险;(2) 投资风险;(3) 经营风险;(4) 汇率风险;(5) 其他风险。

4. 企业财务预警管理的基本构成?

企业财务预警管理的主要方法由财务预警的统计方法、会计报表方法和数理模型等方法组成。

其中财务预警的统计方法的基本构成:设计警兆指标、设置警限和警度、测度预警临界值、确定警兆的警报和预报警度;

会计报表方法的基本构成:时间层面上,财务先导预警系统、财务同步预警系统和财务滞后预警系统；空间层面上，经营风险的预警系统、投资风险的预警系统和筹资风险的预警系统；资本劣化角度上，资本周转劣化值测度、资本扩张劣化值测度和资本结构劣化值测度；

数理模型方法的基本构成：多指标综合监控预警方法、线性函数模型预警方法和其他模型预警方法。

5. 财务预警系统设计的主要方法如何选择？

财务预警系统设计的内容包括预警分析和预警对策。具体设计中选择方法时，财务预警指标体系的建立方面企业要遵循灵敏性、前兆性、可操作性、系统性、稳定性和定量指标与定性指标相结合原则进行选择；财务预警分析方面要结合自身企业的特点，针对监测、识别、诊断与评价各个阶段的特征进行选择；财务预警对策方面分组织准备、日常监控和危机管理三个活动阶段与企业所处的具体环境相结合选择具体的方法。

6. 简述企业财务预警系统设计的主要程序。

（1）确定监测目标；（2）确定风险警戒值；（3）执行计算与比较；（4）调查分析重大的非预期差异；（5）确定计算结果对企业经营活动的影响。

7. 如何为你所在的建筑与房地产企业构建一个财务预警体系？

答案：略。

（五）案例分析题

【案例 13-1】安然事件

被企业财务风险击倒的典型案例就是"安然事件"。安然曾经是叱咤风云的"能源帝国"，1985 年由两家天然气公司合并而成，在短短 16 年内一路飞腾，2000 年总收入高达 1000 亿美元，名列《财富》杂志"美国 500 强"中的第七。2002 年 12 月 2 日，安然公司正式向破产法院申请破产保护，破产清单所列资产达 498 亿美元，成为当时美国历史上最大的破产企业。短短两个月，能源巨擘轰然倒地。

安然从辉煌到陨落必然有其经营上必然的内在原因，究其原因，一般认为，安然犯下了三大致命的错误。

（一）财务作假，虚增利润

财务舞弊被曝光是安然倒闭的直接原因，安然公司通过财务舞弊虚增利润，使得投资者丧失了对公司的信心，直接导致安然公司股票价值的暴跌。安然财务舞弊的方式是：利用资本重组，形成庞大而复杂的企业组织，通过错综复杂的关联交易虚构利润，利用财务制度上的漏洞隐藏债务。

（二）大量应用高风险的金融工具，但缺失有效的风险防范和披露制度

安然手中握有为数众多的交易契约，但由于缺乏充分透明的披露制度，这些商品合约除了安然交易人员外，连债权银行都搞不清楚这些合约到底有没有价值，或者值多少钱。安然成功时，人们对这些契约价值还并不存有疑问，但是一旦问题暴露，这些契约价值立刻受到投资者的怀疑，也因而加剧了安然公司倒闭的进程。

（三）过度举债谋求大发展

安然为了大发展而不顾后果四处举债。安然自己的资产负债表上只列了 130 亿美元，而其负债总额实际高达 400 亿美元；270 亿美元（其中 30 亿美元银行借款，70 亿美元公司债）债务一直不为外界所知；130 亿美元属能源衍生性商品。其间还采用了种种复杂的

举债工具。

【案例 13-2】 GMC 建筑业"营改增"税务管理方案

一、方案概述

建筑施工行业税务"营改增"管理系统功能建设基本原则：一是立足于协助解决"营改增"后企业面临的诸多管理问题，从而建立规范业务、减轻工作量提升工作效率；二是放眼于加强企业税务管控、风险控制、加强决策支持为原则，为税务筹划提供依据，防范涉税风险。

整体系统建设搭建在久其 DNA 技术平台上，通过建立统一的组织机构、统一政策、流程、模板等管控策略实现集团税务管控，重点建设包括进项发票管理、销项发票管理、纳税申报等增值税业务管理为基础，同时建设风险管控、税务自查、信息共享、重大涉税事项、纳税筹划等税务管控功能，总体提升企业"营改增"后企业税务管理质量。通过建立发票统计分析、纳税统计分析和考核综合分析，为企业决策支持和纳税筹划提供依据。

二、总体方案：

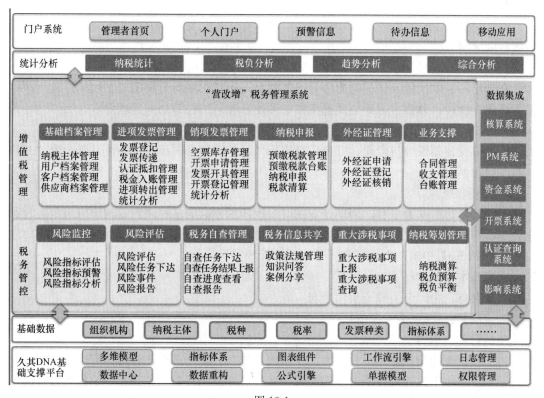

图 13-1

三、方案特色

围绕依法纳税的理念，针对企业税务管理过程中的重点、难点，设定业务规范，数据标准，通过闭环流程的运转，实现流程再造。久其"营改增"税务管理方案特色总结如下：

1. 以发票管理为核心、以纳税申报为重点，满足集团及下级单位对增值税管理的过程管理和风险控制，并为税收筹划提供数据基础。

2. 全级次的管理模式，轻松实现集团对下级各分子公司纳税情况的集约化管理。

3. "低耦合、外挂式"的系统建设思路，既保证税务管理的独立完整性，又可与业务系统进行业务对接，做到以票控税同时降低了企业的信息化建设成本。

4. 满足集团管控的统一的基础数据管理、平台式的技术支撑，及多组织机构、独立纳税主体的管理架构，能够满足集团对于多板块的税务管理要求。

5. 可与久其建筑施工行业信息化整体解决方案融为一体，为企业提供完整的、平台级、共享级的集团管控解决方案。

四、方案价值

1. 统一票据管理规范

建立业务执行的标准规则。解决进项发票收集难、抵扣周期长等问题，严控滞留票及超期抵扣问题，避免虚增企业税负成本。通过闭环的开票管理流程，防范发票开具风险。

2. 自动生成纳税申报表

按照国家统一标准建立纳税申报表体系，根据统一填报规则，自动梳理、计算计税依据自动生成纳税申报，减少人工填报工作量，保证数据质量。

3. 多层级数据管理

满足企业对涉税数据多层级管理模式，数据支持从上至下、由粗到细逐级穿透，实现最细粒度应用。

4. 垂直管控体系

在满足各级单位税务管理的业务要求基础上，同时能够满足集团对下级单位进行涉税信息采集、统计、分析，达到集团垂直税务管控、统一纳税筹划的管理要求。

5. 构建"三流一致"管理平台

将增值税发票管理与合同、资金信息进行关联，构建合同流、票据流及资金流"三流一致"管理平台。

6. 降低税务风险

通过自动化的预警平台，帮助企业及时发现涉税方面的多种风险，构建应对措施与预案，全面降低企业涉税风险。

【案例13-3】中国电力投资集团公司预算管理案例

一、基本情况

企业名称：中国电力投资集团公司

企业网站：www.zdt.com.cn

所属行业：电力生产

中国电力投资集团公司（以下简称为"中电投集团"）是2002年底在原国家电力公司部分企事业单位基础上组建的全国五大发电集团之一，并经国务院同意进行国家授权投资的机构和国家控股公司的试点。集团公司注册资本金人民币120亿元，资产总额3776亿元，资产分布在全国28个省、市、自治区及港、澳等地，拥有6家上市公司。2009年，集团公司累计完成发电量2515亿千瓦时，煤炭产量4297万吨，电解铝产量110万吨，营业收入首次突破千亿大关，达到1012亿元，利润总额31.65亿元，超额完成国资委考核目标和集团公司经营目标。

二、发展战略

贯彻落实科学发展观，坚持发展为第一要务，坚持电为核心，煤为基础，产业一体化协同发展，坚持以调整结构、促进创新、优化布局、转变发展方式为重点，创新发展思路，落实国家能源战略，履行中央企业的职责，打造国际一流能源企业集团。

三、信息化动因

1. 中电投集团的预算工作一直以来是以 Excel 模式编制和管理，数据汇总困难、无法实现预算流程的管理，预算的编制和调整占据了业务人员大部分时间和精力，难以实现有效的预算分析和辅助决策。

2. 预算编制过程中上下级信息传递不顺畅、不透明，同时缺少有效的交流平台，导致编制周期较长，预算编制数据管理困难。

解决方案

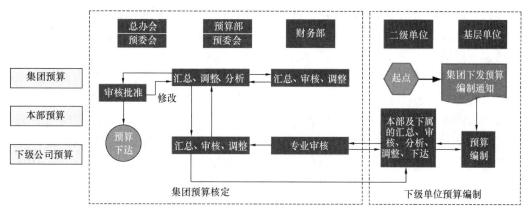

图 13-2

1. 搭建中电投集团统一的预算管理体系，规范中电投集团的预算管理流程，使其数据来源清晰、预算管理过程标准化，提高预算管理工作效率。

2. 以战略为导向，将经营预算、资本预算、财务预算等进行有效管理。将长期战略和年度计划紧密结合，将计划分解为可量化、可执行的考核指标，有效地对预算执行过程进行监控及考评。

3. 实现全面预算的全过程管理，包括下级的预算编制，集团的预算审核、预算下达、预算汇总、预算执行控制、预算调整、预算分析等功能。

四、产品优势

1. 支持以战略为导向、目标为依据的全面预算解决方案。

2. 支持多种灵活的辅助预算编制模式，减轻预算编制的工作量。

3. 支持多层级架构的预算管控模式。

4. 支持组合预算控制方案和多种预算控制方法，为目标预算的达成提供保障。

5. 支持灵活、迅速的预算调整模式。

6. 支持多维度预算管理模型，分析角度更丰富。

7. 整合绩效管理，预算考核更全面。

五、应用价值

1. 系统集成了预算采集、上报、退回、批复、预算调整、预算分析等功能，大大减少了预算编制、汇总、分析的工作量、固化了上级部门的批复调整流程、全面提高了预算管理的规范性和效率。

2. 建立了中电投集团预算管理体系，将经营预算、资本预算、财务预算进行整合，使预算管理达到全员、全过程参与，实现预算管理全面控制。

3. 系统将中电投集团各层级单位的横向与纵向管理指标梳理成一套完善的全面预算指标体系，使预算与计划、统计、绩效等各业务口径的数据全面统一，形成多维度一体化的数据库，实现了数据的准确性与唯一性，并为各类分析决策支持打下了坚实的数据基础。

【案例 13-4】中国铁建集团财务共享服务管理

一、项目概况

中国铁建股份有限公司（中国铁建，CRCC）会计核算单位有 10000 多家，经营范围遍及除台湾以外的全国 31 个省（市）、自治区和香港、澳门特别行政区以及世界 59 个国家。公司业务涵盖工程建筑、房地产、特许经营、工业制造、物资物流、矿产资源及金融保险等多个领域。

中国铁建财务共享服务中心，同时进行网上报销及财务共享服务中心的建设，建设涵盖公司所有业务的各类表单及流程、与影像集成及资金集中支付等，成功建成了国内建筑业企业第一家财务共享服务中心，同时也是国内第一家集成影像技术、第一家使用中国电信云服务平台和建设时间最短的财务共享服务中心。同时通过系统集中部署的模式，依托久其最新的分布式技术架构，基于电信云平台，实现了全集团系统的统一，奠定了国内最大规模 FSSC 的支撑能力。

二、实景展示

图 13-3

三、建设成果

1. 重构核算系统。根据"法人一套账"要求，将财务账套由 700 多个压减为 27 套（26 法人单位＋1 资金结算中心）。统一了与计划成本、物资设备、工程安质、客商管理等核算口径和核算对象；启用离线客户端；实现跨法人合并查询；实现"账表一体化"。

2. 系统有效集成。推进和完善报账系统、核算系统、影像系统的集成，实现了会计档案全电子化管理。

3. 引入活动预算。引入全面预算管理，有效控制了经费支出。

4. 固化审批流程。将生产经营风险管控点纳入流程固化管理，分级授权，节点控制，规范了内控管理，降低了财务风险，提升了执行力。

四、技术应用情况

1. 运用移动技术。启用移动终端查询审批功能。

2. 提高安保等级。启用了"身份证＋密码＋随机短信码"三级安全认证登录机制。

3. 创新结算制度。开通网银集中支付，每笔付款都必须由共享中心发出电子付款指令。

4. 应用云服务平台。将财务核算系统、报账系统、影像系统、报表系统全部安装在中国电信云服务平台上，实现了应用负载能力可弹性扩充。

五、制度创新情况

1. 推行客商认证。实行客商管理认证制度，供应商和劳务队等客户等信息资料均由法人单位审批核准进入制度。

2. 实现集中支付。每笔付款都由共享中心发出电子付款指令，基层见到付款指令后才付款。

3. 规范资产管理。统一了资产管理核算制度，实行资产管理权限按法人单位进行集中管控。

4. 明确职责权限。财务共享服务中心只是对财务管理与会计核算职能进行了有效分离，并没有改变项目部的职责权限。

5. 执行统一标准。财务共享服务中心执行国家和企业统一标准管理制度，为落实"法人管项目"提供了有利条件。

六、运行效果

截止到 2016 年 9 月，系统运行效果如下：

- ✓ 完成了14个共享中心的建设
- ✓ 为19万多个用户、8000多个核算单位提供会计服务
- ✓ 最高峰有41000人在线，日处理业务量平均50000笔
- ✓ 单日影像文件最大近120G实现了财务系统的大集中、大统一
- ✓ 已成为国内最大的财务共享中心系统之一

图 13-4

【案例 13-5】中国铁建股份有限公司报表大厅系统

第十三章 企业财务预警管理

一、基本情况

1. 企业名称：中国铁建股份有限公司

企业网站：www.crcc.com

所属行业：建筑房地产行业前身是铁道兵的中国铁建股份有限公司（中文简称中国铁建，英文简称CRCC），由中国铁道建筑总公司独家发起设立，于2007年11月5日在北京成立，为国务院国有资产监督管理委员会管理的特大型建筑企业。2008年3月10日、13日分别在上海和香港上市（A股代码601186，H股代码1186），公司注册资本80亿元。

中国铁建是中国乃至全球最具实力、最具规模的特大型综合建设集团之一，2009年《财富》"世界500强企业"排名第252位，"全球225家最大承包商"排名第4位，"中国企业500强"排名第17位，是中国最大的工程承包商，也是中国最大的海外工程承包商。公司业务涵盖工程承包、勘察设计咨询、工业制造、房地产开发、物流与物资贸易及资本运营，已经从以施工承包为主发展成为具有科研、规划、勘察、设计、施工、监理、维护、运营和投融资的完善的行业产业链，具备了为业主提供一站式综合服务的能力。并在高原铁路、高速铁路、高速公路、桥梁、隧道和城市轨道交通工程设计及建设领域确立了行业领导地位。

2. 发展战略

中国建筑业的领军者，全球最具竞争力的大型建设集团。

3. 信息化动因

遍布全球各个角落的上万个工程项目行业特征，准确及时满足外部政府监管者、股东、债权人与内部管理者等相关者的财务信息需求，实现多级法人组织机构集团垂直财务管控。

二、解决方案

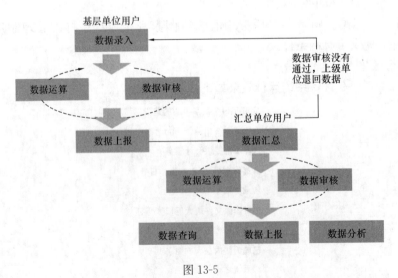

图 13-5

三、数据运算

系统支持单表运算、跨表运算、跨时期运算、跨业务方案运算等；同时运算单元格与数据录入单元格以不同的颜色标记;系统支持手动运算和自动运算功能两种方式。系统还提供数据运算功能可以对一个或多个单位的全部报表数据进行运算。

数据审核。数据审核提供了输入的数据的合法性和合理性的检查。系统还提供参考审核和标准审核,并区分出标准审核和参考审核。

1. 逻辑审核:数据的合法性审核,主要是通过公式来实现。
2. 合理审核:数据的合理性审核,可以通过公式来实现。
3. 预警机制:对超出警戒线的数据进行提示。
4. 审核错误数据能自动定位错误单元格。
5. 直观提示当前光标定义单元格的指标代码、指标名称及相关公式

四、报表数据审核

上报数据采用自动和人工审核相结合的方式,并进行逐级审核。对报上来的报表进行审核,可以选择通过或者重新上报(可填写审核意见)。可以批量审核报表。审核信息会记录到行为审核日志中;数据录入自动审核可定义条件,有错误审核时可以提示,保证入库数据质量。提供单表退回和上报的功能控制。数据汇总通过系统提供的数据汇总的功能模块可以将指定的数据汇总到目标单位。系统可以提供节点汇总、选择汇总、批量汇总和浮动行汇总多种汇总方式。

1. 批量汇总

设置批量汇总方案,可以按照单位属性,对报表数据进行分类汇总,如按行业、地区对数据进行汇总。具有灵活设置条件,一次可实现多个单位的条件汇总。

2. 浮动行汇总

主要应用于浮动基础表的数据汇总,支持罗列、按照浮动表中某一浮动行编码汇总、某一枚举字典分类汇总等汇总方式,可满足用户对浮动数据的分析要求。

3. 在线客户端

施工行业点多面广,企业所处的网络环境错综复杂,再加上用户浏览器版本众多,为提高填报效率,优化系统容性,久其软件致力开发了配套的在线客户端。

在线客户端实现了程序升级自动化,功能操作简易化,并支持键盘操作和右键操作等,很大程度上改善了用户表填报体验。

4. 合并报表

(1)体系的基础设置操作简单,企业系统管理员能够在短时间内进行独立设置,减少企业后期维护成本。

(2)合并抵销规则设置灵活方便,能够根据实际业务需求(内部存货、内部固定资产、投资模拟权益法等),设置不同条件的合并抵销规则,如,满足新准则投资类模拟权益法等。

(3)统一的在线对账平台,并支持实时查看对方的数据,解决集团企业实际中最棘手的往来类对账问题。

(4)合并报表操作步骤独立清晰,展现完整的合并抵销过程,为企业内、外部审计机构和内部管理对基础数据的需求保留痕迹。

(5)合并报表抵销分录支持自动、手动和输入调整,特别是输入调整分录,能够满足集团企业的历史遗留和特殊业务问题。

(6) 支持多种数据采集方式：在线录入、离线客户端导入、主流核算软件接口等。

(7) 支持不同版本的合并范围，以满足企业集团合并范围发生变化的情况。

五、多级部署

对于中国铁建庞大的企业集团，业务比较复杂，各二级局集团公司存在个性化报表业务需求，系统需满足既保持集团数据集中又满足二级局个性化业务应用；另一方面，作为施工企业，要求全级次单位包含非法人单位的项目部也在线填报，这样的单位量在1万多家，对整个系统访问压力和网络带宽要求非常高。为了解决此类需求，结合"一级数据中心，二级应用部署"的设计思路，系统在股份公司和各二级局集团公司分别部署报表系统，在股份公司的标准化基础报表体系基础上，实现各二级单位的自身特有统计需求。

六、应用价值

1. 数据采集标准化，建立集团数据共享中心

实现以网络化的方式，对集团企业财务和统计报表进行集中、统一地采集分析和处理，避免了将这些数据分散存储于集团和企业相关岗位的个人电脑里，从而提高集团财务和综合统计信息管理手段；实现财务和统计数据的集中存储，提高数据安全，便于数据共享；减少数据重复报送问题。

2. 报送时间及时性

将全部企业纳入集团报表填报系统中，提高全集团财务和综合统计信息管理工作手段，在集团财务和统计报表体系的基础上，实现将部分报表数据自动转换成可直接向国资委、财政部、国家统计局等上级主管部门报送的报表；能够自动生成各级次合并财务报表和合并抵销财务报表，辅以全方位的催报功能，使数据的报送工作具有高效性和及时性。

3. 提升企业财务管理效率

通过对系统内指标和报表的设计，使不同报表中的同一指标只需填报一次数据，减少了重复报数操作，同时系统能够定制丰富灵活的报表内、报表间勾稽关系，并通过这些勾稽关系实现对数据的运算和审核，提升了数据的正确性和有效性，相对于使用 Excel 等传统方式，帮助财务人员避免了大量的重复性工作，使企业的财务人员专注于财务数据的分析和决策，大大提升了财务管理的工作效率。

【案例 13-6】 GMC 集团管控财务共享服务中心解决方案

一、方案简介

共享服务中心是进行全球化经营的跨国公司所推行和推崇的一种管理模式，是实现公司内各流程标准化和精简化的一种创新手段，它通过规模效应，能极大降低企业运作成本，提高企业管控水平，对企业实施全球化战略起到极大的支持和推动作用。久其财务共享服务中心解决方案是对久其已经成功实施共享服务以及正在建立共享服务的客户建设实践经验的总结，并结合国内外各企业的案例调查和领域成果研究，进一步提出我国企业在国际化进程中的财务核算转型及财务共享服务中心解决方案。

本方案是在全面理解财务共享服务的概念体系基础上形成的财务共享服务建设方法论，能够帮助企业完成财务职能转型过程中的流程重构和信息系统建设，整个方案基于共享服务的信息系统平台模型，各系统间能够互通互联、充分发挥各自在共享服务框架下的协同效用，涵盖了财务共享服务中心应用中最为广泛的技术：工作流技术、文档影像、网上报销、电子支付、集中核算、数据分析和报告工具、数据仓库等。

二、功能框架

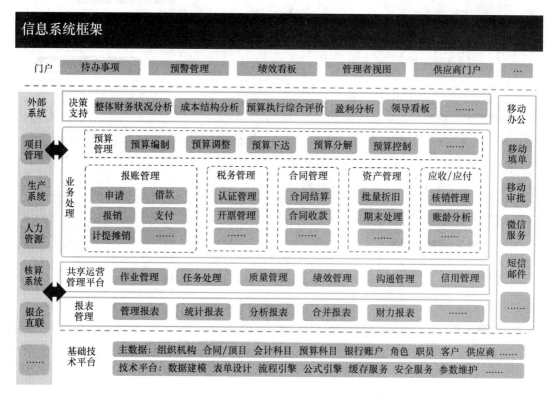

图 13-6

三、方案特点

管理流程化——基于工作流平台的流程化管理为企业集团提供了财务管控的制度固化功能。

应用集成化——自主开发的 DNA 业务平台为系统及信息的集成提供了统一支撑。

功能多样化——丰富的系统定制功能和系统自带的单据、流程、报表库为系统功能的扩展提供了很大空间特别适合管理模式和经营业态飞速发展的企业集团的管控需求。

流程个性化——丰富的平台支撑和业务积累为流程的定制提供了强大的基础，完全满足集团管控对流程个性化的需求。

信息透明化——集成的系统实现了业务和财务的一体化，更提供了多层次、多角度的查询分析功能。

职责明确化——强大的权限管理功能为所有用户量身定做了自己的职责范围和角色功能。

技术领先化——支持移动应用，基于云服务理念，利用新技术帮助企业适应科技潮流保持领先地位。

系统方案总包化——为企业量体裁衣，提供共享服务信息化建设整体解决方案。

四、方案价值

财务共享服务中心的建设根本目的是使企业降低成本和加强监管，带给企业的是实实在在的成本节约及难以用货币计量的软性收益。

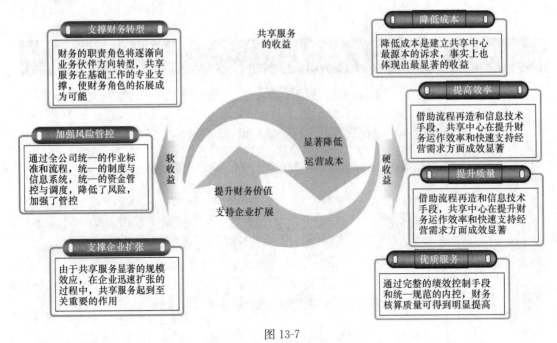

图 13-7

注：案例来源 http：//www.jiuqi.com.cn/gmccw/4229.jhtml